Lieber Alex,

willkommen bei der Tiba. Zum Einlesen hier mein jüngstes Werk. Viel Spaß.

GD Fairland

Lang / Wagner
**Der Weg zum projektorientierten Unternehmen –
Wissen für Entscheider**

BLEIBEN SIE AUF DEM LAUFENDEN!

Hanser Newsletter informieren Sie regelmäßig über neue Bücher und Termine aus den verschiedenen Bereichen der Technik. Profitieren Sie auch von Gewinnspielen und exklusiven Leseproben. Gleich anmelden unter
www.hanser-fachbuch.de/newsletter

Michael Lang
Reinhard Wagner

Der Weg zum projektorientierten Unternehmen – Wissen für Entscheider

HANSER

Die Herausgeber:
Michael Lang, Fürth
Reinhard Wagner, Friedberg

Bibliografische Information der Deutschen Nationalbibliothek:

Die Deutsche Nationalbibliothek verzeichnet diese Publikation in der Deutschen Nationalbibliografie; detaillierte bibliografische Daten sind im Internet über <http://dnb.ddb.de> abrufbar.

Print-ISBN 978-3-446-45837-6
E-Book-ISBN 978-3-446-46157-4
ePub-ISBN 978-3-446-46241-0

Die Wiedergabe von Gebrauchsnamen, Handelsnamen, Warenbezeichnungen usw. in diesem Werk berechtigt auch ohne besondere Kennzeichnung nicht zu der Annahme, dass solche Namen im Sinne der Warenzeichen- und Markenschutzgesetzgebung als frei zu betrachten wären und daher von jedermann benutzt werden dürften.

Alle in diesem Buch enthaltenen Verfahren bzw. Daten wurden nach bestem Wissen dargestellt. Dennoch sind Fehler nicht ganz auszuschließen.

Aus diesem Grund sind die in diesem Buch enthaltenen Darstellungen und Daten mit keiner Verpflichtung oder Garantie irgendeiner Art verbunden. Autoren und Verlag übernehmen infolgedessen keine Verantwortung und werden keine daraus folgende oder sonstige Haftung übernehmen, die auf irgendeine Art aus der Benutzung dieser Darstellungen oder Daten oder Teilen davon entsteht.

Dieses Werk ist urheberrechtlich geschützt.

Alle Rechte, auch die der Übersetzung, des Nachdruckes und der Vervielfältigung des Buches oder Teilen daraus, vorbehalten. Kein Teil des Werkes darf ohne schriftliche Einwilligung des Verlages in irgendeiner Form (Fotokopie, Mikrofilm oder einem anderen Verfahren), auch nicht für Zwecke der Unterrichtsgestaltung – mit Ausnahme der in den §§ 53, 54 URG genannten Sonderfälle –, reproduziert oder unter Verwendung elektronischer Systeme verarbeitet, vervielfältigt oder verbreitet werden.

Die Rechte aller Grafiken und Bilder liegen bei den Autoren.

© 2019 Carl Hanser Verlag GmbH & Co. KG, München
www.hanser-fachbuch.de
Lektorat: Lisa Hoffmann-Bäuml, Damaris Kriegs
Herstellung: Cornelia Speckmaier
Satz: le-tex publishing services GmbH
Coverrealisation: Stephan Rönigk
Druck und Bindung: Druckerei Hubert & Co. GmbH und Co. KG BuchPartner, Göttingen
Printed in Germany

Vorwort

Die Anzahl von Projekten steigt in den letzten Jahren immer weiter an und deren Bedeutung wächst stetig. Projekte prägen unser Leben und finden im privaten, beruflichen wie auch gesellschaftlichen Alltag statt. Diese Entwicklung führt auch dazu, dass wir die zur Realisierung von Projekten notwendigen Kompetenzen systematisch aufbauen müssen. Dies beginnt in der Schule durch ein projektbasiertes Lernen und führt über die Grundlagen des Projektmanagements in der Ausbildung bzw. der Fortbildung im beruflichen Alltag bis hin zu einer weiterführenden Auseinandersetzung mit der Projektarbeit auf der Ebene von Unternehmungen. Denn die Zunahme von Projektarbeit verändert auch die Unternehmen in starkem Maße. Hat sich Projektmanagement in der Vergangenheit oft auf ein paar wenige Abteilungen beschränkt, so sind heute fast alle Bereiche im Unternehmen davon betroffen. Die Entwicklung geht vom „Management von Projekten" über das „Management durch Projekte" hin zum „projektorientierten Unternehmen", das die Mehrzahl der Aktivitäten in Form von Projekten realisiert.

Die zunehmende Projektorientierung hat Auswirkungen auf die strategische Ausrichtung des Unternehmens, auf die Strukturen, Prozesse, Methoden und Tools wie auch auf die Unternehmenskultur. Spezielle Einrichtungen, wie beispielsweise das Project Management Office (PMO) oder auf Projektmanagement spezialisierte Abteilungen helfen bei der entsprechenden Ausgestaltung und sind ein Sparringspartner der Unternehmensleitung für die anstehenden Veränderungen. Entsprechende Standards, zum Beispiel für das Einzel- wie auch das Multiprojektmanagement, sind an die Anforderungen des Projektgeschäfts und der Unternehmensstrategie anzupassen. Derzeit bewegt viele Unternehmen die Anwendung agiler Projektmanagement-Methoden, dies wird allerdings nicht ohne eine Anpassung der im Unternehmen vorhandenen Kultur, Struktur und Prozesse erfolgreich sein.

Von diesen Veränderungen handelt das vorliegende Buch. Es zeigt die wichtigsten Entwicklungslinien, die Herausforderungen und Grundlagen des projektorientierten Unternehmens auf, beschreibt die Rolle von Top-Management, PMO und Personalabteilung für die Gestaltung des projektorientierten Unternehmens und gewährt Einblicke in bewährte Ansätze, Methoden und Tools. Da es weder ein

„idealtypisches" Unternehmen noch einfache „Kochrezepte" gibt, wurde bei der Auswahl der Autoren besonders auf deren Praxiserfahrung Wert gelegt. Getreu dem Motto „aus der Praxis für die Praxis" ist das Buch für Entscheider geschrieben worden, die sich auf den Weg der Veränderung ihres Unternehmens machen und sich für den Change entsprechendes Know-how aneignen wollen. Herausgeber und Autoren hoffen, mit diesem Buch einen Beitrag für den Erfolg Ihres Unternehmens leisten zu können und freuen sich über Feedback und Erfahrungsberichte, gerne über die sozialen Medien.

Wir wünschen Ihnen viel Spaß beim Lesen des Buchs und viel Erfolg beim Umsetzen der dabei gewonnenen Erkenntnisse auf Ihrem Weg zum projektorientierten Unternehmen!

Ihre Herausgeber

Reinhard Wagner und Michael Lang

Wissen für die Ohren
Der Podcast von HANSER

Jetzt Podcasts zu diesem Buch hören und abonnieren unter:
https://soundcloud.com/user-436278995

Inhalt

1	**Vom Handwerk über die Industrialisierung zur Projektorientierung**	**1**
	Reinhard Wagner	
1.1	Einleitung	1
1.2	Kurze Geschichte der Projekte – von der Frühzeit über das Handwerk bis zur Industrialisierung	2
1.3	Die Anfänge des Projektmanagements	5
1.4	Auf dem Weg zum projektorientierten Unternehmen	8
1.5	Ausblick auf wichtige Trends und Entwicklungen	11
1.6	Die wichtigsten Punkte in Kürze	13
2	**Aktuelle Herausforderungen der Projektarbeit für Unternehmen**	**15**
	Michael Horlebein, Reinhard Wagner	
2.1	Einleitung	15
2.2	Ausgewählte Trends mit Auswirkungen auf die Projektarbeit	16
	2.2.1 Von der Massenproduktion über „mass customization" zu kundenindividuellen Leistungsbündeln	16
	2.2.2 Automatisierung, Digitalisierung, Künstliche Intelligenz	18
	2.2.3 Von stabilen Organisationsstrukturen zur Vernetzung und kontinuierlichen Transformation	20
	2.2.4 „Der Mensch ist Mittelpunkt" statt „Der Mensch ist Mittel. Punkt"	22
2.3	Wesentliche Anforderungen an projektorientierte Unternehmen	24
	2.3.1 Übergreifende Steuerung der vielen Projekte	24
	2.3.2 Umgang mit Komplexität, Unsicherheit und Dynamik	25
	2.3.3 Vom magischen Dreieck zur nachhaltigen Entwicklung	26
	2.3.4 Verbesserung der Agilität und Anpassungsfähigkeit	28

2.4	Wesentliche Anforderungen an Entscheider	29
2.5	Die wichtigsten Punkte in Kürze	30

3 Projektmanagement: traditionell, agil oder hybrid? 33
Dietmar Gamm

3.1	Einleitung		33
3.2	Traditionelles Projektmanagement		34
	3.2.1	Voraussetzungen für traditionell-planungsorientiertes Projektmanagement	36
	3.2.2	Notwendigkeit traditionellen Projektmanagements	37
3.3	Ad-hoc-Projektmanagement		37
3.4	Agiles Projektmanagement		38
	3.4.1	Agilität liegt in unserer Natur	38
	3.4.2	Agilität im Projektmanagement	39
3.5	Scrum		40
	3.5.1	Anforderungsmanagement in Scrum	41
	3.5.2	Arbeitsorganisation in Scrum	42
	3.5.3	Vorteile und Voraussetzungen	45
3.6	Kanban		46
3.7	Hybrides PM		49
3.8	Agiles oder hybrides PM einführen		50
	3.8.1	Problem verstehen	50
	3.8.2	Entscheidung treffen	51
	3.8.3	Entscheidung umsetzen – Agile einführen	51
	3.8.4	Vom agilen Projektmanagement zur agilen Organisation	52
3.9	Die wichtigsten Punkte in Kürze		53

4 Grundlegendes zum projektorientierten Unternehmen 57
Reinhard Wagner

4.1	Einleitung		57
4.2	Projektorientiertes Unternehmen – Definition und Abgrenzung		58
4.3	Ausgewählte Ansätze zur Gestaltung projektorientierter Unternehmen		61
	4.3.1	Multiprojektmanagement (MPM)	61
	4.3.2	Organisationales Projektmanagement (OPM)	64
	4.3.3	Organisationale Kompetenz für das Management von Projekten	66
	4.3.4	Das agile Unternehmen	68
4.4	Entwicklung projektorientierter Unternehmen		71
4.5	Die wichtigsten Punkte in Kürze		75

5	**Erfolgsfaktoren auf dem Weg zum projektorientierten Unternehmen**	**79**
	Gabriele Hannibal, Prof. Dr. Martina Peuser	
5.1	Einleitung	79
5.2	Unternehmenserfolg in projektorientierten Unternehmen	80
	5.2.1 Was ist unternehmerischer Erfolg?	80
	5.2.2 Was ist Projekterfolg?	82
	5.2.3 Was ist Erfolg für ein projektorientiertes Unternehmen?	83
5.3	Erfolgsfaktoren von projektorientierten Unternehmen	84
	5.3.1 Modelle für den Unternehmenserfolg	84
	5.3.2 Modell für Erfolgsfaktoren von projektorientierten Unternehmen	86
5.4	Vertiefte Betrachtung der Erfolgsfaktoren von projektorientierten Unternehmen	86
	5.4.1 Unternehmensstrategie	87
	5.4.2 Organisation	88
	5.4.3 Unternehmensverantwortung und -ethik	91
	5.4.4 Unternehmenskultur	93
	5.4.5 Personal	94
	5.4.6 Kernkompetenzen	95
5.5	Die wichtigsten Punkte in Kürze	96
6	**Wandel zum projektorientierten Unternehmen – ein Reality Check**	**99**
	Sebastian Scheibner, Cornelia Zimmer-Reps	
6.1	Beweggründe für einen Bottom-up-Ansatz	100
6.2	Handlungsdruck erzeugen und eine kraftvolle Vision definieren	100
6.3	Ein Netzwerk aufbauen und Verbündete finden	105
6.4	Den Status quo ermitteln und den Zielzustand definieren	107
6.5	Unterstützer und Sponsoren im Management gewinnen	109
6.6	Ein Transformationsteam bilden und mit Ressourcen ausstatten	112
6.7	Die Veränderungen mit Methode implementieren	113
	6.7.1 Verständnis erzeugen	113
	6.7.2 Vorbilder sicherstellen	115
	6.7.3 Systeme anpassen	116
	6.7.4 Kompetenzen schaffen	117
6.8	Die wichtigsten Punkte in Kürze	118

7 Die Rolle des Top-Managements im Projektmanagement 121
Andreas Iffländer

7.1 Rolle des Managements in einem Unternehmen 122
7.2 Besonderheiten der Rolle des Top-Managements in einem projektorientierten Unternehmen 123
7.3 Beeinflussung der Unternehmensziele und Unternehmensstrategie durch Projektmanagement 126
7.4 Change Management im Unternehmen 126
7.5 Projektcontrolling 128
7.6 Prozesse, Methoden und Tools in einem projektorientierten Unternehmen 129
7.7 Projektmanagement-Methoden 133
7.8 Juristische Folgen für Top-Management und Projektleiter durch Projekte 136
7.9 Die wichtigsten Punkte in Kürze 136

8 Das Projektmanagement Office (PMO) – Befähiger der Organisation 139
Marcus Paulus

8.1 Einleitung 139
8.2 Charakteristik eines Projektmanagement Office 141
    8.2.1 Rechtfertigung eines Projektmanagement Office 141
    8.2.2 Unterschiedliche Projektmanagement-Office-Typen 142
    8.2.3 Organisatorische Positionierung eines PMO 144
8.3 Mehrwert und Nutzen eines Projektmanagement Office 147
    8.3.1 Zusammenspiel Reifegrad im Projektmanagement und PMO einer Organisation 148
    8.3.2 Checkfragen zum PMO-Bedarf einer Organisation 152
    8.3.3 Strategischer und operativer Nutzen eines PMO 154
8.4 Aufgaben und Funktionen eines PMO 156
    8.4.1 Unterschiedliche Anspruchsgruppen eines PMO 158
    8.4.2 Potenzielle Aufgaben eines PMO 159
    8.4.3 Künftige Entwicklung und Trends im Aufgabenbereich der PMOs 163
8.5 Die wichtigsten Punkte in Kürze 164

9 Alles „multi" oder was? Der Umgang mit einer Vielzahl an Projekten 167
Knut Kämpfert, Michael Kohler

9.1 Einleitung 168
9.2 Die Elemente des Multiprojektmanagements 169
- 9.2.1 Ideen 169
- 9.2.2 Potenzielle Portfolioelemente 170
- 9.2.3 Projekte 170
- 9.2.4 Programme 170
- 9.2.5 Portfolio/Subprojektportfolios 171

9.3 Unterschied zwischen Projekt-, Programm- und Portfoliomanagement 172
- 9.3.1 Projektmanagement 172
- 9.3.2 Programmmanagement 172
- 9.3.3 Portfoliomanagement 173
- 9.3.4 Übersicht: Portfolio, Programme und Projekte 175

9.4 Der Projektportfolioprozess 176
- 9.4.1 Strategie der Organisation 176
- 9.4.2 Projektideen sammeln 176
- 9.4.3 Projektvorhaben bewerten 176
- 9.4.4 Projektvorhaben priorisieren und entscheiden 177
- 9.4.5 Portfolio steuern 178
- 9.4.6 Ergebnisse des Portfolios bewerten 178

9.5 Rollen im Portfoliomanagement 179
- 9.5.1 Strategiegeber 179
- 9.5.2 Portfolioentscheider 179
- 9.5.3 Portfoliomanager 180
- 9.5.4 Programmmanager 180
- 9.5.5 Projektmanager 181
- 9.5.6 Projektsteuerkreis 181
- 9.5.7 Fachbereich/Linie 181
- 9.5.8 Projekt Management Office (PMO) 181

9.6 Einführung des Multiprojektmanagements 182
9.7 Multiprojektmanagement in globalen Projekten und Organisationen .. 182
9.8 Multiprojektmanagement im agilen Umfeld 183
- 9.8.1 Projekte: agil, hybrid und klassisch 183
- 9.8.2 Agil und Multiprojektmanagement 184
- 9.8.3 Agile Skalierungsansätze 185

9.9 Die wichtigsten Punkte in Kürze 186

10 Kennzahlensysteme zur Steuerung projektorientierter Unternehmen 189
Martin Kütz

10.1 Vorteile einer kennzahlenbasierten Steuerung 189
10.2 Begriffliche Grundlagen 190
10.3 Steuerung eines Projekts 194
10.4 Steuerung eines Projektportfolios 198
10.5 Herausforderungen für das agile Management 201
10.6 Vermessung der Projektorientierung 203
10.7 Einführung einer kennzahlenbasierten Steuerung 204
10.8 Fazit und Ausblick 206
10.9 Die wichtigsten Punkte in Kürze 206

11 Prozess- und Projektorientierung geschickt miteinander verbinden 209
Jens Erasmus, Reinhard Wagner

11.1 Einleitung 209
11.2 Ursachen und Wirkung der Prozessorientierung 210
11.3 Prozessorientierung im Projektmanagement 213
    11.3.1 Abgrenzung von „Projekt" und „Prozess" 213
    11.3.2 Einordnung von Prozessen 215
    11.3.3 Projektmanagementprozesse 217
11.4 Das Beispiel der prozessorientierten DIN 69901 218
    11.4.1 Prozessmodell der DIN 69901 218
    11.4.2 Projektmanagementprozesse der DIN 69901 222
    11.4.3 Prozessbeschreibungen der DIN 69901 223
    11.4.4 Praktische Umsetzung des Prozessmodells 224
11.5 Gestaltung prozessorientierter PM-Systeme 227
11.6 Die wichtigsten Punkte in Kürze 229

12 Wie der Konflikt zwischen Projekt und Linie beendet werden kann 231
Michael Bergau

12.1 Einleitung 231
12.2 Organisation als Maschine 233
12.3 Organisation als Organismus 236

12.4 Zum Begriff der Kultur 238
12.5 Kultur im Projekt, Kultur in der Linie 241
12.6 Unternehmenskultur gestalten 245
12.7 Konflikte bearbeiten und lösen 246
12.8 Die wichtigsten Punkte in Kürze 249

13 Projektmanagementkompetenzen wirksam werden lassen durch ein gelungenes Personalmanagement 251
Sigrid Pander

13.1 Günstige Voraussetzungen schaffen 251
13.2 Der strukturelle Rahmen gibt den Weg für die Kompetenzentwicklung vor 254
13.3 Personalmanagement wirkungsvoll verankern 258
13.4 Der Projektmanager als Unternehmer seiner Potenziale 262
13.5 Die wichtigsten Punkte in Kürze 265

14 Projektmanagementstandards für projektorientierte Unternehmen 267
Steffen Rietz

14.1 Einleitung 267
14.2 Orientierung in den verfügbaren Projektmanagementstandards 270
    14.2.1 Internationale Projektmanagementnormen 275
    14.2.2 Nationale Projektmanagementnormen 278
    14.2.3 Projektmanagementstandards 281
14.3 Auswahl der richtigen Norm und Implementierung 283
14.4 Die wichtigsten Punkte in Kürze 287

15 Projektmanagement-Tools der nächsten Generation 289
Dr. Rupert Stuffer

15.1 Einleitung 289
15.2 Ein Paradigmenwechsel 290
15.3 Bisherige Ansätze 292
    15.3.1 Die Mathematik soll es richten 293
    15.3.2 Die Excel-Falle 294
15.4 Forderungen an moderne PM-Software 296
    15.4.1 Schlanke Architektur durch „Appifizierung" 297
    15.4.2 Das Nutzererlebnis 298

15.4.3 Flexibilität und Sicherheit im Projekt-Ökosystem 301
15.4.4 Datensicherheit, Datenschutz und Revisionssicherheit 302
15.4.5 Aktiv kuratierte Datenmodelle 302
15.4.6 Eine Frage der Kultur 304
15.4.7 Trends und Perspektiven 305
15.5 Der Einstieg 306
15.6 Die wichtigsten Punkte in Kürze 307

16 Die Herausgeber und Autoren 309
16.1 Die Herausgeber 309
16.2 Die Autoren 310

Index 315

1 Vom Handwerk über die Industrialisierung zur Projektorientierung

Reinhard Wagner

Projektmanagement unterliegt einer dynamischen Entwicklung. Von ersten Hinweisen auf Projektarbeit im 17. Jahrhundert, deren Weiterentwicklung im Handwerk sowie während der Industriellen Revolution, im Rüstungswettlauf des Kalten Kriegs bis zur heutigen Zeit nimmt die Bedeutung der Projektarbeit zu. Unternehmen wandeln sich hin zur starken Projektorientierung mit Auswirkungen in allen Bereichen.

> In diesem Beitrag erfahren Sie,
> - wie sich die Projektarbeit von der Frühzeit bis heute entwickelt hat,
> - welche Auswirkungen das für Unternehmen mit einer Vielzahl an Projekten hat und
> - welche Trends und Entwicklungen zukünftig noch auf Unternehmen zukommen werden.

■ 1.1 Einleitung

Projekte sind heute aus unserem Alltag nicht mehr wegzudenken. Sie finden in Wirtschaftsunternehmen statt, in der öffentlichen Verwaltung, im Rahmen von Kunst-, Kultur- und Sportaktivitäten. Schon in der Schule findet Unterricht in Form von Projekten statt. Auch privat führen wir selbst das eine oder andere Projekt aus (siehe die Werbung der Hornbach Baumarktkette in 2018) oder unterstützen Projekte in der Entwicklungshilfe. Mit Hilfe von Projekten realisieren wir Ideen, machen Träume wahr oder erfüllen die Anforderungen unserer Kunden. In Unternehmen werden Strategien durch Projekte umgesetzt, Abläufe optimiert, organisatorische Strukturen angepasst und es wird gemeinsam aus den gesammelten Erfahrungen für neue Projekte gelernt. Projektmanagement versteht sich dabei zunehmend als Führungskonzeption, also die grundsätzliche Ausrichtung der Führung auf eine zielorientierte Gestaltung des Unternehmens durch Projekte bzw. die Verknüpfung von Zielen, Aufgaben und Methoden des Projektmanagements mit der strategischen Unternehmensentwicklung. Unternehmen werden mit Projekten erfolgreich geführt (Gleich u. a. 2012).

Dabei sind Projekte nichts Neues. Quellen belegen die Verwendung des Begriffs „Projekt" schon im 17. Jahrhundert. Zu diesem Zeitpunkt ging es aber vorrangig um Projekte zur Verbesserung der Gesellschaft und „Projektemacher" wurden eher als Abenteurer bzw. Verrückte beschrieben. Die Industrialisierung veränderte die Arbeitswelt dramatisch, auch Projekte spielten eine neue Rolle, das Effizienz-Paradigma dominierte fortan die Weiterentwicklung der Methoden und Werkzeuge des Managements. Modernes Projektmanagement entstand dann vor allem in den 1950ern bei Rüstungs- und Bauprojekten. Vorbild war „Operations Research", ein mathematischer Ansatz zur Problemlösung, der mit ersten Computern die Planung großer Vorhaben erleichterte und relativ schnell die Welt der Projekte eroberte.

In den letzten Jahren hat die Entwicklung auch vor dem Projektmanagement nicht Halt gemacht. Neue Ansätze, Methoden und Werkzeuge halten Einzug in die Projektarbeit. Projektmanagement entwickelt sich dramatisch weiter und fordert auch Unternehmen zu einem Umdenken und zur Veränderung. Um diese soll es im Folgenden gehen.

1.2 Kurze Geschichte der Projekte – von der Frühzeit über das Handwerk bis zur Industrialisierung

Die Welt ist voll von großartigen Bauwerken, u. a. die Pyramiden von Gizeh, die Chinesische Mauer oder die Tempel der Azteken in Mittelamerika, alle wurden mit großem Aufwand errichtet und heute würden wir Aktivitäten dieser Größenordnung wohl als Projekte bezeichnen. Leider ist nur wenig bekannt über die Art und Weise, wie diese Bauwerke errichtet wurden, sodass wir keine Rückschlüsse mehr ziehen können, wie das „Projektmanagement" wohl ausgesehen haben mag.

Projekte dienen den Menschen von der Antike bis in die heutige Zeit zur Selbstverwirklichung. Durch Projekte gestalten die Menschen ihre Welt, erbringen Produkte bzw. Dienstleistungen und entwickeln gesellschaftliche Verhältnisse beständig weiter. Richard Sennet sieht es als dauerhaftes menschliches Grundbestreben: „den Wunsch, eine Arbeit um ihrer selbst willen gut zu machen. Und sie beschränken sich keineswegs auf den Bereich qualifizierter manueller Tätigkeiten. Fertigkeiten und Orientierungen dieser Art finden sich [heute] auch bei Programmierern, Ärzten und Künstlern. Selbst als Eltern oder Staatsbürger können wir uns verbessern, wenn wir diese Tätigkeiten mit handwerklichem Geschick ausüben." (Sennet 2008)

Das Handwerk kann als gesellschaftlicher Nährboden für die Projektarbeit betrachtet werden. Es ging um den Dienst am Kunden, ganzheitlich erbracht, mit Werkzeugen und Apparaturen, die speziell für dieses Handwerk geschaffen wurden. Später organisierten sich die Handwerker in den Zünften, die Qualität als Maßstab des Handelns erkoren, sich um Qualifizierung des Nachwuchses und die Sicherung des Wissens kümmerten. Bis heute ist das Handwerk in Deutschland hoch angesehen, Vorgehen und Kompetenzen richten sich nach traditionellen Standards, jeder Auftrag würde heute als „Projekt" bezeichnet werden.

Erste Hinweise zu „Projekten" und „Projektemachern" finden sich allerdings erst im 17. Jahrhundert in Gedichten und Abhandlungen zur Zeitgeschichte. So gibt der spanische Schriftsteller Don Francisco de Quevedo Villegas in dem Buch „Fortune in Her Wits, Or The Hour of All Men" eine Geschichte wieder, die von Projektemachern in Dänemark handelt, die zur Hilfe gerufen werden, aber letztlich ein totales Chaos anrichten. Auch die Beschreibungen der Projektemacher bei Daniel Defoe, der 1697 den „Essay über Projekte" herausbrachte, ist nicht sehr positiv. Projekte finden zu dieser Zeit vor allem im Kontext gesellschaftlicher Entwicklungen statt. Es beginnt mit der Definition von Projekten: „Der Turmbau zu Babel war ein richtiges Projekt, denn tatsächlich ist die wahre Definition eines Projekts im heutigen Sinne, wie schon gesagt, ein großes Unternehmen, das zu breit angelegt ist, um bewältigt werden zu können, sodass mit ziemlicher Wahrscheinlichkeit nichts aus ihm wird ..." und beschreibt einen ehrenhaften Projektemacher als einen Menschen, „... welcher seine Idee nach den klaren und deutlichen Grundsätzen des gesunden Menschenverstands, der Ehrlichkeit und Klugheit in angemessener Weise ins Werk setzt, darlegt, worauf er hinaus will, nicht in fremde Taschen greift, sein Projekt selbst ausführt und sich mit dem wirklichen Erzeugnis als Gewinn seiner Erfindung begnügt." (Reder 2006)

In Deutschland taucht der Begriff des „Projects" erst in der Mitte des 18. Jahrhunderts auf. Johann Heinrich Gottlob von Justi beschreibt im Jahr 1761 sein Verständnis wie folgt: „Meines Erachtens versteht man unter einem Project einen ausführlichen Entwurf eines gewissen Unternehmens, wodurch unsere eigene oder anderer Menschen zeitliche Glückseligkeit befördert werden soll; zu welchem Ende alle zu ergreifenden Mittel und Maaßregeln, benebst den zu befürchtenden Schwierigkeiten und Hindernissen und die Art und Weise dieselben aus dem Wege zu räumen, in einem solchen Entwurfe deutlich vorgestellet werden." Von Justi geht sogar noch weiter und behauptet: „Alle Menschen sind Projectmacher; und so paradox auch dieser Satz vielen scheinen möchte: so getraue ich mir doch denselben ebenso gut und bündig mathematisch zu beweisen." (Krajewski 2004)

Sicherlich hat sich das Verständnis von Projekten und Projektmanagement bis in die heutige Zeit weiterentwickelt, die grundlegenden Gedanken werden jedoch bereits durch diese Beschreibung erkennbar.

Adam Smith, der Wegbereiter der Industrialisierung führte das Prinzip der Arbeitsteilung ein: „Die Arbeitsteilung dürfte die produktiven Kräfte der Arbeit mehr als alles andere fördern und verbessern. Das gleiche gilt wohl für die Geschicklichkeit, Sachkenntnis und Erfahrung, mit der sie überall eingesetzt oder verrichtet wird." (Smith 1993) Abteilungen spezialisierten sich auf bestimmte Arbeitsvorgänge, die Organisation richtet sich nach dieser Spezialisierung aus und die Produktivitätsgewinne sind bis heute erstaunlich. Mit der Arbeitsteilung durchbrach die Industrie das aus dem Handwerk bekannte Prinzip, nach dem ein Arbeiter das Produkt vom ersten bis zum letzten Arbeitsschritt selbstständig erstellte. Die Aufteilung der Arbeit in eine Vielzahl spezifischer Arbeitsvorgänge machte am Ende eine Integration erforderlich. Dies ist bis heute einer der Hauptgründe für die Popularität von Projektmanagement – die Arbeitsteilung erfordert eine Integration und damit jemand, der das große Ganze im Auge behält und die einzelnen Teile bzw. Gewerke wieder zusammenfügt.

Mechanische Antriebe und die Dampfmaschine ermöglichten sagenhafte Produktivitätsfortschritte und wirtschaftlichen Aufschwung in Europa. Hauptfokus der Projektarbeit lag deshalb auf der Investition in neue Fabriken, Industrieanlagen bzw. der Forschung und Entwicklung. Eine Vielzahl von Glanzleistungen wurden im 18. und 19. Jahrhundert geschaffen. Das folgende Beispiel soll dies verdeutlichen.

Beispiel

Die Gebrüder Siemens sind nicht nur Pioniere auf dem Gebiet der Technik, sondern von Beginn an auch Pioniere des Projektgeschäfts in Deutschland und der Welt. So erhielten die Brüder den Auftrag, eine etwa 11.000 Kilometer lange Telegraphenleitung von London nach Kalkutta zu bauen. Das Projekt war von Anfang an hoch komplex, sehr politisch und knapp bemessen, was Geld und Termine anging. Für die Projektierung waren drei Jahre und für die Realisierung gar nur zwei Jahre vorgesehen. Trotz der Vielzahl an Risiken schaffte es Siemens, die Leitung zum vereinbarten Termin und mit dem vorhandenen Budget fertigzustellen und den Betrieb über 60 Jahre hinweg aufrechtzuerhalten. Zum Projektmanagement schreibt das Unternehmen heute, dass viele der unternehmerischen Entscheidungen und Taten „mit Hilfe von Projektmanagement-Methoden durchgeführt wurden – intuitiv und aus unternehmerischen Motiven, aber nicht, weil ein Standard es vorschrieb. Formuliert und mit Namen versehen wurden diese Methoden erst im 20. Jahrhundert, also Dekaden nachdem die Indolinie und viele andere Großprojekte realisiert worden waren. Angewendet wurden sie schon wesentlich früher, und sicher nicht erst in den Zeiten der industriellen Revolution." (Bittner und Gregorc 2010)

Nicht unerhebliche Auswirkungen auf die Art und Weise der (Projekt-)Führung hatten Änderungen der Militärtaktik in der preußischen Armee. Schon 1807 schlägt Gerhard von Scharnhorst die Auftragstaktik vor, bei der ein Vorgesetzter nur das Ziel und den Rahmen (z. B. Termine und Ressourceneinsatz) vorgibt. Wie das Ziel erreicht wird, entscheiden die Soldaten jedoch selbst (Leistenschneider 2002). Es dauerte zwar bis 1871, also bis nach den deutschen Einigungskriegen, bis sich die Auftragstaktik im preußisch-deutschen Heer endgültig durchgesetzt hatte, sie wird jedoch bis heute bei der Bundeswehr verwendet und ähnelt in Grundzügen den „neuen Führungsprinzipien" im agilen Projektmanagement.

Maßgeblichen Einfluss auf die Entstehung des Projektmanagements hatte sicherlich auch das „Scientific Management". Hierbei handelte es sich um Bestrebungen in den Industriebetrieben, Produktivität mit Hilfe von „wissenschaftlichen" Ansätzen deutlich zu steigern. Prominentester Vertreter war Frederick Winslow Taylor, der Ende des 19. Jahrhunderts das Prinzip der Prozesssteuerung von Arbeitsabläufen perfektionierte. Auf Basis detaillierter Arbeitsstudien, einer präzisen Arbeitsvorbereitung, die jeden Arbeitsvorgang in seine Aufgaben zergliederte und genaue Angaben für deren Abarbeitung machte, konnte die Produktivität deutlich erhöht werden. Jedoch wurde das System in vielen Unternehmen von der Belegschaft abgelehnt, da es die Monotonie der Arbeit erhöhte und wenig Raum zur Entfaltung bot (Morris 2013). Henry Gantt war, ähnlich wie Frederick Winslow Taylor, auch in der Optimierung der Fertigungsabläufe aktiv und nutzte dabei ein Balkendiagramm zur Visualisierung der Arbeitsabläufe. Heute wird deshalb gerne erzählt, Gantt habe das Diagramm erfunden, was jedoch nicht stimmt, da schon der Pole Karol Adamiecki das von ihm als „Harmonygraph" bezeichnete Werkzeug verwendete.

1.3 Die Anfänge des Projektmanagements

Die großen Anstrengungen der amerikanischen Wirtschaft während des Zweiten Weltkriegs, aber vor allem das Wettrüsten während des Kalten Kriegs, forderte den Unternehmen alles ab. Herkömmliche Management-Ansätze reichten nicht mehr aus, man suchte neue Wege, um besser voranzukommen. Noch während des Zweiten Weltkriegs hatten sowohl das amerikanische wie auch das britische Militär auf „Operations Research" gesetzt. Darunter werden Entwicklung und Einsatz quantitativer Modelle und Methoden zur Entscheidungsunterstützung verstanden. Dabei kommt eine Mischung aus Angewandter Mathematik, Wirtschaftswissenschaften und Informatik zum Einsatz, um gewünschte Ergebnisse mit den geringstmöglichen Kosten bzw. mit gegebenen Mitteln das bestmögliche Ergebnis zu erreichen. Mit verschiedenen Netzplantechniken, u. a. PERT (Program Evaluation and Review Technique) der US Navy und der Critical Path Method (CPM) der Firma DuPont, wurden neue Planungsverfahren eingeführt, die schnell Verbreitung fanden, in Deutschland u. a. durch Pioniere wie Gernot Waschek und Edgar Weckerle (Waschek und Weckerle 1967).

 In den Anfängen des Projektmanagements wurde besonders viel Wert auf die Planung der Realisierung gelegt. Spezielle Planungsabteilungen bzw. deren Mitarbeiter planten akribisch vor der Realisierung des Projekts. Die Umsetzung wurde dann anderen Mitarbeitern überlassen. Änderungen, die sich über den Projektverlauf ergaben, mussten umständlich in die Planungsunterlagen eingearbeitet werden. „Die Netzplantechnik zeigt ihren vollen Wert erst, wenn sie nicht nur für die Planung, sondern auch für die Terminsteuerung und -überwachung eingesetzt wird. Die Planung ist mit dem Beginn der Projektdurchführung noch keineswegs abgeschlossen, sondern muss immer wieder überarbeitet werden, bis das Projekt beendet ist … Der Netzplan ist weniger ein Planungs- als vielmehr ein Führungsinstrument …" (Waschek und Weckerle 1967). Die Schwierigkeit der Anwendung von Netzplantechnik lag jedoch weder in der Kompliziertheit des Modells noch in der Informationsverarbeitung, sondern an den Menschen, die nicht immer bereit waren, die für den Netzplan richtigen Informationen zu liefern oder sich gar von einem Netzplan steuern zu lassen.

Im Jahr 1965 wurde der erste internationale Verband für Projektmanager gegründet, damals noch unter dem Namen (INTERnational NETwork oder kurz INTERNET), später benannte sich der Fachverband dann in International Project Management Association (IPMA) um. Bei der Gründung waren drei Fachleute aus der Luft- und Raumfahrtbranche dabei, Pierre Koch aus Frankreich, Dick Vullinghs aus Holland und Roland Gutsch aus Deutschland. Vier Jahre später gründete sich dann auch in den Vereinigten Staaten von Amerika ein Verband, das Project Management Institute (PMI).

Beide internationalen Fachverbände kümmerten sich, gemeinsam mit einer Vielzahl anderer nationaler Projektmanagement-Verbände, wie z. B. der Deutschen Gesellschaft für Projektmanagement e. V. (GPM), um die Weiterentwicklung der Netzplantechnik hin zum modernen Projektmanagement. So widmete sich z. B. die erste Projektmanagement-Norm des Deutschen Instituts für Normung (DIN) der Netzplantechnik. Später kam je eine Normenreihe für das Projektmanagement (DIN 69901 Teile 1 bis 5) und Multiprojektmanagement (DIN 69909 Teile 1 bis 4) hinzu. Auch international wurde die Normung im Rahmen der International Organization for Standardization (ISO) mit Hilfe der Verbände vorangetrieben, so gibt es eine Normenreihe von der Governance über das Management von Projekten, Programmen und Portfolios bis zu Fachterminologie (ISO 21500 bis 21511).

Neben Methoden- bzw. Prozessstandards haben die Fachverbände in den letzten Jahren auch eine Reihe von Kompetenzstandards veröffentlicht, die Grundlage für

Qualifizierung und Zertifizierung von Projektleitern sind. So zertifiziert die GPM z. B. in Deutschland jedes Jahr mehrere Tausend Projektleiter in einem vierstufigen Zertifizierungssystem.

Beispiel

„Zertifizierungen sind seit jeher Beweisstück einer Ausbildung, einer Leistung, sind Zeugnisse des Wissens. Die Zertifizierung zum Projektdirektor ist gleichbedeutend mit einer Lizenz, die zur unternehmerischen Leitung eines Großprojekts berechtigt. Wissen alleine genügt nicht. Auch ein Mindestmaß an Erfahrung ist eine der Voraussetzungen, um zu einer Prüfung zur Erlangung des Titels „Projektmanager (PM)", „Senior Project Manager (SPM)" oder „Project Director" (PDIR) überhaupt zugelassen zu werden. Nicht nur in der Siemens AG, sondern auch bei firmenunabhängigen Zertifizierungen ist dies inzwischen weltweiter Standard." (Bittner und Gregorc 2010)

Nach der Fokussierung auf die Netzplantechnik in den frühen Jahren der Disziplin rückten in den 80er- und 90er-Jahren weitere Aspekte in den Mittelpunkt, z. B. die Rolle der Menschen in Projekten, soziale Aspekte der Zusammenarbeit, politische Prozesse und vieles mehr. Mark Winter und Tony Szczepanek bildeten die verschiedenen Aspekte in ihrem Buch „Images of Projects" ab (vgl. Bild 1.1). In dem Buch werden verschiedene Aspekte der Projektarbeit angesprochen, die es zu berücksichtigen gilt. Es geht also nicht ausschließlich um Wertschöpfung durch Projekte, sondern auch um politische und soziale Prozesse, generelle Entwicklungsprozesse und Veränderungen („Change"), um Interventionen sowie temporäres Organisieren. Alle Aspekte fordern ein Umdenken, eine neue Perspektive, durch die das Projektmanagement auf das Projekt einwirkt. Entsprechend müssen unterschiedliche Kompetenzen sowie Vorgehensweisen je nach Perspektive angewandt werden. Virtuosität ist gefragt, nicht nur das blinde Befolgen vorgegebener Standardabläufe.

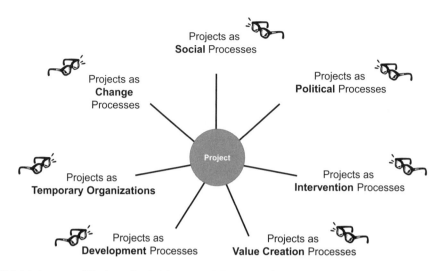

Bild 1.1 Images of Projects (in Anlehnung an Winter und Szczepanek 2009)

Die Projektarbeit wurde mit der Zeit immer facettenreicher. Nachdem in den Anfängen Projekte überwiegend nur in technischen Disziplinen (Felkai/Beiderwieden 2011) praktiziert wurden, entdeckte man nach und nach die Projektarbeit auch in der öffentlichen Verwaltung (Schönert u. a. 2016), im Ehrenamt (Wurster u. a. 2015) und in der Filmindustrie (Persse 2008). Damit war die Disziplin jedoch aufgefordert, sich an die Besonderheiten anzupassen, spezifische Lösungen für jede neue Anwendung zu entwickeln und sich generell kontinuierlich weiterzuentwickeln.

■ 1.4 Auf dem Weg zum projektorientierten Unternehmen

Verfolgt man die Entwicklung des Projektmanagements seit den Anfängen, dann erkennt man im Nachhinein ein Muster, beginnend mit dem „Management von Projekten", also der Umsetzung einzelner Projekte, welches über das „Management durch Projekte", also dem unternehmerischen Handeln durch Projekte, zu den projektorientierten Unternehmen führt, die den überwiegenden Teil ihrer Wertschöpfung in Form von Projekten erbringen (vgl. Bild 1.2).

Bild 1.2 Auf dem Weg zum projektorientierten Unternehmen (in Anlehnung an Bea u. a. 2011)

Beim „Management von Projekten" geht es um die möglichst effiziente Abwicklung eines einzelnen Projekts mit den entsprechenden Prozessen, Methoden und Tools. Hierzu wurden eine Vielzahl von Ansätzen in der Praxis entwickelt, angewendet und kontinuierlich verbessert. Die Literatur hierzu ist nahezu unüberschaubar und facettenreich. Das „Management durch Projekte" adressiert jedoch eine völlig andere Ebene, nämlich die strategische Ebene des Unternehmens. Projektmanagement wird zum Bestandteil der Unternehmensführung. Das Unternehmen wird durch Projekte gezielt weiterentwickelt (Bea u. a. 2011), Multiprojektplanung und -steuerung stehen im Mittelpunkt des unternehmerischen Handelns und dienen der Steigerung des Unternehmenswerts. Roland Gareis hat schon Ende der 1980er das Konzept „Management by Projects" populär gemacht. Dieses bereitete quasi der Diskussion um projektorientierte Unternehmen den Boden (Gareis 1989).

Das projektorientierte Unternehmen baut auf dem Konzept des „Managements durch Projekte" auf und entwickelt dieses strategisch weiter. Projekte stehen im Mittelpunkt unternehmerischen Handelns, sie sind quasi der „Kern des Geschäfts". Projektorientierte Unternehmen zeichnen sich durch eine „weitestgehende Entscheidungsdezentralisierung und durch ein umfassendes Empowerment der Projektteams aus. Zudem gewinnt die Entwicklung einer lernenden Organisation zum Aufbau organisationaler und persönlicher Kompetenzen in Sachen Projektmanagement zunehmende Bedeutung." (Bea u. a. 2011)

 Beispiel

Ein mittelständisch geprägtes Beratungsunternehmen wickelt einen Großteil seines Geschäfts über die Projekte ab. Die strategische Entwicklung hängt von den Kundenerwartungen sowie den gesammelten Erfahrungen in Beratungsprojekten ab. Ein Center of Competence entwickelt die Konzepte auf Basis der gesammelten Erfahrungen gezielt weiter, qualifiziert das Personal und stellt beides für die Abwicklung neuer Projekte zur Verfügung. Die Führung des Unternehmens passt sich stark an die Projektarbeit an.

Das projektorientierte Unternehmen erfordert jedoch auch eine neue, an den Anforderungen der Projektarbeit ausgerichtete Kultur. Diese Kultur hat vor allem eine Kunden-, Prozess- und Teamorientierung im Fokus, fördert kontinuierlichen Wandel sowie Netzwerken innerhalb des Unternehmens und auch darüber hinaus. Kern dieser „projektfreundlichen Kultur" ist auch das Empowerment der Mitarbeiter, generell und vor allem in Projekten (Gareis 2006).

Unternehmen sind soziale Systeme, in denen Wertvorstellungen eine große Wirkung auf Verhalten der Führungskräfte und Mitarbeiter haben. Kulturunterschiede zwischen der Linie, d. h. den Fachabteilungen, und den Projekten können zu Ablehnung und Konflikten führen. Machen Sie die Werte der Bereiche klar, sprechen Sie mit den Betroffenen, welche Werte in die Zusammenarbeit einfließen können und welche im Rahmen der zeitlich befristeten Projekte nicht angebracht sind. So ist die Perfektion eines Konstruktionsmitarbeiters in Projekten nicht hilfreich, wenn es um knappe Termine und Kosten geht.

Dem Topmanagement kommt selbstverständlich im Rahmen eines projektorientierten Unternehmens eine wichtige Rolle zu. In einer Studie der GPM in Zusammenarbeit mit der European Business School (EBS) im Jahr 2012 wurde die Rolle des Topmanagements untersucht (vgl. Gleich u. a. 2012). Nach der eigenen Einschätzung weisen die Topmanager der Projektarbeit und dem Projektmanagement nicht nur eine hohe Bedeutung zu, sondern sie nehmen auch selbst eine aktive Rolle dabei ein, d. h., sie sind aktiv bei der Gestaltung und Steuerung des projektorientierten Unternehmens. Die Handlungsempfehlungen für das Topmanagement sollen im Folgenden aufgelistet werden:

- Aufsetzen einer klaren und eindeutigen Projektstrategie, diese sollte sich direkt aus der Unternehmensstrategie ableiten – oder Teil davon sein.
- Flexibilität im Umgang mit Projekten sicherstellen – Projektteams notwendigen Freiraum geben.
- Organisationale Verankerung professioneller Projektmanagement-Strukturen (z. B. PMO) in Abhängigkeit von der Projektintensität sicherstellen.
- Kenntnisse im Projektmanagement beim Topmanagement gezielt fördern und ausbauen.
- Topmanager als Initiator, Ansprechpartner und Kontrolleur von Projektarbeit im Unternehmen kommunizieren.
- Wertschätzung von Projektarbeit und für Projektmitarbeiter sicherstellen.

Die Empfehlungen der Studie zielen darauf ab, die organisationale Wahrnehmung von Projektarbeit zu stärken und eine unternehmensweite Strategie für die Projektarbeit und die hierzu erforderlichen PM-Kompetenzen zu schaffen. Innerbetriebliche Studien zur Projektwirtschaft (Rump u. a. 2010) wie auch makroökonomische Untersuchungen (Rollwagen u. a. 2007; GPM 2015) zeigen einen klaren Weg zu projektorientierten Unternehmen auf. Demnach wenden Unternehmen schon heute im Durchschnitt 40 % ihrer Arbeitszeit für die Projektarbeit auf – Tendenz weiter steigend. In manchen Branchen hat die durchschnittliche Projektorientierung sogar schon mehr als 80 % erreicht (u. a. bei Projektsteuerern, Beratungsunternehmen, Start-ups und Eventagenturen). Überall dort, wo innovative Produkte und Dienstleistungen entwickelt und eingeführt werden, wird in Form von Projekten gearbeitet. Nur in den Bereichen der Verwaltung, wo Routinetätigkeiten dominieren, in der Fertigung von Massengütern oder in sicherheitskritischen Bereichen wird eher wenig in Projektform gearbeitet. Das ist vermutlich aber auch nur eine Frage der Zeit ...

1.5 Ausblick auf wichtige Trends und Entwicklungen

Die oben angeführten Studien zeigen eine weitere Bedeutungszunahme der Projektarbeit voraus. Bei Gareis wird sogar einer projektorientierten Gesellschaft das Wort geredet: „Eine Gesellschaft, die in Profit und in Non-Profit-Bereichen häufig Projekte und Programme als temporäre Organisationen zur Durchführung relativ einmaliger Prozesse mittleren bis großen Umfangs einsetzt, kann als projektorientierte Gesellschaft wahrgenommen werden." (Gareis 2006) Auch Rolf Lundin u. a. zeigen ebenfalls den Weg in eine projektorientierte Gesellschaft auf, verwenden dabei aber andere Begrifflichkeiten. So sprechen die Autoren von „Project Based Organisation (PBO)", „Project-supported Organisation (PSO) und „Project Networks (PNW)" (Lundin u. a. 2015). Gerade letztgenannte Organisationsform ist von Interesse, da Projekte immer häufiger nicht nur durch ein Unternehmen, sondern ein Netzwerk an Unternehmen kooperativ erbracht wird. Dies kann eine Arbeitsgemeinschaft (ARGE) im Baubereich sein, ein netzwerkartig organisiertes Forschungsprojekt unter Beteiligung international verteilter Hochschulen oder auch eine Fernsehproduktion, bei der jeder Partner nur einen Teil des Gesamtwerks verantwortet. In Zukunft werden solche Netzwerkorganisationen für die Projektarbeit eine wichtige Rolle spielen, weil sich die Unternehmen weiter spezialisieren und nur gemeinschaftlich das Projektergebnis erzielt werden kann.

>
> **Beispiel**
>
> Ein weltweit tätiger Automobilhersteller schließt sich mit einem seiner Wettbewerber und einigen Zulieferern zusammen, um an Konzepten für die Entwicklung und Produktion von Batterien zum Einsatz in Elektrofahrzeugen zu arbeiten. Alle Partner sind gleichberechtigt, jeder hat seine Aufgaben gemäß einer im Konsens verabschiedeten Vereinbarung zu erfüllen, ist aber auf eine enge Zusammenarbeit mit den anderen Partnern angewiesen. In einem sogenannten „Projekthandbuch" wurden alle Grundlagen der Projektarbeit definiert, die Prozesse, Methoden und Tools, Rollen mit Aufgaben, Befugnissen und Verantwortlichkeiten sowie Verfahren des Informationsaustauschs, der Kommunikation und Berichterstattung. Ein paritätisch besetzter Steuerkreis trifft die Entscheidungen und setzt diese innerhalb der beteiligten Firmen um. Ein Programmmanagement-Office (PMO) koordiniert alle Beteiligten und macht den Fortschritt transparent. Neben den üblichen Eskalationsmechanismen haben die Unternehmen viel Wert gelegt auf Konfliktprävention, Streitschlichtungsmechanismen und den Aufbau einer kooperativen Kultur. Allen ist bewusst: Nur gemeinsam können die Unternehmen ihre Wettbewerbsfähigkeit erhalten.

Im Zuge der fortschreitenden Projektorientierung stellt sich natürlich die Frage nach der Rolle der Linie, d. h. der Fachabteilungen. Denn die Linie besitzt weiterhin viel Macht und dominiert das Geschehen im Unternehmen. Leistungsziele und KPIs sind auf die Fachabteilungen ausgelegt, Mitarbeiter sind zumeist disziplinarisch den Fachabteilungsleitern untergeordnet. Diese entscheiden, wer was wann wo und wie macht. Auch in den Projekten. Denn über die typische Matrix-Projektorganisation hat der Projektleiter zwar Einfluss auf die dem Projekt zugeordneten Mitarbeiter der Linie. Wenn ein Fachabteilungsleiter jedoch etwas anderes mit den Mitarbeitern vorhat, dann wird es für den Projektleiter schwierig, seine Ziele durchzusetzen. Eine Idee könnte natürlich sein, die Matrix um neunzig Grad zu drehen, d. h. die Fachabteilungen sind Dienstleister für die Projekte, stellen Knowhow und Ressourcen für Projekte ab, dominieren aber nicht mehr das Geschehen. Die Projekte steuern das Geschehen über ihre Budgets, sprich sie kaufen sich aus den Fachabteilungen Know-how und Ressourcen zu. Die Projekte müssen zwar untereinander auch ausgesteuert werden, das könnte aber durch ein Projektportfoliomanagement bzw. ein PMO sichergestellt werden.

Niels Pfläging beschreibt die Veränderungen recht drastisch: „Mit dem Verständnis, dass Organisationen Wertschöpfungsnetze sind, die auf informellen Strukturen basieren, statt auf Weisungs- und Kontrollpyramiden, wird man sich keine Gedanken mehr um formale Hierarchie machen … man wird sich stattdessen mehr um Wertschöpfungsflüsse, die Nutzung von Gruppendruck und um die Pflege gesunder Netzwerkmuster kümmern. Organisationale Robustheit entsteht aus der

Qualität und Vielfalt der Interaktionen zwischen Akteuren und Teams heraus – nicht mehr durch Regeln, Chefs, Standards." (Pfläging 2015)

Damit ist man auch schnell bei der Agilisierung von Unternehmen angelangt. Und ja, es geht hier nicht um die Anwendung agiler Methoden wie Scrum, um die Projektabwicklung zu beschleunigen. Diese sind völlig nutzlos, wenn nicht das Unternehmen sich wandelt, und zwar von der Strategie über die Struktur, Prozesse, Methoden und Tools bis hin zum Mindset aller Beteiligten. Projektarbeit erfordert radikale Veränderungen. Das beginnt beim Führungsverständnis und geht über das Empowerment der Mitarbeiter und die Schaffung von Freiräumen zur kreativen Entfaltung im Rahmen der Projektarbeit bis zu einer konsequenten Nutzung moderner Informations- und Kommunikationstechnologien für die vernetzte Zusammenarbeit. Dies wird hier in einem der Kapitel noch zur Sprache kommen, zeigt aber bereits die Dramatik des Wandels für Unternehmen und Führungskräfte auf. Stichworte wie Digitalisierung, Künstliche Intelligenz und Co-Creation vervollständigen dieses Bild und zeigen die Entwicklung des Projektmanagements eindrücklich auf.

■ 1.6 Die wichtigsten Punkte in Kürze

- Projekte sind uns heute allgegenwärtig, dabei gibt es Projekte schon seit Beginn der Menschheit.
- Frühe Hinweise auf Projektemacher im 17. Jahrhundert zeigen auf, welche schwierige Aufgaben diese zu lösen hatten und wie wenig Vertrauen in diese gesetzt wurde.
- Das Projektmanagement entwickelte sich in den 1950ern aus der Netzplantechnik in den USA, Fokus war die Planung der Projektrealisierung mit Hilfe mathematischer Modelle.
- Später kamen viele weitere Aspekte hinzu, insbesondere spielen heute die Menschen in den Projekten eine maßgebliche Rolle und nicht mehr so sehr die Methoden und Tools.
- Der Wandel vom „Management von Projekten" über das „Management durch Projekte" bis hin zum „Projektorientierten Unternehmen" zeigt die Dynamik und steigende Anforderungen für die Unternehmen und Unternehmer auf.
- Dieser Trend wird anhalten und weitere Anpassungsleistungen im Unternehmen erfordern, mit fortschreitender interner Vernetzung, mehr Autonomie und Selbstorganisation der Mitarbeiter und weniger Hierarchie und autoritärer Führung.

Literatur

Bea, Franz Xaver; Scheurer, Steffen; Hesselmann, Sabine: *Projektmanagement*. 2. Auflage. UVK Verlagsgesellschaft Konstanz, 2011, S. 715 ff.

Bittner, Elisabeth; Gregorc, Walter (Hrsg.): *Abenteuer Projektmanagement*. Publicis Publishing Erlangen, 2010, S. 211

Felkai, Roland; Beiderwieden: *Projektmanagement für technische Projekte*. 3. Auflage. Springer Vieweg Wiesbaden, 2015

Gareis, Roland: *Happy Projects!* 3. Auflage. Manz Wein, 2006, S. 51

Gareis, Roland: *Management by Projects*. In: International Journal of Project Management, Volume 7, No. 4, 1989, S. 243–250

Gleich, Ronald; Wagner, Reinhard; Wald, Andreas; Schneider, Christoph; Görner, Arne: *Mit Projekten Unternehmen erfolgreich führen*. GPM Nürnberg, 2012

GPM: *Makroökonomische Vermessung der Projekttätigkeit in Deutschland*. GPM Nürnberg, 2015, S. 4

IPMA: *50th Anniversary of IPMA*. URL: http://products.ipma.world/ipma-product/50th_anniversary/. Abgerufen am 27.12.2018

Krajewski, Markus (Hrsg.): *Projektemacher*. Kulturverlag Kadmos Berlin, 2004, S. 38

Leistenschneider, Stephan: *Auftragstaktik im preußisch-deutschen Heer 1871 bis 1914*. Mittler Verlag Hamburg, 2002

Morris, Peter W. G.: *Reconstructing Project Management*. John Wiley & Sons Chichester, 2013, S. 19

Persse, James: *Hollywood Secrets of Project Management Success*. Microsoft Press Redmond, 2008

Pfläging, Niels: *Organisation für Komplexität. Wie Arbeit wieder lebendig wird und Höchstleistung entsteht*. Redline Verlag, München 2014, S. 54

Reder, Christian (Hrsg.): *Daniel Defoe. Ein Essay über Projekte*. Springer Wien, 2006, S. 111 f.

Rollwagen, Ingo; Hofman, Jan; Schneider, Stefan: *Deutschland im Jahr 2020 – Neue Herausforderungen für ein Land auf Expedition*. URL: https://www.dbresearch.de/PROD/RPS_DE-PROD/PROD0000000000474798/Deutschland_im_Jahr_2020_-_Neue_Herausforderungen_.PDF. Abgerufen am 26.12.2018, S. 22 ff.

Rump, Jutta; Schabel, Frank; Alich, David; Groh, Sibylle: *Betriebliche Projektwirtschaft. Eine Vermessung. Eine empirische Studie des Instituts für Beschäftigung und Employability (IBE) im Auftrag von HAYS*. URL: https://www.hays.de/personaldienstleistung-aktuell/studie/betriebliche-projektwirtschaft-eine-vermessung. Abgerufen am 25.12.2018, S. 4

Schönert, Silke; Münzberg, Michael; Staudt, Dieter (Hrsg.): *Projektmanagement in der öffentlichen Verwaltung. Best Practices in Bund, Ländern und Kommunen*. Symposion Publishing Düsseldorf, 2016

Sennet, Richard: *Handwerk*. 2. Auflage. Berlin Verlag Berlin, 2008, S. 19

Smith, Adam: *Wohlstand der Nationen*. 6. Auflage. Deutscher Taschenbuch Verlag München, 1993, S. 9

Waschek, Gernot; Weckerle, Edgar: *Die Praxis der Netzplantechnik*. Verlag für Unternehmensführung Dr. Max Gehlen Baden-Baden, 1967

Winter, Mark; Szczepanek, Tony: *Images of Projects*. Gower Publishing Farnham, 2009

2 Aktuelle Herausforderungen der Projektarbeit für Unternehmen

Michael Horlebein, Reinhard Wagner

Die Bedeutung der Projektarbeit nimmt seit den letzten Jahren kontinuierlich zu. Dies wird durch Trends in Wirtschaft und Gesellschaft gefördert, stellt Unternehmen vor neue Herausforderungen und macht Veränderungen notwendig. Digitalisierung, Agilisierung und Vernetzung sind nur einige der neuen Anforderungen an die Unternehmen und verlangen von Führungskräften, neue Wege einzuschlagen.

In diesem Beitrag erfahren Sie,
- welche Entwicklungen und Trends auf Projektarbeit einwirken und welche Auswirkungen das für die betroffenen Unternehmen und Führungskräfte hat,
- welche Anforderungen bei der Gestaltung projektorientierter Unternehmen zu berücksichtigen sind und
- was Entscheider für die erfolgreiche Ausgestaltung der Projektarbeit tun können.

2.1 Einleitung

Projektarbeit ist in. In manchen Unternehmen scheint es, als würde Projektarbeit andere Arbeitsformen dominieren. In einer bislang einzigartigen Studie kommt die Gesellschaft für Projektmanagement (GPM) zu folgender – inzwischen auch in anderen Ländern bestätigten – Erkenntnis: „Der Anteil der Projekttätigkeit an der Gesamtarbeitszeit lag 2013 deutschlandweit bei 34,7 %. Bis 2019 lässt sich ein weiterer Anstieg auf über 40 % prognostizieren. Das Ergebnis bestätigt die These einer zunehmenden „Projektifizierung" der deutschen Wirtschaft. Projekte spielen nicht nur in traditionell eher projektorientierten Branchen eine bedeutende Rolle für die Wertschöpfung, sondern ebenso in vermeintlich „projektfernen" Wirtschaftsbereichen wie dem öffentlichen Dienst." (GPM 2015)

Diese Entwicklung wird befeuert durch eine Vielzahl von Trends bzw. Herausforderungen, denen sich Unternehmen seit geraumer Zeit stellen müssen. Im folgenden Abschnitt werden ausgewählte Trends mit Auswirkungen auf Projektarbeit aufgezeigt. Diese wirken nicht alle gleich stark auf die zunehmende Projektorientierung von Unternehmen. In der Summe jedoch erhöhen sie den Druck auf Unternehmen zur Anpassung. Welche Herausforderungen kommen auf Unternehmen durch die verstärkte Arbeit in und durch Projekte zu? Was bedeutet das für Unternehmer, Entscheider und Führungskräfte? Welche Anpassungsleistungen sind in Bezug auf das Projektmanagement selbst zu leisten? Wie verändert sich die Zusammenarbeit in bzw. zwischen Unternehmen? Diese und viele weitere Fragen sollen in diesem und anderen Buchkapiteln aufgegriffen und beantwortet werden.

2.2 Ausgewählte Trends mit Auswirkungen auf die Projektarbeit

Im Folgenden sollen einige Trends, also Entwicklungen, aufgezeigt werden, die Auswirkungen auf die Projektarbeit haben. Als Projektarbeit wird dabei die Arbeit in einem bzw. durch ein Projekt verstanden. Dies wiederum kann nach DIN 69901-5 definiert werden als ein „Vorhaben, das im Wesentlichen durch die Einmaligkeit der Bedingungen in ihrer Gesamtheit gekennzeichnet ist, z. B. eine Zielvorgabe, zeitliche, finanzielle, personelle oder andere Begrenzungen, projektspezifische Organisation." (DIN 2009)

2.2.1 Von der Massenproduktion über „mass customization" zu kundenindividuellen Leistungsbündeln

Die Entwicklung in der produzierenden Industrie kann am Beispiel der Automobilindustrie verdeutlicht werden. Sie ist weltweit eine der bedeutendsten Industrien und unterliegt wie keine andere einem gravierenden Wandel. Nachdem vor 130 Jahren der erste stationäre, von Carl Benz konstruierte Benzinmotor lief, entwickelte sich die Branche rasant weiter und erreichte durch Fließbandfertigung nie gekannte Stückzahlen. Allerdings gab es nur eine sehr begrenzte Zahl von Produkten bzw. Varianten, die Produktion war auf große Stückzahlen ausgelegt, um die Produkte möglichst günstig herzustellen und so einer breiten Käuferschicht zugänglich zu machen. Projekte gibt es in Zeiten der Massenfertigung zwar auch, jedoch beschränkt sich die Projektarbeit auf die einmalige Entwicklung der Fahrzeuge sowie die Planung und Realisierung der Produktionsstätten. Skaleneffekte und Effizienzsteigerung waren Ziel des „Fordismus" bzw. „Taylorismus" bis in die 1970er-Jahre.

Durch die Ölkrise, Kritik an den sozialen Verhältnissen in der Produktion sowie die Konkurrenz aus Japan (vgl. Womack u. a. 1990) wurde die Automobilindustrie in den westlichen Ländern weiter unter Druck gesetzt, Produktprogramm sowie Produktionsmethoden zu verändern. Ausgangspunkt für Toyota bei der Ausgestaltung von Produkten und Produktion ist gemäß „Toyota Produktionssystem" immer der Kunde mit seinen Erwartungen. Diesen Erwartungen haben sich Eigeninteressen unterzuordnen. In der Folge nahm die Anzahl der Modelle, Varianten und kundenspezifischen Ausstattungsmerkmale erheblich zu. Der Fokus verschob sich deutlich auf die Entwicklung neuer Modelle, Varianten bestehender Fahrzeuge und deren Ausstattungen. Gleichzeit musste die Produktion flexibler ausgerichtet werden, um der wachsenden Zahl an Modellen, Varianten und Ausstattungsmerkmalen gerecht zu werden.

Christophe Midler spricht im Zusammenhang mit Veränderungen bei Renault von „projectification", einer zunehmenden Zahl und Bedeutung von Projekten, um mit den skizzierten Herausforderungen der Branche besser fertig zu werden (vgl. Midler 1995). Projekte und Projektmanagement sind einerseits ein vielversprechender Lösungsansatz, andererseits erfordert die neue Form der Projektarbeit Änderungen an den herkömmlichen Strategien, Strukturen, Prozessen und Kompetenzen aller Beteiligten, nicht nur innerhalb eines Unternehmens, sondern entlang der gesamten Wertschöpfungskette. Professionelles Projektmanagement wird zum strategischen Erfolgsfaktor für eine Branche im Umbruch (vgl. Hab und Wagner 2017). Innovative Fahrzeugprojekte, auf Basis von Plattformtechnologien, unter Beteiligung mehrerer Hundert Zulieferunternehmen verteilt über die gesamte Welt ... dies sind nur ein paar Hinweise auf die Komplexität der Projektarbeit in der Branche und die Anforderungen an die Beteiligten.

Die zunehmende Emanzipation der Käufer von Produkten führte in den 1990er-Jahren zur Entwicklung des Ansatzes von „mass customization", einer Kombination von Skaleneffekten mit Massenproduktion und flexiblen Reaktionen auf Kundenwünsche durch Individualisierung des Angebots (z. B. Konfiguration von Fahrzeugen über extra geschaffene Plattformen). Das Projektmanagement war gefordert, qualitativ hochwertige Produkte möglichst schnell und kostengünstig zu erstellen und gleichzeitig – mit dem Blick fürs Ganze – eine übergreifende Steuerung der vielen Projekte mithilfe von Multiprojektmanagement zu ermöglichen.

Damit ist aber noch längst nicht das Ende der Entwicklung erreicht. Heutzutage steht der Kunde mehr denn je im Vordergrund der Bemühungen von Unternehmen. Kundenindividuelle Leistungsbündel, ausgestaltet durch die aktive Mitwirkung der Kunden, ermöglicht durch den Erfahrungsschatz sowie den flexiblen Ressourceneinsatz von Unternehmen, realisiert in Form von Projekten, dies wird die zukünftige Herausforderung für Unternehmer sein. Im Fokus stehen Mobilitätsleistungen, die auf die individuelle Situation des Kunden in Bezug auf Reichweite, Fahrprofil, Energie- und Lebenssituation angepasst sind und in Kooperation mit dem Kunden in der frühen Projektphase sowie den verschiedenen Wertschöpfungspartnern bei Herstellung und Betrieb entstehen. Projekte bilden die Klammer über die Wertschöpfung und integrieren alle Beteiligten. Sie bauen auf Erfahrungen vieler Vorgängerprojekte auf und nutzen flexibel das dabei erzeugte Wissen und die Kompetenzen der Partner. Die Skaleneffekte stehen nicht mehr im Mittelpunkt des Unternehmens, wie noch in den Anfängen der Industrie, jedoch sind diese im Hintergrund weiter verfügbar in Form von intelligenten Produktarchitekturen, Baukästen, Plattformen und Wissensdatenbanken, die projektspezifisch zum Einsatz kommen. Der Fokus liegt nunmehr auf den Kundenwünschen.

2.2.2 Automatisierung, Digitalisierung, Künstliche Intelligenz

Seit den Anfängen der Industrialisierung wird versucht, mithilfe von Automatisierungslösungen sowohl Geschwindigkeit, Effizienz als auch Ressourcenbedarf in der Fertigung zu optimieren. Schon Ende des ausgehenden 18. Jahrhunderts wurde mithilfe von mechanischen Webstühlen – die durch Wasser- bzw. Dampfkraft angetrieben wurden – eine höhere Produktivität erreicht („1. Industrielle Revolution"). Mit der elektrischen Energie begann dann hundert Jahre später die „2. Industrielle Revolution". Sie half z. B., die Fließbänder anzutreiben und ermöglichte weitere Produktivitätsgewinne. Die „3. Industrielle Revolution" ist unmittelbar verbunden mit den Speicher-Programmierbaren Steuerungen (SPS), die ab den 1970ern in der Fertigung Einzug hielten und die Automatisierung von bisher manuell bearbeiteten Vorgängen ermöglichte. Neben der Produktivitätssteigerung war eine weitgehende Flexibilisierung von Fertigungsabläufen die Folge. Mehrere Produkte können auf derselben Fertigungsanlage automatisch hergestellt werden. Aktuell erleben wir die „4. Industrielle Revolution", auch „Industrie 4.0" genannt. Eingesetzt werden dabei eine Vielzahl moderner Technologien, allen voran moderne Informations- & Kommunikationstechnologien (IKT), die eine durchgängige Vernetzung von Menschen, Maschinen und Objekten („Internet of Things") möglich machen. Sensoren und Signalgeber sind „Augen und Ohren" in der Fertigung, die kombiniert mit selbstfahrenden Transportfahrzeugen, Robotern oder Vorrichtungen aller Art das Arbeitsvolumen in der Fertigung reduzieren und weitgehende Selbststeuerung ermöglichen. Klaus Schwab vom World Economic Forum beschreibt die Auswirkungen wie folgt: „This revolution is different in scale, scope and complexity from any that have come before. Characterized by a range of new technologies that are fusing physical, digital and biological worlds, the developments are affecting all disciplines, economies, industries and governments, and even challenging ideas about what it means to be human." (Schwab 2016)

Was bedeutet das aber nun für die Projektarbeit? Arbeit verändert sich stark von mechanischen hin zu intellektuellen Anstrengungen. Im gleichen Maße wie Arbeitsplätze in der Fertigung abgebaut werden, entstehen neue, hochqualifizierte Arbeitsplätze, die Innovation und kontinuierliche Weiterentwicklung erst möglich machen. Dies findet in Form von Projekten statt. Eine innerbetriebliche Erhebung zu den Arbeitsformen in Betrieben stellt fest: „Betriebliche Projektwirtschaft gehört längst zum Alltag in den meisten Unternehmen. Drei Viertel der befragten Entscheider geben an, dass in ihrer Firma bereits projektwirtschaftliche Strukturen genutzt werden. Dabei zeigt der Mittelwert, dass mittlerweile rund 37 % aller Arbeitsabläufe in Unternehmen projektwirtschaftlich organisiert werden … die starke Verbreitung von Projektwirtschaft lässt sich am besten gegenüber „herkömmlichen Arbeitsabläufen" abgrenzen und beschreiben. Diese konventionellen Abläufe sind gekennzeichnet durch wiederkehrende Tätigkeiten und standardisierte Prozesse, die weitgehend die Arbeitszeit der Mitarbeiter determinieren und nur geringe Gestaltungsspielräume bieten." (Rump u. a. 2010)

Projekte werden überall realisiert, wo es um Neues geht, um Entwicklung von Produkten, Prozessen und Dienstleistungen oder deren Verbesserung. Für Innovation und wissensintensive Pionierarbeit werden Projekte genauso eingesetzt wie für die Einführung modernen Technologien oder die Veränderung von bestehenden Abläufen. Projekte sind „Befähiger" für den Wandel, sie helfen den Unternehmen dabei, Veränderungen aktiv zu gestalten. Die oben zitierte Studie bringt die Gründe zur Implementierung von projektwirtschaftlichen Strukturen wie folgt auf den Punkt: „Betriebliche Projektwirtschaft bietet für den Umgang mit Komplexität, steigenden Markterfordernissen und Preisdruck adäquate Werkzeuge, um mit diesen Herausforderungen umzugehen. Aber auch Potenzial hinsichtlich Synergien wird erkannt und genutzt. Denn Projektwirtschaft ermöglicht es, gleichzeitig auf breites, plurales Wissen zurückzugreifen."

Mit modernen Automatisierungslösungen ist aber noch längst nicht das Ende der Entwicklung erreicht. Der Zugriff und die Möglichkeit zur Auswertung großer Datenmengen („Data Analytics") mit modernen Computerprogrammen schaffen die Voraussetzungen für weitergehende Lösungsansätze, wie z. B. die Anwendung von „Künstlicher Intelligenz (KI)". Während in den Anfangsjahren KI-Programme schlicht eine große Zahl komplexer „Wenn-Dann"-Aufgaben gelöst haben, sind Programme der heutigen Generation von KI unserem Gehirn nachempfunden. Diese gehen selbstständig über sogenannte „Neuronale Netze" mit Mustererkennung vor (u. a. mit Hilfe von Sprache, Bildern und Signalen) und verbessern sich ständig. Damit wird die Lösung komplexer Aufgaben und „Deep Learning" möglich.

Welche Auswirkungen haben Digitalisierung und KI zukünftig auf die Projektarbeit? Reinhard Wagner zeigt in einem Artikel die Anwendungsmöglichkeiten auf. So kommt KI beispielsweise zum Einsatz bei „der Analyse der Ausgangssituation sowie möglicher Varianten des Business Cases, bei der Erstellung von Planungsunterlagen (auf Basis von abgeschlossenen Projekten und verfügbarer Informationen) sowie von technischen Dokumenten, bei Erfassung und Bewertung von Controlling-Daten und Vorbereitung von Entscheidungen im Projekt. Also überall da, wo die Stärken der KI zum Tragen kommen." (Wagner 2018)

Projektleiter müssten zukünftig lernen, wie sie entsprechende Vorgaben für die KI machen, Ergebnisse der Algorithmen auf ihre Plausibilität hin überprüfen und ggf. Korrekturen vornehmen. Hierzu sollten entsprechende Kompetenzen bei dem Projektmanager aufgebaut werden. Überall dort, wo es vorrangig um Zusammenarbeit geht, wo Beziehungen, zwischenmenschliche Kommunikation und gezielter Aufbau von Vertrauen gefragt sind, da wird auch zukünftig ein Projektleiter unverzichtbar sein, so Wagner.

2.2.3 Von stabilen Organisationsstrukturen zur Vernetzung und kontinuierlichen Transformation

Nichts ist beständiger als der Wandel. Dieser Spruch wird für viele Unternehmen heute zur Kernfrage des unternehmerischen Handelns. Zu Beginn der Industrialisierung haben große Unternehmen wie z. B. Bosch, Siemens, Volkswagen oder ZF eine hohe Wertschöpfungstiefe aufgebaut. Jeder noch so spezielle Arbeitsgang konnte im eigenen Haus bewerkstelligt werden. Die Zahl der Arbeiter in deutschen Fabriken nahm stark zu, der Mittelstand spielte damals noch keine bedeutsame Rolle. Lebenslange Anstellung bei einem Industrieunternehmen war noch an der Tagesordnung, teilweise folgten die Söhne ihren Vätern beim gleichen Unternehmen nach. Zug um Zug erkannte man aber in den Führungsetagen, dass eine Diversifikation von Märkten, Produkten und Leistungen auch eine Änderung der Organisation zur Folge haben muss. Fokussierung auf Kernkompetenzen ermöglichte es, spezialisierte Zulieferer einzubinden. Die nicht zu den Kernkompetenzen zählenden Wertschöpfungsschritte wurden konsequent ausgelagert und das „Supply-Chain-Management" entwickelte sich zu einer wichtigen Integrationsfunktion. Projekte fanden nun nicht mehr nur innerhalb der eigenen, hierarchischen Unternehmensstruktur statt, sondern in einer auf externe Kunden und Lieferanten ausgerichteten, prozessorientierten Wertschöpfungskette.

In einer Studie zur Entwicklung der deutschen Wirtschaft bis ins Jahr 2020 hat die Deutsche Bank Research im Jahr 2007 verschiedene Szenarien simuliert und kommt zu folgenden Erkenntnissen in Bezug auf vorherrschende Wertschöpfungsmuster: „Anno 2020. In den vergangenen 15 Jahren haben immer mehr deutsche Unternehmen erkannt, dass sie, um erfolgreich zu sein oder schlicht um zu überleben, mit neuen, flexiblen Kooperationsformen auf die rapide gestiegenen Anforderungen ihrer Umfelder und Märkte reagieren müssen … Das Erzeugen und erfolgreiche Vermarkten von Spitzentechnologie und innovativen, wissensintensiven Dienstleistungen erfordert daher heute eine Kompetenz- und Wissensbreite, die von einem Unternehmen nur noch selten allein bereitgestellt werden kann – zumal nicht in der Geschwindigkeit, mit der die Märkte die nächste Produktgeneration verlangen … Ein wachsender Teil der deutschen Wirtschaft ist heute daher als Folge eigenständiger Projekte mit nach Bedarf wechselnden Teilnehmern organisiert. Dieses Wertschöpfungsmuster passt sich der gestiegenen (Wissens-)Dynamik der Wirtschaft flexibler an, beschleunigt den Prozess der ‚schöpferischen Zerstörung' und hilft, unnötige Fixkosten zu vermeiden." (Rollwagen u. a. 2007)

Projekte finden deshalb heutzutage in teilweise global verteilten Netzwerken statt. Die auf Kunden ausgerichteten Prozesse machen nicht an Unternehmensgrenzen halt, sondern beziehen eine Vielzahl von Zulieferern und Dienstleistern ein. Teilweise sind diese organisatorisch eng verknüpft, sodass von außen betrachtet gar nicht mehr erkennbar ist, wer welche Leistung erbringt. In Deutschland spielt der Mittelstand zunehmend eine tragende Rolle, nicht nur für Beschäftigung, Innovation und Wachstumsdynamik, sondern vor allem als flexibler Projektpartner, ohne den manch großes Unternehmen heute auf den Weltmärkten nicht mehr überleben könnte.

Bild 2.1 zeigt die Entwicklung der Projektarbeit von einer eher nach innen gerichteten Hierarchie hin zu einem engmaschigen Netzwerk aller externen Projektbeteiligten bei steigender Komplexität.

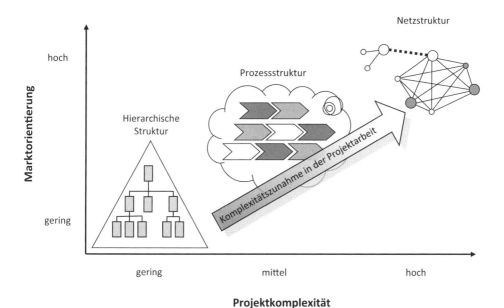

Bild 2.1 Projektarbeit zwischen Hierarchie und einem Netzwerk (Hab und Wagner 2016, S. 263)

Unternehmen wandeln sich also durch die Projektarbeit, wobei es nicht nur eine Organisationsform gibt, die erfolgversprechend ist. Niels Pfläging plädiert für eine „Organisation als verbundenes, lebendiges und vom Markt gesteuertes Netzwerk, in dem alle Akteure Verantwortung tragen." (Pfläging 2014)

Netzwerke sind gemäß Pfläging eine bessere Art, Organisationen zu beschreiben, denn sie sind durch ihre informellen Strukturen Netzwerke einzelner Akteure sowie durch die Wertschöpfungsstrukturen Netzwerke interner und externer Wertschöpfungspartner.

Start-ups gelten in der heutigen Wirtschaft als Vorbild für agile, unmittelbar auf die Kundenwünsche ausgerichtete Organisationen. Diese arbeiten überwiegend in Projektform, mit wechselnden Partnern und sind attraktiv für die junge Generation. Großen Unternehmen fällt es natürlich schwer, eine echte Start-up-Mentalität zu erzeugen. Deshalb werden heute immer häufiger radikale Innovationen aus der Linienorganisation herausgelöst, in einem Umfeld ähnlich von Start-ups positioniert und mit entsprechendem Freiraum für Kreativität und Entfaltung versehen. In letzter Konsequenz könnte das die Auflösung von herkömmlichen Strukturen bedeuten, wäre da nicht der Wunsch nach Stabilität und Beständigkeit in Organisationen. Insofern müssen sich Unternehmen heute immer wieder, abhängig vom Projektinhalt bzw. der Aufgabe, neu erfinden, neu strukturieren und Wertschöpfungsketten über alle Grenzen hinweg neu ausgestalten. Transformation gehört also tatsächlich zur beständigen Aufgabe von Unternehmen, Unternehmern und allen Führungskräften. Projekte spielen dabei eine Hauptrolle. Nicht Management von Projekten, sondern das Organisieren von Projekten in einem dynamischen Umfeld mit teilweise widersprüchlichen Anforderungen ist Herausforderung und erfordert kontinuierliche Transformation.

2.2.4 „Der Mensch ist Mittelpunkt" statt „Der Mensch ist Mittel. Punkt"

Der Augsburger Professor Oswald Neuberger hat mit seinem Wortspiel „Der Mensch ist Mittel. Punkt" statt „Der Mensch ist Mittelpunkt" die Führungsdebatte der letzten Jahre schön auf den Punkt gebracht. Zu Beginn der industriellen Revolution waren Arbeiter tatsächlich eher Produktionsfaktoren, Mittel zum Zweck eines optimalen Produktionsablaufs. Sie hatten zu „funktionieren". Eine ähnliche Kritik ertönte nach den ersten Anfängen des Projektmanagements, als Planer idealisierte Ablaufpläne nach Methoden des „Operation Research" entwarfen und Projektteams dann diese Pläne möglichst störungsfrei in die Praxis übertragen sollten. Projektmanager und „Mitarbeiter" führten nur aus, was andere vorgedacht haben und konnten sich selbst nicht einbringen. Freiraum, Selbstverwirklichung und Arbeitsautonomie klingen wie Beschreibungen aus einer anderen Welt, einer Welt der Freizeit, aber eben nicht der Arbeit.

Inzwischen rückt der Mensch zusehends in den Mittelpunkt der Betrachtungen bzw. der Führungsarbeit. Selbst die Psychologie hat ihre Aufmerksamkeit auf Projektarbeit gelenkt und hilft Fragen wie z. B. „Wie finde ich geeignete Mitarbeiterinnen und Mitarbeiter für die vorgesehene Projektarbeit? … Wie sichert man das notwendige Commitment der Projektmitglieder an das Projekt, ohne darüber die Bindung an herkömmliche Aufgaben zu vernachlässigen? … Und was ist bei alledem Aufgabe eines Projektleiters, welche Anforderungen sind an ihn zu stellen?" (Wastian u. a. 2009)

Insbesondere in Unternehmen, die innovativ sein wollen und sich ständig neu erfinden müssen, bleibt gar nichts anderes übrig, als die Menschen wieder stärker in den Mittelpunkt des Handelns zu stellen. Ulf Froitzheim stellt in seinem Artikel „Freiheit macht erfolgreich" in der edition brand eins zu „Neue Arbeit" mit Blick auf drei Chemieunternehmen heraus, dass „der beste Rat für ein Unternehmen, das innovativ bleiben oder werden will, heißen kann, die eigenen Leute einfach mal machen zu lassen." (Froitzheim 2018) Für den Erfolg von innovativen Projekten brauche es genügend Freiraum, so die These. Unternehmer müssten Unsicherheit aushalten, Eigeninitiative belohnen, Bessermacher fördern und vor allem Vertrauen schenken.

Dies passt erstaunlich gut mit Anforderungen der jungen Generation („Generation Y") zusammen, die diese an die Arbeit stellen. Beschreibungen nennen Eigenschaften wie zum Beispiel „freiheitsstrebend", „veränderungswillig", „vernetzt", „kommunikativ", „selbstbewusst" sowie interessiert an einer „Work-Life-Balance" (Renfer 2014). Die Beschreibungen münden in einen Katalog von Empfehlungen an die Unternehmen, sich der Herausforderung aktiv zu stellen, attraktiv für die Generation Y zu sein und die Voraussetzungen dafür zu schaffen: „Die Absolventen der Generation Y sind die geborenen Teamplayer und bieten damit hervorragende Voraussetzungen für die Projektarbeit. Unternehmen sollten ihre Mitarbeiter in Teams organisieren, die eine hohe Eigenverantwortung haben und Projekte bzw. Teilprojekte gemeinsam angehen." (ebenda)

Freiraum in Unternehmen zu ermöglichen, rüttelt jedoch an eingespielten Mechanismen der Führung. Führung ist nicht immer einer Person in der formalen Hierarchie zugeordnet, Projektteams führen sich teils selbst, oder Führung wechselt je nach Projektphase von einer Person zur nächsten, zur Person mit der besten Kompetenz im Augenblick. Führung bedeutet „Dienen" oder „Servant Leadership", um den englischen Begriff gleich mitzuliefern. Das Verständnis von Führung umfasst eher Aufgaben wie z. B. Moderieren, Coachen, Trainieren, Vermitteln und (Re-)Präsentieren. Führung wird daher nicht mehr zwangsweise „von oben nach unten" ausgeübt, sondern durch einzelne Teammitglieder übernommen. Führung hilft dem Team dabei, sich zu organisieren, Konflikten vorzubeugen oder nach dem Entstehen schnell zu lösen. Führung bleibt also wichtig. „Trotz vieler neuer Möglichkeiten der Kommunikation, bleibt die wichtigste Basis für erfolgreiches Führen das Vertrauen von Gruppenmitgliedern in ihre Führungskraft und vice versa." (Schömmel 2016)

Auch agiles Arbeiten erfordert Führung. Dies fordert zumindest Boris Gloger mit Nachdruck und führt dazu aus: „Sogar in meinem eigenen Unternehmen, in dem jeder selbst darüber entscheiden darf, was, wie viel und wie lange er arbeitet, gingen einige Mitarbeiter zum Arzt, weil sie sich überfordert fühlten. Die Freiheit, die diese Menschen bekommen hatten, trieb sie zur Verzweiflung. Einerseits konnten sie alles tun, was sie wollten, und andererseits wollten sie so viel auf einmal, dass sie dabei vergaßen, auf sich aufzupassen. Sie konnten mit der Freiheit nicht umgehen." (Gloger u. a. 2017) Die agilen Ansätze fokussieren den Menschen. Philosophie, Haltung, Mindset und Führungsverhalten sollen Menschen in der (Projekt-)Arbeit fördern, den Umgang mit Komplexität, Unsicherheit und Dynamik ermöglichen und so Motivation und Kompetenz Raum zur Entfaltung geben (vgl. Hofert 2018).

2.3 Wesentliche Anforderungen an projektorientierte Unternehmen

Welche Anforderungen stellen die oben skizzierten Herausforderungen nun an die projektorientierten Unternehmen? Auch hier lassen sich nicht alle Anforderungen vollständig darstellen, es geht hier ebenso um eine Fokussierung auf die wesentlichen Anforderungen, die handlungsleitend für die Ausgestaltung der Unternehmen sein sollten.

2.3.1 Übergreifende Steuerung der vielen Projekte

Bei einer zunehmenden Anzahl und Bedeutung von Projekten bedarf es einer Vision und Strategie für die Projektarbeit. Wohin will sich das Unternehmen durch Projekte entwickeln? Welche langfristigen Ziele will der Unternehmer bzw. die Geschäftsführung mit Projekten und deren Management erreichen? Wie müssen sich Unternehmenssteuerung, organisatorische Prozesse, Strukturen und Kulturen ändern, welche Anpassungsleistungen sind im Inneren der Organisation bzw. auch deren Rändern notwendig? Welche Rolle spielt die Geschäftsführung bei diesem Prozess der Anpassung? Welche nach Anpassung bzw. dem projektorientierten Geschäftsbetrieb? Diese und viele weitere Fragen stehen auf der Tagesordnung und sollten in Form einer Funktionalstrategie für Projektarbeit, abgestimmt mit der Strategie des Unternehmens, beantwortet werden.

Eine zentrale Rolle für die übergreifende Steuerung der vielen Projekte spielt die Unternehmensleitung. In einem projektorientierten Unternehmen sollte es deshalb neben der „Corporate Governance" auch eine „Governance für Projekte, Programme und Portfolios" geben. ISO 21505 beschreibt die Governance für Projekte, Programme und Portfolios. Sie wendet sich an Aufsichtsräte, Vorstände, Geschäftsführer, Bereichsleiter oder spezielle Gremien – eben Führungskräfte der obersten zwei bis drei Führungsebenen eines Unternehmens.

Diese sind in der Regel nicht operativ aktiv im Management von Projekten, Programmen und Portfolios, sondern definieren wesentliche Prinzipien, Werte, Regeln, Richtlinien, Strukturen und Prozesse für diese Aufgaben und kontrollieren deren Einhaltung. Governance setzt also den Rahmen für das Management und kontrolliert, korrigiert bzw. entwickelt diesen – im Sinne der strategischen Ausrichtung – nachhaltig weiter (vgl. Wagner 2017).

Im deutschsprachigen Raum hat sich für die übergreifende Steuerung vieler Projekte auch der Begriff „Multiprojektmanagement" eingebürgert. Multiprojektmanagement ist ein organisatorischer und prozessualer Rahmen zur Planung, übergreifenden Überwachung und Steuerung mehrerer Projekte in einem Unternehmen. Die DIN 69909-1 fordert ausdrücklich den aktiven Einsatz der Geschäftsleitung: „Die Leitung der Organisation sollte den Umgang mit den Projekten bzw. den Einsatz des Multiprojektmanagements festlegen und dokumentieren. Auf dieser Basis ist dann Multiprojektmanagement zu entwickeln, einzuführen, aufrechtzuerhalten und stetig zu verbessern. Die Leitung sollte die hierzu notwendigen Voraussetzungen schaffen." (DIN 2013)

In Konzernen findet man häufig Multiprojektmanagement in Form von Projektportfoliomanagement, also der übergreifenden Planung und Steuerung aller Projekte und Programme in einem bestimmten Verantwortungsbereich. Hierfür sind spezielle Rollen und Gremien notwendig (vgl. Horlebein 2016), zum Beispiel ein übergreifendes Projektmanagement-Office (PMO).

2.3.2 Umgang mit Komplexität, Unsicherheit und Dynamik

Auf den ersten Blick scheinen Unternehmen sinnvoll organisiert und Projekte systematisch strukturiert. Arbeitet man aber eine Weile in Projekten, dann wird schnell die Komplexität offensichtlich in Form von Wechselwirkungen zwischen verschiedenen Akteuren, Abteilungen oder Unternehmensteilen. Unternehmen sind soziale Systeme, die für die Beteiligten häufig mit hoher Komplexität, Unsicherheit und Dynamik verbunden werden. Stephanie Borgert moniert, dass wir es uns in sozialen Systemen häufig allzu leicht machen und uns „auf das Wesentliche beschränken". Soziale Systeme „gehören zur Klasse komplexer Systeme, die sich der Idee von Kontrolle und Linearität entziehen ... Vieles in diesen Systemen ist nicht direkt sicht- und greifbar, was die Einflussnahme herausfordernd macht." (Borgert 2018). Unsicherheit und soziale Dynamik sind die Folge. Dennoch müssen Entscheidungen getroffen werden, in Projekten und im gesamten Unternehmen. Wie kann dies erfolgen?

Die Autoren einer Studie zum „Umgang mit Ungewissheit in Projekten" kommen zu dem Schluss, dass wir uns von der tradierten Vorstellung verabschieden müssen, dass wir alles planen und kontrollieren können. „Trotz der Entwicklung und Ausweitung von ausgefeilten Methoden und Instrumenten des Projektmanagements sind Abweichungen von Planungen bis hin zu Misserfolgen und gänzlichem Scheitern keineswegs nur eine Ausnahme und Seltenheit. Diese Erfahrungen werfen die Frage auf, ob in der Praxis auftretende Grenzen der Planung nicht allein auf eine unzureichende Entwicklung und Anwendung der Planung, Steuerung und Kontrolle zurückzuführen sind, sondern auch „in der Natur der Sache" liegen ... Es wird notwendig, jenseits von Sicherheit und Risiken Ungewissheit neu in den Blick zu nehmen und Handlungsfähigkeit mit Ungewissheit zu entwickeln. Dies beinhaltet auch, Ungewissheit nicht nur als Defizit zu sehen, sondern auch die Möglichkeit eines produktiven Umgangs mit Ungewissheit und die Erweiterung von Handlungsmöglichkeiten durch Ungewissheit in Betracht zu ziehen." (GPM 2016).

Dies rückt die Handelnden in Unternehmen, Führungskräfte, Projektleiter und Projektteams mit ihrem Erfahrungsschatz wieder stärker in den Mittelpunkt der Betrachtungen. Das Vertrauen auf die vorher schon gemachten Erfahrungen oder Erfahrungen direkt im Projektverlauf zu nutzen, ist eher die Devise, anstatt detaillierte Pläne für alle Eventualitäten zu erstellen und in der Praxis festzustellen, dass diese nicht richtig funktionieren. Damit rücken einfache Methoden und Tools eher in den Hintergrund und das geschickt eingesetzte Erfahrungswissen der Beteiligten entscheidet über Erfolg oder Misserfolg im Projekt. Die Frage an die Führungskräfte lautet dann ganz einfach: Vertrauen Sie eher Ihrem Plan oder den Erfahrungen Ihres Mitarbeiters?

2.3.3 Vom magischen Dreieck zur nachhaltigen Entwicklung

Der Fokus im klassischen Projekt ist die Erzielung eines möglichst guten Ergebnisses bei fest definiertem Termin unter Einhaltung von Kosten bzw. Budget. Dies wird häufig auch als „magisches Dreieck" beschrieben, bei dem die Eckpunkte in Abhängigkeit zueinanderstehen und idealerweise eine Balance zwischen den Ecken erzielt wird. Was dabei jedoch außer Acht gelassen wird, ist die langfristige

2.3 Wesentliche Anforderungen an projektorientierte Unternehmen

Zielsetzung des Projekts. Warum wird ein Projekt überhaupt gemacht? Was will der Unternehmer durch das Projekt erreichen? Welche strategischen Ziele bzw. welche Mehrwerte können durch die Projekte erreicht werden? Ist der Effekt eines Projekts nur kurzfristig wirksam oder wird eine nachhaltige Wirkung erzielt?

Auch wenn die Antworten auf die Fragen oben leicht erscheinen, in der Praxis ist der Fokus heutzutage immer noch auf der Erreichung des magischen Dreiecks und nicht auf der langfristigen Wirkung von Projekten. Dies mag daran liegen, dass strategische Ziele nicht oder nur unklar formuliert sind und so keine Wirkung auf die Projektarbeit haben. Projekte werden zur Erreichung bestimmter Lieferobjekte gemacht und nicht einem strategischen Zweck untergeordnet. Oder die Führungskräfte-Incentivierung wird an operativen Zielen festgemacht und ist nicht auf die Strategie bzw. das große Ganze abgestimmt.

Hier ist klar Führung gefordert. Ausgehend von der Geschäftsführung über alle Führungsebenen bis in die Projektleitung muss der jeweilige Beitrag zur Strategie klar gemacht und eingefordert werden. Dies kann z. B. mit Hilfe einer Balanced Scorecard geschehen, die strategische Ziele in Ziele eines Portfolios, eines Programms bzw. eines Projekts übersetzt, und eine Überwachung, Steuerung und Berichterstattung auf der gleichen Basis ermöglicht (siehe Bild 2.2).

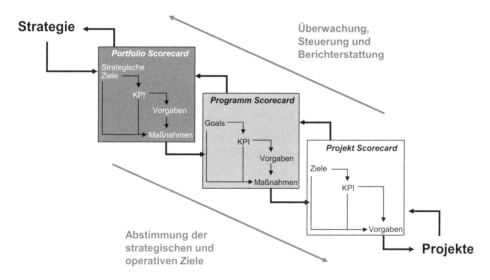

Bild 2.2 Abstimmung von Strategie und Projektarbeit (Kütz und Wagner 2015)

Dabei können die 17 Nachhaltigkeitsziele der Vereinten Nationen, selbst gesteckte Entwicklungsziele des Unternehmens oder die langfristige Nutzung der Projektergebnisse adressiert werden. Die Projekte sind also nicht nach Abschluss aller Aktivitäten beendet. Das im Projekt Erreichte sollte über einen längeren Zeitraum verfolgt werden, ggf. ergeben sich daraus auch Erkenntnisse für folgende Projekte. Lernen auf individueller wie auch organisationaler Ebene steht im Fokus – in, durch und zwischen Projekten.

2.3.4 Verbesserung der Agilität und Anpassungsfähigkeit

Heute wird viel über agiles Projektmanagement geschrieben. Die Anwendung agiler Vorgehensweisen wird jedoch zum Scheitern verurteilt sein, wenn das Unternehmen nicht selbst anpassungsfähig ist.

Dass Unternehmen agiler werden müssen, ist mit der Beschreibung der Herausforderungen oben bereits klargestellt worden. Jedoch bleibt die Frage, welche Bereiche des Unternehmens das betrifft und was genau zu tun ist. Zuerst die schlechte Nachricht: Es betrifft letztlich alle Bereiche des Unternehmens. Die gute Nachricht ist, die Agilisierung des Unternehmens geschieht Schritt für Schritt und nicht gleichzeitig in allen Bereichen. Typischerweise beginnt die Agilisierung im Bereich Forschung & Entwicklung, bezieht dann schrittweise alle Bereiche entlang der Wertschöpfungskette ein und endet in der ganzheitlichen Neuausrichtung des Unternehmens entlang des „Wertstroms" inklusive der administrativen Bereiche. Die Veränderung kann eine völlige Neuausrichtung bedeuten, was Strategien, Prozesse, Strukturen und Kultur angeht. Es kann sich möglicherweise nur um eine Ergänzung bzw. Anpassung des Vorhandenen handeln. Dabei ist jedoch Führung gefragt, um Orientierung zu geben, Impulse für Veränderungen zu setzen und den Mitarbeitern Ängste zu nehmen. Niels Pfläging nennt drei Impulse, die Führungskräfte für die anstehende Transformation geben können: „Dialog und Vernetzung anregen: Sie sind Mitglied der informellen Struktur Ihrer Organisation. Nutzen Sie diese Struktur gezielt für das Transformations-Anliegen. Sie sind nicht allein ... Foren für Impulse setzen: Jede Organisation hat Kommunikationsforen, die sich für Transformations-Impulse nutzen oder „umwidmen" lassen ... Wegnehmen, was hindert: Oft ist es leichter und erfordert weniger Einfluss, interne Hindernisse aus dem Weg zu räumen, als ganz „Neues" einzubringen." (Pfläging 2014)

Glasl und Lievegoed haben die Entwicklung von Organisationen in vier Phasen unterteilt, in die Pionier-, Differenzierungs-, Integrations- und Assoziationsphase. Jede dieser Phasen hat bestimmte Kernaufgaben und Randprobleme. Diese sind in Bild 2.3 dargestellt. Damit zeichnen die beiden Autoren ein ganzheitliches Bild der Organisation. Die Elemente einer Organisation sind in Praxis nicht unabhängig voneinander, sondern beeinflussen sich wechselseitig. Entwickelt man also nur ein Element (z. B. die Prozesse) weiter, dann kann die Veränderung dysfunktional sein. Es kommt also vor allem darauf an, vor der gezielten Weiterentwicklung einer Organisation die Wechselwirkungen zu verstehen und diese im Sinn der Zielsetzung, z. B. einer Agilisierung, zu berücksichtigen.

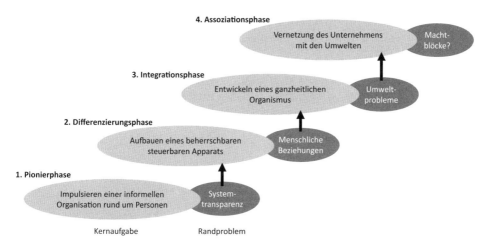

Bild 2.3 Phasen der Entwicklung mit Kernaufgaben und Randproblemen (Glasl und Lievegoed 2011)

Ähnlich wie bei der Reifung in der Natur machen auch Organisationen evolutionäre Entwicklungen durch, die mehr oder minder deutlich in Phasen verlaufen. Organisationen suchen in jeder Phase nach der passenden Form des Organisierens und Führens, nach innen wie auch nach außen gerichtet. Dies gilt es zielgerichtet zu gestalten.

2.4 Wesentliche Anforderungen an Entscheider

Der oben mehrfach beschriebene Wandel wird nur gelingen, wenn die Führungskräfte im Unternehmen tatsächlich in Führung gehen. Die Richtung vorgeben, Visionen, langfristige Ziele und Strategien für das Unternehmen ist die dringlichste Aufgabe für Entscheider. Dazu gehört auch, die Notwendigkeit des Change zu vermitteln, Mitarbeiter zu sensibilisieren für Veränderungen, das WARUM, WOHIN, WAS und WIE gemeinsam zu klären. Führung heißt jedoch nicht, alles selbst zu machen. Es geht um Mobilisierung der Mitarbeiter, diese vom Betroffenen zum Beteiligten machen, Mitwirkung zu organisieren (z.B. in Form eines Transformationsprojekts), Entscheidungen zu treffen, wenn Führung gefragt ist, unterwegs aber Freiräume geben und Vertrauen schenken. Ohne Zeit und Ressourcen geht natürlich nichts im Change. Entscheider sollten unter Abwägung der betrieblichen Notwendigkeiten und der strategischen Priorität des Transformationsvorhabens Zeit und Ressourcen zuteilen. Daneben zählt natürlich auch die eigene Beteiligung an der Transformation, sie schafft Nähe und Vertrauen in das „Ja, wir schaffen das" und gibt Hinweise auf weitere Änderungen.

Es reicht nicht aus, „nur" Aufgaben zu delegieren. Für den Erfolg der Projektarbeit ist es wichtig, dass die Führungskräfte mitmachen, z. B. in die Rolle des Projektauftraggebers zu schlüpfen (Wagner u. a. 2017) und Projektleiter in der operativen Arbeit wie auch bei der Transformation tatkräftig unterstützen.

■ 2.5 Die wichtigsten Punkte in Kürze

- Projektarbeit ist modern, sie wird durch verschiedene Trends befeuert, erfordert aber Anpassungen.
- Zu den Trends gehören u. a. der Wandel von einer Massenproduktion zu kundenindividuellen Leistungsbündeln, Automatisierung, Digitalisierung sowie der Einsatz von Künstlicher Intelligenz, die Auflösung vormals stabiler Organisationsstrukturen zu vernetzten, sich ständig verändernden Unternehmen mit den Menschen im Mittelpunkt.
- Konkrete Anforderungen ergeben sich aus dieser Entwicklung, u. a. die Notwendigkeit einer übergreifenden Steuerung vieler Projekte, der Umgang mit Komplexität, Unsicherheit und Dynamik, die Erreichung einer nachhaltigen Entwicklung durch Projekte sowie der Verbesserung von Agilität und Anpassungsfähigkeit des Unternehmens.
- Entscheider sind mehr denn je gefragt, den Wandel selbst aktiv zu gestalten, sich in den Dienst der Projekte zur Transformation und der operativen Projektarbeit zu stellen.

Literatur

Borgert, Stephanie: *Unkompliziert. Das Arbeitsbuch für komplexes Denken und Handeln in agilen Unternehmen.* Gabal Verlag, Offenbach 2018

DIN: *Projektmanagement – Projektmanagementsysteme – Teil 5: Begriffe.* Beuth Verlag, Berlin 2009, S. 11

DIN: *Multiprojektmanagement – Management von Projektportfolios, Programmen und Projekten – Teil 1: Grundlagen.* Beuth Verlag, Berlin 2013, S. 11

Froitzheim, Ulf: *Freiheit macht erfolgreich.* In: edition brand eins „Neue Arbeit", 1. Jahrgang, Heft 2, Oktober – Dezember 2018, S. 53–65

GPM: *Makroökonomische Vermessung der Projekttätigkeit in Deutschland.* GPM, Nürnberg 2015, S. 4

GPM: *Umgang mit Ungewissheit in Projekten.* GPM, Nürnberg 2016, S. 6

Glasl, Friedrich; Lievegoed, Bernard: *Dynamische Unternehmensentwicklung. Grundlagen für nachhaltiges Change Management.* 4. Auflage. Haupt Verlag, Bern 2011

Gloger, Boris; Rösner, Dieter: *Selbstorganisation braucht Führung.* 2. Auflage. Carl Hanser Verlag, München 2017

Hab, Gerhard; Wagner, Reinhard: *Projektmanagement in der Automobilindustrie.* 5. Auflage. Springer Fachmedien, Wiesbaden 2017

Hofert, Svenja: *Das agile Mindset. Mitarbeiter entwickeln, Zukunft der Arbeit gestalten.* Springer Fachmedien, Wiesbaden 2018

Horlebein, Michael: *Rollen und Gremien des Projektportfoliomanagements.* In: Wagner, Reinhard (Hrsg.): *Erfolgreiches Projektportfoliomanagement.* Symposion Publishing, Düsseldorf 2016, S. 161–174

Kütz, Martin; Wagner, Reinhard: *Mit Kennzahlen zum Erfolg. Projekte, Programme und Portfolios systematisch steuern.* Symposion Publishing, Düsseldorf 2015, S. 20

Midler, Christophe: *„Projectification" of the firm: The Renault Case.* In: Scandinavian Journal of Management, Volume 11 (1995), No. 4, S. 363–375

Pfläging, Niels: *Organisation für Komplexität. Wie Arbeit wieder lebendig wird und Höchstleistung entsteht.* Redline Verlag, München 2014, S. 115

Renfer, Sabrina: *Die Generation Y in der Projektarbeit.* In: Weßels, Doris (Hrsg.): *Zukunft der Wissens- und Projektarbeit. Neue Organisationsformen in vernetzten Welten.* Symposion Publishing, Düsseldorf 2014, S. 97–111

Rollwagen, Ingo; Hofman, Jan; Schneider, Stefan: *Deutschland im Jahr 2020 – Neue Herausforderungen für ein Land auf Expedition.* URL: https://www.dbresearch.de/PROD/RPS_DE-PROD/PROD0000000000474798/Deutschland_im_Jahr_2020_-_Neue_Herausforderungen_.PDF. Abgerufen am 26.12.2018, S. 22 ff.

Rump, Jutta; Schabel, Frank; Alich, David; Groh, Sibylle: *Betriebliche Projektwirtschaft. Eine Vermessung. Eine empirische Studie des Instituts für Beschäftigung und Employability (IBE) im Auftrag von HAYS.* URL: https://www.hays.de/personaldienstleistung-aktuell/studie/betriebliche-projektwirtschaft-eine-vermessung. Abgerufen am 25.12.2018, S. 4

Schömmel, Benedikt: *Führungskompetenzen einer neuen Geschäftswelt.* In: Tuczek, Hubertus C. (Hrsg.): *Landshut Leadership. Führung im Zeitalter der Digitalisierung. Band 1.* Shaker Verlag, Aachen 2016, S. 159–174

Wagner, Reinhard: *Neue ISO 21505 – Guidance on governance setzt Benchmark für Projektwirtschaft.* In: Projektmagazin, Ausgabe 06/2017, S. 1–10

Wagner, Reinhard; Bergau, Michael; Schnichels-Fahrbach, Ludger: *Die Rolle des Auftraggebers für den Projekterfolg.* In: projektMANAGEMENT aktuell, Ausgabe 03/2017, S. 36–44

Wagner, Reinhard: *Artificial Intelligence in der Projektarbeit – Chance oder Risiko?* URL: https://www.tiba.de/magazin/artificial-intelligence-in-der-projektarbeit-chance-oder-risiko/. Abgerufen am 25.12.2018

Womack, James P.; Jones, Daniel T.; Roos, Daniel: *The Machine that Changed the World.* Rawson Associates, New York 1990

Wastian, Monika; Braumandl, Isabell; von Rosenstiel, Lutz: *Angewandte Psychologie für Projektmanager.* Springer Medizin Verlag, Heidelberg 2009, S. 16

Schwab, Klaus: *The Fourth Industrial Revolution.* Crown Business, New York 2016, S. 8

3 Projektmanagement: traditionell, agil oder hybrid?

Dietmar Gamm

Ist Agilität oder „Agile" die Antwort auf die Herausforderungen der VUKA-Welt? Einer Welt sich beschleunigender Wissens-, Technologie- und Innovationszyklen.

Organisationen, die neben der traditionellen auch agile und hybride Projektmethoden zu nutzen wissen, sind im Vorteil. Und je mehr sie in der „VUKA-Welt" leben, umso größer der Vorteil.

In diesem Beitrag erfahren Sie,
- wieso in agilen Projekten anfänglich unscharfe, sich ändernde Anforderungen normal sind,
- wann agile Selbststeuerung hierarchischer Koordinierung überlegen ist,
- welche zwei agilen Methoden jeder Entscheider kennen sollte und
- welche verbreiteten Projektperformance-Probleme auch agiles Projektmanagement nicht lösen wird.

■ 3.1 Einleitung

Viele Organisationen sind mit ihrer Projektperformance nicht zufrieden. Zu wenige Projekte werden entsprechend der Termin- und Kostenplanung abgeschlossen und erreichen ihre Qualitätsziele. Die Projektmanagement-Literatur enthält diverse Listen mit den jeweils vermuteten Ursachen des Problems.

Diese Ursachen beschreiben meist das Versagen von mindestens einem der folgenden Paradigmen:

1. Wir wissen, was die Projektkunden brauchen. Und die Projektkunden wissen dies sowieso (Anforderungen).
2. Wir können den Zeit- und Kostenaufwand für die Umsetzung der einzelnen Anforderungen realistisch einschätzen (Schätzen).

3. Der Projektplan wird nicht wesentlich durch interne oder externe Ereignisse, Erkenntnisse oder Entscheidungen gestört werden (Unsicherheiten).

Genau bei diesen drei Paradigmen unterscheiden sich traditionelles, an Detailplanung orientiertes und agiles Projektmanagement. Detailplanungsorientiertes Projektmanagement geht davon aus, dass alles bekannt ist, was für die Umsetzungsarbeit bekannt sein sollte. Agiles Projektmanagement dagegen geht davon aus, dass erst durch Erkenntnisse während der Umsetzung die Unsicherheiten beseitigt werden können.

Agiles Projektmanagement ist gerade dabei, auch außerhalb der Softwareentwicklung „Mainstream" zu werden. Dabei ist am Anfang ein Unterschied in der Bewertung agiler Methoden zwischen Entscheidern und Projektteams festzustellen. Entscheider hören „agil" und verstehen „neu, modern" und „schneller fertig". Eventuell sogar: „Endlich kann ich die Anforderungen beliebig oft ändern." Die Projektteams dagegen sind besorgt, dass dies der nächste Methoden-Hype ist, dessen überzogene Erwartungen nicht erfüllbar sind, wofür sie am Ende trotzdem die Kritik einstecken müssen.

In solchen Fällen haben beide Seiten kein richtiges und genaues Verständnis davon, was agiles Projektmanagement ist und was es nicht ist. Und was besonders wichtig ist: Sie haben noch keine praktischen Erfahrungen mit dem Einsatz agiler Methoden unter kompetenter Anleitung gemacht.

Agile ist ein wichtiges Werkzeug im Projektwerkzeugkasten. Und wie jedes andere Werkzeug ist Agile aufgabenspezifisch. Für manche Aufgaben ist es ideal, für manche ungeeignet und für weitere muss es angepasst werden.

■ 3.2 Traditionelles Projektmanagement

Die fundamentale Vorgehensweise des traditionellen, planungsorientierten Projektmanagements ist, ein Projekt in drei Teile oder Phasen aufzuteilen.

Im ersten Teil werden die Grundlagen geklärt. Dazu gehören Ziele und Randbedingungen, Machbarkeit und Genehmigung von Ressourcen und Kapazitäten.

Im zweiten Teil wird die Umsetzung geplant. Die Gesamtaufgabe wird in Teilaufgaben heruntergebrochen: Welche Aufgaben werden in eine Abfolge gebracht und wer soll die einzelnen Teilaufgaben von wann bis wann erledigen.

Erst im dritten Teil findet die eigentliche Arbeit statt. Hier wird im Projekt gearbeitet und nicht am Projekt. Beispielsweise wird das neue Produkt und sein Vermarktungsplan entwickelt, der neue Flughafen gebaut oder die neue Unternehmensstrategie eingeführt.

Häufig wird in der Literatur das Projekt anders und in mehr als drei Teile oder Phasen aufgeteilt; zum Beispiel wird noch eine Abschlussphase genannt, die sich mit der Dokumentation und der Auswertung gemachter Erfahrungen befasst. Das Grundprinzip einer linearen Reihenfolge von Verstehen – Planen – Ausführen bleibt davon unberührt.

Die Umsetzung folgt also einem im Vorfeld entwickelten Plan, an den sich alle Beteiligten halten und an dessen Ende das ausgelieferte Projektergebnis steht. Nun gibt es in der Realität eine ganze Reihe von Dingen, die die Umsetzung des Plans stören werden. Einige Beispiele:

Probleme des Anforderungsmanagements

Neue Erkenntnisse in der Umsetzungsphase, aus dem Projekt heraus oder von extern, führen zu neuen Anforderungen. Besondere Schwierigkeiten machen hier Projekte, die insgesamt oder in Teilen einen hohen Neuartigkeitsgrad aufweisen; auch weil dabei die Anforderungen beim Projektstart eher einem Zielbereich als einem Zielpunkt entsprechen. Besonders bei Entwicklungsprojekten können Funktions- und Designentscheidungen meist erst nach der Durchführung von Recherchen, Experimenten und der Demonstration mehrerer Alternativen getroffen werden.

Im planungsorientierten Projektmanagement sind Änderungen nicht erwünscht. Sie werden zwar nicht pauschal abgelehnt, das standardisierte Änderungsmanagement versucht jedoch, hohe und bürokratische Hürden dagegenzusetzen. Nicht triviale Änderungen haben erhebliche Auswirkungen auf den Zeit- und Kostenplan und können bereits geleistete Arbeit obsolet machen.

Problem der Ressourcenabhängigkeit

Eingeplante, menschliche oder materielle Ressourcen sind, oft kurzfristig und unerwartet, nicht verfügbar – oder nicht in der Lage, die geplante Qualität abzuliefern. Die Folgen für den Projektplan und seine Umsetzung reichen von der Änderung der Aufgabenverteilung über die Beschaffung weiterer Ressourcen bis hin zur Erstellung eines neuen Plans. Das führt oft zu zeitlichen Planabweichungen.

Probleme beim Schätzen

Die Dauer für die Erledigung einzelner Aufgaben weicht erheblich von den geschätzten und geplanten Werten ab. Bei Aufgaben, für die statistische Erfahrungswerte oder Kennzahlen vorliegen, ist dies eher selten ein Problem, mit zunehmender Neuartigkeit der Aufgabe steigt die Unsicherheit von Schätzungen allerdings überproportional an.

Da die Abweichung bei jeder Aufgabe an die sequentiell von ihr abhängigen Aufgaben „weitergereicht" wird, kumulieren sie sich über den Projektplan. In der Praxis wird der Projektplan deshalb mehrmals neu durchgerechnet und aktualisiert. Da wichtige Ressourcen in der Regel nicht exklusiv für das Projekt zur Verfügung stehen, können Abweichungen die Neuberechnung mehrerer oder aller Projekte eines Portfolios erforderlich machen.

Probleme der Koordination

Kommunikations- und Abstimmungsprobleme sind ein weiterer wichtiger Störfaktor. Fehlende oder missverständliche Kommunikation der Projektleitung an die Projektmitarbeiter führt zu fehlerhafter Aufgabenerledigung; während sie in der umgekehrten Richtung dazu führt, dass die Projektleitung wichtige Erkenntnisse der Projektmitarbeiter nicht zeitnah berücksichtigen kann.

Erfahrene Projektleiter nennen als wichtigsten Grund für das Scheitern eines wichtigen und umfangreichen Projekts oft: „Es wurde nicht genügend oder vernünftig miteinander geredet." Und sie bestätigen, dass das „miteinander reden" auch nicht durch E-Mails oder Berichte ersetzt werden kann.

Die Summe der Probleme erinnert manchmal an eine Strophe aus Bert Brechts „Ballade von der Unzulänglichkeit menschlichen Planens":

> *Ja, mach nur einen Plan!*
> *Sei nur ein großes Licht!*
> *Und mach dann noch 'nen zweiten Plan*
> *Gehn tun sie beide nicht.*

3.2.1 Voraussetzungen für traditionell-planungsorientiertes Projektmanagement

Damit traditionelles, planungsorientiertes Projektmanagement als Methode funktioniert, müssen also mindestens die folgenden Kriterien erfüllt sein:

- Das Projektergebnis muss zu Projektbeginn definierbar, konkretisierbar und in Aufgaben übersetzbar sein.
- Die Dauer, der Ressourcenverbrauch je Aufgabe, muss zuverlässig abgeschätzt werden können. Idealerweise liegen Referenzwerte aus früheren Projekten vor.
- Die Ressourcen müssen möglichst zuverlässig planbar sein. Für ungeplante Ausfälle sollte Ersatz verfügbar sein.

3.2.2 Notwendigkeit traditionellen Projektmanagements

Dazu gibt es Projektmerkmale, die ein hohes Maß an Detailplanung erforderlich machen können:

- Ein wichtiger Teil der Aufgaben muss durch spezialisierte Ressourcen, die auch geplante Aufgaben außerhalb des Projekts haben, ausgeführt werden.
- Die einzelnen Aufgaben müssen in einer festen Reihenfolge erledigt werden. Das bedeutet, viele Aufgaben können erst begonnen werden, wenn andere fertig gestellt wurden – oder einen bestimmten Zwischenstand erreicht haben.
- Industrienormen oder andere Regulierungen verlangen die Verwendung planungsintensiver Methoden und detaillierte Dokumentation. Dies ist zum Beispiel bei Projekten in der Luft- und Raumfahrtbranche Normalität.

Zu beachten ist, dass Projektmerkmale und Rahmenbedingungen hier durchaus ein Dilemma erzeugen können. Situationen, die eine detaillierte Planung einerseits erforderlich, aber andererseits sehr schwierig machen.

3.3 Ad-hoc-Projektmanagement

Wir stellen also fest, dass traditionell-planungsorientiertes Projektmanagement bei Projekten mit unscharfen Zielen, hoher Komplexität und Unsicherheit wenig geeignet ist.

Wie gehen Organisationen, die sich vergeblich um mehr Qualität und Produktivität in ihrer Projektarbeit bemühen, mit der Situation um? Nach einer Phase des „mehr-vom-selben", von Bemühungen, die Methodenkompetenz zu steigern, die Werkzeuge noch strenger nach Vorschrift einzusetzen oder neue Software zu nutzen, geben viele erst einmal auf. Sie fallen in einen Modus zurück, bei dem Planung und Struktur minimiert werden.

Manchmal wird überhaupt kein Plan erstellt oder ein „Dummy-Plan" dient dazu, der Leitung ein „gutes Gefühl" zu vermitteln, den Eindruck, alles sei strukturiert und abgesichert, während der Plan in der realen Projektarbeit einfach ignoriert wird.

Das Projektteam hat dann erkannt, dass der Plan aufgrund der Unwägbarkeiten des Projekts ohnehin schon bald wieder Makulatur sein wird. Deshalb organisiert es sich von Tag zu Tag oder von Entscheidungspunkt zu Entscheidungspunkt. In mehr oder weniger regelmäßigen Intervallen bespricht das Team Fortschritt und Probleme miteinander und mit dem direkten Vorgesetzen.

In manchen Organisationen funktioniert das Ad-hoc-Vorgehen. Häufiger geraten diese Organisationen jedoch in einen zwei- bis dreijährigen Methodenwechselzyklus, ohne jemals einen befriedigenden Zustand zu erreichen (Bild 3.1).

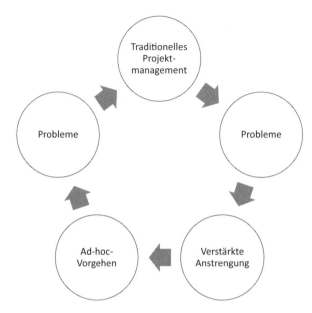

Bild 3.1 Methodenwechsel

3.4 Agiles Projektmanagement

3.4.1 Agilität liegt in unserer Natur

Nehmen wir als Beispiel eine Urlaubsreise. Es gibt sicherlich Menschen, die die gesamte Reise im Detail schon zu Hause durchplanen und organisieren. Sie haben bereits vor der Abreise einen Plan, der etwa so aussieht:

Dienstag:
- 12.30 bis 14.00 Uhr: Mittagessen im Restaurant Asitane
  (Tisch ist reserviert; Vorspeise: Gefüllte Calamari, Hauptgericht: Gänse Kebab)
- 14.30 bis 15.45 Uhr: Besichtigung Hagia Sophia
  (Eintrittskarten bei den Reisepässen)

Andere sind ganz spontan und ad-hoc. Sie buchen den Flug und das Hotel für die ersten zwei Nächte. Der Rest findet sich zeitnah und vor Ort.

Die meisten aber werden eine schriftliche oder mentale Liste von Dingen anfertigen, die sie auf der Reise tun wollen. Manche davon sind ganz konkret, manche eher im Stil von: zwei Tage relaxen, jeden zweiten Abend richtig gut essen gehen ... Dabei kann es durchaus sein, dass einige Dinge detailliert vorgeplant werden. Steht ein Abendessen in einem sehr gefragten Restaurant auf dem Wunschzettel, ist eine Reservierung mindestens zwei Wochen vorher sehr sinnvoll.

Diese Vorgehensweise entspricht dem agilen Ansatz. Die Reisenden überlegen abends oder als Erstes morgens, was sie tun wollen, was sie sozusagen von ihrer Liste abarbeiten wollen. Nur so können sie bei schönem Wetter am Bosporus spazieren gehen und am Regentag den überdachten Basar besichtigen – und nicht umgekehrt, wie es ein vor Wochen erstellter Plan vorgibt.

3.4.2 Agilität im Projektmanagement

Ähnlich ist es im agilen Projektmanagement. Die Aufgabenliste für eine Arbeitsphase (Reise) wird festgelegt. Welche Aufgaben innerhalb einer Phase als Nächstes angegangen werden, wird von den Ausführenden zeitnah entschieden und gleich umgesetzt.

Erinnern wir uns doch an die Aussage, wonach sich agiles Projektmanagement vom traditionell-planungsorientierten durch den Umgang mit Nicht-Wissen unterscheidet. Beim traditionellen Projektmanagement gilt es, projektrelevantes Nicht-Wissen, Unsicherheit, soweit wie möglich zu Beginn zu minimieren.

Der agile Ansatz dagegen folgt der Annahme: „Erst durch erreichte Teil- und Zwischenergebnisse werden wir die Erkenntnisse gewinnen, die wir benötigen, um ein überzeugendes Ergebnis zu liefern." Ein Ziel des Projektteams ist es, zügig relevante Teil- oder Zwischenergebnisse zu liefern – auch wenn es noch viele Fragen gibt. Erkenntnisse sammeln und Entscheidungen treffen, begleitet den gesamten Projektverlauf und nicht nur die erste Phase.

Damit ist agiles Projektmanagement ein eleganter Mittelweg zwischen der detailplanungsorientierten und der Ad-Hoc-Vorgehensweise.

Das agile Projektmanagement orientiert sich an agilen Werten. Agile Praktiken werden für die Projektarbeit zu agilen „Frameworks" oder Vorgehensmodellen kombiniert. Vereinfachend wird häufig von agilen Methoden gesprochen.

Die größte Verbreitung hat das agile Projektmanagement auch heute noch in der Softwareentwicklung. Die Branche erkannte bereits in den 90er-Jahren, dass die Produktion von Software wesentlich effizienter werden musste. Die Beobachtung von „Best Practices" und besonders erfolgreichen Entwicklerteams führte 2001 zur Veröffentlichung des Agilen Manifests, der Definition agiler Werte für die Software-Entwicklung.

Heute stellen wir fest, dass seit Jahren die Verwendung agiler Praktiken in Projekten ohne IT-Bezug ansteigt (vgl. Komus, Kuberg, 2017). In einer anderen Studie geben etwa vierzig Prozent der befragten Organisationen an, agile Praktiken im Projektmanagement ständig oder oft zu nutzen, während je ein knappes Drittel sie „manchmal" und „selten/nie" einsetzt (vgl. PMI.org, 2017).

■ 3.5 Scrum

Das bekannteste agile Vorgehensmodell außerhalb der Softwareentwicklung ist Scrum. Scrum gibt für die Projektorganisation vier Rollen, vier Meetings und eine Anzahl Artefakte vor.

Die vier Rollen sind:
- Stakeholder – Personen, deren Bedürfnisse durch das Projektergebnis befriedigt werden sollen.
- Product Owner – zuständig für das Anforderungsmanagement, die Erhebung, Priorisierung und Befriedigung der Anforderungen und Bedürfnisse.
- Scrum Master – zuständig für Methodik und Produktivität.
- Team – organisiert die Aufgabenerledigung und entwickelt das Projektergebnis.

Die vier Meetings:
- Planning Meeting – hier wird die nächste zwei- bis sechswöchige Arbeitsphase vorbereitet.
- Review Meeting – darin werden die Ergebnisse der eben abgeschlossenen Arbeitsphase demonstriert und bewertet.
- Retrospektive – findet ebenfalls nach jeder Arbeitsphase statt, darin geht es um Wege, die Produktivität der folgenden Phasen zu erhöhen.
- Daily Scrum – dies sind häufige, kurze Meetings, in denen die Teammitglieder sich gegenseitig informieren, welche Aufgaben sie abgeschlossen haben – und welche sie als Nächstes angehen.

Die Artefakte:
- User Story – eine einzelne Anforderung, formuliert aus der Perspektive des jeweiligen Stakeholders, meist dokumentiert auf einer Karte oder einem Haftnotizzettel.
- Story Points – die relative Größe, der in abstrakten Punkten geschätzte Arbeitsaufwand zur Erledigung einer User Story.
- Product Backlog – die Summe aller erfassten User Stories.

- Sprint – eine Arbeitsphase fester Dauer (meist zwei bis sechs Wochen).
- Sprint Backlog – die User Stories, die im nächsten Sprint abgearbeitet werden.
- Scrum-Board – eine Tafel, auf der die User Stories in Form von Haftnotizen mit ihrem Erledigungsgrad von links nach rechts gezogen werden.
- Burndown-Chart – eine meist täglich aktualisierte Grafik, auf der der Arbeitsfortschritt im Sprint dokumentiert wird

3.5.1 Anforderungsmanagement in Scrum

Im Scrum-Projekt ist eine Person, der Product Owner, für die Anforderungen der Projektkunden verantwortlich. Dazu muss der Product Owner die Bedürfnisse der Stakeholder möglichst genau verstehen und priorisieren können.

Ein kompetenter Product Owner wird die Stakeholder nicht nur nach ihren Anforderungen befragen, sondern diese auch gezielt hinterfragen. So lernt er die expliziten Anforderungen kennen, aber auch die dahinterliegenden Motive, die Bedürfnisse. Mit der Kenntnis der Motive und Bedürfnisse haben Product Owner und Projektteam die Chance, diese anders und besser zu bedienen als der Stakeholder es sich vorstellen kann und auszudrücken weiß. Anders gesagt: Der Lösungsraum für die Umsetzung einzelner Anforderungen ist größer.

Einfaches Beispiel: Befragte Anwender fordern, dass die neu zu entwickelnde Tasse doppelwandig-vakuumisoliert sein muss. Das Motiv dahinter lautet etwa: „Das Getränk in der Tasse soll lange heiß bleiben." Damit haben die Entwickler die Chance, nach Möglichkeiten der Temperaturerhaltung zu suchen, die die Anforderung besser bedienen als eine Vakuumisolierung.

In der Produktentwicklung wird der Product Owner Wert darauf legen, die Verwendung des Produkts durch seine Nutzer oder Anwender durch Feldbeobachtungen besser zu verstehen.

Umzusetzende Anforderungen werden als „User Stories" oder „Stories" dokumentiert. Sie werden aus der Perspektive des Stakeholders formuliert.

Wir haben gesehen, dass am Ende der Arbeitsphasen, der Sprints, umgesetzte Stories im Review-Meeting präsentiert werden. Das können vollständige, aber auch Teile oder Zwischenschritte von Stories sein. Teile sind in der Scrum-Sprache Inkremente und Zwischenschritte sind Iterationen.

Umgesetzte Anforderungen zu sehen und auszuprobieren zu können, führt bei den Stakeholdern häufig zu neuen Erkenntnissen. Diese zu erfassen und zu bewerten, ist eine kontinuierliche Aufgabe des Product Owners.

Das Ziel des agilen Projekts ist, ein Ergebnis abzuliefern, das die Bedürfnisse der Stakeholder möglichst hoch befriedigt. Deshalb lautet einer der agilen Werte: „Reagieren auf Veränderung ist wichtiger als das Befolgen eines Plans."

Der Product Owner wird neue und geänderte Anforderungen wieder in Form von (User) Stories dokumentieren und priorisieren. Sie werden dann Teil des aktualisierten Product Backlogs.

3.5.2 Arbeitsorganisation in Scrum

Die Arbeitsorganisation im Scrum-Projekt folgt drei Prinzipien: Selbstorganisation, Pull-Prinzip und Arbeitstakt.

Selbstorganisiertes Team

Das Scrum-Team bekommt an Vorgaben für die Arbeitsphase, den Sprint, lediglich die priorisierte Liste der umzusetzenden Anforderungen. Während eines laufenden Sprints trifft es die operativen Entscheidungen intern. Es leitet aus den umzusetzenden Anforderungen die zu erledigenden Aufgaben im Sprint ab, ordnet sie Teammitgliedern zu und sichert ihre Erledigung.

 Beispiel für Teil- und Zwischenergebnisse

Neuer Flughafen: Teilergebnis wäre Cargoabfertigung, Zwischenergebnis wäre Airport ohne Shops und Restaurants, ohne Gepäckbänder …

Dabei bestimmt der Product Owner die Prioritäten und das Projektteam (indirekt) das Arbeitsvolumen für den Sprint. Die Planung des Arbeitsvolumens geschieht durch das sogenannte „agile Schätzen" und der von Sprint zu Sprint zu messenden „Velocity". Die Velocity ist die Anzahl im Sprint umgesetzter „Story Points".

Story Points sind relative Punktwerte. Jede User Story, also jede Anforderung, wird relativ zu einer Referenzanforderung mit Story Points bewertet. Ein einfaches Beispiel: Wir müssen das Auto waschen, den Rasen mähen und (als versierte Heimwerker) das Wohnzimmer neu streichen. Als Skala für die Story Points verwenden wir eine Fibonacci-Zahlenreihe, bei der jeder Wert die Summe der beiden Vorgänger ist – mit einigen Modifikationen sieht diese so aus: 0,5 – 1 – 2 – 3 – 5 – 8 – 13 – 20 – 40 – 100.

Wir wählen das Autowaschen als am schnellsten zu erledigende Aufgabe und geben ihr 3 Punkte. Wenn das Autowaschen drei Punkte „dauert", glauben wir, dass das Rasenmähen fünf Punkte „dauern" wird und das Wohnzimmerstreichen 40 Punkte. Wenn wir nun nach zwei Tagen die drei Aufgaben abgeschlossen haben, wissen wir, dass unsere Velocity 48 Punkte je 2 Tage oder 24 Punkte je Tag beträgt.

Ganz ähnlich bewertet das Team den Aufwand für umzusetzende Anforderungen und bekommt dadurch mit der Zeit einen zunehmend genauen Wert seiner Velocity je Sprint. Damit lässt sich planen, welche Anforderungen im nächsten Sprint umgesetzt werden können.

Wichtig ist:

Dem Projektteam werden vom Product Owner priorisierte, zu realisierende Resultate, die User Stories, vorgegeben, nicht aber wie die Umsetzung durchzuführen ist. Das Team organisiert sich selbst, mithilfe einer Tafel und Karten (dem Scrum-Board, Bild 3.2), die als Projektsteuerungszentrale dienen.

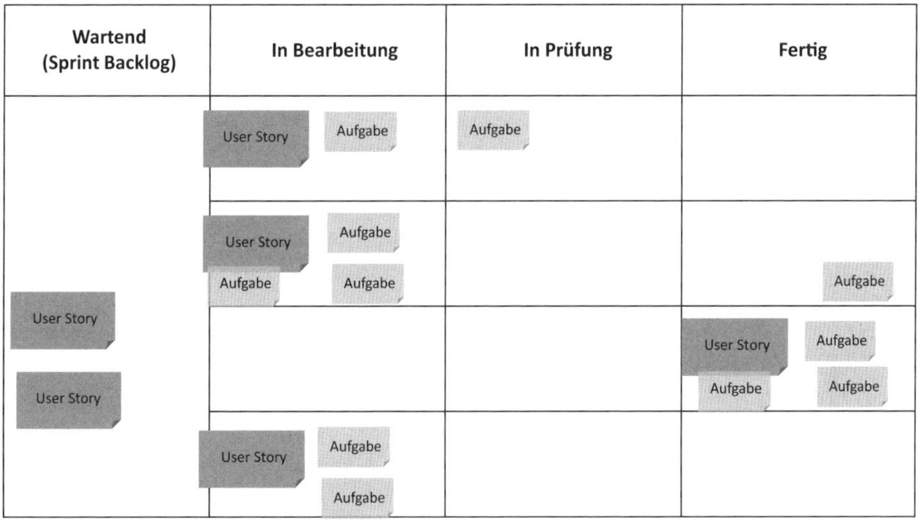

Wartend (Sprint Backlog)	In Bearbeitung	In Prüfung	Fertig
	User Story / Aufgabe	Aufgabe	
	User Story / Aufgabe / Aufgabe / Aufgabe		Aufgabe
User Story			User Story / Aufgabe / Aufgabe / Aufgabe
User Story			
	User Story / Aufgabe / Aufgabe		

Bild 3.2 Scrum-Board

Die Koordination erfolgt in Meetings, in denen entweder das nächste Zeitintervall (der nächste Sprint) geplant wird, Projektteil- und Zwischenergebnisse demonstriert oder produktivitätsverbessernde Maßnahmen beschlossen werden.

Da jeweils nur der nächste Sprint, mit einer Dauer von zwei bis sechs Wochen, relativ detailliert geplant und vorbereitet wird, haben Änderungen keine so gravierenden Auswirkungen auf die Gesamtplanung.

Pull-Prinzip (Pull vs. Push)

Im Scrum-Projekt, wie auch bei Kanban, werden Aufgaben nicht durch einen Plan oder eine Autorität dem Bearbeiter zugeteilt. Ein Bearbeiter wird eine neue Aufgabe zum passenden Zeitpunkt „ziehen". Dies geschieht jeweils in den Daily-Scrum-Meetings.

Jedes Teammitglied geht an die Tafel, das Scrum-Board, und beantwortet die Fragen: „Welche Aufgabe habe ich zuletzt erledigt?" und „Welche erledige ich als Nächstes?". Mit der Antwort auf die erste Frage wird die entsprechende Karte von der In-Bearbeitung-Spalte nach rechts in die Fertig-Spalte gezogen und mit der Antwort auf die zweite Frage wandert eine neue Aufgaben-Karte vom Sprint-Backlog in die Bearbeitungsspalte.

Also: Nicht Plan oder Autorität bestimmen, wann welche Aufgabe ihren Status ändert, sondern die Entwickler als Team oder Einzelpersonen.

Hier wieder eine Alltagsanalogie: Beim Besuch von Bier- oder Weinlokalen gibt es implizite Regeln darüber, wann das nächste Getränk angeliefert wird.

In manchen Lokalen im Rheinland gilt die Regel: Wenn der Kellner das nächste Mal vorbeikommt, stellt er ein frisches Bier hin. Eindeutiges Push-Prinzip aus der Perspektive des Gasts. Die Regel ist in diesen Lokalen – besonders wenn sie voll sind – auch nicht mit dem Kellner verhandelbar.

In die nächste Kategorie fallen Bierlokale mit reiner Stammkundschaft. Diese arbeiten meist nach folgendem Prinzip: Wenn ein Glas leer ist, wird es durch ein volles ausgewechselt. Hier folgt man bereits dem Pull-Prinzip. Dabei triggert das leere Glas die Lieferung eines vollen Glases.

Die meisten, weniger rustikalen, Lokale folgen dem Prinzip, dass eine explizite Bestellung erforderlich ist, um die nächste Lieferung zu veranlassen. Auch hier folgt man dem Pull-Prinzip, aber mit der mündlichen oder körpersprachlichen Bestellung als Auslöser.

Die eleganteste Lösung ist die zweite. Die Wahrscheinlichkeit von Überbeständen oder Unterversorgung wird minimiert.

Durch Anwendung des Pull-Prinzips werden die Aufgaben auch ohne detaillierte Planung oder organisierende Autorität effektiv und transparent erledigt.

Arbeitstakte

Im Scrum-Projektmanagement wird die Arbeit in Sprints, Zeitintervallen konstanter Länge, erledigt. Die Vorteile von taktgebundener Arbeit nutzten schon die alten Römer mit den Rudertakt-Trommlern auf den Galeeren und Henry Ford mit seinem Fließband.

Die Vorteile dabei sind:

- Nachhaltige Produktivität: Durch ein konstantes Arbeitsvolumen je Zeiteinheit kann man sicherstellen, dass die Ausführenden nicht unter- oder überfordert werden. Das optimale Arbeitsvolumen lässt sich durch Beobachtung über einen ausreichend großen Zeitraum zuverlässig bestimmen. Die Ausführenden wissen stets, was auf sie zukommt, und können sich darauf einstellen.

- Messbarkeit: Wenn man das Gesamtvolumen an Arbeit kennt und das Teilvolumen, welches in einem Takt erledigt wird, kennt man die Dauer der Gesamtaufgabe – oder alternativ, welcher Anteil der Gesamtaufgabe am Ende des Zeitraums erledigt sein wird. Dazu kommt, dass der Einfluss von – z. B. methodischen – Veränderungen auf die Produktivität des Teams über eine Reihe von Takten messbar wird.

Das getaktete Arbeiten in Sprints hat eine wichtige Voraussetzung, die in der Nicht-Software-Projektpraxis häufig nicht erfüllt ist: Die Leistungskapazität muss von Sprint zu Sprint etwa gleich sein. Zeitlich stark schwankende Ressourcenverfügbarkeit ist in vielen Organisationen eher die Realität und macht Sprints nach Scrum-Regeln unmöglich.

Zwar ist es möglich, entweder Arbeitsvolumen oder Dauer von Sprint zu Sprint an die voraussichtlich verfügbare Arbeitskapazität anzupassen. Dies entspricht allerdings nicht mehr einer sauberen Taktung nach Scrum-Regeln und stellt einen Kompromiss dar.

3.5.3 Vorteile und Voraussetzungen

Agiles Projektmanagement mit Scrum hat gegenüber dem traditionellen Vorgehen zwei wesentliche Stärken:

- Es ermöglicht ein dynamisches, lernendes Anforderungsmanagement, die Entwicklung des Projektziels während der laufenden Projektarbeit.
- Es ist eine effiziente Art, Teamarbeit zu organisieren, ohne detaillierte Planungen zu erstellen und zu pflegen.

Um Scrum umzusetzen, müssen verschiedene Voraussetzungen erfüllt sein:

- Die Anforderungen an das Projektergebnis dürfen nicht schon im Vorfeld detailliert und konkret festgelegt sein.
- Der größte Teil der Projektarbeit wird von einem Projektteam geleistet, dessen Mitglieder den größeren Teil ihrer Arbeitszeit exklusiv dem Projekt widmen. Die Abhängigkeit von sonstigen Ressourcen ist eher gering.
- Das Team wird gefordert und gefördert, die Arbeitsgestaltung und die Aufgabenerledigung selbst zu organisieren. Vorgesetzte mischen sich möglichst nicht proaktiv ein.
- Ein Product Owner oder ein kleines Product-Owner-Team widmet dem Anforderungsmanagement die dazu erforderliche Zeit – und steht dem Team für Fragen und Diskussionen zur Verfügung.

- Ein vorzugsweise analoges oder sonst digitales Scrum-Board und die notwendigen Hilfsmittel werden bereitgestellt. Idealerweise verfügt das Team über einen permanenten, gemeinsamen Arbeitsbereich, in dem das Scrum-Board installiert ist.
- In Scrum-Pilotprojekten wird das Team durch einen erfahrenen Scrum-Trainer und Coach geschult und unterstützt.

Oft werden die Voraussetzungen für das Projektmanagement mit Scrum nicht vollständig erfüllt sein. Trotzdem können solche Projekte und ihre Teams von einer oder mehreren der agilen Scrum-Praktiken profitieren. Es spricht nichts gegen eine flexible Kombination von agilen und traditionellen Praktiken. Bei solchen Praktiken spricht man von „hybridem Projektmanagement".

■ 3.6 Kanban

Wir haben gesehen, dass Scrum eine vollständige Projektmanagement-Methode ist. Die Scrum-Praktiken sorgen für Qualität und Produktivität. Qualität im Sinne der Erfüllung der Anforderungen der Projektkunden und Produktivität im Sinne einer effektiven Teamarbeit.

Kanban-Projektmanagement ist wesentlich einfacher und macht weniger Vorgaben als Scrum. Bei Kanban geht es ausschließlich um Produktivität, nicht um die Ergebnisqualität. Kanban beschreibt beispielsweise nicht, wie Anforderungen zu erheben, zu dokumentieren, zu priorisieren und zu aktualisieren sind. Durch seine Einfachheit sind die Hürden und Widerstände bei einer Kanban-Einführung wesentlich niedriger als bei einer Scrum-Einführung. Viele Scrum-Praktiken, wie zum Beispiel das Anforderungsmanagement mit User Stories oder der Product Backlog, sind vom Start weg oder später mit Kanban kombinierbar.

Ursprünglich bekannt wurde Kanban als Werkzeug zur Steuerung von Produktionsprozessen im TPS, dem Toyota Production System. Von dort aus hat sich Kanban weltweit in Produktionsbetrieben durchgesetzt. Kanban ermöglicht die Reduzierung der Durchlaufzeiten von Teilen in der Fertigung durch die Verringerung der Bestände. Kürzere Durchlaufzeiten und geringere Bestände führen zu geringeren Kosten und vermindertem Handling-Aufwand.

Das Grundprinzip wird noch einmal deutlich am Beispiel des Bierlokals: Eine Arbeitsstation (Produktionsmaschine/Gast) verbraucht Teile (Schrauben/Bier). An der Arbeitsstation gibt es einen Puffer (Kanban-Tisch/Bierglas). Ist der Puffer bis auf eine festgelegte Menge verbraucht, löst dies eine Nachlieferung aus.

In der industriellen Realität sind Kanban-Systeme in aller Regel mehrstufig. In der Fertigung gibt es zum Beispiel einen Puffer am Arbeitsplatz, einen auf Fabrikebene und einen beim Lieferanten.

Kanban-Projektmanagement folgt der Erkenntnis, dass dasselbe Prinzip auch abseits von Produktionsprozessen und materiellen Komponenten seine produktivitätssteigernde Wirkung entfalten kann. Abstrahiert man von der ursprünglichen Verwendung, werden die Komponenten zu „Fließelementen" und die Maschinen zu „Bearbeitungsstationen". In Projekten werden die Fließelemente wiederum zu Aufgaben und die Bearbeitungsstationen zu Projektmitarbeitern oder Teams konkretisiert.

Die Begrenzung der Anzahl der Aufgaben in Bearbeitung, die angefangen, aber noch nicht abgeschlossen sind, geschieht durch das Setzen des sogenannten WIP-Limits. Dabei steht WIP für „Work-in-process" – Arbeit in Bearbeitung.

Die offensichtlichste Gemeinsamkeit zwischen Scrum und Kanban sind die Tafeln mit Karten oder Haftnotizen, die „Management-Cockpits" oder Steuerzentralen der Projekte. Jede Karte stellt eine User Story oder eine Aufgabe dar, ein umzusetzendes Element. Diese bewegen sich in beiden Fällen auf der Tafel von einer linken Warte-Spalte in eine rechte Erledigt-Spalte, im Fall von Scrum auf dem Scrum-Board und bei Kanban auf dem Kanban-Board.

Der entscheidende Unterschied zwischen Scrum- und Kanban-Board ist eine Zahl in einer Klammer im Titel mancher Spalten. Diese Zahl ist das WIP-Limit der Spalte (Bild 3.3). Die Anzahl an Aufgaben-Karten in der Spalte darf diesen Wert nicht überschreiten. Entspricht die Anzahl an Karten in der Spalte dem WIP-Limit, kann eine neue Karte erst nachgezogen werden, wenn eine in Bearbeitung befindliche die Spalte nach rechts verlassen hat.

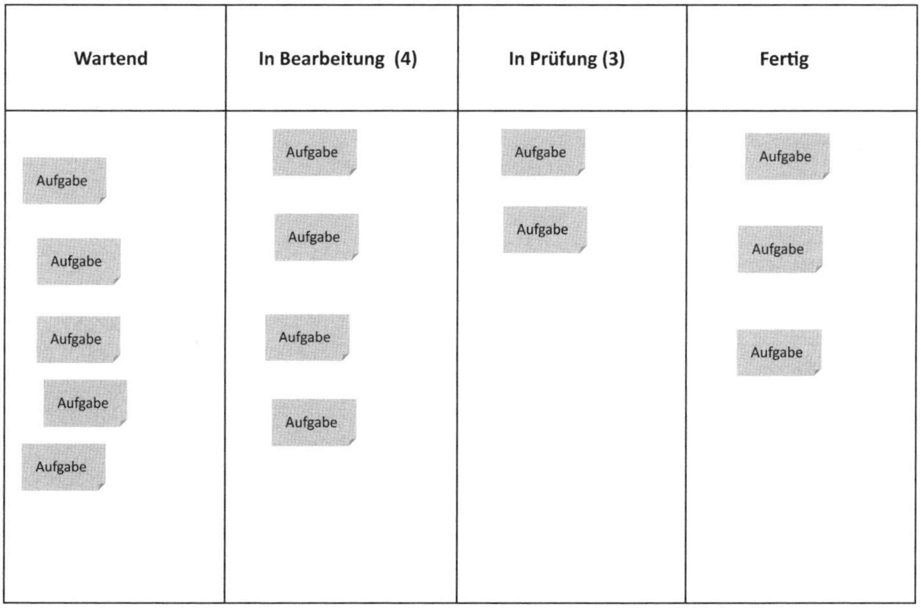

Wartend	In Bearbeitung (4)	In Prüfung (3)	Fertig
Aufgabe	Aufgabe	Aufgabe	Aufgabe
Aufgabe	Aufgabe	Aufgabe	Aufgabe
Aufgabe	Aufgabe		Aufgabe
Aufgabe	Aufgabe		
Aufgabe			

Bild 3.3 Kanban-Board

Die hier erläuterten Tafeln sind übrigens die einfachsten Varianten. In der Realität lässt sich besonders das Kanban-Board auch für mehrstufige und komplexere Abläufe konfigurieren. Aufgabenmerkmale und -zustände können durch verschiedene Größen und Farben der Karten oder eine vertikale Unterteilung der Tafel in Swimlanes gekennzeichnet werden. Die Karten werden – neben Titel und Beschreibung der Story oder Aufgabe – weitere Informationen enthalten. Dies können beispielsweise sein: geschätzte Dauer als Punktwert oder T-Shirt-Größe, Anfangsdatum, Enddatum, Bearbeitungsfortschritt, zuständige Person.

Die wichtigsten Vorteile der Projektarbeit mit Kanban sind:

- Der Fokus hin zum Fertigstellen von Aufgaben und Projekten durch die Einschränkung des Starts weiterer Aufgaben oder Projekte.
- Kontinuierliche Steigerung der Produktivität durch das Messen und Verringern der Zeitdauer zwischen Beginn und Fertigstellung einer Aufgabe oder eines Projekts.
- Motivation, Koordination und Teamarbeit durch die Transparenz und Visualisierung des Bearbeitungsfortschritts.

Die wichtigsten Regeln des Kanban-Projektmanagements:

- Beginne mit der Visualisierung des Status quo (Kanban-Board, Karten, Durchlaufzeit messen).
- Limitiere die Aufgaben/Projekte in Bearbeitung (in den meisten Organisationen ist die Halbierung ein guter Startpunkt).
- Variiere das WIP-Limit und suche nach weiteren Möglichkeiten, um die mittleren Durchlaufzeiten zu reduzieren.

Bild 3.4 zeigt den Vergleich der beiden Methoden.

	Scrum	Kanban
Objekt	Produkt	Aufgabe
Steuerung	Intervalle, Takte	Kontinuierlicher Fluss
Elemente	Stories, Aufgaben	Aufgaben
Kontext	Projektmanagement	Aufgabenmanagement
Verbesserung von	Qualität, Produktivität	Produktivität
Organisation von	Komplexen Projekten	Persönlicher Arbeit, Teamarbeit, Projekte

Bild 3.4 Vergleich Scrum – Kanban

Agile Praktiken, die sich beim Kanban-Projektmanagement sehr bewährt haben, sind Daily Scrums und Retrospektiven, also Routinen, um in festen und kurzen Rhythmen im Team Projektfortschritt und Aufgabenerledigung abzugleichen und um die Produktivität kontinuierlich zu verbessern.

3.7 Hybrides PM

In der Projektpraxis sind zunehmend häufig Hybride aus Scrum-Praktiken, Kanban und traditionellem Projektmanagement anzutreffen (vgl. Komus, Kuberg, 2017). Dabei werden verschiedene Techniken und Werkzeuge entweder:

- über das gesamte Projekt kombiniert. Beispiel ist ein Projekt, in dem das Anforderungsmanagement über User Stories und Product Backlog erfolgt, aufgrund unzuverlässiger Ressourcenverfügbarkeit statt Sprints das Kanban-Prinzip eingesetzt wird und das Ganze mit der traditionellen Planung von Meilensteinen kombiniert ist. Oder eine Planung, in der bestimmte, zeitgebundene Aufgaben feste Start- und Endzeitpunkte haben.
- zwischen verschiedenen Projektebenen variiert. Beispiel hierfür ist ein Projekt zur Entwicklung eines neuen Produktprogramms, bei dem das Vertriebs- und Vermarktungskonzept als Scrum-Projekt und die technische Entwicklung detailplanungsorientiert umgesetzt wird.
- zwischen Projektphasen variiert. So wird ein Projekt zur Stadtteilentwicklung in zwei Teilprojekte aufgeteilt. Das Produkt des ersten Teilprojekts, einem Scrum-Projekt, ist ein detailliertes Pflichtenheft. Das zweite Teilprojekt, die Umsetzung des Pflichtenhefts, benötigt diverse externe Ressourcen, die geplant werden müssen. Dieses Teilprojekt wird mit traditionellen Planungsmethoden realisiert.

Die richtigen Werkzeuge für ein hybrid durchzuführendes Projekt auszuwählen und zu kombinieren, ist eine komplexere Aufgabe, als ein definiertes Modell wie Scrum oder traditionelles Projektmanagement umzusetzen. Trotzdem ist diese Kombination in vielen Fällen die einzig sinnvolle Vorgehensweise. Projektteams, Product Owner und besonders Scrum Master müssen dabei aus den verschiedenen Praktiken projekttyp-spezifisch die Vorgehensweise und Regeln auswählen. Dies erfordert von allen Beteiligten gründliche Überlegungen und einen intensiven Austausch.

3.8 Agiles oder hybrides PM einführen

3.8.1 Problem verstehen

Vor der Entscheidung, agiles oder hybrides Projektmanagement in einer Organisation einzuführen, sollte über die Motive für diesen Schritt reflektiert werden. Einige hilfreiche Fragen lauten: Sind eventuelle Probleme mit den Projekten auf die verwendete Projektmethode zurückzuführen oder gibt es andere Hauptursachen dafür?

Schwierigkeiten, die in der Praxis oft beobachtet werden, können sein:

- Verzettelung – die mit der Projektumsetzung beauftragten Ressourcen arbeiten an zu vielen Projekten und anderen Themen parallel. Eine gute Lösung in solchen Situationen ist, die Kanban-Methodik für die Steuerung des Projektportfolios zu nutzen.
- Projektauswahl – beim Hinterfragen von Entscheidern und Projektteams stellt man fest, dass beide nicht an die Sinnhaftigkeit und/oder Machbarkeit laufender Projekte glauben. Mitunter werden Projekte lediglich durchgeführt, um Jahresvorgaben für die Anzahl an Projekten zu erfüllen. Hier sollte das Zielmanagement überdacht beziehungsweise mehr Energie in die Suche nach attraktiveren Projektideen investiert werden.
- Entscheidungsmanagement – dieses wird zum Problem, wenn die Entscheider nicht bereit sind, die Anzahl an Projekten sinnvoll zu begrenzen, also zu attraktiven Gelegenheiten nicht nein sagen können. Dies führt zur oben genannten Verzettelung der Projektteams und der Organisation. Ein weiteres Problem sind Entscheidungen im laufenden Projekt. Hier bekommen Teams benötigte Entscheidungen nicht zeitnah oder getroffene Entscheidungen sind ambivalent und nicht hilfreich. Liegt hier das Problem, müssen die betroffenen Entscheider an den zur Entscheidungsfindung befolgten Regeln und Methoden ansetzen.
- Persönliche Zielkonflikte – innerhalb einer Gruppe von Entscheidern, einem Projektteam oder zwischen den beiden Gruppen gibt es erhebliche, nicht angesprochene Ziel- und Interessenskonflikte. Hierdurch entsteht Ambivalenz. Die Folgen können bis hin zur Sabotage kritischer Elemente des Projekts reichen. Lösungsversuche sollten sich auf das Aufdecken und Ansprechen der Konflikte konzentrieren und sind oftmals nur mit externer Unterstützung durch Kommunikationsexperten erfolgreich.

3.8.2 Entscheidung treffen

Die Entscheidung, dass Qualität und/oder Produktivität aller oder einzelner Projekte am besten durch einen Wechsel hin zu agiler Methodik verbessert werden kann, sollte von Entscheidern und Betroffenen gemeinsam getroffen werden. Das bedeutet nicht, dass eine Konsensentscheidung erforderlich ist. Wichtig ist vielmehr, dass vor einer Entscheidung ein offener Austausch über Wissen, Bedenken, Annahmen und Erwartungen stattfindet und eine nachvollziehbare Entscheidung getroffen wird.

Haben die Beteiligten noch keine Erfahrung mit dem Einsatz agiler Werkzeuge, ist es sinnvoll, die am Diskurs Beteiligten vorher in einem eintägigen erfahrungsorientierten Workshop mit deren Logik und Anwendung vertraut zu machen. Der Workshop sollte von einem agilen Coach oder Trainer durchgeführt werden, der über praktische Erfahrung mit agilen Methoden in ähnlichen Projekten verfügt, damit Missverständnisse schnell aufgelöst werden.

Eine wichtige Frage, die bei der Entscheidungsfindung zu beantworten ist, lautet: Macht es für uns Sinn,

- eine einzige Vorgehensweise zu haben, die wir in (fast) allen Projekten identisch einsetzen, oder
- brauchen wir eine (sehr) kleine Anzahl solcher vordefinierten Vorgehensweisen oder
- sollten wir unsere Projektteams in die Lage versetzen, je Projekt die Vorgehensweise selbst – aus einem Koffer agiler und traditioneller Praktiken – zu konfigurieren?

3.8.3 Entscheidung umsetzen – Agile einführen

Ein wichtiger Leitsatz hierfür lautet: Agile Methoden einzuführen ist einfach – aber nicht leicht.

Es ist nicht ausreichend, wenn Einzelne oder auch ganze Teams sich durch Lesen, Internet-Videos oder den Besuch von Seminaren theoretisches Wissen über agiles Projektmanagement angeeignet haben. Das Grundlagenwissen ist zwar wichtig, aber noch wichtiger für den agilen Projekterfolg ist fundiertes Erfahrungswissen. Agiles Projektmanagement lässt sich praxisfest nur durch Tun, durch das Arbeiten in agilen Projekten, erlernen.

In schlechten Beispielen für die Einführung werden ein oder zwei Beteiligte zu einem offenen, ein- oder zweitägigen Scrum-Seminar geschickt. Sie erhalten ein eindrucksvolles Zertifikat eines internationalen Scrum-Verbands. Etwa zwei Monate nach dem Seminar sind sie dann gefordert, ihrem Team das Erlernte weiterzugeben und gemeinsam das erste agile Projekt zu starten. Probleme, Frustration und die Erkenntnis „Das funktioniert bei uns nicht" folgen auf dem Fuße.

Ein wesentlich besseres Konzept für die Einführung ist:

- Schritt 1: Ein bis drei Pilotprojekte auswählen. Am besten ein relativ komplexes und langlaufendes und ein kompaktes Projekt wählen.
- Schritt 2: Eintägiges Training mit den Projektteams, in dem Scrum, Kanban und hybride Logik vermittelt werden. Weitere Bestandteile sind Übungen, in denen die Teilnehmer Unterschiede und Vorteile agiler Denk- und Arbeitsweise erfahren.
- Schritt 3: Beginnende oder laufende Projekte als agile Projekte mit Betreuung durch einen erfahrenen, agilen Praktiker aufsetzen. Meist eine eintägige Veranstaltung, an deren Ende die Pilot-Teams die Tafeln für die erste Arbeitsphase vorbereitet haben.
- Schritt 4: Betreuung der Projektarbeit in den ersten drei bis vier Monaten durch eine agilen Coach oder einen erfahrenen agilen Praktiker. Während der agilen Meetings (außer Daily Scrums) sollte der Coach persönlich anwesend sein, während der restlichen Zeit genügen telefonische Klärungen.
- Schritt 5: Unterstützung der Teams durch ihren Betreuer bis zum Projektende per Telefon oder E-Mail – bei Bedarf in Ausnahmen auch vor Ort.

3.8.4 Vom agilen Projektmanagement zur agilen Organisation

Agilität ist nicht nur Basis eines modernen Projektmanagements, sondern auch einer persönlichen Grundhaltung (agiles Mindset) und eines Organisationsparadigmas (agile Organisation). Erfolgreiche agile Projektorganisationen sind Katalysatoren für Agilität im ganzen Unternehmen.

Strukturen und Abläufe in der Organisation werden zunehmend auf Selbststeuerung der ausführenden Ebenen ausgerichtet. Übergeordnete Instanzen sind für Ressourcen, Ziele und Regeln und nicht für Einzelfallentscheidungen und Kontrolle zuständig. Neue Erkenntnisse und Veränderungen werden effektiver genutzt, ebenso die Vorteile echter Teamarbeit.

Die Erledigung komplexer Aufgaben wird als gemeinsamer Lern- und Arbeitsprozess zwischen Auftraggebern, Ausführenden und sonstigen Betroffenen betrachtet. Und wenn dann noch die Erkenntnis greift, dass zusätzliche Aktivitäten, Initiativen, Programme, Aufgaben ab einem Optimum zu schnell fallender Produktivität führen, wird die VUKA-Welt vom Problem zur Chance.

Natürlich lässt sich der Ablauf auch umkehren. Organisationen können erst agile Grundhaltungen und agiles Organisieren fördern (Bild 3.5).

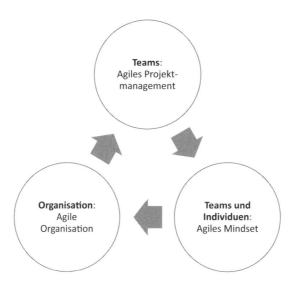

Bild 3.5 Einführung und Ausbreitung agiler Logik

So können sie Fach- und Führungskräfte in Workshops mit agiler Logik und agilen Praktiken vertraut machen. Anschließend wählen die Teilnehmer, einzeln oder in kleinen Gruppen, Team- oder persönliche Themen aus und setzen je ein agiles Prinzip oder eine agile Praktik darin um.

Einige Beispiele für solche Themen:

- Vertrieb: Kundentermin vorbereiten, Vertriebsinitiative planen, Reporting-Vorlage entwickeln.
- Controlling: Vorlage für Quartalsbericht erstellen, Projektvorschlag bewerten.
- Produktion: Wochenplanung erstellen, Wartungsplan überarbeiten, Störung untersuchen.
- Einkauf: Ausschreibung erstellen, Bedarf analysieren, Einkaufsbedingungen überarbeiten.

3.9 Die wichtigsten Punkte in Kürze

- Projekte müssen immer mehr unter volatilen, unsicheren, komplexen und ambivalenten Bedingungen (VUKA) durchgeführt werden – was ein traditionell-planungsorientiertes Projektmanagement schwierig bis unmöglich macht.
- Projektorganisationen finden sich häufig im Dilemma zwischen der Notwendigkeit und der Unmöglichkeit, langfristig und detailliert zu planen.

- Die agile Vorgehensweise ist keine neue Erfindung. Agilität, im Sinne von Team-Selbstorganisation und Entwicklung in Feedbackschleifen, gehört zum intuitiven Verhaltensrepertoire der meisten Menschen.
- Die zunehmende Prozessorientierung der letzten Dekaden hat dazu geführt, dass sich die Kompetenz agil vorzugehen zurück entwickelte.
- Durch die öffentlichen Diskussionen der letzten Jahre setzt mittlerweile die Mehrzahl der Organisationen wieder bewusst und systematisch agile Strategien ein.
- Scrum ist ein relativ komplexes agiles Vorgehensmodell, eine Kombination agiler Praktiken und außerhalb von IT-Projekten die am weitesten verbreitete agile Methodik.
- Scrum definiert Rollen, Meetings und Artefakte. Das sichtbarste Artefakt ist das Scrum-Board, das Management-Cockpit eines agilen Projekts.
- Ein wichtiges Artefakt sind die Sprints, Zeitintervalle konstanter Länge, in denen das Projektteam Anforderungen in praktische Ergebnisse umsetzt.
- Mit Kanban steuert man Fließelemente (z. B. Aufgaben) durch Puffer und Bearbeitungsstationen (z. B. Projektmitarbeiter). Dabei wird die Anzahl von Fließelementen in Bearbeitungsstationen oder Puffern so limitiert, dass die mittlere Durchlaufzeit der Fließelemente minimal wird.
- Im Projektmanagement wird Kanban zur Steuerung des Projektportfolios, der Aufgaben in einem Projekt und für das persönliche Aufgabenmanagement eingesetzt.
- Kanban kann auch als niedrigschwelliger Einstieg in das agile Projektmanagement genutzt werden.
- In der Praxis sind hybride Kombinationen einzelner agiler und traditioneller Techniken sinnvoller und häufiger als die reinen Formen.
- Hybrides Projektmanagement einzuführen und zu nutzen ist adaptiv und erfordert mehr Reflektion als die Einführung von zum Beispiel Scrum oder traditionellen Methoden.
- Deshalb erfordert eine erfolgreiche Einführung kompetente Unterstützung durch (mindestens) einen erfahrenen Praktiker.
- Vor der Einführung agiler Methoden sollte geprüft werden, ob der Engpass zu mehr Projektperformance in Qualität oder Produktivität wirklich die genutzten Methoden sind. Ein häufiger Grund für schwache Projektperformance, der durch agiles Projektmanagement nicht ausgehebelt wird, ist die Art und Weise, wie die Organisation Entscheidungen trifft – oder nicht trifft.

Literatur

Burrows, Mike; Eisenberg, Florian: Kanban: Verstehen, einführen, anwenden. dpunkt.verlag, 2015

Komus, Ayelt; Kuberg, Moritz: Status Quo Agile – Studie zu Verbreitung und Nutzen agiler Methoden Eine empirische Untersuchung. URL: *https://www.gpm-ipma.de/fileadmin/user_upload/GPM/ Know-How/Studie_Status_Quo_Agile_2017.pdf*

Project Management Institute: PMI's Pulse of the Profession – 9th Global Project Management Survey – 2017. URL: *https://www.pmi.org/-/media/pmi/documents/public/pdf/learning/thought-leadership/pulse/pulse-of-the-profession-2017.pdf*

Röpstorff, Sven; Wiechmann, Robert: Scrum in der Praxis: Erfahrungen, Problemfelder, Erfolgsfaktoren. dpunkt.verlag, 2015

Stellman, Andrew; Greene, Jennifer: Agile Methoden von Kopf bis Fuß; O'Reilly, 2018

4 Grundlegendes zum projektorientierten Unternehmen

Reinhard Wagner

Projektarbeit verändert Unternehmen. Mit einer zunehmenden Zahl von Projekten werden Strategien, Strukturen, Prozesse und Kulturen in Frage gestellt. Konzepte für das projektorientierte Unternehmen geben Denkanstöße und stellen unterschiedliche Lösungsansätze vor. Alle Lösungsansätze bauen dabei verstärkt auf den Menschen und auf Selbstorganisation. Von Führung wird deshalb Umdenken verlangt.

In diesem Beitrag erfahren Sie,
- wie projektorientierte Unternehmen definiert und abgrenzt werden können,
- welche Ansätze es zur Gestaltung projektorientierter Unternehmen gibt und
- wie ein projektorientiertes Unternehmen systematisch (weiter-)entwickelt werden kann.

4.1 Einleitung

Die zunehmende Zahl und Bedeutung von Projekten verändert Unternehmen. Sind es am Anfang noch wenige Projekte, dann reicht ein Projektleiter, der neben seinem regulären Job die Verantwortung für die Umsetzung trägt. Nimmt die Zahl der Projekte zu, so braucht es schon mehrere Projektleiter, ggf. wird eine Matrix-Projektorganisation eingerichtet, mit der die Vielzahl der Projekte besser koordiniert werden sollen. Überwiegt die Arbeit in Projekten im Arbeitsalltag, dann wird auch die Matrix-Projekt-organisation schnell an ihre Grenzen stoßen. Neben dieser rein organisatorischen Sicht entstehen mit zunehmender Anzahl und Bedeutung von Projekten auch noch Fragen in Bezug auf Strategie, Prozesse, Unternehmenskultur und der für die Projektabwicklung notwendigen Kompetenzen.

Die Rolle der Führungskräfte ändert sich wohl am meisten. Sie sind ja nicht nur als Beobachter an der Seitenlinie dabei, sondern als aktiver Gestalter der Veränderungen gefragt, als jemand, der die Richtung vorgibt, Ressourcen bereitstellt und Entscheidungen trifft, wenn es notwendig wird. Gerade Letzteres klingt vielleicht etwas lax, aber Unternehmen können heutzutage immer weniger „von oben herab" geführt werden. Führungskräfte sollten den Mitarbeitern möglichst viel Freiraum geben, damit die Organisation möglichst optimal auf die Bedürfnisse des Markts bzw. der Kunden ausgerichtet und Projekte möglichst agil umgesetzt werden können.

Es geht hier also weniger um das „Management von Projekten", d. h. die Frage, wie einzelne Projekte möglichst effizient umgesetzt werden können. Dazu gibt es inzwischen eine Vielzahl an exzellenten Fachbüchern. Es geht vielmehr um das „Management durch Projekte". Projekte werden hierbei als Mittel der Unternehmensentwicklung sowie kontinuierlichen Steigerung des Unternehmenswerts verstanden (Bea u. a. 2011). Projektarbeit wird zum strategischen Führungsinstrument. Die Leitung des Unternehmens ist für die Governance von Projekten, Programmen und Portfolios zuständig, diese setzt den Rahmen für die konkrete Umsetzung von Projekten, Programmen und Portfolios im Unternehmen. Das „projektorientierte Unternehmen" ist letztlich die konsequente Fortsetzung des „Management durch Projekte", Projektarbeit wird zum Kerngeschäft, sie steht im Mittelpunkt mit allen Konsequenzen für Strategie, Struktur, Prozesse, Kultur und Kompetenzen des Unternehmens.

■ 4.2 Projektorientiertes Unternehmen – Definition und Abgrenzung

Die Entwicklung des Projektmanagements kann ausgehend vom „Management von Projekten" über das „Management durch Projekte" bis zum projektorientierten Unternehmen beschrieben werden (Bild 4.1).

Bild 4.1 Auf dem Weg zum projektorientierten Unternehmen (in Anlehnung an Bea u. a. 2011)

Geht es beim „Management von Projekten" um die möglichst effiziente Abwicklung eines einzelnen Projekts, so steht beim „Management durch Projekte" die strategische Entwicklung des gesamten Unternehmens im Mittelpunkt. Projektmanagement wird zum Bestandteil der Unternehmensführung. Multiprojektplanung und -steuerung stehen im Mittelpunkt des unternehmerischen Handelns und sind probates Mittel zur Steigerung des Unternehmenswerts (Bea u. a. 2011).

Beispiel

Ein global tätiger Fachverband für Projektmanagement hat eine neue Strategie entwickelt, die eine gravierende Neuausrichtung aller Bereiche bedeutet. Damit die neue Strategie auch in die Umsetzung kommt, hat der Vorstand ein Programm aufgesetzt, das mit zwei Dutzend Projekten die Verbesserung der gesamten Organisation („Enabler Projects") sowie die Weiterentwicklung des gesamten Portfolios an Produkten und Dienstleistungen („Business Development") zum Ziel hat. Ein Vorstandsmitglied wird zum „Chief Project Officer (CPO)" ernannt und für die Programmplanung & -koordination verantwortlich gemacht. Alle zwei Monate diskutiert der Vorstand den Fortschritt der Projekte, trifft Entscheidungen, was die Prioritäten der Projekte angeht, ob die Finanzmittel bzw. Ressourcen ausreichen, um ein neues Projekt zu starten, bzw. ob eines der Projekte abgenommen werden kann. Mehr als 40 % der Budgetmittel fließen in dieses und weitere Programme, insofern ist der Fachverband selbst projektorientiert.

Die „Projektorientierung" kann wie folgt definiert werden: „Auf die Leistungserbringung in Form von Projekten ausgerichtetes Denken und Handeln, das durch spezielle Merkmale gekennzeichnet ist und sich in entsprechenden Einrichtungen und Maßnahmen des strategischen und operativen Projekt-, Programm- und Portfoliomanagements ausdrückt. Die besonderen Merkmale der Projektorientierung betreffen u. a. die strategische und strukturelle Grundausrichtung, die Projektmanagementkompetenz, die grundsätzliche Werthaltung sowie die Projekt- und -management-Kultur." (Motzel/Möller 2017)

Projektorientierte Unternehmen bauen auf dem Konzept des „Management durch Projekte" auf und entwickeln dieses strategisch für sich weiter. Die Projekte bzw. Programme stehen im Mittelpunkt des unternehmerischen Handelns, sie sind quasi der „Kern des Geschäfts". Projektorientierte Unternehmen zeichnen sich durch eine „weitestgehende Entscheidungsdezentralisierung und durch ein umfassendes Empowerment der Projektteams aus. Zudem gewinnt die Entwicklung einer lernenden Organisation zum Aufbau organisationaler und persönlicher Kompetenzen in Sachen Projektmanagement zunehmende Bedeutung." (Bea u. a. 2011)

Motzel und Möller bezeichnen insbesondere die Organisationen als „projektorientiert", deren Geschäft vorwiegend in der Abwicklung von Projekten besteht, so z. B. Unternehmen im Bau bzw. Anlagenbau, in der Softwareentwicklung, im Dienstleistungsbereich sowie in Forschung und Entwicklung. Inzwischen kann man aber auch viele Institutionen der öffentlichen Verwaltung, des Sports, des Ehrenamts sowie der Entwicklungshilfe zu den projektorientierten Organisationen zählen.

Roland Gareis betont jedoch, dass die projektorientierte Organisation nur eine mögliche „Konstruktion" der Organisationswirklichkeit darstellt und führt dazu aus: „Durch die Beobachtung einer Organisation als „projektorientierte Organisation" können Interventionsmöglichkeiten geschaffen werden, durch die das Potenzial für erfolgreiche Durchführungen von Projekten und Programmen gesteigert werden kann. Projektorientierte Organisationen sind durch Projekte und Programme geprägt. Es werden gleichzeitig eine Anzahl von Projekten gestartet, geführt, abgeschlossen bzw. abgebrochen. Dadurch wird der Zustand eines Fließgleichgewichts hergestellt, der die Entwicklung der Organisation und deren Überleben sichern soll." (Gareis 2006)

Ab welchem Anteil der Projektarbeit ein Unternehmen „projektorientiert" gelten kann ist nicht exakt beschrieben. Dabei kann z. B. die Arbeitszeit als Bewertungsmaßstab herangezogen werden oder der Umsatzanteil oder auch der Ressourceneinsatz in Projekten im Vergleich zu anderen Vorhaben. Als Beispiel für ein projektorientiertes Unternehmen kann Siemens gelten. So wird mehr als 50 % des globalen Umsatzes durch Projekte erwirtschaftet (Bittner/Gregorc 2010). Unternehmensberatungen erwirtschaften nahezu 100 % ihres Umsatzes über die Projektarbeit, sie werden sich also ebenfalls „projektorientiert" aufstellen, genauso wie Internetagenturen, Ingenieurbüros oder Projektsteuerer. Allerdings kommt es eher nicht auf die Einhaltung quantitativer Größen, sondern vielmehr auf eine Reihe von Merkmalen an, die eine Organisation erfüllen muss, um als „projektorientiert" zu gelten.

Nach Gareis (Gareis 2006) hat die projektorientierte Organisation folgende Merkmale:
- Management by Projects ist eine explizite Organisationsstrategie,
- Projekte und Programme werden als temporäre Organisationen eingesetzt,
- Projekte-Netzwerke, Projekte-Ketten und Projektportfolios sind Betrachtungsobjekte des Managements,
- die Know-how-Sicherung erfolgt in Expertenpools,
- die Projekt- und Programmmanagement-Kompetenz wird durch ein PM Office gesichert und
- ein neues Management-Paradigma, das durch Teamarbeit, Prozessorientierung und Empowerment charakterisiert ist, wird angewandt.

Das projektorientierte Unternehmen erfordert jedoch auch eine neue, eine an den Anforderungen der Projektarbeit ausgerichtete Unternehmenskultur. Diese Kultur ist im Wesentlichen Kunden-, Prozess- und Teamorientierung, fördert die kontinuierliche Veränderung sowie das Netzwerken innerhalb des Unternehmens und über die Unternehmensgrenzen hinaus. Projektbewusstes Management und eine „projektfreundliche Kultur" schaffen die Voraussetzungen für erfolgreiche Projektarbeit (Rietiker 2006).

■ 4.3 Ausgewählte Ansätze zur Gestaltung projektorientierter Unternehmen

Wie schon ausgeführt, geht es bei einem projektorientierten Unternehmen nicht nur um die Frage nach der strukturellen Gestaltung. Weitere Aspekte, wie z. B. Governance, Prozesse und Kultur, sind ebenfalls in die Betrachtungen mit einzuschließen. Hier lohnt sich ein Blick in die klassische Organisationstheorie (Bea/Göbel 2006) wie auch in die modernen Ansätze der Organisationsgestaltung (Stanford 2015). Beide zeigen zwar die Vielfalt der Ansätze und Gestaltungsmöglichkeiten auf, jedoch liegt der Fokus hier nicht auf der Gestaltung projektorientierter Unternehmen.

Auch die einschlägigen ISO-Normen zum Qualitätsmanagement, die heute in den meisten Unternehmen die Grundlage des Integrierten Managementsystems bilden, nehmen wenig Bezug auf die Ausgestaltung projektorientierter Unternehmen. ISO 9000:2015 basiert jedoch auf sieben Grundsätzen des Qualitätsmanagements, die auch für die Gestaltung projektorientierter Unternehmen ein wichtiger Bezugspunkt für die Gestaltungsaufgabe sein können, nämlich die Kundenorientierung, die Führung, das Engagement von Personen, der prozessorientierte Ansatz, Verbesserung, die faktengestützte Entscheidungsfindung sowie das Beziehungsmanagement (DIN 2015).

Im Folgenden werden ausgewählte Ansätze zur Gestaltung projektorientierter Unternehmen dargestellt.

4.3.1 Multiprojektmanagement (MPM)

Im deutschsprachigen Raum hat sich der Begriff „Multiprojektmanagement" für Planung, übergreifende Steuerung und Überwachung von mehreren Projekten durchgesetzt (Seidl 2011). Die Norm DIN 69909-1 definiert diesen Begriff als „organisatorischer und prozessualer Rahmen für das Management mehrerer einzelner Projekte" und führt weiter aus: „Das Multiprojektmanagement kann in Form von Programmen oder Projektportfolios organisiert werden. Dazu gehört die Koordinierung mehrerer Projekte bezüglich ihrer Abhängigkeiten und gemeinsamer Ressourcen." (DIN 2013)

Die Norm beschreibt, welche Ziele mit Einsatz von Multiprojektmanagement erreicht werden können:

- Projekte, Programme und Projektportfolios sind auf die Ziele der Organisation ausgerichtet, priorisiert und generieren mit ihren Ergebnissen den vorgesehenen Mehrwert.
- Das Zusammenwirken in und zwischen Projekten, Programmen und Projektportfolios erzeugt Synergien, die der Organisation nachhaltig nützen.
- Organisatorische Strukturen, Prozesse, Methoden, Werkzeuge und Regeln für das Multiprojektmanagement sind eindeutig festgelegt, werden kontinuierlich auf ihre Wirksamkeit überprüft und verbessert.
- Es herrscht Transparenz in Bezug auf den Status der Projekte, Programme und Projektportfolios in der Organisation.
- Ressourcen werden über alle Projekte, Programme und Projektportfolios hinweg optimal geplant, ausgewählt und eingesetzt.
- Die Zusammenarbeit erfolgt über definierte Schnittstellen zwischen Projekten, Programmen und Projektportfolios, der Organisation und zu Organisationsbereichen sowie zu externen Partnern.
- Chancen und Risiken in Projekten, Programmen und Projektportfolios sind identifiziert, bewertet und mit ihren Auswirkungen auf die Zielsetzungen der Organisation beschrieben, notwendige Maßnahmen sind geplant und eingeleitet.
- Die Störanfälligkeit und die Gefährdung der Zielerreichung des Multiprojektmanagements werden kontinuierlich analysiert und entsprechende Gegenmaßnahmen eingesteuert.

Die Norm ist ein Leitfaden (und keine Zertifizierungsgrundlage) und kann bei der Ausgestaltung von Unternehmen hilfreich sein, die viele Projekte und Programme gleichzeitig abwickeln. Dabei wird allerdings darauf hingewiesen, dass aufgrund unterschiedlicher Ausgangs- und Rahmenbedingungen sowie Anforderungen einer Organisation an das Management der vielen Projekte, in der Praxis sehr unterschiedliche Ausprägungsformen des Multiprojektmanagements zu finden sind. Im Gegensatz zu anderen Projektmanagement-Normen ist die DIN 69909 für die Leitung eines Unternehmens gedacht. Diese sollte den Umgang mit den Projekten bzw. den Einsatz von Multiprojektmanagement explizit festlegen, einführen, anwenden und kontinuierlich weiterentwickeln. Die Leitung ist auch dazu da, die für das Multiprojektmanagement notwendigen Voraussetzungen zu schaffen.

Teil 2 von DIN 69909 zeigt eine Übersicht aller Prozesse des Multiprojektmanagements (vgl. Bild 4.2) und beschreibt dann alle Prozesse sowie die vielfältigen Wechselwirkungen der operativen wie auch strategischen Ebene.

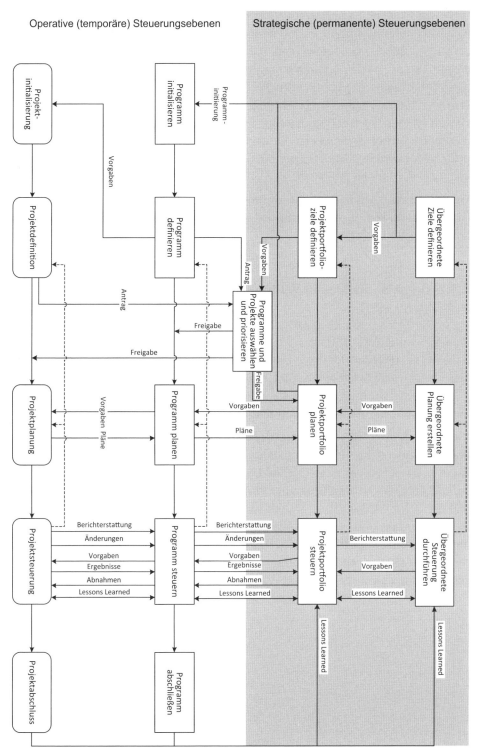

Bild 4.2 Übersicht des Prozessmodells im Multiprojektmanagement (DIN 2013)

Das Prozessmodell ist selbstverständlich nur eine der vielfältigen Modellierungsmöglichkeiten und muss im Anwendungsfall an die spezifischen Anforderungen der Organisation angepasst werden. Dabei kann es vorkommen, dass die eine oder andere Ebene (z. B. Programmmanagement) entfällt, z. B. im Fall eines kleinen oder mittelständisch geprägten Unternehmens. Das Modell fokussiert stark auf die Prozesse und auf deren Ausgestaltung. Methoden sind im dritten und Rollen im vierten Teil der Norm dargestellt. Eine Beschreibung der für projektorientierte Unternehmen sicher auch nötigen strategischen, strukturellen und kulturellen Aspekte fehlt allerdings. Mehr dazu im Kapitel „Alles „multi" oder was? Der Umgang mit einer Vielzahl an Projekten".

Weitere Ansätze, z. B. „Strategisches Projektmanagement" (Schott/Campana 2005) oder „Führung von Projektorganisationen" (Rattay 2003), konnten sich in Deutschland dagegen nicht etablieren.

4.3.2 Organisationales Projektmanagement (OPM)

In den angelsächsischen Ländern hat sich eher der Begriff „Organisational Project Management (OPM)" durchgesetzt. Er betrachtet ganz allgemein gesprochen zwei Aspekte, nämlich den der Organisation und den des Projektmanagements, und wie diese beiden möglichst optimal integriert werden können. Eine mögliche Definition für OPM: „The integration of all project management-related activities throughout the organizational hierarchy or network." (Sankaran u. a. 2017)

Die Integration geschieht in einer Organisation durch Koordination, Kooperation und nicht zuletzt durch Kommunikation zwischen den Beteiligten. Einerseits vertikal, d. h. zwischen der strategischen Ebene des Unternehmens und den darunter befindlichen operativen Ebenen der Projekte und Programme, wie im Übersichtsbild der DIN 69909 auch dargestellt ist. Ein weiterer Koordinationsmechanismus ist hier nun die Governance, insbesondere Governance für Projekte, Programme und Portfolios (Wagner 2017). Die horizontale Integration hingegen soll die gesamte Organisation auf Projektarbeit ausrichten, sodass ein Unternehmen als Ganzes wirksamer wird (vgl. Bild 4.3).

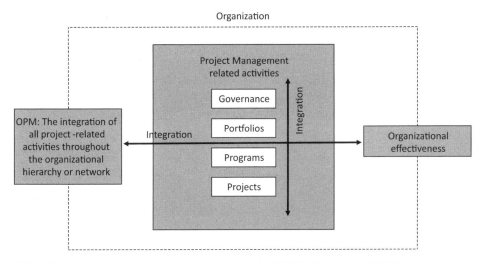

Bild 4.3 Horizontale und vertikale Integration durch OPM (Sankaran u. a. 2017)

Ein neuer Standard des Project Management Institute (PMI) für „Organizational Project Management (OPM)" definiert OPM als „framework in which portfolio, program, and project management are integrated with organizational enablers in order to achieve strategic objectives. OPM supports the appropriate balance of knowledge, processes, people, and supportive tools across all functional areas of the organization to provide guidance for its portfolio, program, and project management efforts." (PMI 2018)

Neben den Projektmanagement-Aktivitäten werden in dem Modell auch die normalen betrieblichen Aktivitäten aufgeführt, die für Mehrwert sorgen und in die Strategie des Unternehmens einzahlen. In regelmäßigen Abständen werden diese Wertbeiträge überprüft und ggf. die Strategie entsprechend angepasst. Die Rolle des Portfoliomanagements (wobei nicht klar wird, um welches Portfolio es sich hierbei handelt, ein Produkt- oder Projektportfolio?) besteht darin, diejenigen Initiativen auszuwählen, die in die Strategie einzahlen, und mithilfe einer regelmäßigen Überprüfung auch Anpassungen vorzunehmen, wenn es Abweichungen gibt.

„Organizational Environment" im Modell (vgl. Bild 4.4) steht für die Governance, Richtlinien, Kultur und Praktiken, die als Unterstützung für die Projektmanagement-Aktivitäten und die Wertschöpfung gedacht sind. Die folgenden Prinzipien unterstützen die projektorientierte Wertschöpfungsstrategie: „Alignment with organizational strategy", „Integration with organizational enablers", „Consistency of execution and delivery", „Organizational integration", „Value to the organization" und „Continuous development".

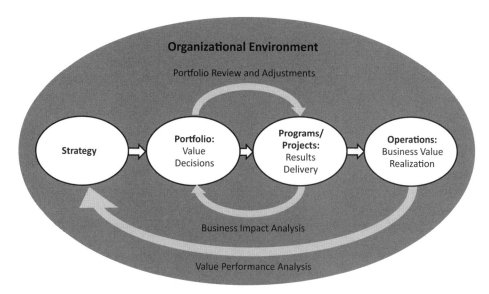

Bild 4.4 Übersicht des PMI-Standards zu OPM (PMI 2018)

Der Standard versucht innerhalb der Organisation eine Balance herzustellen zwischen dem Projekt-/Programmmanagement sowie den betrieblichen Aktivitäten und der strategischen Ausrichtung. Je nach Organisation sind dabei mehr oder weniger Anpassungen notwendig. Dabei kommen Methodiken zum Einsatz, die an die spezifische Situation der Organisation angepasst werden müssen. Dabei werden die Rolle von Governance, Wissens- und Talentmanagement sowie eine regelmäßige Überprüfung des Reifegrads durch Assessments und die darauf aufbauenden Verbesserungsmaßnahmen betont.

4.3.3 Organisationale Kompetenz für das Management von Projekten

Die International Project Management Association (IPMA) ist ein globaler Dachverband mit Mitgliedsgesellschaften in mehr als siebzig Ländern. Die Deutsche Gesellschaft für Projektmanagement (GPM) ist Mitglied der IPMA. Die IPMA wurde 1965 in Europa gegründet und fokussiert seit mehr als 20 Jahren die für Projektarbeit notwendige Kompetenz. Neben der IPMA Individual Competence Baseline (IPMA ICB) gibt es auch einen Kompetenzstandard für Unternehmen, nämlich die IPMA Organisational Competence Baseline (IPMA OCB).

Mit der IPMA OCB beschreibt die IPMA die Kompetenz von Unternehmen (oder allgemein Organisationen) und deren Führung. Dies beruht auf der Erkenntnis, dass Projekterfolg im Wesentlichen davon abhängt, ob die Führungskräfte einer Organisation die Voraussetzungen für die professionelle Projektabwicklung geschaffen haben. Projektmanager beklagen sich nämlich nach einer Qualifizierungsmaßnahme immer häufiger, dass sie zwar motiviert und fähig seien, das Gelernte in die Tat umzusetzen, die dafür nötigen Voraussetzungen durch die Führungskräfte aber nicht geschaffen seien. Mit der IPMA OCB wird deshalb aufgezeigt, welche Kompetenzen eine Organisation besitzen sollte, damit professionelles Management von Projekten, Programmen und Portfolios möglich wird.

Worin besteht aber nun eine Kompetenz, die über die Kompetenz von einzelnen Personen hinausgeht? Betrachtet man eine Organisation als soziales System, dann ist Organisationale Kompetenz mehr als die Summe aller individuellen Kompetenzen. Es ist vielmehr das kollektive Vermögen zur Bewältigung von Zielen in einer gegebenen Umwelt.

Die IPMA OCB definiert Organisationale Kompetenz und deren Anwendung auf das Management von Projekten als „ability of organisations to integrate people, resources, processes, structures and cultures in projects, programmes and portfolios within a supporting governance and management system" (IPMA 2016). Damit wird wie beim OPM die Integration hervorgehoben.

Bild 4.5 gibt einen Überblick über die Organisationale Kompetenz mit Kontextfaktoren, Kompetenzgruppen und -elementen, wobei „PP&P" für Projekte, Programme und Portfolios steht. Jede Gruppe beinhaltet mehrere Kompetenzelemente. Die IPMA OCB definiert insgesamt 18 Kompetenzelemente. Ein Anhang beschreibt alle Kompetenzelemente mit ihren Anwendungsmöglichkeiten sowie einer Reihe von Schlüsselfragen zur Selbstkontrolle bzw. Weiterentwicklung des Elements.

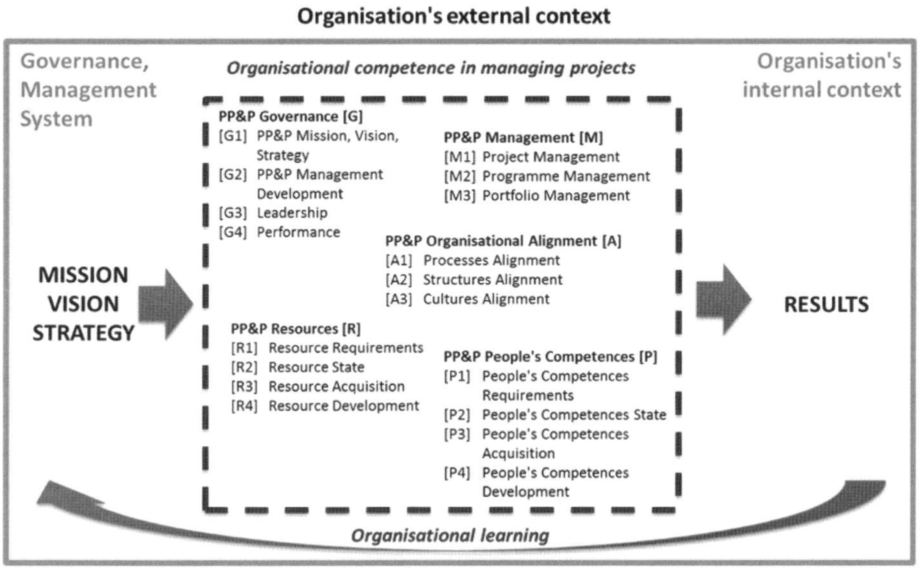

Bild 4.5 Organisationale Kompetenzen für das Management von Projekten (IPMA 2016)

Ein Kapitel der IPMA OCB geht auf die Möglichkeiten zur Entwicklung der Organisationalen Kompetenz für das Management von Projekten ein. Dabei wird auf ein Klassifizierungsschema von „IPMA Delta" zurückgegriffen, einer Methode für das Assessment und die Zertifizierung von Organisationen. Diese wird in den IPMA-Mitgliedsgesellschaften schon seit 2012 eingesetzt. Es werden fünf Kompetenzklassen von initial bis optimising unterschieden. IPMA Delta ist derzeit wohl das umfassendste Assessment für Organisationen. Ziel ist, den Status einer Organisation in Bezug auf das Management von Projekten zu analysieren. Und zwar nicht nur die Prozessreife, wie bei vielen Assessment-Modellen auf Basis der Reifegradmodelle von ISO 15504 oder Capability Maturity Model Integrated (CMMI), sondern auch das jeweilige Governance- und Management-System, die für Projektmanagement relevante organisatorische Struktur und Kultur, das Personalmanagement-System sowie die nötigen Unterstützungsfunktionen (z. B. die Beschaffung und Logistik) für das Management von Projekten, Programmen und Portfolios.

Die IPMA OCB zeigt zudem die Möglichkeiten zur gezielten Weiterentwicklung der Organisationalen Kompetenz auf, da Organisationen in einem veränderlichen Umfeld ständig zur Anpassung gezwungen sind und mit Hilfe von proaktivem Veränderungsmanagement die Voraussetzungen für nachhaltige Kompetenzentwicklung schaffen müssen. Dies beinhaltet kontinuierliche Verbesserungsaktivitäten, Lernen aus Projekten – mit einer Rückkopplung der Erkenntnisse an die Gesamtorganisation – sowie permanente Innovation von Produkten, Dienstleistungen, Prozessen und organisatorischer Struktur.

4.3.4 Das agile Unternehmen

Viele Unternehmen müssen sich heute herausfordernden Realitäten stellen. So zählt Peter Rößler die folgenden drei Realitäten auf: Der zunehmende Fachkräftemangel, Unternehmen haben zu wenig kundenzentrierte Produkte bzw. die Entwicklungsdauer ist zu lange und es mangelt in den Unternehmen an Innovationskraft und die Bedrohung durch disruptive Technologien steigt. Dabei geht es jedoch nicht (nur) um die Anwendung agiler Methoden, sondern um ein radikales Umdenken der Unternehmen hin zu mehr Agilität: „Unter Agilität versteht man die Fähigkeit eines Unternehmens, sich kontinuierlich entlang von Nutzerbedürfnissen an seine komplexe, turbulente und unsichere Umwelt anzupassen, indem es diese Veränderungen möglichst rechtzeitig antizipiert und sein Geschäftsmodell, seine Kultur und seine Arbeitsprozesse entsprechend erneuert. Dadurch werden Menschen in agilen Organisationen sukzessive befähigt, vom Reaktor zum proaktiven Gestalter unternehmerischer Zukunft zu werden." (Rößler 2019)

Welche Organisationsmerkmale führen zu mehr Agilität? Die folgende Liste enthält wichtige Aspekte:

- Delegation von Verantwortung/Dezentralisation
- Flache Hierarchien
- Partizipation (z. B. Soziokratie, Konsensprinzip)
- Kombination aus stabiler Primärstruktur und flexibler Sekundärstruktur, namentlich in Form von netzwerkartigen Strukturen
- Selbststeuernde Teams, die ganzheitliche Aufgabenzusammenhänge bearbeiten
- Klare und transparente Rollenbeschreibungen und Sitzungsformate
- Aufteilung komplexer Zusammenhänge in kleine Aufgabenpakete

Jedoch muss vor Änderungen an der Organisation durch die Führung erst einmal klargestellt werden, was unter Agilität in dem spezifischen Kontext verstanden wird, welche Organisationsformen wohl am ehesten zu einem Mehr an Agilität beitragen, wie die Wirkung von Agilität gemessen werden kann und wie die Organisation insgesamt – vor dem Angesicht so unterschiedlicher Aufgaben wie Projekt- und Linienaufgaben – besser ausbalanciert werden kann (Grundei/Kaehler 2018).

Niels Pfläging beschreibt ein Unternehmen mit drei Strukturen: der formalen Struktur, der informellen und der Wertschöpfungsstruktur. Bei der formalen Struktur geht es um Machtausübung, um „oben" und „unten", um die Erfüllung von Regelwerken und Richtlinien. Die informelle Struktur ist hingegen eher das „Soziale" der Organisation, es geht um Beziehungen zwischen Personen und Gruppen, wer zu wem Vertrauen hat und wer mit wem „kann". Leistung und Erfolg eines Unternehmens entstehen durch die dritte, nämlich die Wertschöpfungsstruktur. In projektorientierten Unternehmen ist das die Struktur, die es zu gestalten gilt. Sie wird von außen, d.h. vom Kunden, angeregt und verbindet idealerweise alle Akteure und Teams, die einen Wertschöpfungsbeitrag leisten können. Es kommt letztlich darauf an, diesen „Wertstrom" möglichst schlank und flexibel zu gestalten. Dies sollte durch die informelle Struktur gefördert und durch die formale Struktur möglichst wenig behindert werden. Letztlich interagieren die Strukturen fortlaufend. „Ihre Balance untereinander ist entscheidend für organisationale Wirksamkeit und Leistungsfähigkeit." (Pfläging 2015)

Bild 4.6 zeigt das Beispiel einer stark projektorientierten Beratung, die als lebendiges und vom Markt gesteuertes Netzwerk allen Akteuren Verantwortung zuweist. „Eine bessere Art, Organisationen zu beschreiben, ergibt sich, wenn wir sie als lebendige Netzwerke verstehen. Das ist im Vergleich zum Dogma der steuerbaren Pyramidenorganisation näher dran an wissenschaftlichen Erkenntnissen der letzten Jahrzehnte. Es ist aber auch in mehrfacher Hinsicht realitätsnäher." (Pfläging 2014)

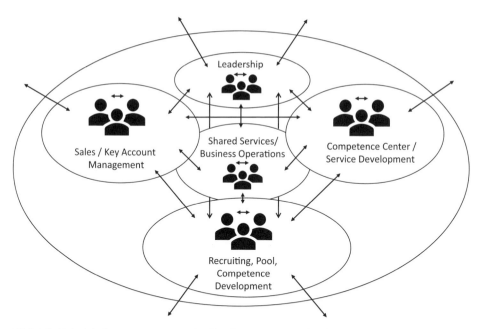

Bild 4.6 Beispiel einer vernetzten und agilen Beratungsorganisation

Für die Reorganisation hin zu einem agilen Unternehmen gibt es jedoch auch eine Menge Voraussetzungen zu beachten. So braucht Selbstorganisation in einem agilen Unternehmen zwar Führung, aber eine andere als in herkömmlichen Unternehmen. Führung in agilen Unternehmen sollte Orientierung geben, Freiräume schaffen zur kreativen Entfaltung, zum Mitmachen einladen und (nur) unterstützend in die wertschöpfenden Prozesse eingreifen. Hilfe zur Selbsthilfe könnte das Credo einer Führungskraft sein und nicht Machtausübung durch Anweisungen.

 „Die Aufgabe eines Managers ist es nicht, alles besser zu können als seine Mitarbeiter. Es ist auch nicht seine Aufgabe, seinen Mitarbeitern zu sagen, was sie tun sollen. Aber es sollte Aufgabe eines Managers sein, die Mitarbeiter darin zu befähigen, ihren Job besser machen zu können und sich in diesem Job so entwickeln zu können, dass sie ihr Potenzial ausschöpfen." (Gloger/Rösner 2017)

Eine weitere Voraussetzung auf dem Weg zum agilen Unternehmen sind auch die Mitarbeiter. Sind die „Mit-"Arbeiter motiviert und fähig, Aufgaben selbstorganisiert im Netzwerk zu erledigen, oder brauchen sie klare Anweisungen „von oben"? Dies ist sicher ein Problem nach der Art: Was ist zuerst, Henne oder Ei? Es führt wohl kein Weg daran vorbei, Projektteams einfach probieren bzw. machen zu lassen, einen Vertrauensvorschuss zu geben und den Mitarbeitern genügend Raum zur Entfaltung zu geben. Auch die „0-Fehler"-Kultur ist nicht hilfreich, da Projektergebnisse iterativ entstehen, bei denen mit ersten Prototypen frühzeitig ein Feedback vom Kunden zur weiteren Verbesserung eingeholt wird, statt bis ganz zum Schluss zu warten und der Kunde zeigt erst dann seine Unzufriedenheit.

Agile Unternehmen sind projektorientiert, sie organisieren die Abläufe ganz schlank, von Kunde zu Kunde, als Wertstrom in enger Zusammenarbeit aller Beteiligten. Der Projektleiter ist wie der Dirigent, der den Takt vorgibt, Stakeholder einbindet sowie Kooperation, Kommunikation und Informationsflüsse sichert. Projekte haben Vorfahrt. Mit einer „projektfreundlichen" Kultur unterstützt jeder das Projekt und trägt damit zur Wertschöpfung bei, ohne sich in politischen Prozessen der formalen Struktur zu verheddern. Mehr zum agilen Unternehmen im Kapitel „Traditionell, agil und adaptiv!".

4.4 Entwicklung projektorientierter Unternehmen

Bevor die weitere Entwicklung des projektorientierten Unternehmens beginnen kann, sind zuerst eine Reihe von Frage zu klären:

- Was ist Anlass für die Veränderung und wer hat die Initiative ergriffen?
- Wo kommen wir her? Was hat sich geändert und was fordert uns heraus?
- Wo wollen wir hin? Welchen Nutzen wollen wir aus der Neuausrichtung ziehen?
- Welche Änderungen an der Organisation bedeutet das? Wie gehen wir diese an?
- Wie binden wir die unterschiedlichen Stakeholder in den Veränderungsprozess ein?
- Brauchen wir Unterstützung bei der Veränderung und wer kann uns dabei helfen?
- Woran merken wir, wenn wir unsere Ziele der Neuausrichtung erreicht haben?
- Welche Priorität räumen wir den Veränderungen im Tagesgeschäft ein?
- Probieren wir die Veränderungen erst mal in einem Bereich aus?
- Welche Fragen stellen sich noch aus Sicht der Betroffenen?
- Welche Rollen sind für die Transformation notwendig?

Selbstverständlich sollten die Fragen durch die Leitung des Unternehmens gestellt und in Teilen auch selbst beantwortet werden. Das Einbeziehen der Mitarbeiter, des für den Change vorgesehenen Projektteams und weiterer Stakeholder ist jedoch für die Akzeptanz der Entwicklungsmaßnahmen sehr wichtig. Häufig wird nämlich schnell mit Veränderungen begonnen, ohne das „Warum" und „Wohin" zu klären. Veränderungen erfordern jedoch Energie durch Verständnis der Ausgangssituation sowie der Herausforderungen, Akzeptanz durch Partizipation und Zusammenarbeit, Wirksamkeit durch Feedback-Schleifen und Fortschrittskontrolle und schließlich auch immer mal wieder Abstand, ein Ausruhen, um nicht im Aktionismus zu viel Energie zu vergeuden.

Mit den ersten beiden Fragekomplexen sollte man starten, häufig im Rahmen einer strategischen Neuausrichtung des Unternehmens, als Reaktion auf den Markt und entsprechende Wettbewerber, oder durch Leidensdruck, z. B. weil zu viele Projekte zu spät und zu teuer ins Ziel gebracht werden. Welche Marktanforderungen bzw. Wettbewerbsbedingungen gibt es heute und was heißt das für das eigene Unternehmen? Ist das Unternehmen noch fit für den Markt bzw. den Wettbewerb? Wie leistungsstark ist das Projektmanagement? In welcher Phase des Entwicklungskontinuums von Projektmanagement ist das Unternehmen (vgl. Bild 4.7).

Bild 4.7 Strategischer Fit des Projektmanagements (in Anlehnung an Bea u. a. 2011)

Auch eine Bestandsaufnahme des Projektmanagements kann Auslöser für die Weiterentwicklung des Unternehmens sein oder zumindest zur Klärung einiger der o. a. Fragen helfen. Oben ist das Reifegrad-Assessment schon erwähnt worden. Eine andere Bezeichnung ist „PM-Checkup", bei dem das gesamte Projektmanagement mit Strategie, Struktur, Prozessen, Methoden, Tools sowie Kompetenzen auf den Prüfstand kommt (Wagner 2010). Ziel ist, den Status quo des Projektmanagements gegenüber einem vorab definierten Anspruchsniveau zu überprüfen, Best Practices und die Verbesserungspotenziale zu ermitteln und Empfehlungen zu den weiteren Entwicklungsschritten auszusprechen. Wichtig ist dabei, dass die Empfehlungen nur adressieren, was zu tun ist, aber nicht wie es getan werden soll. Sonst würde man nämlich dem Projektteam schon die Lösung vorwegnehmen und es damit demotivieren. Lösungen entstehen nämlich aus dem Unternehmen heraus, unter Beteiligung der Betroffenen, mit einem eher iterativen Vorgehen, und das erfordert Zeit und vor allem Geduld.

Die Entwicklung eines projektorientierten Unternehmens wird in der Regel nicht nur auf Basis einzelner Aspekten erfolgen, sondern es ist immer ein ganzheitlicher Blick auf das Unternehmen notwendig. Dies hat natürlich Auswirkungen auf Dauer, Kosten und Ressourcenbedarf. Es hilft jedoch niemandem, wenn nur an einigen wenigen Symptomen optimiert wird, dazu sind Organisationen einfach zu komplex.

Es hat sich bewährt, die Veränderungen ebenfalls in Form eines Projekts umzusetzen (vgl. Bild 4.8). Das Projektteam sollte vor Start der Aktivitäten den Auftrag (und den Auftraggeber) klären, mit diesem auch die o. a. Fragen klären und das Projekt mit den aus der Literatur bekannten Ansatzpunkten initialisieren. Nach der Standortbestimmung mit Hilfe eines PM-Reifegrad-Assessments ist es hilfreich, sich extern zu orientieren, z. B. durch das Benchmarking mit vergleichbaren Unternehmen, durch Studium der Normen und Standards, sowohl national wie auch international, oder auch durch Hinzunahme eines Beraters, der mit vergleichbaren Projekten Erfahrung hat. Dabei kann es auch hilfreich sein, Führungskräfte, das Team und die Betroffenen immer wieder über die gesammelten Erkenntnisse zu informieren, zu qualifizieren und ihnen so mögliche Ängste vor der Veränderung nehmen.

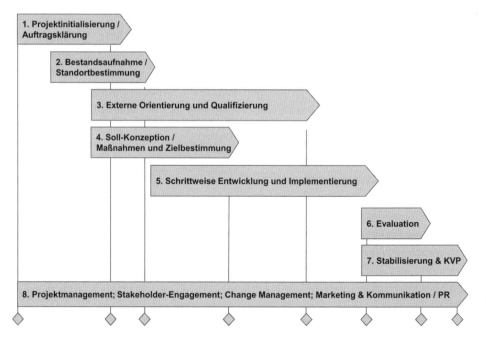

Bild 4.8 Ablaufschema einer Organisationsentwicklung (in Anlehnung an Wagner 2015)

Erkenntnisse aus der externen Orientierung können in die Entwicklung des Soll-Konzepts einfließen. Das Projektteam tut sich dann leichter und passt Ideen von außen an die unternehmerische Praxis an. Eine Alternative ist natürlich, die Lösungen selbst zu entwickeln. Das Vorgehen kann auf den agilen Praktiken aufbauen, d.h. mit Design Thinking mögliche Lösungsalternativen entwickeln und diese mithilfe von Scrum in mehreren Iterationen ausprobieren. Die tatsächliche Ausgestaltung der Interventionen sollte sicherlich zur Unternehmenskultur und zu den Teilnehmern passen. Auch hier kann ein externer Berater hilfreich sein, den Prozess der Konzeption und Lösungsentwicklung zu organisieren und moderieren.

Die Implementierung sollte jedenfalls schrittweise erfolgen, beispielsweise mit einigen prototypischen Anwendungen, einer Pilotanwendung in einem begrenzten Bereich der Organisation und dann mit dem „Roll-out" in der ganzen Organisation. Begleitend sollte eine Bewertung der Veränderungen im Hinblick auf die gesetzten Ziele vorgenommen werden, um Nachbesserungen vorzunehmen oder von einem Erfolg künden zu können.

Neben der Anwendung von Projektmanagement ist bei einem solchen Veränderungsprojekt auch die enge Einbindung von Stakeholdern notwendig. Hierzu lohnt es sich, eine Stakeholder-Analyse zu erstellen, die für den Projekterfolg kritischen Stakeholder zu identifizieren und entsprechende Maßnahmen zu planen.

Eine stärkere Projektorientierung hat in der Regel Auswirkungen auf die Linienorganisation und deren Führungskräfte. Diese sollten von Anfang an als Stakeholder in das Veränderungsprojekt eingebunden werden. Wichtig ist dabei zu klären, was die Beweggründe für die Veränderungen sind (Case for Change) und wie die Veränderung geschieht (unter Beteiligung der Linienführungskräfte). Selbstverständlich ist es besonders wichtig, die Gegenargumente anzuhören und so weit wie möglich bei der Umsetzung zu berücksichtigen. Die Beteiligung der Linienführungskräfte bei der Entwicklung der Soll-Konzeption wie auch deren Implementierung ist Voraussetzung für die Akzeptanz und hilft, mögliche Widerstände von Beginn an zu vermeiden.

Wie geht es nach einer erfolgreichen Implementierung weiter? Dann beginnt der schwierigste Teil einer Veränderung, nämlich deren nachhaltige Anwendung statt wieder in den alten Zustand zu verfallen. Hierzu sind konkrete Maßnahmen nötig, vor allem aber eine Organisationseinheit wie das PMO, das sich um das Projektmanagement kümmert, konkrete Unterstützungsleistungen anbietet und kontinuierlich Erfahrungen („Lessons learned") sammelt, um das Projektmanagement in all seinen Dimensionen weiterzuentwickeln. Deshalb kommt die Initiative zur Weiterentwicklung auch häufig aus dem PMO und wird dann „bottom-up" in das Unternehmen getragen. Das Risiko ist jedoch, dass die Unternehmensleitung sich möglicherweise nicht in den Dienst des Veränderungsprojekts stellt, zwar aus dem Hintergrund Unterstützung signalisiert, aber eben nicht mit gutem Beispiel vorangeht und Veränderungen aktiv mitgestaltet. Erfolgreiche Veränderung setzt einfach die aktive Rolle des Topmanagements voraus.

Mehr dazu im Kapitel „Die Rolle des Topmanagements für projektorientierte Unternehmen".

4.5 Die wichtigsten Punkte in Kürze

- Die zunehmende Zahl und Bedeutung von Projekten verändern Unternehmen hin zu einem Mehr an Projektorientierung und fordern neues Denken und Handeln.
- Der Wandel vom „Management von Projekten" über das „Management durch Projekte" bis hin zum „Projektorientierten Unternehmen" zeigt die Dynamik und steigende Anforderungen für die Unternehmen und Unternehmer auf.
- Verschiedene Ansätze stehen für die Gestaltung projektorientierter Unternehmen zur Verfügung, u. a. Multiprojektmanagement, Organisationales Projekt-

management, Organisationale Kompetenz für das Management von Projekten und das agile Unternehmen.
- Welcher Ansatz gewählt wird, hängt von vielen Faktoren ab, u. a. vom Markt, vom Wettbewerb, von den bisher gesammelten Erfahrungen, von der Führung sowie der Unternehmenskultur.
- Die Entwicklung projektorientierter Unternehmen ist ein Projekt (bzw. ein Programm), das mit einer systematischen Auftragsklärung beginnt und dann systematisch (sequentiell oder agil) die entsprechenden Lösungsansätze erarbeitet und implementiert.
- Veränderungen erfordern eine aktive Rolle des Top Managements sowie Stakeholder Management, Changemanagement, Marketing und Kommunikation.

Literatur

Bea, Franz Xaver; Göbel, Elisabeth: *Organisation.* 3. Auflage. Lucius & Lucius Verlagsgesellschaft Stuttgart, 2006

Bea, Franz Xaver; Scheurer, Steffen; Hesselmann, Sabine: *Projektmanagement.* 2. Auflage. UVK Verlagsgesellschaft Konstanz, 2011, S. 715 ff.

Bittner, Elisabeth; Gregorc, Walter (Hrsg.): *Abenteuer Projektmanagement.* Publicis Publishing Erlangen, 2010, S. 9

DIN: *DIN 69909 Teile 1 – 4 Multiprojektmanagement – Management von Projektportfolios, Programmen und Projekten.* Beuth Verlag Berlin, 2013

DIN: *DIN EN ISO 9000:2015-11 Qualitätsmanagementsysteme – Grundlagen und Begriffe.* Beuth Verlag Berlin, 2015

Gareis, Roland: *Happy Projects!* 3. Auflage. Manz Wien, 2006, S. 51

Gloger, Boris; Rösner, Dieter: *Selbstorganisation braucht Führung.* 2. Auflage. Carl Hanser Verlag München, 2017, S. 60

Grundei, Jens; Kaehler, Boris: *Wie erreichen Unternehmen mehr Agilität?* In: *Zeitschrift für Organisation.* 87. Jahrgang, Ausgabe 06/2018, S. 427–435

IPMA: *IPMA Organisational Competence Baseline (IPMA OCB).* URL: http://products.ipma.world/ipma-product/ocb/. Abgerufen am 31.12.2018

Motzel, Erhard; Müller, Thor: *Projektmanagement-Lexikon.* 3. Auflage. Wiley VCH Verlag Weinheim, 2017, S. 220

Pfläging, Niels: *Komplexithoden. Clevere Wege zur (Wieder)Belebung von Unternehmen und Arbeit in Komplexität.* Redline Verlag München, 2015, S. 29

Pfläging, Niels: *Organisation für Komplexität. Wie Arbeit wieder lebendig wird und Höchstleistung entsteht.* Redline Verlag München, 2014, S. 54

PMI: *The Standard for Organizational Project Management OPM.* PMI Newton Square, 2018, S. 3

Rattay, Günter: *Führung von Projektorganisationen.* Linde Verlag Wien, 2003

Rietiker, Stephen: *Der neunte Schlüssel. Vom Projektmanagement zum projektbewussten Management.* Haupt Verlag Bern, 2006, S. 123

Rößler, Peter: *Wozu agil?* In: Lang, Michael; Scherber, Stefan: *Der Weg zum agilen Unternehmen.* Carl Hanser Verlag München, 2019, S. 1–12

Sankaran, Shankar; Müller, Ralf; Drouin, Nathalie (Eds.): *Organizational Project Management.* Cambridge University Press Cambridge, 2017, S. 10

Schott, Eric; Campana, Christophe: *Strategisches Projektmanagement*. Springer Verlag Berlin, 2005

Seidl, Jörg: *Multiprojektmanagement*. Springer Verlag Berlin, 2011

Stanford, Naomi: *Organisation Design*. 2nd Edition. PublicAffairs New York, 2015

Wagner, Reinhard: *Assessments im Projektmanagement – Die Reifeprüfung für projektorientierte Organisationen*. In: projektMANAGEMENT aktuell, Ausgabe 02/2010, S. 24–30

Wagner, Reinhard (Hrsg.): *Beratung von Organisationen im Projektmanagement*. Symposion Publishing Düsseldorf, 2015

Wagner, Reinhard: *Neue ISO 21505 – Guidance on governance setzt Benchmark für Projektwirtschaft*. In: Projektmagazin, Ausgabe 06/2017, S. 1-10

5 Erfolgsfaktoren auf dem Weg zum projektorientierten Unternehmen

Gabriele Hannibal, Prof. Dr. Martina Peuser

Die steigende Umweltdynamik und den wachsenden Innovationsdruck beantworten immer mehr Unternehmen mit einer stärkeren Projektorientierung, um flexibel mit Veränderungen umzugehen. Hierzu bedarf es eines angepassten Managementkonzepts, um die Veränderungen zu steuern und den Erfolg zu gewährleisten. Wie sich der Erfolg projektorientierter Unternehmen zusammensetzt und welche erfolgsentscheidenden Faktoren im Zuge eines tragfähigen und umfassenden Managementansatzes zu beachten sind, erfahren Sie in diesem Beitrag.

In diesem Beitrag erfahren Sie,
- was Unternehmenserfolg in einem projektorientierten Unternehmen bedeutet und
- welche konkreten Erfolgsfaktoren Sie für den Weg zum projektorientierten Unternehmen beachten sollten.

■ 5.1 Einleitung

Die Bedeutung von Projekten nimmt durch die steigenden Herausforderungen an Unternehmen stetig zu. Während manche Branchen wie beispielsweise die Bauwirtschaft bereits seit jeher durch einen starken Projektcharakter geprägt sind, orientieren sich nun auch andere Wirtschaftssektoren an der Projektarbeit zur Sicherung des langfristigen Unternehmenserfolgs.

Die Entwicklung von einer eher starr strukturierten Linienorganisation hin zum flexiblen projektorientierten Unternehmen ist jedoch mehr als nur das Managen einer erhöhten Projektanzahl neben den Tätigkeiten in der Linie.

Nicht nur die primäre Unternehmensstruktur und Prozesse verändern sich bei einer zunehmenden Projektorientierung. Es sind die grundlegenden Denk- und Verhaltensweisen, die sich bei allen Beteiligten – vom Topmanagement bis hin zum einzelnen Mitarbeiter – neu ausrichten müssen. Bisherige Managementkonzeptionen, die sich an (Linien-)Organisationen ausrichten, sind nicht mehr ausreichend, um Ansätze für den langfristigen Erfolg eines projektorientierten Unternehmens aufzuzeigen. Andererseits greifen auch die verschiedenen Projektmanagementkonzepte zu kurz, da der Fokus nur auf die reine Projekttätigkeit gelegt wird und die oben beschriebenen grundlegenden Veränderungen der Linienorganisation nicht ausreichend berücksichtigt sind.

Vor dem Hintergrund der vorherigen Ausführungen werden die Komplexität und Auswirkungen der Entscheidung zum projektorientierten Unternehmen deutlich. Zudem zeigt sich, dass ein umfassendes und tragfähiges sowie auf die Besonderheiten dieser Veränderungen ausgerichtetes Konzept wesentlich ist, um den langfristigen Unternehmenserfolg zu sichern. Ziel des vorliegenden Beitrags ist, die zentralen Erfolgsfaktoren auf dem Weg zum projektorientierten Unternehmen aufzuzeigen.

Hierzu wird zunächst der Begriff des Unternehmenserfolgs unter Berücksichtigung der Besonderheiten von projektorientierten Organisationen definiert, um die Zielgröße zu bestimmen. Danach werden verschiedene Erfolgsfaktorenmodelle in der Literatur gesichtet. In der Erfolgsfaktorenforschung wegweisend ist das 7-S-Modell von Peters/Watermann. Die Synthese dieses Modells mit Ansätzen aus dem Qualitätsmanagement wie das Total Quality Management und das EFQM-Konzept der European Foundation for Quality Management (EFQM) ergibt ein umfassendes Erfolgsfaktorenmodell. Der vorliegende Beitrag zeigt dabei auf, dass die genannten Erfolgsfaktoren nicht nur für sich selbst stehen und sinnvoll zu gestalten sind, sondern Wirkungszusammenhänge beachtet werden müssen.

■ 5.2 Unternehmenserfolg in projektorientierten Unternehmen

Kern der Arbeit stellt der Begriff des „Erfolgs" mit dem Fokus auf projektorientierte Unternehmen dar. Infolgedessen ist zunächst zu klären, wie „Unternehmenserfolg" und „Projekterfolg" definiert sind. Daraus leitet sich die Begriffsbestimmung für den Erfolg von projektorientierten Unternehmen ab.

5.2.1 Was ist unternehmerischer Erfolg?

In der Literatur beschäftigen sich zahlreiche Arbeiten mit der Erforschung von unternehmerischen Erfolgsfaktoren. Allerdings hat sich bisher noch keine allgemeingültige Begriffsdefinition, Konzeptualisierung und Messung etablieren können.

Erfolg ist im Allgemeinen das Ergebnis der Bewertung einer Handlung mit Bezug auf ein vorab gesetztes Ziel. Das Erfolgskonstrukt lässt sich weiterhin in die Ebenen

- Bewertungsbereich,
- Zieldimension und
- Informationsquelle

strukturieren (Bachmann 2009).

Die Ebene „Bewertungsbereich" bezieht sich auf die verschiedenen Betrachtungswinkel einer Erfolgsdefinition. Anfänglich bezogen sich die Konzepte zu den Erfolgsfaktoren auf einzelne Geschäftsfelder (Daniel 1961; Buzell/Gale 1989). Dieser Ansatz analysiert kleinere Elemente wie bspw. Abteilungen, Projekte und Prozesse. Inzwischen beziehen sich die Modelle ebenso auf Unternehmen und Branchen (Leidecker/Bruno 1984).

Die „Zieldimension" umfasst die Fragestellung, welche Ziele zur Bewertung der Erfolgserreichung herangezogen werden sollen. Die Messgrößen können quantitativer oder qualitativer Natur sein (Hinterhuber 1992). Ergänzend zu ökonomischen Kennzahlen empfehlen breiter gefasste Ansätze zusätzlich operative Faktoren, die nicht-finanzielle Indikatoren wie bspw. Kundenzufriedenheit und Marktanteil beinhalten (Pampel/Krolak 2007). Es soll ein Zielbündel zur Messung festgelegt werden. Annahme der breiteren Ansätze ist, dass finanziell messbarer Unternehmenserfolg durch die operativen nicht-finanziellen Erfolge bedingt ist.

Zusätzlich ist die Anzahl der Messgrößen zu bestimmen. Es kann ein einziges Kriterium oder eine Vielzahl an Erfolgsgrößen festgelegt werden. Vorteil mehrerer Messkriterien ist, dass eine Mischung aus finanziellen und operativen Größen und eine umfassende Bewertung des Erfolgs möglich sind. Falls eine Bündelung der Messfaktoren bspw. in einer Indexzahl erfolgt, ist jedoch der Nachteil des Informationsverlusts zu nennen.

Die dritte Ebene bildet die „Informationsquelle". Diese stellen primäre Daten aus unternehmensinternen Quellen (z. B. Vertriebserfolgsanalyse, Rechnungswesen, Archiv, Kundendienst, Statistiken aus dem Controlling) sowie sekundäre Daten aus unternehmensexternen Quellen (z. B. Wirtschaftsverbände, Ministerien, wissenschaftliche Einrichtungen, amtliche und nichtamtliche Institutionen, Fachliteratur) dar.

 Unternehmenserfolg bedeutet die Erreichung der Unternehmensziele. Als Bewertungsgrundlage ist ein Zielbündel aus ökonomischen (finanziellen) als auch operativen Größen (z. B. Mitarbeiterzufriedenheit, Kundenzufriedenheit) zu bilden. Informationsgrundlage sind unternehmensinterne und -externe Quellen.

5.2.2 Was ist Projekterfolg?

In der Literatur hat sich bislang noch keine einheitliche Definition zum Projekterfolg durchgesetzt. Die Schwierigkeit besteht darin, die verschiedensten Projektarten und die „Eigenart" von Projekten, per definitionem einzigartig zu sein, zu einer allgemeingültigen Aussage zusammenzubringen. Nachfolgend sind einige Definitionsansätze aufgeführt, die anschließend zu einer in diesem Artikel verwendeten Begriffsdefinition zusammengeführt werden.

Minimaldefinition ist die Einhaltung der Kriterien des „Magischen Dreiecks" zur Erreichung des Projekterfolgs. Diese sind Termine, Kosten und Qualität (Leistungsumfang) eines Projekts. Das Project Management Institute (PMI) schlägt vor, bei der Bewertung des Projekterfolgs über diese Kriterien hinaus die Erreichung der Projektziele zu betrachten (siehe PMI 2017).

Eine Studie der Universität Kassel zum Projektmanagementreifegrad und Projekterfolg aus dem Jahr 2014 nutzt die finanzielle Zielerreichung, die Termintreue sowie die Kundenzufriedenheit als Erfolgsfaktoren für Projekte.

Patzak/Rattay definieren den Projekterfolg umfänglicher. Zum Magischen Dreieck hinzu kommt die Erfüllung vertraglicher Aspekte und die Zufriedenheit der Stakeholder des Projekts insgesamt, also z. B. interne und externe Auftraggeber, Kunden, Projektmitarbeiter und mit der Umsetzung betraute Mitarbeiter.

Zu betrachten ist bei der Bewertung des Projekterfolgs nicht nur die reine Ergebnissichtweise „Produktdimension" (Wurden die Anforderungen an das Projektergebnis erreicht?), sondern auch der hinführende Weg „Prozessdimension" (Wie wurde das Projektergebnis erreicht?). Bei der Prozessdimension spielen auch weiche Faktoren wie die Kommunikation mit den Kunden oder den Mitarbeitern eine bedeutende Rolle.

In diesem Beitrag gilt die nachfolgende Definition.

 Projekterfolg ist die Erfüllung vereinbarter Projektleistungen zur Zufriedenheit der relevanten internen und externen Stakeholder unter Berücksichtigung der gesetzlichen und vertraglichen Verpflichtungen. Hierbei sind sowohl die Produktdimension als auch die Prozessdimension zu berücksichtigen.

5.2.3 Was ist Erfolg für ein projektorientiertes Unternehmen?

Das projektorientierte Unternehmen wird im Regelfall etabliert, um den (Kunden-) Projekten eine höhere Bedeutung zuzugestehen und diese effektiv und effizient zu managen. Dennoch ist nicht empfehlenswert, nur die Umsetzung von Projekten zu beachten und den gesamtunternehmerischen Fokus zu verlieren. Beispielsweise sollte die projektübergreifende strategische Ausrichtung des Unternehmens weiterhin geplant, umgesetzt, evaluiert und gegebenenfalls nachjustiert werden. Daher sind die Ebenen der Erfolgsbetrachtung wie in Bild 5.1 zu unterscheiden. Die Unternehmensebene stellt das Gesamtsystem der Prozesse und Ressourcen dar, während die Projektebene die projektbezogenen Prozesse und Projektergebnisse, also das projektbezogene Produkt oder die Dienstleistung beinhaltet (in Anlehnung an Herrmann/Fritz 2016, S. 32).

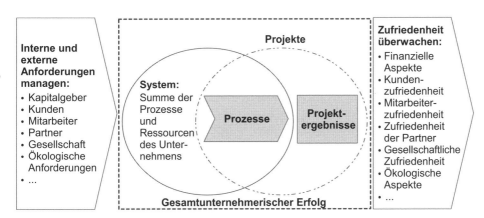

Bild 5.1 Ebenen der Erfolgsbetrachtung in projektorientierten Unternehmen

Erst wenn alle Einzelaspekte in sich und auch miteinander verzahnt und unter Betrachtung der internen und externen Anforderungen funktionieren, kann der Gesamterfolg des Unternehmens sichergestellt werden.

Für projektorientierte Unternehmen ergibt sich dadurch die folgende Definition des unternehmerischen Erfolgs.

> Unternehmenserfolg von projektorientierten Unternehmen bedeutet sowohl die Sicherstellung jedes einzelnen Projekterfolgs als auch die umfassende Sicherung des langfristigen Unternehmenserfolgs.

5.3 Erfolgsfaktoren von projektorientierten Unternehmen

Um Verständnis für den Erfolg von projektorientierten Unternehmen zu entwickeln, sind die für den unternehmerischen Erfolg generell bedeutenden Faktoren zu ermitteln. Hierzu werden Modelle gesichtet, die sich mit dem Erfolg von Unternehmen beschäftigen. In einem zweiten Schritt wird ein Modell für projektorientierte Unternehmen erstellt.

5.3.1 Modelle für den Unternehmenserfolg

Die Betriebswirtschaftslehre beschäftigt sich seit Jahrzehnten mit den Ursachen für den Erfolg von Unternehmen. Es gibt vielfältige Ausarbeitungen in der Erfolgsfaktorenforschung, deren Erkenntnisse Nutzen für die Praxis stiften. Das Wissen über die Einflussfaktoren für den Unternehmenserfolg ist Information für zukunftsbezogene Entscheidungen und rückblickende Erfolgskontrollen.

Ein in der Unternehmenspraxis bekannter Ansatz ist das 7-S-Modell von Peters und Waterman. Anhand von Untersuchungen erfolgreicher Unternehmen entwickelten die Autoren 1982 betriebliche Erfolgsfaktoren. Es wurden sieben Faktoren identifiziert, die den Erfolg eines Unternehmens herbeiführen. Die Faktoren unterscheiden sich in harte und weiche Faktoren. Die „harten Elemente" sind explizit, rational und quantitativ. Sie sind in Plänen, Dokumenten und Strategiepapieren nachvollziehbar. Die „weichen Elemente" zeichnen sich durch einen qualitativen und impliziten Charakter aus. Sie lassen sich materiell nicht greifen und schwer beschreiben. Zudem sind sie von den handelnden Personen geprägt. Die einzelnen Faktoren sind:

- Harte Faktoren
  - Strategy: Unternehmensstrategie
  - Structure: Organisationsstruktur (Aufbauorganisation)
  - System: System der Organisation (Ablauforganisation/Prozesse)
- Weiche Faktoren
  - Subordinate Goals: Unternehmensvision mit zugrundeliegenden Werten und Ansprüchen
  - Style: Unternehmenskultur
  - Staff: Personal und dessen Verhaltensweisen
  - Skills: Fähigkeiten, Fertigkeiten, Kernkompetenzen

Erfolgreiche Unternehmen weisen ein ausgeglichenes Verhältnis dieser sieben Faktoren auf. Jede Veränderung eines Elementes wirkt sich auf die anderen Elemente und den Gesamterfolg aus. Zentrale Erkenntnis ist, dass quantitative und qualitative Aspekte bei der Unternehmensentwicklung betrachtet werden sollten. Aus diesem Grund erscheint das 7-S-Modell gut geeignet, um Veränderungsprozesse wie bspw. eine zunehmende Projektorientierung in einer Organisation einzuleiten und zu überwachen. Allerdings fehlt in diesem Modell der vertiefte Bezug zum Kontext des Unternehmens. Dieses beinhaltet die systematische Betrachtung der internen und externen Themen und deren Veränderungen. Hinzu kommt der Umgang mit Stakeholdern des Unternehmens. Nachfolgend werden deshalb ergänzende Modelle aufgeführt.

Das Modell des Total Quality Managements (TQM) wurde 1973 von Teilnehmern des Weltwirtschaftsforums in Davos entwickelt und hat in Theorie und Praxis eine weite Verbreitung gefunden. Das Grundsatzpapier legt die Grundlage für den langfristigen wirtschaftlichen Erfolg von Unternehmen. Das Konzept umfasst die fünf wesentlichen Interessengruppen von Unternehmen: Kunden, Partner, Mitarbeiter, Kapitalgeber und Gesellschaft.

Zur Verbreitung und Einführung des TQM-Konzeptes wurde das EFQM-Modell der European Foundation for Quality Management (EFQM) entwickelt. Dieses gibt praktische Hilfestellung für die Umsetzung im Unternehmen und ermöglicht eine eigenständige Ermittlung des Reifegrads der Umsetzung. Betrachtet werden im EFQM-Modell die Aspekte:

- Führung,
- Strategie,
- Mitarbeiterinnen und Mitarbeiter,
- Partnerschaften und Ressourcen sowie
- Prozesse, Produkte und Dienstleistungen.

Die genannten Aspekte dienen als Mittel zur Erreichung der Ergebnisse. Gemäß einer Studie der Universität Leicester im Auftrag der EFQM und der British Quality Foundation aus dem Jahr 2005 gibt es einen klaren, statistisch signifikanten Zusammenhang zwischen kurz- und langfristigem Unternehmenserfolg und der wirksamen Umsetzung des EFQM-Konzepts im Unternehmen (vgl. University of Leicester, 2005). Beispielsweise haben die Preisträger drei Jahre nach dem ersten Preisgewinn um 36 Prozentpunkte höhere Aktienkurse als Vergleichsunternehmen. Die Umsatzsteigerung liegt nach fünf Jahren sogar um 76 % höher als bei Vergleichsunternehmen. Allerdings ist zu beachten, dass die wirksame Implementierung etwas Zeit benötigt.

5.3.2 Modell für Erfolgsfaktoren von projektorientierten Unternehmen

Aus den oben aufgeführten Modellen für den unternehmerischen Erfolg lassen sich Faktoren ableiten, die für projektorientierte Unternehmen von besonderer Bedeutung sind. In den vorherigen Ausführungen wurde deutlich, dass sich der Projekterfolg und somit der Unternehmenserfolg einer projektorientierten Organisation aus quantitativen (z. B. Gewinn) und qualitativen (z. B. Zufriedenheit des Kunden) Komponenten zusammensetzt. Insbesondere ist die Beteiligung der verschiedenen Interessengruppen für ein umfassendes Erfolgsmodell entscheidend, da nicht nur die einzelnen Projekte durch eine Vielzahl von Ansprüchen der Stakeholder gekennzeichnet sind, sondern auch das gesamte Unternehmen an der Erfüllung dieser Ansprüche gemessen wird. Das konzeptionelle Erfolgsfaktorenmodell ist im folgenden Bild dargestellt (Bild 5.2).

Bild 5.2 Erfolgsfaktoren für projektorientierte Unternehmen

Im nachfolgenden Kapitel werden die Erfolgsfaktoren vertieft betrachtet und inhaltlich konkretisiert. Hierbei wird insbesondere die Systemebene der Erfolgskriterien betrachtet.

■ 5.4 Vertiefte Betrachtung der Erfolgsfaktoren von projektorientierten Unternehmen

Die im vorherigen Kapitel ermittelten Erfolgsfaktoren für projektorientierte Unternehmen werden nachfolgend erläutert. Zur Sicherstellung des langfristigen unternehmerischen Erfolgs sind alle Faktoren gleichermaßen relevant.

5.4.1 Unternehmensstrategie

Die Unternehmensstrategie ist regelmäßig an die sich ändernden Rahmenbedingungen anzupassen. Die DIN EN ISO 9001:2015 fordert Organisationen dazu auf, stetig ihre internen und externen Themen zu überwachen. Hieraus leiten sich strategische Maßnahmen ab, die proaktiv vorgenommen werden, um Chancen zu nutzen und Risiken zu vermindern. Bei einer projektorientierten Organisation sind Linienarbeiten und alle Projekte nach der Unternehmensstrategie auszurichten (siehe auch PMI 2017 und Prince2™).

Beispiele für externe Themen sind:

- technologische Entwicklung, z. B. Digitalisierung,
- gesellschaftliche Aspekte, z. B. Alterung der Bevölkerung, Wandel zur Wissensgesellschaft,
- ökologische Aspekte, z. B. Klimawandel, schwindende Ressourcen, Plastikproblematik,
- ökonomische Aspekte mit Arbeits-, Absatz- und Beschaffungsmarkt, z. B. Fachkräftemangel, Beschaffung von Waren oder Kapital, Wettbewerber,
- soziale Aspekte, z. B. Kinderarbeit, Ausbeutung sowie
- politische und gesetzliche Aspekte, z. B. Fahrverbote für Diesel-PKW, neue gesetzliche Grenzwerte, Aktualisierung der Normung.

Diese und weitere Einflüsse stellen unternehmerische Chancen oder Risiken dar und sind daher laufend vom Unternehmen zu ermitteln und zu überwachen. Einflüsse können global, regional und/oder lokal auftreten. Anders als bei Stakeholdern sind kaum Interaktionen möglich. Daher muss sich das Unternehmen hinsichtlich seiner gesamten Unternehmensstrategie und im Hinblick auf einzelne Projekte flexibel anpassen. Änderungen sollten möglichst frühzeitig erkannt werden.

Zusätzlich zu den oben genannten externen Einflüssen sind unternehmensinterne Faktoren zu betrachten. Diese sind (vgl. PMI 2017, ISO 9001):

- Werte und Kultur des Unternehmens,
- geografische Lage der Unternehmensstandorte und vorhandene Infrastruktur,
- Aufbau und Prozesse des Unternehmens,
- interne Verfügbarkeit von Ressourcen und
- Qualifikation und Kompetenz der Angestellten.

Diese unternehmerischen Gegebenheiten stellen für Projekte meist feste Randbedingungen dar, können aber durch das Unternehmen grundsätzlich angepasst und somit genutzt werden, sich auf den sich wandelnden Kontext vorzubereiten.

Das projektorientierte Unternehmen sollte den Kontext des Unternehmens bestimmen, daraus die Unternehmensstrategie sowie -ziele ableiten. Erst auf dieser Basis kann ein Unternehmen entscheiden, welche Projekte sinnvollerweise durchzuführen sind. Dies könnten z. B. Entwicklungsprojekte sein, um das bestehende Produkt weiterzuentwickeln und den aktuellen technischen Trends anzupassen. Strategieprojekte könnten aufgesetzt werden, um die Chancen und Risiken des Unternehmens genauer zu untersuchen und die Geschäftsmodelle weiterzuentwickeln. Organisationsprojekte helfen bei der Implementierung der gefundenen Strategien oder der neuen Produkte. Außerdem werden Kundenprojekte durchgeführt, um die bestehenden Produkte und Dienstleistungen zu verkaufen. Bezüglich Auswahl, Priorisierung und Gesamtsteuerung von Projekten kann die Implementierung eines Portfoliomanagements sinnvoll sein.

 Unternehmen sollten mit steigender Projektorientierung regelmäßig den Unternehmenskontext aus externen und internen Einflussfaktoren ermitteln und daraus die unternehmerische Strategie sowie die unternehmerischen Ziele ableiten.

Auf dieser Basis werden Projekte aufgesetzt und durchgeführt. Die einzelnen Projekte unterstützen die Umsetzung der Unternehmensstrategie und leisten einen Beitrag zur Erreichung der unternehmerischen Ziele.

Die Unternehmensführung hat die Aufgabenstellung der Projekte klar zu definieren und deren Umsetzung aktiv zu unterstützen. Die Projektziele sollten sowohl für das Unternehmen als auch für das gesamte Projektteam klar, messbar und nachvollziehbar sein.

Die BPM-Studie der Uni Koblenz aus dem Jahr 2015 zu den Erfolgsfaktoren von Projekten zeigt: Eine klare Aufgabenstellung und das Commitment des Managements für den Projektauftrag sind wichtig. Die Ziele der durchgeführten Projekte müssen klar, messbar und nachvollziehbar definiert sein.

5.4.2 Organisation

Die Organisation von Unternehmen lässt sich unterteilen in Aufbau- und Ablauforganisation. Beide Teilbereiche der Organisation stehen miteinander in Wechselwirkung und bedingen sich gegenseitig. Ein Unternehmen sollte aufgrund dessen beide Aspekte betrachten und gleichermaßen optimieren.

Struktur der Organisation (Aufbauorganisation)

Die Aufbauorganisation verändert sich bei der Entwicklung zum projektorientierten Unternehmen. Linienstrukturen werden zunehmend aufgelöst, die primäre Organisationsstruktur ist am Ende durch Projektorientierung gekennzeichnet. Hiermit verbunden sind die nachfolgend dargestellten Aspekte, die sich bei Studien positiv auf den Projekterfolg auswirken (z. B. GPM 2008, GPM 2012–2013, BPM-Labor 2015).

Zu beachten sind insbesondere die folgenden Erfolgsfaktoren:
- Projekte haben einen hohen Stellenwert im Unternehmen.
- Projekte haben eine hohe Autonomie und Projektleiter verfügen über ausreichend Entscheidungsbefugnisse.
- Flache Hierarchien ermöglichen schnelle Entscheidungen. Entscheidungen werden zeitnah und im ausreichenden Umfang getroffen. Ein Eskalationsprozess steht zur Verfügung.
- Rollen und Schnittstellen zwischen Stammorganisation und Projektorganisation sowie innerhalb des Projekts sind klar definiert. Eine Lagerbildung wird verhindert.
- Die Zusammensetzung des Projektteams entspricht den erforderlichen Fähigkeiten.
- Erforderliche Ressourcen stehen dem Projekt verlässlich zur Verfügung.

In diesem Zusammenhang ist zu definieren, wie Projektleiter benannt werden, wie die Projektorganisation in Kraft gesetzt und wieder aufgelöst wird. Zudem ist eine klare unternehmerische Konzeption empfehlenswert, die die Zukunft der Projektleiter und -mitarbeiter nach Projektabschluss im Unternehmen regelt. Befindet sich ein Unternehmen noch in den Anfängen der Projektorientierung, ist es oftmals üblich, dass die Projektbeteiligten in die Linie zurückgehen. Je mehr sich jedoch ein Unternehmen von Linienstrukturen abkehrt, ist eine solche Möglichkeit nicht mehr gegeben. Im zuletzt genannten Fall wird eine flexible Projektbesetzung notwendig, sodass z. B. Fachbereichspools ein Lösungsansatz sind. Die Fachbereichspools stellen Projektpersonal in ausreichender Qualität und Quantität zur Verfügung. Sie entwickeln das Fachpersonal fachlich weiter und ermöglichen den Projekten eine bedarfsgerechte Besetzung von Projektrollen (siehe Rattay 2007, S. 262). Des Weiteren sollten Zuständigkeiten und Schnittstellen klar definiert werden, um ein für alle Beteiligten verständliches Rollenverständnis zu erschaffen.

Ein weiterer Aspekt ist die Frage nach der Einführung eines Projektportfoliomanagements zur strategischen Steuerung als feste Organisationseinheit, was im Hinblick auf die steigenden Herausforderungen für Unternehmen angebracht sein kann. Das Projektportfoliomanagement ist das Bindeglied zwischen Unternehmensstrategie und operativer Projektumsetzung und übernimmt Aufgaben wie die Analyse und Führung des Projektportfolios mit Blick auf die Unternehmensstrategie sowie die Governance und Transparenz über die Projekte.

Mit zunehmender Anzahl an Projekten ist eine Bereitstellung von aktuellen Vorlagen und Standards für Projekte ein weiterer Baustein für den Projekterfolg. Eine gemeinsame Projektablage und ein aktueller Überblick aller Teammitglieder über die Planung, Aufgaben, Bearbeitungsstände sowie Hindernisse ist erfolgsfördernd. Hiermit verbunden ist die Entscheidung des Unternehmens, ob Projekte agil, klassisch oder hybrid bearbeitet werden sollen. Die Einrichtung einer Organisationseinheit (z. B. eines Projektmanagement-Office) kann für solche Fragestellungen als zentrale Einheit nützlich sein.

 Achten Sie darauf, rechtzeitig zentrale Organisationseinheiten wie ein Portfoliomanagement und/oder ein Projektmanagement-Office zu implementieren. Diese ermöglichen eine strukturierte Unternehmenssteuerung beziehungsweise lenken und unterstützen die Bearbeitung von Projekten.

Zusammenfassend ist es wichtig, den Wandel der Organisationsstruktur zu gestalten und somit den entsprechenden organisatorischen (strukturellen) Rahmen für die zunehmende Anzahl an Projekten zu schaffen und aufrechtzuerhalten.

System der Organisation (Ablauforganisation)

Bezüglich der Ablauforganisation ist zu entscheiden, ob das Unternehmen prozessorientiert arbeiten soll. Prozessorientierung ist ein klarer Grundsatz im Qualitätsmanagement nach DIN EN ISO 9001:2015, da die Prozessorientierung zur Effizienz des Unternehmens beiträgt. Auch Projektmanagement folgt klassischerweise Prozessen. Diese sind in den Standards PMI und PRINCE2™ schon lange etabliert und wurden auch in die Normung DIN ISO 21500 übernommen. Allerdings sollten die Prozesse stets an das jeweilige Projekt angepasst werden können (Einzigartigkeit von Projekten), ansonsten besteht der Vorwurf einer überbordenden Bürokratie und damit die Entschuldigung, möglicherweise auch wichtige und sinnvolle Festlegungen nicht weiter zu beachten.

Bei agilen Projekten bestehen für Projektteams große Freiräume. Dennoch bedarf es aus unternehmerischer Sicht auch für diese Projekte einer Steuerung auf verschiedenen Planungsebenen, besonders wenn die Projekte über längere Zeiträume laufen.

Stark projektorientierte Unternehmen sollten demnach unabhängig von der Projektmanagementmethodik einige grundlegende Anforderungen an die Planung und Steuerung von Projekten stellen und einfordern.

Besonders erfolgskritische Prozesse für die Planung und Steuerung von Projekten sind:
- Strategischer Steuerungsprozess,
- Ressourcenmanagement,
- Änderungsmanagement und
- Berichtsmanagement.

Bei den erfolgskritischen Prozessen ist Folgendes zu beachten:

- strategischer Steuerungsprozess: Machbarkeit, Ziele und Nutzen des Projektes, Start des Projekts, Durchführung und Steuerung aus strategischer Sicht, Abschluss mit abschließender Nutzenanalyse.
- Ressourcenmanagement: verlässliche Versorgung des Projekts mit Personal und anderen Ressourcen (z. B. IT-Ausstattung etc.) in der benötigten Qualität und Quantität zur richtigen Zeit und am richtigen Ort. Regelungen zur Versorgung der Projekte mit Ressourcen vom Beginn bis zur Auflösung der Projekte.
- Änderungsmanagement: flexible, schnelle und möglichst unbürokratische Anpassung des Projekts an Änderungen, z. B. Kundenwünsche oder neue Erkenntnisse.
- Berichtsmanagement: Bewertungen des Projektfortschritts sollten quantitativ erfolgen. Rein subjektive Bewertungsansätze haben einen negativen Effekt auf den Projekterfolg. Wichtig ist, dass realistische Angaben gemeldet werden und die Erkenntnisse in Entscheidungen und Maßnahmen umgesetzt werden (BPM-Labor 2015).

5.4.3 Unternehmensverantwortung und -ethik

Für den langfristigen unternehmerischen Erfolg ist die konsequente und stets aktuelle Ausrichtung an den konkreten Interessengruppen (Stakeholdern) des Unternehmens entscheidend. Diese Erkenntnisse sind nicht nur in Untersuchungen belegt, sondern auch in die Normung eingeflossen, siehe z. B. DIN EN ISO 9001:2015. In der ISO 9001 werden sowohl der allgemeine Kontext der Organisation als auch die konkreten Erfordernisse und Erwartungen der Stakeholder betrachtet.

Stakeholder sind alle Personen oder Personengruppen, die ein Interesse am Unternehmen haben, das Unternehmen beeinflussen oder glauben, durch das Unternehmen beeinflusst zu werden. Wichtige Stakeholder eines Unternehmens sind z. B. Kapitalgeber, Mitarbeiter, Kunden, Lieferanten, Medien, Behörden sowie die Anwohner an den Unternehmensstandorten.

Das Mittel der Wahl ist die Kommunikation mit den Stakeholdern zur Ermittlung und zum Ausgleich derer Interessen. Dies betrifft sowohl das einzelne Projekt als auch das Gesamtunternehmen. Ein Ergebnis der BPM-Studie der Uni Koblenz aus dem Jahr 2015 ist, dass die offene Aussprache und der Abgleich von Erwartungen an die Projektergebnisse einen hohen positiven Effekt auf den Erfolg der Projekte haben. Außerdem ist eine frühzeitige Einbindung der Stakeholder in den Projektauftrag entscheidend. In der Zusammenarbeit ist ein kritischer und konstruktiver Umgang mit Kundenanforderungen ausschlaggebend.

Unternehmensethik dient als Brücke zwischen Ethik und Ökonomie. Ein zukunftsgerichtetes Unternehmen sollte über die üblichen Stakeholder hinaus auch Aspekte wie die Umwelt, also Schutz der Natur und Schonung von Ressourcen, und die Interessen der nachfolgenden Generationen berücksichtigen. Das Unternehmen soll dabei die divergierenden Interessen der Stakeholder austarieren, Kompromisse finden und unternehmerische Interessen mit denen der umgebenden Umwelt abstimmen. Die Produkte des Unternehmens sollen ethischen Ansprüchen sowohl in der Produktion genügen wie auch beim Gebrauch.

> Unternehmen tragen in diesem Zusammenhang auch die volle Verantwortung für die Geschehnisse bei ihrem Zulieferer, wie z. B. bei der Brandkatastrophe in einer Kleidungsfabrik in Bangladesch deutlich wurde.

Zusammenfassend gesagt hat das Unternehmen also für ein gutes Auskommen mit seinen Stakeholdern zu sorgen (vgl. Schüz 2017).

Für die Durchführung von Projekten hat das Project Management Institute (PMI) ethische Grundlagen sowie einen Rahmen für die ethische Entscheidungsfindung ausgearbeitet. Die Ethik-Grundlagen des PMI beziehen sich auf Verantwortlichkeit, Respekt, Fairness und Ehrlichkeit. Der Ethik-Kodex der Gesellschaft für Projektmanagement (GPM) fordert von jedem Projektleiter Verantwortung, Kompetenz und Integrität.

> Projektorientierte Unternehmen sollten regelmäßig die Interessen der internen Stakeholder (z. B. Mitarbeiter, Betriebsrat) und der externen Stakeholder (z. B. Kunden, Behörden, Gesellschaft, Umwelt) an das Unternehmen ermitteln und das gesamte Unternehmen sowie jedes einzelne Projekt konsequent danach ausrichten. Mögliche Widersprüche zwischen Stakeholder-Gruppen sind auszubalancieren. Bereits laufende Projekte sind entsprechend anzupassen. Dafür ist eine gute und vertrauensvolle Kommunikation mit externen Stakeholdern und innerhalb des Unternehmens unerlässlich.
>
> Der Umgang mit internen und externen Stakeholdern sollte durch Verantwortlichkeit, Respekt, Fairness und Ehrlichkeit gekennzeichnet sein.

Führungskräfte müssen die Ausrichtung des Unternehmens auf die Interessengruppen vorleben und konsequent danach handeln. Auch der respektvolle Umgang miteinander ist durch die Führungskräfte des Unternehmens vorzuleben. Entscheidend dafür sind aus Projektsicht der interne Auftraggeber, Linienführungskräfte der beteiligten Organisationseinheiten und die Projektleitung, da diese die divergierenden Projektanforderungen der Stakeholder vor dem Hintergrund der ethischen Aspekte gewichten und ausgleichen müssen. Auch bei anderen Fragestellungen wird bei Durchführung von Projekten offensichtlich, ob der ethische Ansatz ehrlich gemeint ist. Beispielsweise zeigt die Auftragsvergabe rein nach Preis oder unter Berücksichtigung z. B. ökologischer Gesichtspunkte den Mitarbeitern des Unternehmens deutlich, ob dieser Ansatz lediglich verkündet oder tatsächlich erfüllt wird.

Das Ergebnis der BPM-Studie der Uni Koblenz von 2015 bestätigt: Die vertragliche Ausgestaltung des Projektauftrags hat, mit der Ausnahme der Zusicherung von Schlüsselpersonen, kaum einen Effekt auf den Projekterfolg. Eine eindeutige Festlegung der gegenseitigen Erwartungshaltungen ist dagegen essenziell und wichtiger als die Erfahrung eines externen Partners/Dienstleisters.

5.4.4 Unternehmenskultur

Ergänzend zu den allgemeinen Werten, welche im Abschnitt Unternehmensethik bereits dargestellt wurden, sind noch nachfolgende Punkte für den gesamtunternehmerischen Erfolg bedeutend.

Ein besonders wichtiger Aspekt ist die proaktive und systemanalytische Fehlerkultur in Projekten und im Unternehmen. Fehler sind nicht zu vermeiden. Vertuschung hilft niemandem, da gleiche Fehler sonst immer wieder auftreten können. Fehler sollten nicht sanktioniert werden. Sie sind innerhalb von Projekten und von der gesamten Organisation als Chance zum Lernen und zur Weiterentwicklung zu begreifen. Im Sinne einer proaktiven Fehlerkultur sollte eine Denkweise gefördert werden, die systematisch nach Ursachen von Fehlern sucht und das System ändert, das zu dem Fehler geführt hat.

Gleichermaßen ist der Umgang mit Risiken eine Voraussetzung für Erfolg. Im Unternehmen sollte ein Denken vorherrschen, welches systematisch Entscheidungen, Projekte oder Abläufe nach Chancen und Risiken absucht und erforderliche und sinnvolle Maßnahmen ergreift.

Projektteams und die Organisationseinheiten der Stammorganisation sollten sich regelmäßig eine kurze Auszeit nehmen und überlegen, was gut gelaufen ist und was sie konkret verbessern könnten. Aspekte, die auch andere Projekte betreffen, sollten der Stammorganisation zur Verfügung gestellt werden. Die Stammorganisation sollte dafür sorgen, dass diese Erkenntnisse allen laufenden und auch zukünftigen Projekten zur Verfügung stehen.

In Bezug auf Lernen und Weiterentwicklung ist ein offener und konstruktiver Umgang mit Konflikten wichtig. Hierbei sollten sich Respekt und Fairness zeigen. Der konstruktive Umgang mit Konflikten bringt die Konfliktparteien voran und ermöglicht gegenseitiges Lernen.

Ein weiterer Aspekt ist die Änderungsoffenheit. Sicher ist: Im Projektverlauf können und werden Änderungen auftreten. Änderungen sollten nicht als Störung empfunden werden, sondern als sinnvolles Nachjustieren und Verbessern des Projekts. Zum Beispiel sollten neue Ideen, Erkenntnisse aus Fehlern oder Überlegungen des Kunden aufgenommen werden, um das Projekt entsprechend zu optimieren. Dadurch kann das Projekt erfolgreich und mit größtmöglichem Nutzen beendet werden. Bereits bei der Vertragsgestaltung sollte daher offen über den Umgang mit Änderungen gesprochen werden. Eine proaktive Denkweise sollte nicht nur projektintern, sondern auch im gesamten Unternehmen vorherrschen.

> Die Unternehmenskultur von projektorientierten Unternehmen sollte eine proaktive Fehlerkultur beinhalten, konsequentes Risikomanagement etablieren, einen konstruktiven Umgang mit Konflikten pflegen, Verbesserungsmöglichkeiten analysieren und nutzen und die notwendige Flexibilität und Offenheit gegenüber Änderungen leben.

5.4.5 Personal

Qualifiziertes und motiviertes Personal ist einer der wesentlichen Bausteine für erfolgreiche Unternehmen (Mitarbeiterorientierung).

Die organisatorische Grundaufgabe ist, Personal in der entsprechenden Qualität und Quantität zum richtigen Zeitpunkt und am richtigen Ort zur Verfügung zu stellen. In diesem Zusammenhang muss besonders die Frage beantwortet werden, was mit Projektpersonal bei Leerlaufzeiten zwischen zwei Projekten passieren soll.

Die Personalentwicklung sollte die entsprechenden Kompetenzen im Projektmanagement beachten. Maßnahmen zur Weiterbildung und Entwicklung sind zu planen und umzusetzen. Je projektorientierter ein Unternehmen, desto weniger gibt es vorgezeichnete Karrierewege, wie es in typischen Linienorganisationen üblich ist. Eine enge Abstimmung zwischen Human Ressource Management und Mitarbeitern ist wichtig, um Entwicklungsmöglichkeiten zu ergründen.

Im Rahmen der Personalführung sind grundlegende Werte wie Verantwortlichkeit, Respekt, Fairness und Ehrlichkeit zu fördern. Auch die Erlernung und Umsetzung der gewünschten Unternehmenskultur auf allen Ebenen des Unternehmens ist erfolgsentscheidend. Das Personalmanagement muss Führungskräfte und Mitarbeiter hierbei unterstützen und diese Aspekte auch im eigenen Bereich z. B. bei Personaleinstellungen, Personalentwicklung und Gestaltung von Belohnungssystemen berücksichtigen und treiben.

5.4.6 Kernkompetenzen

Ein projektorientiertes Unternehmen sollte seine Kernkompetenzen bezüglich der herzustellenden Produkte oder Dienstleistungen und im Projektmanagement bestimmen. Für das Projektmanagement definieren die Standards wie GPM und PMI die folgenden Kompetenzen:

- technische Kompetenzen im Projektmanagement, also z. B. Ermittlung von Anforderungen, Terminplanung, Kostenplanung, ...
- Kontext-Kompetenzen, z. B. Strategie, Strukturen, Compliance, ...
- Persönliche Kompetenzen, z. B. Führung, Konfliktmanagement, Integrität, ...

> Projektorientierte Unternehmen sollten die erforderlichen Kompetenzen (fachliche und persönliche) des Personals für die zu besetzenden Rollen und Funktionen definieren und das Personal entsprechend entwickeln.

Insbesondere die Kompetenz und Erfahrung des Projektleiters ist ein entscheidender Erfolgsfaktor, wie die BPM-Studie der Uni Koblenz von 2015 zeigt. Der Projektleiter ...

- muss für ein angenehmes Arbeitsklima innerhalb des Teams sorgen und dadurch die Kreativität, Produktivität und Risikobereitschaft der Projektmitarbeiter fördern,
- muss über ausreichende Methodenkompetenzen verfügen und diese optimal einsetzen,
- tritt aktiv Ausgrenzungen jeglicher Art entgegen und wirkt integrierend,
- verfügt aufgrund bereits in der Vergangenheit durchgeführter Projekte über ausreichend fachliche Erfahrung und Hintergrundwissen im jeweiligen Projektkontext.

Projektorientierte Unternehmen sollten die erforderlichen Kompetenzen entsprechend der zu besetzenden Projektrollen und in Bezug auf die Linienfunktionen der Stammorganisation definieren und das Personal entsprechend weiterentwickeln. Eventuell können Karrierepfade in Kombination mit korrespondierenden Entwicklungsstufen definiert werden.

Wichtig ist, dass Schnittstellenfunktionen zu den Projekten in der Stammorganisation ebenfalls die Grundlagen der angewendeten Projektmanagement-Methode beherrschen. Dieses erleichtert die Zusammenarbeit und das gemeinsame Verständnis. Beispielhaft sind hier Bereiche genannt, die Projektpersonal zur Verfügung stellen oder Projektrollen wie die des internen Auftraggebers übernehmen.

■ 5.5 Die wichtigsten Punkte in Kürze

- Unternehmenserfolg von projektorientierten Unternehmen bedeutet sowohl die Sicherstellung jedes einzelnen Projekterfolgs als auch die umfassende Sicherung des langfristigen Unternehmenserfolgs. Wichtig ist, dass sich der Erfolg der einzelnen Projekte und des Unternehmens aus quantitativen (z. B. Gewinn) und qualitativen Faktoren (z. B. Zufriedenheit des Auftraggebers) zusammensetzt.
- Ein ganzheitliches Modell zur erfolgreichen Entwicklung zum projektorientierten Unternehmen umfasst sechs Elemente aus harten und weichen Faktoren, die gemeinsam erfolgsentscheidend sind: Unternehmensstrategie, Organisation, Unternehmensverantwortung und -ethik, Unternehmenskultur, Personal und Kernkompetenzen.
- Unternehmensstrategie: Eine kontinuierliche Beobachtung und Auswertung der internen und externen Einflussfaktoren auf die Organisation und daraus abgeleitet eine Anpassung der Unternehmensstrategie sind wichtig. Die einzelnen Projekte sind auf die aktuelle Unternehmensstrategie abzustimmen.
- Organisation: Die Organisationsstruktur (Aufbauorganisation) ist klar zu definieren. Dieses beinhaltet auch die Klärung der Fragen um die Personalbeschaffung und den Personalabbau in Projekten. Ein Projektportfoliomanagement unterstützt die Steuerung der Projekte in Abstimmung mit der Unternehmensstrategie. Die Einrichtung eines PMO kann bei der Erstellung von Projektstandards, Vorlagen und als gemeinsame Plattform zur Verbesserung des Projektmanagements im Unternehmen unterstützen. Hinsichtlich der Ablauforganisation ist zu entscheiden, ob prozessorientiert gearbeitet werden soll. In jedem Fall sind Aspekte wie z. B. Eskalationsprozesse sowie Berichtswege und -anforderungen zu definieren.
- Unternehmensverantwortung und -ethik: Die Interessen aller Stakeholder und deren Zusammenspiel sind zu ermitteln sowie konkurrierende Interessen – auch ökonomischer Art – abzuwägen. Es gilt, das Gesamtunternehmen und die Projekte an den Erwartungen der Stakeholder auszurichten und eine transparente und vertrauensvolle Kommunikation zu pflegen.

- Unternehmenskultur: Projektarbeit beinhaltet schnellere Reaktionen auf unvorhergesehene Veränderungen. Bei zunehmender Projektorientierung sind Werte wie Veränderungsbereitschaft, Fehlerkultur, Konfliktfähigkeit und Offenheit in die Organisation aufzunehmen und zu leben.
- Personal: Der Erfolgsfaktor Personal weist viele Interdependenzen mit anderen Elementen des Modells auf. Neben der Personalbesetzung und -steuerung ist eine Personalführung zu verfestigen, die die Unternehmenskultur in der Organisation spürbar umsetzt.
- Kernkompetenzen: Die fachlichen und persönlichen Kompetenzen des Personals sollten entsprechend der zu besetzenden Rollen und Funktionen definiert und entwickelt werden.

Literatur

Bachmann, Anne: *Subjektive versus objektive Erfolgsmaße*, in: Albers, Sönke; Klapper, Daniel; Konradt, Udo; Walter, Achim; Wolf, Joachim (Hrsg.): Methodik der empirischen Forschung. Gabler Verlag, 3. Auflage, Wiesbaden 2009, S. 89–102.

Benes, Georg M. E.; Groh, Peter E.: *Grundlagen des Qualitätsmanagements.* Carl Hanser Verlag, München 2017

BPM-Labor der Hochschule Koblenz; Ayelt Komus; Heupel Consultants; GPM Deutsche Gesellschaft für Projektmanagement e. V.: *Ergebnisbericht – Erfolgsfaktoren im Projektmanagement – eine evidenzbasierte Studie.* Mai 2015

Deutsche Gesellschaft für Projektmanagement e. V. (GPM): *Misserfolgsfaktoren in der Projektarbeit – Kurzfassung der Ergebnisse einer Studie der Fachgruppe Neue Perspektiven in der Projektarbeit 2012–2013*

Deutsche Gesellschaft für Projektmanagement e. V. (GPM): *Kompetenzbasiertes Projektmanagement (PM3) – Handbuch für die Projektarbeit, Qualifizierung und Zertifizierung auf Basis der IPMA Competence Baseline Version 3.0.* Hrsg: GPM Deutsche Gesellschaft für Projektmanagement; Gessler, Michael; SPM Swiss Project Management Association, 7. Auflage, Nürnberg 2014

Deutsche Gesellschaft für Projektmanagement e. V. (GPM): *Ethik-Kodex*, https://www.gpm-ipma.de/fileadmin/user_upload/ueber-uns/Organisation/Ethik-Kodex_der_GPM_deu.pdf. Abgerufen am 02.01.2019

DIN EN ISO 9001:2015-11, *Qualitätsmanagementsysteme – Anforderungen (ISO 9001:2015)*

DIN ISO 21500:2016-02, *Leitlinien Projektmanagement (ISO 21500:2012)*

Engel, Claus; Tamdjidi, Alexander; Quadejacob, Nils: *Erfolg und Scheitern im Projektmanagement – Ergebnisse der Projektmanagement Studie 2008* – Gemeinsame Studie der GPM Deutsche Gesellschaft für Projektmanagement e. V. und PA Consulting Group, Dezember 2008

Herrmann, Joachim; Fritz, Holger: *Qualitätsmanagement – Lehrbuch für Studium und Praxis.* Hanser Verlag, München 2016

Hinterhuber, Hans H.: *Strategische Unternehmensführung. Band I: Strategisches Denken.* 4. Auflage. De Gruyter Verlag, Berlin, New York 1992

Leidecker, Joel K., Bruno, Albert V.: *Identifying and Using Critical Success Factors. Long Range Planning.* Volume 17, Issue 1 (1984), S. 23–32

Pampel, Jochen; Krolak, Thomas: *Zentrale Unternehmenssteuerung durch das Controlling*, in: Hauschka, Christoph (Hrsg.): Corporate Compliance. C. H. Beck Verlag, München 2007, S. 319–335

Patzak, Gerold; Rattay, Günter: *Projektmanagement. Projekte, Projektportfolios, Programme und projektorientierte Unternehmen.* Linde Verlag, Wien 2018

Peters, Thomas; Waterman, Robert.: *In Search of Excellence*. Haper/Row, New York, London 1982

Prince2: *Managing successful projects with Prince2™*. The Stationary Office, London 2009

Project Management Institute (PMI): *A Guide to the Project Management Body of Knowledge – PMBOK© Guide*. Pennsylvania USA 2017

Project Management Institute (PMI): *Ethikrichtlinien und Maßstäbe für professionelles Verhalten*. Pennsylvania USA 2006

Project Management Institute (PMI): *PMI Rahmendokument für ethische Entscheidungsfindung*. Pennsylvania USA 2012

Rattay, Dr. Günter: *Führung von Projektorganisationen: ein Leitfaden für Projektleiter, Projektportfolio-Manager und Führungskräfte projektorientierter Unternehmen*. Linde Verlag, Wien 2007

Schüz, Mathias: *Angewandte Unternehmensethik: Grundlagen für Studium und Praxis*. Pearson Verlag, Hallbergmoos 2017

Universität Kassel: *Projektmanagementreifegrad und Projekterfolg*. Kassel 2014

University of Leicester, The Centre of Quality Excellence, mit The European Foundation for Quality Management (EFQM) und The British Quality Foundation (BQF): *Bericht zur Studie „Auswirkungen einer wirksamen Implementierung von Excellence-Strategien im Unternehmen auf die Schlüsselleistungsergebnisse"*. Leicester 2005

6 Wandel zum projektorientierten Unternehmen – ein Reality Check

Sebastian Scheibner, Cornelia Zimmer-Reps

Die Herausforderungen bei der Einführung und der Professionalisierung des Projektmanagements sind sicherlich kein Geheimnis mehr. Viele erfolgreiche Unternehmen haben diesen Weg beschritten.

Ist einmal der Vorstand und die Mitbestimmung überzeugt, geht es mit den altbewährten Schritten weiter: Sollprozess entwickeln, Tools implementieren und Rollout in alle Unternehmenseinheiten, ganz unkompliziert ... oder doch nicht?

Wie kann dies in dezentral geprägten Unternehmensstrukturen funktionieren, bei denen es nicht mit dem klassischen Modell der „Anweisung von oben" getan ist?

Der Vorteil einer solchen auf Freiwilligkeit basierenden Vorgehensweise ist eine hohe Motivation zur eigenverantwortlichen Professionalisierung des Projektmanagements der einzelnen Unternehmensbereiche. Ohne eine systematische und professionell gesteuerte Vorgehensweise geht es allerdings auch hier nicht.

> In diesem Beitrag erfahren Sie anhand eines Praxisbeispiels,
> - wie Sie mit einem Bottom-up-Ansatz eine breite Basis und Akzeptanz für die Professionalisierung des Projektmanagements im Unternehmen schaffen,
> - wie Sie die damit einhergehenden notwendigen Veränderungen erfolgreich gestalten und
> - welche Herausforderungen Sie bei der Umsetzung erwarten und wie Sie produktiv damit umgehen.

6.1 Beweggründe für einen Bottom-up-Ansatz

Eine naheliegende Vorgehensweise zu einer konzernweiten Professionalisierung von Projektmanagement ist, eine Governance-Funktion auf Konzernebene zu installieren. Diese könnte in einer Top-down-Planung den Ansatz zentral entwickeln und diesen dann in die Unternehmenseinheiten ausrollen. Wenn jedoch unter Berücksichtigung wirtschaftlicher, unternehmenspolitischer oder anderer Gründe hierfür kein klarer positiver Business Case zu ermitteln ist, aufgrund der Autonomie der einzelnen Einheiten keine Governance gewünscht ist oder bewusst ein partizipativer Ansatz gewählt wird, ist ein Bottom-up-Ansatz notwendig. Hier bleiben der Aufsatz und die Weiterentwicklung des Projektmanagements in dezentraler Verantwortung und die wesentlichen Stakeholder werden aktiv in die Entwicklung und Gestaltung des Ergebnisses eingebunden. Ein Vorteil dieser Vorgehensweise ist eine höhere Akzeptanz in den einzelnen Unternehmenseinheiten für die nachfolgende Umsetzung. Gleichzeitig kann auf die Anforderungen der Bereiche besser eingegangen werden. Ein Nachteil ist die längere Dauer des Prozesses, die durch den erhöhten Abstimmungsbedarf entsteht.

Ziele des Bottom-up-Ansatzes zur Professionalisierung des Projektmanagements:

- Fokus auf direktem Nutzen statt auf Bürokratie (wie z. B. Handbücher)
- Aufbau einer selbstlernenden Projektmanagement-Organisation aus den Geschäftsbereichen heraus (schnelle Verteilung von Wissen, gegenseitige Beratung etc.)

6.2 Handlungsdruck erzeugen und eine kraftvolle Vision definieren

Lassen Sie uns einmal überlegen, wie wir allzu oft Projekte und Transformationen angehen: Wir suchen die beste Lösung und dann den besten Weg, diese zu implementieren. Also das „Was?" und das „Wie?". Aber stellen wir uns auch die Frage nach dem „Warum?": Warum soll ich das tun, was habe ich davon?

Bei der Einführung bzw. Weiterentwicklung von Projektmanagement im Unternehmen geht es darum, zunächst diese aus unserer Sicht wichtigste Frage zu beantworten. Warum sollen wir das tun? Warum sollen wir Tausende von Euro ausgeben und unsere Leute auf Prozesse und Standards einschwören? Warum ist professionelles Projektmanagement für uns die Lösung?

Im Rahmen dieses Praxisbeispiels wird ein global aufgestellter diversifizierter Industriekonzern mit dezentralen Unternehmensstrukturen betrachtet. Seit Jahren nimmt der Anteil an Projektarbeit im Unternehmen zu. Zum einen steigt die projektbasierte Arbeit mit Kunden und Lieferanten. Zum anderen gibt es eine zunehmende Anzahl interner Veränderungsprojekte. Es zeigt sich ein Trend, dass Investitionen stärker in diese Art von Projekten als in die Akquisition oder den Ausbau von Sachwerten fließen. Insbesondere „Performance-Projekte" müssen mittlerweile zu einem Großteil zum wirtschaftlichen Unternehmenserfolg beitragen.

Ein Beispiel hierfür ist eine vom Vorstand initiierte Konzerninitiative zur Performancesteigerung. Hierdurch steigt die Notwendigkeit in den einzelnen Geschäftsfeldern, zahlreiche parallele Verbesserungsprojekte aufzusetzen. Die Bedeutung des Projektmanagements und auch der Bedarf nach entsprechenden Ressourcen steigen. Auch im Rahmen großer interner IT-Projekte zeigt sich, dass die Anforderungen an das Projektmanagement zunehmen. Ein zentraler Pool an IT-Projektmanagern wird aufgebaut, um diese in den Projekten in den verschiedenen Geschäftsbereichen einsetzen zu können.

Der Zunahme an Projektarbeit steht die mangelnde Fähigkeit zur erfolgreichen Abwicklung von Projekten im Konzern gegenüber. Im ersten Schritt geht es darum, dies transparent und auf allen Ebenen besprechbar zu machen. Kotter, einer der führenden Autoren zum Thema Veränderungsmanagement, nennt diesen Schritt „establish a sense of urgency", d. h. Dringlichkeit bzw. Handlungsdruck in der Organisation zu erzeugen, also die Frage nach dem „Warum?" zu beantworten. Wie hoch muss dieser Handlungsdruck sein? Seiner Ansicht nach müssen 75 % aller Führungskräfte überzeugt davon sein, dass „business as usual" kein länger akzeptables Vorgehen ist.

Beispiel

Der erste Impuls geht vom CEO aus. „Wir haben ein großes „Gap" in unserer Projektmanagement-Kompetenz und in der Verfügbarkeit von qualifizierten Projektmanagern. Hierunter leidet die Projektabwicklung." Seine Aussage fasst die Situation des Konzerns zusammen und trifft den Nagel auf den Kopf. Ein Großteil der Projekte erzielt nicht die gewünschten Resultate, wird nicht rechtzeitig fertig und verbrennt wertvolle Ressourcen.

Eine systematische Selbsteinschätzung der einzelnen Geschäftsfelder hinsichtlich ihrer Kompetenz zur erfolgreichen Durchführung interner Projekte wird initiiert. Die Ergebnisse zeigen ein deutliches Delta. Es fehlt an Transparenz über die Anzahl der Projekte, benötigter Kapazitäten und an qualifizierten Projektmanagern.

> Ein weiterer „Messpunkt" sind Ergebnisse aus der Mitarbeiterbefragung. Dort wird eine generelle Unzufriedenheit deutlich, wie interne Projekte gemanagt werden. Projektarbeit ist nicht sehr beliebt. Die Rolle des Projektmanagers ist oft nicht mit den notwendigen Kompetenzen ausgestattet. Die meisten internen Projekte werden von Teilzeit-Projektmanagern geleitet. Die Hauptrolle spielt die Linienfunktion. Dort wird Karriere gemacht, nicht im Projekt. Das fachliche Know-how ist für die Besetzung einer Projektleitung entscheidend und Projektmanagement-Fähigkeiten sind oft nur rudimentär ausgeprägt. Qualifizierungsangebote sind kaum vorhanden.
>
> Oftmals werden entsprechende Herausforderungen nicht als Projekt erkannt und dadurch keine systematischen Projektmanagementvorgehen angewendet, um Lösungen zu entwickeln und erfolgreich umzusetzen. Es existieren Organisationskulturen und entsprechende Systeme, die nicht projektbasiert sind und dadurch Projektarbeit im besten Fall nicht unterstützen oder im schlechtesten Fall sogar behindern.

Über die Geschäftsbereiche hinweg stellen sich ähnliche Fragen zur Professionalisierung des Projektmanagements.

> Typische Fragestellungen operativer Geschäftseinheiten lauten:
> - Was sind die Erfolgsfaktoren zur erfolgreichen Durchführung von internen Projekten?
> - Wie kann ein Portfolio von internen Projekten in unserem Bereich priorisiert werden?
> - Wie können Projektmanager entwickelt und die Projektmanagementkarriere attraktiver gestaltet werden?

Der Handlungsdruck nimmt zu. Aufgrund der dezentralen Unternehmensstrukturen des Konzerns schlagen die Geschäftsbereiche zum Umgang mit den Herausforderungen unterschiedliche Wege ein. Teilweise bilden sich PMOs, eher als Inseln, für bestimmte Einheiten. Zahlreiche Einzelinitiativen werden gestartet, um Projektmanagementfähigkeiten aufzubauen oder weiterzuentwickeln. Einige Bereiche setzen zunächst ausschließlich auf die Einführung eines Reporting-Tools, andere auf die Definition eines standardisierten Projektmanagement-Prozesses und entsprechendem Training der Mitarbeiter. Dass die Einführung eines neuen bzw. systematischen Vorgehens im Projektmanagement ein Veränderungsprojekt an sich ist, wird von vielen Einheiten unterschätzt.

Aus der bereichsübergreifenden „Corporate-Sicht" wird deutlich, dass viele dieser Initiativen voneinander profitieren könnten und dass es für den Konzern vorteilhaft wäre, wenn sich nicht alle in unterschiedliche Richtungen, sondern abgestimmt entwickeln. Beispielweise ist es nicht hilfreich, wenn jeder Bereich sein eigenes Karrieremodell entwickelt, sondern ein gemeinsames Modell umgesetzt wird. Hierdurch wäre die Funktion Projektmanagement weiter aufgewertet und eine Rotation von Projektmanagern über Geschäftsfelder hinweg würde vereinfacht. Eine einheitliche Terminologie würde konsistente Qualifizierungsprogramme ermöglichen etc.

Es ist der richtige Zeitpunkt für die Kommunikation einer konzernweiten Vision für professionelles Projektmanagement. Nach Kotter gilt die Daumenregel, dass eine Vision in fünf Minuten (oder weniger) darstellbar sein muss. Und zwar so, dass man eine Reaktion des Gegenübers erhält, die sowohl Interesse als auch das Verstehen der Vision widerspiegelt.

Beispiel

In diesem Fall wird erfolgreiches Projektmanagement als Schlüssel zum zukünftigen Konzernerfolg beschrieben. Als besonders wird die Verknüpfung eines professionellen Projekt- und Changemanagement-Ansatzes für den Erfolg interner Projekte als zwei Seiten derselben Medaille hervorgehoben. Die Frage nach dem „Warum müssen wir uns im Projektmanagement weiterentwickeln?" wird beispielsweise aus der Sicht des Projektmanagers dargestellt. Der Projektmanager wird im Zielbild als „CEO of the project" mit entsprechenden Kompetenzen und Befugnissen beschrieben, der sein Projekt „im Griff" hat und die unterschiedlichen Stakeholder zufriedenstellt (Bild 6.1).

Eine visuelle Darstellung ermöglicht eine einfache Kommunikation. Viele Personen fühlen sich dadurch auch emotional angesprochen. Die Bilder werden im Unternehmen an zahlreichen Stellen weiterverwendet und die Botschaften verteilen sich auf breiter Basis.

Aus der Vision werden die zentralen Handlungsfelder zur Professionalisierung des Projektmanagements abgeleitet.

Handlungsfelder zur Professionalisierung des Projektmanagements:
- Entwicklung eines einheitlichen Projektmanagement-Ansatzes (grundlegende Prinzipien, Rollen, Prozesse, Methoden und Werkzeuge etc.) unter Berücksichtigung von derzeit vorhandenen Best-Practices
- Etablierung eines Projektmanagement-Karrierepfads
- Stärkung der Zusammenarbeit, Austausch von Erfahrungen und Know-how

Bild 6.1 Visualisierung einer Change Story – die Rolle des Projektleiters, M. Hüter

6.3 Ein Netzwerk aufbauen und Verbündete finden

Um durch einen Bottom-up-Ansatz die Entwicklung des Projektmanagements voranzubringen, bedarf es mehrerer Treiber, Moderatoren bzw. Motivatoren und eines Taktgebers, der das Vorgehen orchestriert. Diese Rolle agiert wie ein Botschafter für die Funktion Projektmanagement und entwickelt eine Idee für die Veränderung der Organisation. Sie initiiert und begleitet den Veränderungsprozess und sorgt dafür, dass er lebendig bleibt.

Beispiel

In diesem Fall übernimmt diese Rolle die „Corporate University" des Konzerns. In der Rolle als Initiator und Begleiter von Transformationsvorhaben greift sie für den Konzern notwendige Weiterentwicklungsthemen auf und unterstützt den flächendeckenden Change durch Verknüpfung von inhaltlicher Expertise mit Changemanagement- und Learning-Know-how. Der Vorteil dieser Herangehensweise besteht darin, dass die interne Rolle in der Corporate University im Konzern als neutral angesehen wird. Dies führt hier zu einem starken Vertrauensverhältnis und einer belastbaren Beziehung zu den Geschäfts- und Fachbereichen sowie den Zentralfunktionen. Das Vertrauen liegt im Erfahrungsschatz und der fachlichen Kompetenz zum Thema Projektmanagement der Akteure, sowie in der Annahme, dass alle Mitspieler im Interesse des Konzerns handeln und man sich aufeinander verlassen kann.

Diese Vertrauensbeziehung führt aber auch schnell zu einer Vertraulichkeit und ist dabei ein empfindsames Pflänzchen und muss entsprechend gehegt und gepflegt werden. Die Neutralität muss aufrechterhalten werden, denn eine Vertrauensverletzung würde zu Unglaubwürdigkeit führen.

Ohne eine zentrale Projektmanagement-Funktion ist ein zwingend notwendiger nächster Schritt also, die Einzelkämpfer zu suchen, die bereits von den Vorteilen eines strukturierten Projektmanagement-Ansatzes überzeugt sind, die Einführung von Projektmanagement-Standards unterstützen oder im besten Fall bereits an ähnlichen Aufgaben im Unternehmen arbeiten.

Diese Personen bilden den ersten Kern einer sogenannten Community of Practice. Die Gründung eines Netzwerks ist dabei eine gute Wahl. Im Netzwerk treffen sich Player mit ähnlichen Herausforderungen. Es ist ein Austausch zu gemeinsamen Themen möglich und „good practices", insbesondere Vorgehen, Beispiele, Vorlagen usw. können hier informell und unbürokratisch geteilt werden. Der Nutzen für die in diesem Schritt Beteiligten liegt vor allem in diesem Austausch, um von anderen zu lernen und die eigenen Ansätze ohne viel Aufwand zu vervollständigen. In jedem Fall ist die Community eine „Heimat", in der die Community-Mitglieder ein

Dach finden, ein Zugehörigkeitsgefühl entwickeln können, und ein sicherer Hafen, wo auch kritische Themen bearbeitet werden dürfen.

Leider kann es auch ab und an dazu führen, dass Community-Mitglieder das Netzwerk wieder verlassen und auf eigene Faust die Themen weiterentwickeln. Solange hier keine größere Gegenbewegung entwickelt wird, muss das Ausscheiden akzeptiert werden, da ein wichtiges Prinzip dieses Ansatzes die Freiwilligkeit ist.

Merkmale der Projektmanagement-Community-of-Practice:
- Hier treffen sich Player, die noch am Anfang ihrer Entwicklung mit ähnlichen Herausforderungen stehen.
- Hier ist ein Austausch zu gemeinsamen Themen und Best-Practice-Beispielen möglich.
- Hier werden Vorgehen, Beispiele, Vorlagen informell und unbürokratisch geteilt oder erarbeitet.

Oft sind Kollegen, die isoliert an ähnlichen Projektmanagement-Professionalisierungsthemen arbeiten, räumlich sowie sozial über unterschiedliche Funktionen und Bereiche voneinander getrennt. Ein Austausch ist daher selten gewährleistet. Wenn die relevanten Themenverantwortlichen jedoch erst einmal den Wert dieses Austauschs erfahren haben, entwickelt sich das Netzwerk rasant zu einer Größe, die großen Einfluss auf wichtige Entscheider ausüben kann.

Ein einfacher, schneller und kostengünstiger Weg, Netzwerke zu bilden, ist die Nutzung von unterschiedlichen Social-Media-Kanälen. Hierbei sollte auf jene Formate fokussiert werden, in denen die Mehrheit der Nutzer heimisch sind. Auch öffentliche Community-Netzwerke können hier ein guter Kanal sein, um das Netzwerk aufrechtzuerhalten. Für einen multidirektionalen Austausch ist ein persönlicher Kontakt nicht zu umgehen. Hier ist wieder die Rolle des Taktgebers gefragt. Sie muss diesen Rahmen in regelmäßigen Abständen anbieten. Obwohl ab und zu auch ein externer Impuls interessant für die Beteiligten sein kann, ist gerade in diesen Netzwerken ein Austausch untereinander wichtiger. Die Netzwerkenden sind also ermutigt, ihre Beiträge selbst einzubringen und aus dem Nähkästchen zu plaudern. Oft ergibt sich in einem Gespräch mehr Erfahrungsaustausch als in einer Hochglanzpräsentation.

Die Community ist für den einzelnen nur so lange interessant, wie ein persönlicher Nutzen daraus gezogen wird. Bei „falsch" gesetzten Themen kann die Community sehr schnell wieder einschlafen. Geben Sie die Verantwortung der Themenauswahl also in die Hände der Community-Teilnehmer, sie wissen selbst am besten, was sie brauchen. Hier eignen sich besonders Formate wie z. B. Bar Camps, in denen nur der Rahmen gestellt wird und die Teilnehmer zu Teilgebenden werden.

Der Nutzen aus der Corporate-Perspektive in diesem Schritt ist die Bildung einer „guiding coalition" (Kotter), bei der die Vision zur konzernweiten Weiterentwicklung des Projektmanagements mit wichtigen Unterstützern geteilt und damit in einem ersten Schritt im Unternehmen verankert werden kann.

■ 6.4 Den Status quo ermitteln und den Zielzustand definieren

Je größer das Unternehmen, desto wahrscheinlicher ist es, dass unterschiedliche Standards und Vorgehensweisen bereits in unterschiedlicher Ausprägung im Einsatz sind. Bereits existierende Vorgehensweisen einfach mit einem neuen zentralen Standard zu überrollen, wäre in diesem Kontext nicht erfolgversprechend. Besser wäre es, die bestehenden Entwicklungen zu würdigen und so gut es geht zu verbinden.

Durch das Einsammeln der bereits existierenden Methoden, Prozesse, Rollenbeschreibungen etc. und das Verständigen auf eine gemeinsame Sprache im Projektmanagement kann ein gemeinsamer Rahmen im Projektmanagement (PM Framework) aufgebaut werden, der für alle Beteiligten akzeptabel ist.

Bei der Entwicklung eines übergreifenden Projektmanagementstandards stellt sich natürlich die Frage, inwieweit einzelne Organisationseinheiten bereit sind, von möglicherweise bereits etablierten Standards abzuweichen. Um sich hier nicht in Detaildiskussionen und damit Zeit zu verlieren, ist es wichtig, sich recht früh auf einen gemeinsamen Mindeststandard zu einigen, um erste Ergebnisse vorweisen und damit die Arbeitsfähigkeit der Community unter Beweis stellen zu können. Diese kann eine Prozesslandschaft auf der obersten Ebene, ein gemeinsames Rollenverständnis der wichtigsten Projektrollen bis hin zu einem gemeinsamen Qualifizierungsstandard sein.

Beispiel

In diesem Fall wird das Framework basierend auf vier Elementen entwickelt (Bild 6.2) und die entsprechenden Inhalte werden mit Leben gefüllt:
- Project Management Processes & Methods
- Project Organization & Governance
- Project Management Skills & Mindset
- Change Management

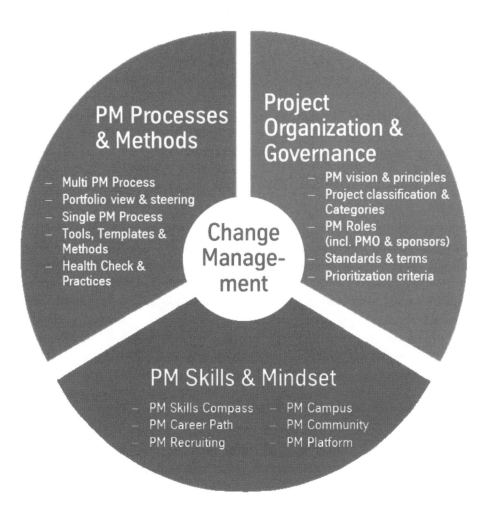

Bild 6.2 Project Management Framework

Gerade in einer sehr heterogenen Projektmanagement-Landschaft ist es von Bedeutung, bereits von Anfang an die Ziele und Chancen eines gemeinsamen Ansatzes klar darzustellen. Der Nutzen für die individuellen, dezentralen Einheiten muss dabei deutlich höher sein, als der Aufwand, sich an einer gemeinsamen Mission zu beteiligen. Und hier kommt wieder die Taktgeber-Rolle ins Spiel. Sie agiert als Vermittler und holt die Parteien immer wieder an den Verhandlungstisch, um einen Kompromiss zu finden, eine Bindung mit den wichtigsten Playern aufzubauen und Stück für Stück den Reifegrad des Frameworks weiterzuentwickeln.

Beispiel

Ein zentrales Element ist die Entwicklung der Rollenbeschreibung für den Projektmanager. Oft finden sich in den klassischen Rollenbeschreibungen klassische Projektmanagement-Aufgaben, aber auch fachliche/inhaltliche Aufgaben, die zunächst herausgefiltert werden müssen, bevor man sich auf einen gemeinsamen Kern der Rolle verständigen kann. Zunächst erfordert es eine Einigung auf ein einheitliches Rollenverständnis, bevor die Rolle und deren Aufgaben beschrieben werden kann. Das Ergebnis kann also nur eine generische Beschreibung der cross-funktionalen Aufgaben und Kompetenzen sein. Die fachlichen Anforderungen werden in einem bereichsspezifischen Part ergänzt, der sehr individuell auf die Rolle zugeschnitten sein kann.

Das Ziel der gemeinsamen Entwicklung des Frameworks ist, eine pragmatische, aber verbindliche Basis unter den Beteiligten zu etablieren, damit es einfacher ist, sich an die (neuen) Standards zu halten. In Abwesenheit einer hierarchischen Verfügung muss auch überlegt und in der Community beurteilt werden, wie mit Ausscheidern umgegangen werden soll. Verbindlichkeit wird hier über persönliche Beziehung, Gruppenzugehörigkeit und ein Gefühl von Gemeinschaft entwickelt. Verlasse ich als Teilnehmer die Community, verliere ich auch diese soziale Bindung.

Die Vorteile dieser Vorgehensweise liegen in der hohen Flexibilität, funktionale Besonderheiten als Geschäftsbereich, Abteilung etc. selbst definieren zu können. Gleichzeitig wird sichergestellt, dass sich die wichtigsten Elemente der Projektmanagement-Disziplin in allen Einheiten wiederfinden.

6.5 Unterstützer und Sponsoren im Management gewinnen

Der Stein der Veränderung ist ins Rollen gebracht. Um die im initialen Netzwerk entstehende Dynamik aufrechtzuerhalten, muss das weitere Vorgehen vom (Top-)Management unterstützt werden. Wichtig ist ein klares Commitment von einem oder mehreren Sponsoren, die den Mehrwert eines professionellen Projektmanagements erkennen, Ressourcen für die Weiterentwicklung zur Verfügung stellen, Budgets freigeben und den Mehrwert des Frameworks auch im Vorstand vertreten können. Unser zartes Pflänzchen braucht Licht von oben, damit es weiter wachsen kann.

Basierend auf den initialen Schritten und der Vorarbeit der Community können mögliche Sponsoren überzeugt werden. Dabei hilft der gefühlte Handlungsdruck im Unternehmen. Als Futter eignen sich belastbare Daten, die aus Befragungen, Lessons Learned, Statistiken und Benchmarkdaten gewonnen werden können, genauso gut wie die guten und schlechten Beispiele aus dem eigenen Unternehmen. Die stärksten Argumente sind allerdings die, welche auf intrinsische Ziele des Sponsors einzahlen, seien es strategische Ziele, wie zum Beispiel Einsparungs-, Service- oder Qualitätsziele, oder persönliche Ziele, wie beispielsweise Alleinstellungsmerkmale innerhalb der Organisation. Wenn es gelingt die Ziele des Projekts mit den Zielen des Sponsors zu verbinden, bedeutet dies einen Katalysator für das Vorhaben.

Beispiel

In diesem Praxisfall gelingt es, ein gemeinsames Commitment verschiedener Bereiche, wie Strategie, IT und Human Resources zu erreichen, um die Corporate University mit der Weiterführung ihrer initialen Aktivitäten unter dem Dach eines „Project Management Campus" (PM Campus) zu beauftragen. Hinsichtlich der Akzeptanz bei den Konzernunternehmen hat sie den Vorteil, aus einer per se beratenden Rolle heraus agieren zu können. Wichtiger als die jeweilige Rolle ist aber die Haltung, die hier eingenommen wird. Es könnte also auch eine Governance-Funktion diese Aufgabe übernehmen, sofern die Haltung beratend und nicht bestimmend sichergestellt wird.

Folgende Grundsätze bzw. Ziele und Nicht-Ziele (Bild 6.3) wurden für den weiteren Aufbau und Rollout des Projektmanagement-Ansatzes mit dem (Top-)Management vereinbart.

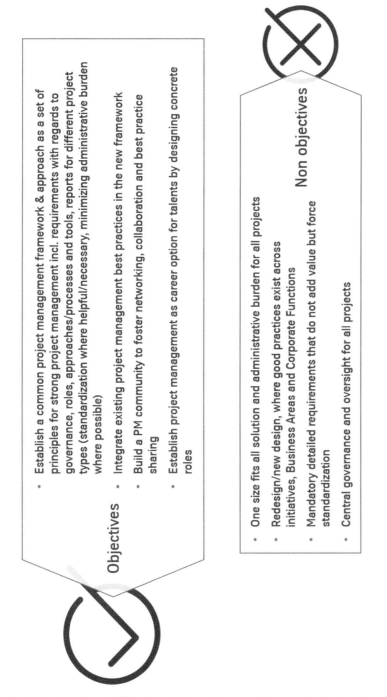

Bild 6.3 Vereinbarte Ziele und Nicht-Ziele für den Aufbau und Rollout des Project Management Frameworks

6.6 Ein Transformationsteam bilden und mit Ressourcen ausstatten

In diesem Praxisbeispiel bildet der PM Campus nach seiner Gründung die zentrale Anlaufstelle für Anfragen und Unterstützung zur Professionalisierung des Projektmanagements im Konzern. Er fördert die funktions- und businessübergreifende Zusammenarbeit zur Weiterentwicklung und Verbesserung des Projektmanagements und stellt damit den Kern des Transformationsteams dar.

Unter der Leitung des PM Campus wird ein Projektteam gebildet und mit Budget ausgestattet. Dieses Team identifiziert relevante übergreifende Themen, plant und steuert die Entwicklung und stößt die Implementierung an. Die Ressourcenausstattung wurde hier aus dem übergreifenden Corporate-Bereich gestellt.

Folgende deskriptive Rollen können dem Campus zugeschrieben werden:

- Experte: Zur Verfügung stellen von PM-Know-how und Experteninput
- Unterstützer: Entwicklung und Durchführung von Trainings, On-the-job-Coachings etc.
- Verbinder: Aufbau und Entwicklung der PM Community
- Moderator: Weiterentwicklung der unternehmensinternen PM-Standards
- Challenger: kritisches Hinterfragen der eingeschlagenen Pfade
- Katalysator: Awareness für die (organisatorische) Weiterentwicklung des Projektmanagements im (Top-)Management schaffen und Aufmerksamkeit für das Thema aufrechterhalten
- Vertrauensperson: vertraulicher Austausch zu kritischen Themen

Eine wesentliche Aufgabe des PM Campus ist es in diesem Zusammenhang, in Kontakt mit den Stakeholdern im Konzern zu bleiben und diese, wenn notwendig, an einen Tisch zu bringen und Gesprächsbereitschaft herzustellen.

 Als wichtige Kompetenz des Transformationsteams gilt neben der fachlichen Projektmanagement-Expertise umfangreiches Changemanagement-Know-how.

Die Entwicklung und Implementierung des Frameworks erfordert die Notwendigkeit der zielgerichteten Durchsteuerung von Aufgabenpaketen in einem klassischen Projektansatz. Allerdings wird auch explizites Changemanagement-Knowhow benötigt. Neben der Notwendigkeit für den Erfolg der Initiative ist es in Bezug auf die Gesamtmaßnahme hier auch für eine Vorbildfunktion erforderlich. Schließlich geht es darum, einen integrierten Projekt- und Changemanagement-Ansatz im Konzern zu etablieren.

6.7 Die Veränderungen mit Methode implementieren

Für die Einführung einer erfolgreichen Transformation ist ein methodisches Vorgehen sinnvoll. Ein sehr wirksames Modell, welches in diesem Praxisfall verwendet wurde, ist das als Behavioral Change Model betitelte Framework (Bild 6.4). Es basiert auf dem AKKO-Modell nach v. Hehn, Cornelissen, Braun und umfasst vier Elemente, in denen Maßnahmen definiert werden, um eine optimale Akzeptanz für die neuen Vorgehensweisen herbeizuführen. Startpunkt sollte der Quadrant links oben sein, um von dort ausgehend im Uhrzeigersinn alle vier Teile zu betrachten.

6.7.1 Verständnis erzeugen

In Kapitel 6.2 wurde bereits auf die Wichtigkeit einer kraftvollen Vision für den Erfolg zum Wandel eingegangen. Nun ist es erforderlich, diese Vision auf weitere Stakeholdergruppen auszuweiten und sie ebenfalls von der Idee zu überzeugen. Obwohl es notwendig ist, auf die Sachebene einzugehen und einen guten Business Case mithilfe von Zahlen, Daten und Fakten zu entwickeln, sollte auch die persönliche und emotionale Ebene nicht vergessen werden.

Es geht hier also darum, eine „Change Story" und Transfermaßnahmen zu entwickeln und diese so auf die individuellen Gruppen zu münzen, dass eine Ansprache auf der Sachebene und auf der Beziehungsebene stattfinden kann. Wie der Name schon sagt, ist die Change Story eine Geschichte der Veränderung, die für die Betroffenen eine klare Antwort auf die Frage „Warum?" liefert. Dies kann und muss in manchen Fällen durch analoge, emotionale Interventionen verstärkt werden, welche die Betroffenen zum Umdenken bringen, sodass die Veränderung kongruent mit den Werten und Glaubenssätzen ist. Eine gute Change Story spannt den Bogen über die Ausgangssituation mit anschaulichen Beispielen zu den Problemen und Hindernissen bis hin zum Zielzustand. Es muss deutlich werden, was konkret anders ist, wie das Ziel erreicht werden kann und warum der vorgeschlagene Weg funktionieren wird. Dabei ist es sinnvoll, unterschiedliche Ebenen zu beleuchten: die Organisationsebene, die Teamebene sowie die persönliche Ebene.

Die Organisation befähigen, indem das BCM (Behavioral Change Model) verwendet wird

"Ich werde mein Verhalten ändern, wenn..."

Verständnis erzeugen

"... ich verstehe, was von mir erwartet wird und es Sinn ergibt."

Vorbilder sicherstellen

"... ich sehe, dass meine Führungskräfte, Kollegen und Angestellten sich anders verhalten."

Kompetenzen schaffen

"... ich die Fähigkeiten und Möglichkeiten habe, mich in der neuen Weise zu verhalten."

Systeme anpassen

"... unsere Strukturen, Prozesse und Systeme die Änderungen unterstützen, die erwartet werden."

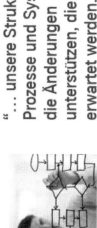

Bild 6.4 Behavioral Change Model (angelehnt an AKKO-Modell, v. Hehn, Cornelissen, Braun)

Beispiel

Der Start in vielen Fällen ist ein gemeinsamer Management-Workshop in den betroffenen Bereichen. Es wird hier eine individuelle Change Story mit den Top-Führungskräften der Bereiche kreiert. Das gemeinsame Erarbeiten bedeutet hier eine stärkere Identifikation im Führungsteam mit den Zielen der Einführung. Ziel war es, ein Alignment des Top-Managementteams zu erzielen, um starke Unterstützer für die weitere Umsetzung sicherzustellen, die Change Story ist letztendlich nur ein Nebenprodukt. Um alle Ebenen für die Veränderung zu gewinnen, wurde die Botschaft auf alle relevanten Ebenen klar und verständlich übersetzt, z. B.:

1. Bedeutung für den einzelnen Projektleiter, dass sich die Rolle verändert und mit höheren Anforderungen, aber auch Befugnissen ausgestattet wird.
2. Bedeutung für das Team, dass in Zukunft Berichte aus den Arbeitspaketen in einer regelmäßigen Taktung erfolgen und damit früher an die Managementebene eskaliert werden kann.
3. Bedeutung für die Organisation, dass eine höhere Transparenz die Basis für eine bessere Ressourcenplanung ist und in Problemsituationen Maßnahmen schneller als in der Vergangenheit eingeleitet werden können.

Damit die Botschaft auch bei allen Führungskräften und Mitarbeitern ankommt, bedarf es einer Kommunikationsplanung, die idealerweise unterschiedliche Maßnahmen beinhaltet. Zum Beispiel wird eine Videobotschaft entwickelt oder eine Q&A-Session in Form von gemeinsamen Abendessen bei den Trainingsmodulen veranstaltet. Auch kritische Fragen sind hier erwünscht und sollten konstruktiv beantwortet werden. Hier führt insbesondere der Dialog zwischen den unterschiedlichen operativen Teams und der Führungsebene zu einem gemeinsamen Konsens.

6.7.2 Vorbilder sicherstellen

Mitarbeiter werden sehr stark von ihrer Umgebung beeinflusst. Das können Vorgesetzte, aber auch Kollegen sein, die ein hohes Ansehen im Team genießen. Diese Individuen gilt es zu finden und als überzeugte Botschafter für die Projektmanagement-Professionalisierung zu gewinnen. Für diese Aufgaben bieten sich Awareness Workshops an, in denen mit den Vorgesetzten und ausgewählten „Influencern" in Form von Change Agents an der Vision, den Vorteilen, dem gewünschten Zielzustand und Verhalten, aber auch an den möglichen Kritikpunkten gearbeitet wird, sodass kritische Fragen von Mitarbeitern gut und kompetent beantwortet werden können.

Zum Beispiel ist ein erwünschter Nebeneffekt einer projektorientierten Organisation die höhere Transparenz über Abweichungen in Projekten. Dies könnte bei dem einen oder anderen Projektleiter zu einem Gefühl des Micromanagements mit stärkerer Kontrolle führen. Um diesen Ängsten zu begegnen, wird an diesen und ähnlichen Themen gearbeitet und die Führungskräfte und Change Agents werden entsprechend sensibilisiert.

Beispiel

In Sponsor Awareness Workshops wird an den Details, den Aufgaben und den Erwartungen an die eigene zukünftige Rolle als Projektsponsor gearbeitet. Zum Beispiel ist eine der ersten Aufgaben, in einem offiziellen Akt eine Projektcharta in Auftrag zu geben. Die Wichtigkeit dieses symbolischen Akts wird in den Workshops gemeinsam besprochen.

Bezüglich Fragen zur Zusammenarbeit mit dem Projektleiter sind die Führungskräfte erstaunt, wie wichtig ihre Reaktion auf die Aktionen der Projektleitung ist und wie ihr Verhalten den Erfolg des Projekts beeinflussen kann. Führt das Melden einer roten Ampel beispielsweise zu einem unangenehmen Termin beim Vorgesetzten, dann wird diese eher vermieden und die gewünschte Transparenz bleibt aus. Führt diese Meldung allerdings zu einem konstruktiven Gespräch ohne Schuldzuweisung und letztendlich zu einer guten Lösung, dann ist die Bereitschaft höher, rote Ampeln zu melden.

6.7.3 Systeme anpassen

Es ist wenig überraschend, dass viele Unternehmen mit dieser Aufgabe beginnen und sich schnell wundern, warum Tools nicht richtig genutzt werden bzw. warum die erhofften Effekte ausbleiben. Insbesondere die Einführung eines Projektmanagement-Tools ist eine beliebte Antwort auf schlechte Projektperformance. Für einen Wandel hin zu einer projektorientierten Organisation ist jedoch mehr als nur ein Tool erforderlich. In diesem Quadranten sollte auf alle Themen geachtet werden, wo heute Hindernisse und verlangsamte Prozessabläufe vorherrschen. Ziel ist es, diese zu minimieren oder nach Möglichkeit komplett zu beseitigen, damit der Fluss wiederhergestellt wird.

Beispiel

Auf allen Ebenen des Konzerns wird gemeinsam an dem Framework und seiner Umsetzung gearbeitet. Dazu gehört die Anpassung der Personalstruktur auf den neu entwickelten Projektmanagement-Karrierepfad. Parallel werden die zugehörigen Entwicklungsmaßnahmen ausgerollt. Die Anforderungen an Projektmanagement-Rollen, die alle Bereiche teilen können, werden in das Gesamtkonzept übernommen, gleichzeitig gibt es die Möglichkeit für individuelle Ergänzungen. Letztlich steht natürlich auch die Toolfrage im Raum. Hierfür wird ein eigenes Projektteam unter der informellen Leitung des Taktgebers gebildet, das den Auswahlprozess steuert.

Bei spezifischen Anforderungen, wie bereichsspezifischen Freigabeprozessen und Freigabetools wird dies in der jeweiligen Abteilung entschieden. So erhält jede Abteilung die nötige Freiheit, um den Ansatz zu „ihrem" zu machen und gleichzeitig den gemeinsamen Kern beizubehalten.

So kann ein gemeinsamer Nukleus an Prozessen, Systemen, Tools etc. gefunden werden, der dann in das Framework einfließen kann.

6.7.4 Kompetenzen schaffen

Damit die Projektmanagement-Population das neue Framework erfolgreich nutzen kann, müssen die betroffenen Mitarbeiter auf die neuen Gepflogenheiten gut vorbereitet werden. Das bedeutet, sie müssen in die Lage versetzt werden, die Tools zu bedienen, die Prozesse zu kennen, ihre Aufgaben und Verantwortlichkeiten in den jeweiligen Rollen zu verstehen und vieles mehr. Dafür sind zum einen Schulungsmaßnahmen erforderlich, aber auch weiterführende Dokumentationen, die den Rollout unterstützen.

Beispiel

Im Beispielfall umfassen die Schulungsmaßnahmen die drei wichtigsten Managementebenen im Projekt: Sponsoren und Mitglieder von Lenkungsausschüssen, Projektleitung und Teammitglieder (zu Details siehe KERZNER).

In den Trainingsmodulen werden Projektmanagement-Grundlagen vermittelt und anhand von aktuellen Projektbeispielen eingeübt. Gleichzeitig werden die wichtigsten Tools besprochen, sodass die Teilnehmer am Ende der Schulung befähigt sind, alle Tools und Vorlagen richtig auszufüllen, und verstanden haben, warum diese nötig sind. Jede Schulung beginnt entweder mit einer persönlichen Begrüßung oder einer vorbereiteten Videobotschaft des jeweiligen Bereichsleiters, der die Change Story gemünzt auf die Zielgruppe vorstellt, und endet mit der konstruktiven Besprechung der offenen Fragen aus dem Training mit dem Management. Besonders spannend ist hierbei die Formulierung der wechselseitigen Erwartungen an die Rollen der Sponsoren und Projektleitung, die im Anschluss reflektiert und mit den eigenen Vorstellungen abgeglichen werden. Hier kommen immer wieder überraschende Punkte zur Diskussion, wie z. B. das Verfügen über Budgets und Ressourcen, die im Konsens abgeglichen werden können. Diese Maßnahmen helfen dabei, eine konstruktive Projektumgebung zu schaffen und die Projekte auf eine gute Basis zu stellen. Mit den Worten des Bereichsleiters einige Monate nach der Einführung: „Erstmalig haben wir eine Projektkultur, die eine offene Kommunikation fördert. Durch die einheitliche Abwicklung sowie Präsentation der Projekte und deren Status haben wir einen besseren Überblick und Transparenz und können schneller bei Problemen eingreifen. Unsere Kunden sind mit der Professionalität der Projektarbeit sehr zufrieden."

Die Maßnahmen aus dem Behavioral-Change-Modell sind für jede Stakeholder-Gruppe separat anzuwenden, da die Anforderungen und Erwartungen von unterschiedlichen Gruppen und Individuen und damit die daraus folgenden Maßnahmen sehr unterschiedlich sein können.

Durch diese Form der Einführung wird letztendlich das Ziel erreicht, das Projektmanagement im Konzern zu verbessern, ohne größere Widerstände auszulösen, die diese Initiative zum Stillstand bringen könnten. Durch das Vertrauensverhältnis und die Verbundenheit mit den einzelnen Stakeholdern, die während dieser gemeinsamen Reise entstehen, ist die Basis für weitere Veränderungen geschaffen worden, die für eine erfolgreiche Zukunft mit Sicherheit notwendig sein werden.

■ 6.8 Die wichtigsten Punkte in Kürze

Die Herausforderung in diesem Praxisbeispiel ist die konzernweite Professionalisierung des Projektmanagements ohne die Macht einer starken Governance-Rolle. Der Vorteil dieses auf Freiwilligkeit basierenden Vorgehens ist die Chance einer breiten Akzeptanz der damit einhergehenden Veränderungen. Allerdings ist der Weg dorthin alles andere als ein Selbstläufer. Es braucht ein systematisches Vorgehen mit viel Ausdauer der persönlich Beteiligten.

Die folgenden sechs Schritte sind dabei entscheidend.

Schritte des Wandels zum projektorientierten Unternehmen:

1. Handlungsdruck erzeugen und eine kraftvolle Vision definieren – 75 % der Führungskräfte müssen davon überzeugt sein, dass eine Veränderung notwendig ist.
2. Ein Netzwerk aufbauen und Verbündete finden – Bildung einer „Community of Practice".
3. Den Status quo ermitteln und den Zielzustand definieren – Good practices einsammeln und frühzeitige Einigung auf einen gemeinsamen Mindeststandard (eine gemeinsame Sprache).
4. Unterstützer und Sponsoren im Management gewinnen – gemeinsam mit den Sponsoren Ziele- und Nicht-Ziele der Initiative definieren.
5. Ein Transformationsteam bilden und mit Ressourcen ausstatten – auf Projekt- und Changemanagement-Kompetenzen im Team achten.
6. Die Veränderungen mit Methode implementieren – in jedem Bereich individuell Verständnis für die Hintergründe der Einführung herstellen, Vorbilder im Management und Teams für die Einführung gewinnen, Strukturen, Tools, Prozesse anpassen und neue Fähigkeiten entwickeln

Literatur

Beer, Michael; Nohria, Nitin: Cracking the Code of Change. Harvard Business Review, May-June 2000

Von Hehn, S.; Cornellissen, N.; Braun, C.: Kulturwandel in Organisationen. Springer, 2016

Kerzner, Harold: Project management best practices: achieving global excellence. 4th edition, John Wiley & Sons, New York 2018

Kotter, John: Leading Change: Why Transformation Efforts fail. Harvard Business Review, March-April 1995

Kotter, J. P.: Leading Change. Vahlen, 2012

Lawson, Emily; Price, Colin: The psychology of change management. The McKinsey Quarterly, Special Edition The value in Organization, 2003

7 Die Rolle des Top-Managements im Projektmanagement

Andreas Iffländer

Die Rolle des (Top-)Managements im Projektmanagement wird meiner Ansicht nach noch immer in den meisten Unternehmen unterschätzt.

Ist in Ihrem Unternehmen das Projektmanagement in der Organisation verankert, z. B. durch PMOs, Richtlinien/Standards, Handbücher und durch monatliche Projekt-Reportings direkt an die Ebene N bis N-2? Gibt es einen eigenen Karriere-Pfad, der auch entsprechend vergütet wird und in dem die Projekt-/Programm-Direktoren zum Kreis der „Leitenden Angestellten" gehören? Falls ja, liegt ihr Unternehmen nach meiner Erfahrung schon deutlich über dem Durchschnitt der deutschen Unternehmen zum Thema professionelles Projektmanagement.

All die zuvor genannten Faktoren lassen sich nur mit Hilfe bzw. durch das Top-Management in einem Unternehmen aufbauen und nachhaltig verankern. Deshalb greife ich bereits hier dem Fazit vor. Die Rolle des Top-Managements im Projektmanagement ist sehr wichtig und entscheidet ganz wesentlich über Erfolg und Misserfolg des Projektmanagements im Unternehmen. Dies möchte ich durch die Ausführungen auf den nachfolgenden Seiten etwas näherbringen, wobei ich theoretische Ansätze und persönliche Erfahrungen aus der Praxis anreichere, um sowohl die Experten als auch die Einsteiger unter den Lesern zu erreichen. Dies erfolgt zu Beginn durch eine theoretische Einleitung (Rolle des Top-Managements, projektorientierte Unternehmen), geht dann über in die Beleuchtung einzelner Schwerpunkte und deren spezifische Herausforderungen an das Top-Management und schließt mit einem Fazit ab.

> In diesem Beitrag erfahren Sie,
> - warum das Top-Management für den Projekterfolg entscheidend ist,
> - wie Sie ein ganzheitliches und sehr diszipliniert durchgeführtes Projektmanagement erreichen und
> - was das Top-Management hierfür beachten sollte.

7.1 Rolle des Managements in einem Unternehmen

Der ursprünglich angloamerikanische Begriff „Management" bezeichnet heute im betriebswirtschaftlichen Sprachgebrauch die Tätigkeit der Unternehmensführung.

Aus funktionaler Sicht besteht die Kernaufgabe der Managementtätigkeit nach P. Drucker in der Organisation des Zielbildungs- und Zielerreichungsprozesses in einem Unternehmen. Hierbei nimmt das Management Führungsaufgaben wahr, die der Planung und Koordination der Sachaufgaben dienen. Die Führungsaufgaben beinhalten die Zielbildung, die Kontrolle des Zielerreichungsgrads, die Operationalisierung der Unternehmensziele und die Bereitstellung der notwendigen Ressourcen für die Unternehmenstätigkeiten entsprechend dem Managementzyklus (vgl. Haric, 2018).

Diese Aufgaben werden in größeren Organisationen in der Regel von drei Management-Ebenen wahrgenommen. Unter dem Top-Management versteht man die oberste Ebene in der hierarchischen Organisationsstruktur eines Unternehmens. Zum Top-Management gehören in der Regel der Vorstand bzw. die Geschäftsführung sowie die geschäftsführende Bereichs- und Regionalleitung. Das Top-Management trägt die Gesamtverantwortung für das Unternehmen und dessen strategischer Entwicklung, formuliert die strategischen Ziele, trifft grundsätzliche Entscheidungen darüber, wie diese in der Gesamtorganisation erreicht werden sollen, und stellt einzelnen Funktionsbereichen Ressourcen für das Erreichen von Teilzielen bereit. Die mittlere Management-Ebene definiert in Interaktion mit dem Top-Management die Teilziele für ihren jeweiligen Verantwortungsbereich, trägt Verantwortung für die Erreichung der Teilziele und berichtet an das Top-Management über die Fortschritte in der Zielerreichung. Das untere Management koordiniert die Tätigkeit der Mitarbeiter mit ausführenden Tätigkeiten in Abstimmung mit dem mittleren Management und ist für die Effizienz und Qualität im Leistungsprozess verantwortlich (vgl. Haric, 2018).

7.2 Besonderheiten der Rolle des Top-Managements in einem projektorientierten Unternehmen

Im Unterschied zu einem traditionellen Unternehmen mit vor allem fachlich und/oder prozessorientierter Organisation spielt die Linienorganisation in einem projektorientierten Unternehmen eine untergeordnete Rolle, wohingegen die Projektorganisation dominiert. Da das Umfeld von Unternehmen heute äußerst dynamisch ist, müssen Unternehmen verstärkt auf Organisationsformen setzen, die flexibles und rasches Handeln ermöglichen. Dafür eignen sich Projekte, die als Ad-hoc-Organisationseinheiten auf die speziellen Bedürfnisse einer Situation abgestimmt sind. Bei bestimmten Branchen, z. B. in der Bauwirtschaft, ist die Projektorientierung von jeher gegeben. Bei anderen Branchen, wie z. B. der Elektroindustrie, vollzieht sich derzeit ein Umbruch von der Linienorganisation hin zur Projektorganisation (vgl. Angermeier, 2004).

Die Projektorientierung in einer Organisation macht auch die Einführung von Management-Strukturen für das Multiprojektmanagement notwendig, wie z. B. Projektportfolio- oder Programm-Management (vgl. Patzak & Rattay, 2018, S. 557). Für Führungskräfte bringt die zunehmende Projektorientierung in heutigen Unternehmen weitere Anforderungen mit sich. In projektorientierten Organisationen spielen Führungskräfte eine zentrale Rolle, in den Projekten fungieren sie als Projektauftraggeber. In ihrer Rolle als Projektauftraggeber sind sie Initiatoren des Projekts und übergeben den Projektauftrag an die Projektleitung und das Projektteam. Von der Seite des Projektauftraggebers werden die Projektziele vorgegeben und das Projektbudget bereitgestellt. Am Ende erfolgen die Abnahme des Projekts und die Entlastung des Projektleiters durch den Projektauftraggeber (vgl. Peipe, 2018, S. 132 f.). Sie müssen ein gewisses Maß an Projektmanagement-Know-how mitbringen, um den Status von Projekten richtig einzuschätzen, über die Projektauswahl zu entscheiden und Ressourcen adäquat managen zu können.

Folgende Kriterien helfen bei der Unterscheidung zwischen traditioneller und projektorientierter Organisationsform (vgl. Patzak & Rattay, 2018, S. 562 ff.):

- Höhere Flexibilität und Effizienz durch Mitarbeiterpools: Die Mitarbeiter sind in Pools organisiert, aus denen sie den Projekten entsprechend ihrer Qualifikation für den entsprechenden Zeitraum zugeordnet werden.
- Effiziente Ressourcennutzung: Nur Vorhaltung der unbedingt notwendigen Ressourcen und verstärkter Einsatz flexibler Beschäftigungsformen.
- Selbstorganisierende Teams: Einsatz von Selbstorganisation als Führungsprinzip in den Projektteams. Managementverantwortung wird an die Mitarbeiter delegiert.

- Kundenorientierung: Sicherstellung der kundenorientierten Perspektive im Unternehmen, z. B. über kundenzentrierte Kommunikationsformen.
- Projektmanagement-Karriere: Etablierung von Projektmanagement-Laufbahnmodellen zur Personal- und Führungskräfteentwicklung. Weniger Hierarchiestufen als in Linienorganisationen.
- Prozessorientierung: Fokus auf effiziente Prozesse und Zusammenarbeit, wodurch hierarchische Strukturen in den Hintergrund treten.

Beispielsweise existiert bei der BSH Hausgeräte GmbH ein Projektmanagement-Karrierepfad für die Mitarbeiter (Bild 7.1). Dieser besteht aus den Stufen Projektmanager, Senior Projektleiter und Projektdirektor (vgl. BSH Hausgeräte GmbH, 2012, S. 111). Hierbei ist zu erwähnen, dass bei der BSH Hausgeräte GmbH Projektdirektoren, Programm-Leiter und PMO-Leiter die Möglichkeit haben – wie in der gesamten Bosch-Gruppe –, „leitende Angestellte" mit den dazugehörigen Rechten und Pflichten zu werden.

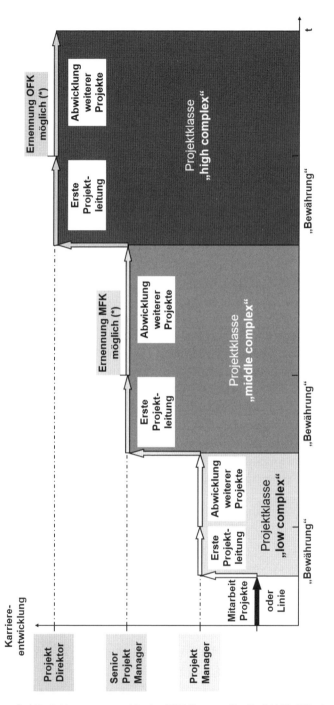

Bild 7.1 Karrierepfad Projektmanagement in der BSH Hausgeräte GmbH für Mitarbeiter
(Quelle: BSH Hausgeräte GmbH, 2012, S. 111)

7.3 Beeinflussung der Unternehmensziele und Unternehmensstrategie durch Projektmanagement

In einem projektorientierten Unternehmen liegt es nahe, dass ein erfolgreiches Projektmanagement für die Erreichung der Unternehmensziele, der Vision und seiner Mission notwendig ist. In den Projektzielen finden sich hier die strategischen Unternehmensziele wieder. Die Unternehmensstrategie bildet die Grundlage für die Projekte und Programme, die wiederum die Unternehmensstrategie mit dem Ziel umsetzen, die mittel- und langfristige Wettbewerbsfähigkeit eines Unternehmens zu sichern, z. B. durch Innovations- und Organisationsveränderungsprojekte (vgl. Patzak & Rattay, 2018, S. 168 f.).

Im Rahmen der Unternehmensstrategie wird auch die strategische Bedeutung des Projektmanagements für das Unternehmen geklärt. Der Stellenwert des Projektmanagements ist in projektorientierten Unternehmen in der Organisation klar definiert, um Konflikte um wichtige Ressourcen zwischen der Linienorganisation und den Programmen bzw. Projekten zu vermeiden. Dafür bedarf es einer Projektmanagement-Strategie im Unternehmen. Diese bildet die Grundlage für die Entwicklung einer Projektmanagement-Organisation und geeigneter Prozesse sowie von Hilfsmitteln für das Projektmanagement im Unternehmen (vgl. Patzak & Rattay, 2018, S. 577 f.). Weshalb wird diese bei „klassischen Unternehmen" leider so häufig vernachlässigt und damit die Erfolgschancen des Unternehmens meist deutlich geschmälert? Sollten Sie im Management eines Unternehmens tätig sein, möchte ich Ihnen empfehlen, dies kritisch zu hinterfragen und die Chancen, die sich aus einem besser verankerten Projektmanagement ergeben, zu nutzen.

7.4 Change Management im Unternehmen

Bei vielen Projektvorhaben in Organisationen ist ein Change Management zu empfehlen, da sie tief in die täglichen Arbeitsweisen der Mitarbeiter eingreifen. Aufgrund der hohen Komplexität und schweren Planbarkeit von Change-Projekten ist für die Klärung des Auftrags die Governance durch das Top-Management besonders wichtig (vgl. Frei, 2018, S. 75).

Des Weiteren ist das Change- und Kommunikationsmanagement eine der vorrangigen Aufgaben des Top-Managements (wie einer meiner Bereichsleiter zu sagen pflegte: „Change Management ist Chef-Sache!"). Beispielsweise beschränken sich Veränderungsprojekte nicht auf eine Funktion oder Organisationseinheit, sondern beeinflussen viele Bereiche eines Unternehmens und bewegen sich größtenteils außerhalb der bisherigen Governance.

Ohne eine aktive und nachhaltige Beteiligung des Top-Managements sind solche Changes nach meiner Erfahrung nicht erfolgreich zu implementieren. Wichtige Elemente in der Governance-Struktur sind ein nominierter Change-Leader, der für die Veränderungsvorhaben die volle Verantwortung trägt, sowie ein Steering-Team, das die Entscheidungen bezüglich Veränderungen in der Organisation mit unternehmensweiter Verbindlichkeit fällt (vgl. Frei, 2018, S. 81).

Eine hohe Bedeutung für eine erfolgreiche Durchführung von Change-Projekten haben neben der Governance durch das Top-Management auch das Stakeholder-Management und die Stakeholder-Kommunikation. Zu Beginn eines Change-Projekts ist es enorm wichtig, die betroffenen Menschen und die Organisation in das Change-Projekt zu involvieren, um sie für die Veränderungen rational und emotional zu gewinnen, mit ihnen gemeinsam die Situation zu verstehen und die Vision zu entwickeln (Frei, 2018, S. 86).

Beim Stakeholder-Management liegt zunächst der Fokus auf den Schlüsselpersonen und dem Top-Management, da eine mangelnde Unterstützung dieser Akteure eine der häufigsten Ursachen für das Scheitern von Change-Projekten ist. Um das Commitment vom Management zu gewinnen, muss man zunächst herausfinden, wie die einzelnen Mitglieder des Managements zu der Veränderung stehen und welche Motivation man wecken kann, um sie für das Change-Projekt zu begeistern. Entscheidend kann auch sein, ob der Change-Leader direkt Mitglied der Geschäftsführung ist oder man auf einen Change-Sponsor dort angewiesen ist. Als Projektleiter eines Change-Projekts darf man sich nicht mit Lippenbekenntnissen zufriedengeben, sondern eine aktive Zustimmung des Managements muss das Ziel sein. Neben dem Top-Management gilt es noch weitere Schlüsselpersonen, wie die Experten oder das mittlere Management, die operativ von dem Inhalt des Change-Projekts betroffen sind, mit einzubeziehen. Hierfür bietet sich die Stakeholder-Analyse an. Außerdem gibt es noch die internen Kunden der betroffenen Funktionen. Diese sollen schlussendlich von der Veränderung im Bereich der betroffenen Funktionen profitieren. Auch diese internen Kunden müssen im Dialog vom Nutzen der Veränderung überzeugt werden (vgl. Frei, 2018, S. 105 ff).

Neben dem Stakeholder-Management muss man über geeignete Kommunikation die Veränderungsnotwendigkeit emotional erfahrbar machen. Kommunikation bereitet die gesamte Organisation auf die Veränderung vor. Im Fokus steht der Grund für die Veränderung, das „Warum?". Um diese Notwendigkeit emotional erfahrbar zu machen, eignen sich statt Powerpoints die Menschen hinter den Fakten. Man sollte direkt unzufriedene Kunden, Lieferanten oder Mitarbeiter einbinden und diese in Form von Filmen oder Interviews die Schwächen der aktuellen Situation aufzeigen lassen. Auch andere Objekte, Symbole oder Bilder eignen sich sehr gut als Kommunikationsmittel: In der Literatur wird häufig auf das Beispiel von Jon Stegner verwiesen, der als Projektleiter für ein Veränderungsprojekt im Einkauf eines globalen Unternehmens dem Top-Management die gesamte Variantenvielfalt an Arbeitshandschuhen im Meeting präsentierte, dadurch Entsetzen auslöste und das Top-Management für das Veränderungsprojekt auf seine Seite zog (vgl. Frei, 2018, S. 108).

Um zu überprüfen, ob durch das Stakeholder-Management und die Kommunikationsmaßnahmen bereits genug Veränderungsbereitschaft in der Organisation erreicht wurde, ist es notwendig, das Feedback zur anstehenden Veränderung zu sammeln. Als Instrument dafür bietet sich eine sogenannte Pulse Survey an, eine Form der Kurzumfrage mit wenigen Fragen, für die es entsprechende Internet-Tools gibt. Generell bieten quantitative Methoden den Vorteil, dass man das Feedback wirklich messen kann, zudem hilft es, den richtigen Fokus auf die Resultate der entsprechenden Phase zu setzen (vgl. Frei, 2018, S. 109).

■ 7.5 Projektcontrolling

Kernaufgabe des Projektcontrollings ist es, auf Basis der Projektziele und -pläne Abweichungen im aktuellen Projektfortschritt zu identifizieren und korrigierende Maßnahmen zur Anwendung zu bringen. Das Projektcontrolling ist Teil der Projektmanagementfunktion (vgl. Patzak & Rattay, 2018, S. 394 f.) und fokussiert sich darauf, Abweichungen hinsichtlich der drei Dimensionen des Projekt-Zieldreiecks Leistung, Termine und Ressourcen zu identifizieren. Dafür werden verschiedene Methoden benutzt (z. B. Meilensteintrendanalyse für Terminabweichungen, Earned-Value-Analyse für eine integrierte Analyse der drei konkurrierenden Teilgrößen). Das Projektcontrolling kann vom Projektcontroller explizit für ein Projekt übernommen werden (sehr personalintensiv). Häufig steht ein Projektcontroller mehreren Projekten zur Verfügung, was das Termin- und Kostenbewusstsein absichert. Wenn der Projektleiter diese Funktion übernimmt, besteht die Gefahr, dass eine zu starke Fokussierung auf die Inhalte zulasten von Terminen und Kosten erfolgt. Hier kann der Projektauftraggeber gegensteuern, indem er auf die Einhaltung von Kosten und Terminen drängt (vgl. Patzak & Rattay, 2018, S. 431).

Auch hier wird deutlich, dass ein Projektcontrolling vom Top-Management vorzugeben und einzufordern ist und diesem sowie dem Projektleiter anschließend bei der Projekt- und Portfolio-Steuerung wertvolle Unterstützung bietet, z. B. durch eine eher kaufmännisch geprägte Sicht.

7.6 Prozesse, Methoden und Tools in einem projektorientierten Unternehmen

Im heutigen Wettbewerbsumfeld werden Projekte immer komplexer und die Anzahl an Projekten nimmt über alle Unternehmen hinweg stark zu. Damit die zunehmende Komplexität der Projekte beherrschbar bleibt, sind Prozesse, Methoden und Tools notwendig, die die Projektmitarbeiter und Führungskräfte bei der Anwendung der Projektmanagement-Methodik unterstützen. Prozesse, Methoden und Tools ermöglichen eine erfolgreiche Durchführung der Projekte und sichern die Wettbewerbsfähigkeit eines projektorientierten Unternehmens wie der BSH (vgl. BSH Hausgeräte GmbH, 2012, S. 3).

Bei der BSH Hausgeräte GmbH fasst das Projektmanagement-Handbuch die relevanten Prozesse, Methoden und Tools zusammen, die in der BSH für ein erfolgreiches Projektmanagement notwendig sind (Bild 7.2). Es richtet sich an die Projektbeteiligten und soll außerdem Best Practices innerhalb der BSH für das Management von Projekten aufzeigen (vgl. BSH Hausgeräte GmbH, 2012, S. 10).

Das BSH Projektmanagement-Handbuch definiert in Anlehnung an den PMI-Projektmanagementstandard neun Wissensgebiete, in denen die Arbeitspakete, die im Rahmen eines Projekts anfallen können, genau beschrieben werden. Hierbei handelt es sich um die Wissensgebiete in Bild 7.3.

Neben der Zuordnung der Arbeitspakete zu den entsprechenden Wissensgebieten erfolgt auch eine Zuordnung zu den entsprechenden Projektphasen: Definition, Planung, Durchführung, Abschluss (Bild 7.4).

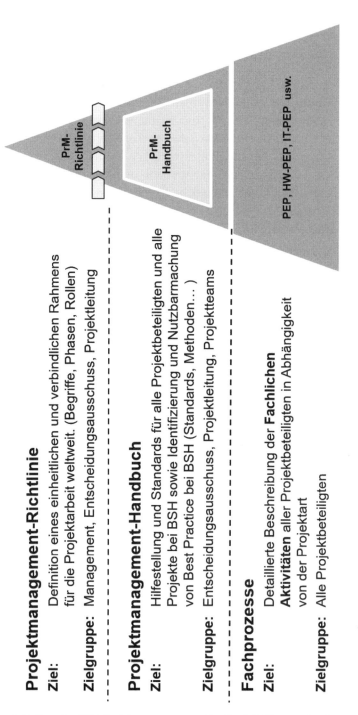

Bild 7.2 Übersicht über das BSH Projektmanagement (Quelle: BSH Hausgeräte GmbH, 2012, S. 10)

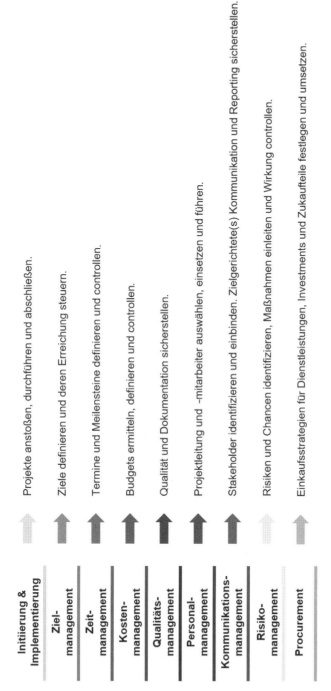

Bild 7.3 Wissensgebiete im BSH Projektmanagement-Handbuch (Quelle: BSH Hausgeräte GmbH, S. 26)

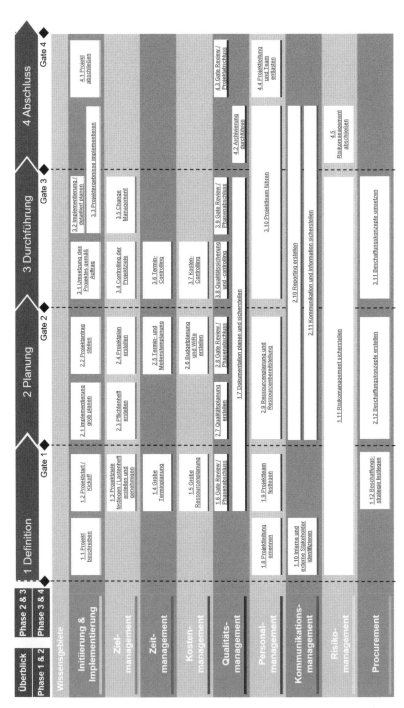

Bild 7.4 Einordnung der Arbeitspakete in den Projektlebenszyklus (Quelle: BSH Hausgeräte GmbH, S. 28)

Auf der Ebene der detaillierten Beschreibung eines Arbeitspakets geht das BSH Projektmanagement-Handbuch auf verschiedene Aspekte ein, die für die Bearbeitung des Arbeitspakets wichtig sind (vgl. BSH Hausgeräte GmbH, 2012, S. 29):

- Klare Zuordnung der Verantwortlichkeit für das Arbeitspaket
- Ziel, welches mit dem Arbeitspaket erreicht werden soll
- Übersicht über die notwendigen Informationen und Dokumente für das Arbeitspaket
- Beschreibung der Aktivitäten im Arbeitspaket
- Direkter Bezug zu den Methoden und Tools, die zur Unterstützung bei der Bearbeitung zur Verfügung stehen
- Beschreibung der Ergebnisse des Arbeitspakets

Zu den einzelnen Arbeitspaketen enthält das Projektmanagement-Handbuch außerdem noch Tipps und Tricks, die innerhalb der BSH von erfahrenen Projektmanagement-Mitarbeitern und Führungskräften gesammelt wurden (vgl. BSH Hausgeräte GmbH, 2012, S. 30 ff.).

7.7 Projektmanagement-Methoden

Im Projektmanagement unterscheidet man zwei grundlegende Arten von Projektmanagementsystemen: traditionelles Projektmanagement (z. B. nach PMI oder GPM) und das agile Projektmanagement (z. B. nach Scrum oder SAFe). Im Folgenden soll kurz auf die Charakteristik sowie die Vor- und Nachteile der unterschiedlichen Ansätze eingegangen werden. Grundsätzlich lässt sich aber festhalten, dass durch das Top-Management festzulegen ist, welche Projektmanagement-Methoden grundsätzlich im Unternehmen zum Einsatz kommen. Durch den Projektleiter und das Steuerungsgremium ist dann detailliert festzulegen, wie diese im Detail zur Anwendung kommen: beispielsweise in der frühen Projektphase das agile Projektmanagement, da hier noch über die Integration und Umsetzung von Kundenwünschen gerungen wird und Flexibilität wichtig ist. In der Realisierungsphase, in welcher Risiken und Änderungen schnell Millionen kosten können und der Fokus eher auf Kosten/Nutzen und nicht auf Flexibilität liegt, dann das traditionelle Projektmanagement.

Bei traditionellen Projektmanagementsystemen liegt der Fokus darauf, den Projektablauf so zu steuern, dass Abweichungen hinsichtlich Kosten, Zeit und Umfang vom ursprünglich erstellten Plan minimal sind. Traditionelle Projektmanagementsysteme zeichnen sich durch die einander nachfolgenden Phasen Initiierung, Planung,

Überwachung und Steuerung sowie Abschluss aus. Diese sind durch Meilensteine voneinander getrennt. Traditionelle Projektmanagementsysteme finden Anwendung bei Projekten, die zu einem definierten Zeitpunkt abgeschlossen sein müssen, so z. B. Bau- und Anlagebauprojekte. Auch Wartungs- und Instandhaltungsprojekte werden traditionell geplant, um die Stillstandzeiten der Anlagen zu minimieren (vgl. Angermeier, 2014).

Die Vorteile von traditionellen Projektmanagementsystemen (vgl. Angermeier, 2014) sind:

- Festlegung des Projektablaufs im Voraus – genaue Vorgabe des Projektablaufs über den Ablaufplan
- Vereinbarung des Endtermins bereits zu Projektbeginn zwischen den Vertragsparteien vertraglich möglich
- Optimierung der Ressourcen über eine feste Zuordnung über die gesamte Projektdauer möglich
- Vertragliche Vereinbarung der Projektkosten im Vorhinein möglich
- Einsatz traditioneller Controlling-Methoden (z. B. Earned Value Management) möglich
- Verständlichkeit von Planung, Überwachung und Steuerung des Projekts für alle Managementebenen verständlich
- Vereinfachung des Nachforderungsmanagements durch klare Referenzgrößen in den Projektplänen

Als Nachteile von traditionellen Projektmanagementsystemen (vgl. Angermeier, 2014) lassen sich folgende Punkte identifizieren:

- Hohe Kosten, Aufwände und Verzögerungen im Projekt bei Änderungen, da die Pläne aktualisiert werden müssen
- Keine Eignung für Projekte mit unklaren Anforderungen
- Keine ausreichende Flexibilität für Projekte mit sich beständig ändernden Rahmenbedingungen
- Geringe Steuerungsmöglichkeiten für Programm- und Projektportfoliomanagement durch die Festlegung von Leistungsumfang, Terminen und Kosten
- Durch die deterministische Planung werden Beschleunigungsmöglichkeiten kaum wahrgenommen und Verzögerungen kaum kompensiert. Die Folge ist die Notwendigkeit großer zeitlicher Puffer, um den vereinbarten Endtermin realisieren zu können.

In agilen Projektmanagementsystemen ist eine hohe Mitwirkung des Auftraggebers erwünscht, um das Projekt erfolgreich nach seinen Anforderungen zu realisieren. Der Fokus liegt auf der Kundenzentrierung und der Akzeptanz des Projektergebnisses durch den Anwender und Kunden. Das Management und die Steuerung von agilen Projekten erfolgen dynamisch und flexibel, um Änderungsanträge durch den Kunden schnell umsetzen zu können. Agil bezieht sich hierbei auf die geringe Führungsintensität zugunsten von schneller Umsetzung, hoher Anpassungsfähigkeit und großer Eigenverantwortlichkeit im Projektteam. Die Grundlage für agile Projektmanagementsysteme ist das Agile Manifest mit seinen vier Kernaussagen:

- „Individuals and interactions over processes and tools"
- „Working software over comprehensive documentation"
- „Customer collaboration over contract negotiation"
- „Responding to change over following a plan"

Der Kern von agilen Projektmanagementsystemen ist das Arbeiten in Iterationszyklen, in denen dem Auftraggeber ein vorläufiges Ergebnis präsentiert wird. Basierend auf dessen Feedback und den daraus folgenden Änderungsanträgen entsteht die endgültige Spezifikation des Produkts erst im Laufe des Projekts selbst (vgl. Angermeier, 2017). Beispiele für agile Projektmanagementmethoden auf Team-Ebene sind Scrum und Kanban sowie SAFe und LeSS auf skalierter Programmebene.

Anhand von Scrum lassen sich folgende Vorteile von agilen Projektmanagementsystemen benennen (vgl. Richterich, 2018):

- Hohe Transparenz und rechtzeitiges Einlenken stärkt Teamgeist und fördert die Identifikation aller Beteiligten im Projekt.
- Stärkere Eigenverantwortung des Teams
- Kontinuierlicher Verbesserungsprozess, bspw. durch Retrospektiven
- Höhere Belastung des Teams gegen Sprintende
- Wenige Regeln, leicht verständlich und leicht einführbar
- Zeitnahe Realisierung von Produktbestandteilen (Increments)

Folgende Punkte lassen sich als potenzielle Nachteile identifizieren (vgl. Richterich, 2018):

- Zahlreiche Meetings
- Geringe Planbarkeit (Kosten und Zeit nicht exakt definierbar)
- Geringe Strukturierung innerhalb der Sprints
- Supportanfragen können nicht während des Sprints bearbeitet werden, es sei denn, das Sprintziel wird gefährdet oder es wurde entsprechende Zeit vorgesehen

7.8 Juristische Folgen für Top-Management und Projektleiter durch Projekte

Die Verantwortung für die Projektergebnisse liegt beim Projektauftraggeber (z. B. der Geschäftsführung, den ernannten Lenkungskreisen) und dem Projektleiter. Der Projektleiter trägt hierbei während des Projekts eine wesentliche Verantwortung. Nach Projektabschluss und der Entlastung geht die Verantwortung an den Projektauftraggeber über (vgl. Balser, 2018). Für einen Projektleiter sind aufgrund der Haftungsrisiken, die aus seiner Verantwortung für die Projektergebnisse entstehen, Kenntnisse der lokalen Rechtsprechung und eventuell eine Versicherung notwendig.

Nach meiner Beobachtung wird dies in nicht-projektorientierten Unternehmen häufig unterschätzt und auch die Projektleiter erkennen häufig nicht, dass sie mit der Unterschrift unter dem Projektvertrag weitreichende Pflichten und Risiken eingehen, die ggf. ein Staatsanwalt bzw. ein Gericht sehr wohl z. B. im Schadensfall berücksichtigen könnte.

Deshalb kann ich nur empfehlen, sich rechtlich bei Projekten und Programmen begleiten zu lassen und für gut ausgebildete Projektleiter und Auftraggeber/Entscheider Sorge zu tragen, z. B. durch passende Schulungsprogramme.

7.9 Die wichtigsten Punkte in Kürze

Wie die vorangegangenen Erläuterungen zeigen, ist das Projektmanagement sehr vielfältig und zu seiner erfolgreichen Beherrschung gehören viele verschiedene Facetten, die nur gesamtheitlich zum erfolgreichen Management des Projektportfolios führen.

Ich musste über viele Jahre als Projektleiter und Manager erlernen, dass nur ein ganzheitliches und sehr diszipliniert durchgeführtes Projektmanagement am Ende zu erfolgreichen Projekten und dem erfolgreichen Management des Projektportfolios im Unternehmen führt. Diese Zeit haben Unternehmen i. d. R. aber nicht. Deshalb ist die Rolle des Top-Managements, wie in der Einleitung bereits kurz ausgeführt, im Projektmanagement auch so entscheidend.

Hierbei sollte das Top-Management grundsätzlich Folgendes beachten:

- Das Top-Management muss mit Hilfe von Experten festlegen, wie das Projekt- und Portfolio-Management im Unternehmen erfolgen soll (klassisch und/oder agil).
- Das Top-Management muss die nachhaltige Implementierung und Verankerung des Projektmanagements beauftragen und begleiten (z. B. durch Prozesse, Handbücher/Methoden, Tools, Reportings, KPI's, Trainings etc.)
- Das Top-Management muss permanent und nachhaltig das Projektmanagement fordern und fördern, z. B. im Rahmen von Reportings und Karrierepfaden/-entwicklungen.
- Das Top-Management sollte sich auch selbst weiterbilden und die Entwicklung des Projektmanagements verfolgen (z. B. im Austausch mit Hochschulen und Gremien/Verbänden).
- Das Top-Management muss eine permanente Weiterentwicklung des Projekt- und Portfolio-Managements einfordern und unterstützen.

Wenn das Top-Management diese Rolle und ihren Mehrwert akzeptiert hat und nachhaltig verfolgt, werden schnelle Erfolge im kurz bis mittelfristigen Bereich mit Sicherheit nicht auf sich warten lassen.

Literatur

Angermeier, G. (30. März 2004): Projektmagazin – Das Fachportal für Projektmanagement. Von *https://www.projektmagazin.de/glossarterm/projektorientiertes-unternehmen* abgerufen.

Angermeier, G. (12. Dezember 2014): Projektmagazin – Das Fachportal für Projektmanagement. Von *https://www.projektmagazin.de/glossarterm/traditionelles-projektmanagement* abgerufen.

Angermeier, G. (23. April 2017): Projektmagazin – Das Fachportal für Projektmanagement. Von *https://www.projektmagazin.de/glossarterm/agiles-projektmanagement* abgerufen.

Balser, T. H. (3. März 2018): Dass Projektleiter keine Verantwortung übernehmen, ist eine Schande für unsere Zunft.

BSH Hausgeräte GmbH (2. Juli 2012): Projektmanagement Handbuch der BSH Hausgeräte GmbH. Von *http://net.bshg.com/departments/zte/DE/projects_processes/projektmanagement/Pages/default.aspx* abgerufen.

Frei, M. (2018): Change Management für Führungskräfte. München: Verlag Franz Vahlen.

Haric, P. (14. Februar 2018): Gabler Wirtschaftslexikon. Von *https://wirtschaftslexikon.gabler.de/definition/management-37609/version-261043* abgerufen.

Patzak, G., Rattay, G. (2018): Projektmanagement: Projekte, Projektportfolios, Programme und projektorientierte Unternehmen. Wien: Linde Verlag Ges. m. b. H.

Peipe, S. (2018): Crashkurs Projektmanagement: Grundlagen für alle Projektphasen. Freiburg: Haufe Group.

Richterich, J. (2018): Vor- und Nachteile von Scrum. Von *https://www.online-projektmanagement.info/agiles-projektmanagement-scrum-methode/tools-und-tipps-fuer-scrum/vor-und-nachteile/* abgerufen.

8 Das Projektmanagement Office (PMO) – Befähiger der Organisation

Marcus Paulus

In einer Organisation ist das Projektmanagement Office (PMO) ein Teil der permanenten Linienorganisation. Einem PMO werden in der Praxis vielfältige und unterschiedliche Aufgaben zugesprochen, deren Ausprägung im Wesentlichen von den Erwartungen der Stakeholder und von der organisatorischen Positionierung abhängt. Die organisatorische Eingliederung bestimmt die Aufgaben, den Wirkungs- und Einflussbereich eines PMO.

In diesem Beitrag erfahren Sie,
- was unter einem Projektmanagement Office (PMO) verstanden wird und nach welchen Kriterien PMO-Typen unterschieden werden,
- wo ein PMO organisatorisch eingegliedert werden kann und welche Auswirkungen die Positionierung hat,
- welchen Mehrwert und welchen Nutzen ein PMO einer Organisation bringt,
- welche Aufgaben und Funktionen einem PMO zugeordnet werden und wie Sie sich im Dschungel der Potenziale zurechtfinden.

8.1 Einleitung

Größere Organisationen mit hohem Projektvolumen sollten eine organisatorische Einheit implementieren, die sicherstellt, dass Projektmanagement einheitlich verstanden und angewandt wird. Eine Organisation braucht eine zentrale Stelle, bei der alle Fäden aus den unterschiedlichen Projekten zusammenlaufen, die den Überblick über die Veränderungen, Konflikte, Risiken behält und die Auskunft darüber geben kann, was in den einzelnen Projekten „so läuft".

Im Projektmanagement hat sich der Begriff „Projektmanagement Office" etabliert, wobei in der Literatur keine einheitliche Sichtweise auf ein PMO entstanden ist. Erstmalig ist der Begriff PMO in den 1950er-Jahren aufgetaucht und hat sich seit dieser Zeit entwickelt und geformt (Darling, E., Whitty, J., 2016). Erst in den 1990er-Jahren hat sich der Begriff PMO gefestigt.

PricewaterhouseCoopers (pwc) führt seit 2004 regelmäßige globale Trendstudien zu Projektportfolio-, Programm-, und Projektmanagement-Praktiken durch. Laut der 2013 veröffentlichten Studie (pwc, 2013) erreichen Organisationen mit einem gut entwickelten PMO bei ihren Projekten eine bessere Ergebnisqualität. Aus der Studie geht hervor, dass PMOs, die sechs Jahre oder länger bestehen, die höchste Erfolgsrate aufweisen.

Um Projekte in einer Organisation erfolgreich umzusetzen, braucht es geeignete Rahmenbedingungen und ein durchdachtes Projekt Governance Framework, welches die Leitplanken für das Projektmanagement festlegen. Ebenso ist der vorherrschende Reifegrad im Projektmanagement (Maturity) ein starker Treiber für erfolgreiche Projekte. Trainings- und Schulungsmaßnahmen sind erforderlich, um einen für die Organisation passenden Maturity Level zu erreichen.

Ein wertvoller Beitrag zur Sicherstellung der Projektperformance wird laut pwc der Verwendung einer Portfolio Management Software zugeschrieben. Die Studie kommt zu dem Schluss, dass Software insbesondere im Hinblick auf Budget, Umfang, Qualität und Nutzenrealisierung einen positiven Einfluss auf die Projektleistung hat. Weltweit gaben fast 70 % der Befragten an, Projektportfoliomanagement zu betreiben und in der Organisation ein Enterprise PMO verankert zu haben. Im globalen Vergleich schneidet Europa hier mit 54 % vergleichsweise schlecht ab.

Der Aufgabenbereich des PMO hängt von mehreren Faktoren ab, die sich grob wie folgt zusammenfassen lassen:

- Fixieren der Rahmenbedingungen für Projektmanagement durch das Schaffen von Leitlinien oder eines geeigneten Governance Frameworks, mit dem Ziel, die Managementdisziplin Projektmanagement in der Organisation zu festigen und zu verankern.
- Definieren und festlegen der Projektmanagement-Prozesse für die jeweilige Organisation.
- Herstellen von Know-how und Kompetenz im Projektmanagement und Etablieren dieser Grundlagen in allen relevanten Bereichen und Hierarchien der Organisation sowie Bereitstellen von Projektmanagement-Methoden und IT-Tools.
- Schaffen von Aus- und Weiterbildungsmöglichkeiten für die wesentlichen Rollen in Projekten oder Programmen.
- Auf- und Ausbauen der Standards für das Projektportfoliomanagement, insbesondere das Zusammenführen dieser Prozesse mit der Strategieentwicklung.

8.2 Charakteristik eines Projektmanagement Office

In den letzten Jahrzehnten hat sich das Projektmanagement zunehmend weiterentwickelt. In dieser Zeit haben sich PMOs geformt und sind heute in projektorientierten Organisationen weit verbreitet. Ein PMO unterstützt eine Organisation dabei, Projekte professioneller vorzubereiten, zu planen, durchzuführen und abzuschließen.

Einerseits finden sich in der Praxis PMOs, die sehr nahe am operativen Geschäft einer Business-Unit sind und innerhalb dieser Unit intensiven Support leisten. Andererseits werden zentrale, strategische PMOs eingerichtet, die sicherstellen, dass die strategischen Ziele der Organisation mittels Projekten realisiert werden. Durch die Abstimmung der in den Business-Units verteilten PMOs mit einem zentralen, strategischen PMO wird ein Modell geschaffen, das die benötigte Flexibilität für schnelles Reagieren einer Business Unit zulässt und gleichzeitig die zentrale Koordination für die Ausrichtung der Projekte an der Strategie ermöglicht.

8.2.1 Rechtfertigung eines Projektmanagement Office

Bei projektorientierten Organisationen geht man davon aus, dass die Wertschöpfung sowohl über die Prozesse der Linienorganisation (Prozessorientierung) als auch über die Abwicklung von Projekten (Projektorientierung) erzielt wird (Bild 8.1). Die oberste Führung einer Organisation, Geschäftsbereichsleiter, Unit-Manager, Abteilungsleiter oder wie auch immer sie genannt werden, haben Führungsverantwortung für die gesamte Organisation. Die Entscheidungen in Bezug auf die anzuwendenden Prozesse und die Entscheidungen innerhalb der Prozesse werden durch die Führungskräfte der Linienhierarchie getroffen.

Dem Management stehen für die Erfüllung von Aufgaben straffe und optimierte Prozesse in der Linienorganisation zur Verfügung. Reichen diese Strukturen nicht aus oder sind diese für die Erfüllung einer Aufgabe wenig erfolgversprechend, hat das Management die Möglichkeit, Projekte mit einer temporären Organisation zu initiieren.

Eine temporäre Projektorganisation wird dann eingesetzt, wenn ein Vorhaben im Wesentlichen durch Einmaligkeit der Bedingungen in ihrer Gesamtheit gekennzeichnet ist (DIN 69901-5, 2009-1). Ein PMO ist die Instanz, welche die Projekte einer Organisation im Fokus behält.

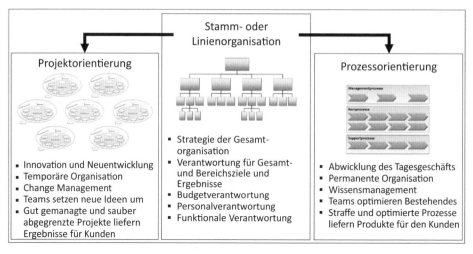

Bild 8.1 Projektorientierte Organisationen können je nach Aufgabenstellung entscheiden, ob diese über die permanente Organisation (Prozess) oder eine temporäre Organisation (Projekt) gelöst werden soll.

8.2.2 Unterschiedliche Projektmanagement-Office-Typen

An welcher Stelle in der Organisation das PMO eingegliedert werden soll, ist eine wichtige Entscheidung, weil damit der Wirkungs- und Einflussbereich wesentlich beeinflusst werden. Zweifelsohne muss die Entscheidung zu den bestehenden Strukturen der Organisation passen. Grundsätzlich ist es möglich, ein PMO an unterschiedlichen Stellen in der Organisation einzugliedern (Bild 8.2).

J. Kent Crowford teilt PMOs abhängig von deren organisatorischer Eingliederung in drei Typen ein (Crawford, J. K., Cabanis-Brewin, J., 2011). Typ 3 ist das PMO auf strategischer Ebene, Typ 2 befindet sich auf der Business-Unit-Ebene und Typ 1 ist das Projekt Office, das in der Regel ein einzelnes Projekt oder Programm unterstützt.

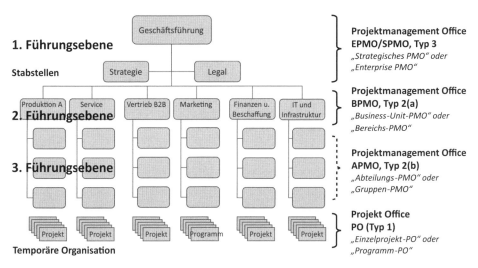

Bild 8.2 Möglichkeiten für die organisatorische Eingliederung eines PMO in einer Organisation

PMO der ersten Führungsebene oder Stabstelle (Typ 3)

PMOs der ersten Führungsebene werden in der Literatur auch als strategische PMOs (SPMO) oder Enterprise PMOs (EPMO) bezeichnet. Einfach ausgedrückt, befasst sich das SPMO mit dem Projektportfolio der gesamten Organisation und stellt die Leitlinien und Standards für das Management von Projekten zur Verfügung. Gleichzeitig bildet das SPMO die Schnittstelle zur Strategie, indem es den Link von Strategie zu den Projekten herstellt. In größeren Organisationen konsolidiert das SPMO in der Regel die Ergebnisse aus PMOs der Business-Units (Typ 2). Crawford verbindet das strategische PMO mit dem Projektportfoliomanagement einer Organisation (Crawford, J. K., Cabanis-Brewin, J., 2011), dem Prozess zur Evaluierung, Priorisierung, Auswahl und Budgetmittel-Bereitstellung der „richtigen" Projekte.

PMO der zweiten oder dritten Führungsebene (Typ 2)

PMOs der zweiten oder dritten Führungsebene bezeichnet man als Business-Unit-PMO (BPMO) oder Bereichs-PMO. PMOs dieses Typs (Typ 2a) befassen sich primär mit den projektspezifischen Themenstellungen in der zugeordneten Business-Unit, unter der Berücksichtigung der Vorgaben des strategischen PMO. Bedarfsabhängig kann es in größeren Organisationen vorkommen, dass auf der dritten Führungsebene weitere PMOs implementiert werden (Typ 2b). Diese PMOs werden dann einer oder mehreren Abteilungen (APMO) zugeordnet. In der Regel trifft das für Abteilungen zu, die stark bis ausschließlich in Projekten arbeiten. Da PMOs vom Typ 2b näher an den operativen Einheiten sind, werden sie tiefer in die Projekte der zugeordneten Einheit involviert (z. B. in die Erstellung der Projektpläne, Kapazitätsplanung und Ressourcenmanagement).

PO Projekt Office des Projekts (Typ 1)

Als Typ 1 wird das Projekt Office (PO) bezeichnet, welches primär einem großen, komplexen Projekt oder einem Programm zugeordnet wird. In der Praxis werden die Begriffe Projektmanagement Office und Projekt Office häufig synonym verwendet. Die DIN (DIN 69901-5, 2009-1) definiert das Projektoffice in der Schreibweise Project Office als „einem einzigen Projekt zugeordnete Funktion, die Unterstützungsleistungen für das Projekt erbringt".

Roland und Lorenz Gareis (Gareis R., Gareis L., 2017) unterscheiden zwischen Projektoffice (PO) und Projektmanagement Office (PMO) in einer sehr ähnlichen Weise und bringen noch den Begriff Program Office ins Spiel. „Die permanente Organisationseinheit PMO ist von den temporären Organisationseinheiten PO (und Program Office) zu unterscheiden. Das PMO erfüllt Dienstleistungen für die projektorientierte Organisation als Ganzes, während ein PO (bzw. ein Program Office) Dienstleistungen für jeweils ein Projekt bzw. Programm erfüllt."

 Bei der Implementierung eines PMO ist zu beachten, dass es in der Praxis sehr unterschiedliche Sichtweisen zu den Aufgabenstellungen und Verantwortlichkeiten eines PMO gibt. Es ist empfehlenswert, frühzeitig eine für die Organisation passende Sichtweise in einer Projekt-Governance zu definieren.

Die organisatorische Eingliederung eines PMO hängt von einigen Faktoren ab:

- Größe der Organisation und die Anzahl der durchzuführenden Projekte
- Fokus auf Projekte der gesamten Organisation oder nur auf Projekte bestimmter Bereiche
- Verhältnis der Organisationseinheiten, welche überwiegend prozessorientiert arbeiten zu Organisationeinheiten, die überwiegend projektorientiert arbeiten
- Anteil der Wertschöpfung, die mit Projekten erzielt wird (externe Projekte, interne Projekte)
- Aufgabenstellung für das PMO und damit verbundene Erwartungshaltung der Stakeholder

8.2.3 Organisatorische Positionierung eines PMO

Eine Studie der deutschen Gesellschaft für Projektmanagement (GPM), die 2013/14 gemeinsam mit dem Institut ifmme an der Hochschule für Wirtschaft und Umwelt Nürtingen-Geislingen (HfWU) durchgeführt wurde (Arndt et al., 2014), hat gezeigt, dass 44 % der an der Studie beteiligten Organisationen das PMO in einer Stabstelle integriert haben. Genauso viele Teilnehmer haben ihr PMO in der Linie positioniert.

Wenn ein PMO in einer großen, hierarchisch geführten Organisation wirksam werden soll, muss es an der richtigen Stelle positioniert werden. Wie in Bild 8.3 dargestellt, ist der Wirkungs- und Einflussbereich eines PMO von seiner Positionierung innerhalb der Organisation abhängig.

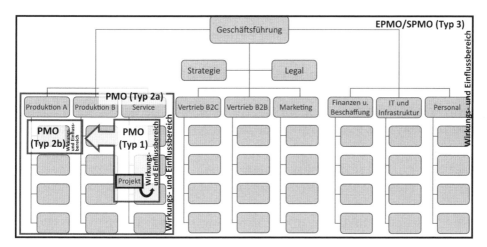

Bild 8.3 Positionierung unterschiedlicher PMO-Typen in einer Organisation und damit verbundener Wirkungs- und Einflussbereich

Rahmenbedingungen und Profil eines strategischen PMO (Typ 3)

Wenn in einer Organisation ein übergreifendes PMO Typ 3 implementiert wird, dann sollte es entweder direkt in der ersten Führungsebene (Geschäftsführung) oder in einer geeigneten Stabstelle (Strategie) positioniert werden. Bei der Eingliederung in eine Stabstelle ist darauf zu achten, dass die betreffende Stabstelle grundsätzlich keine eigenen Stakeholder-Interessen am Projektmanagement der Organisation hat. Diese Eigeninteressen könnten zum Beispiel bei Stabstellen „Innovation" die Innovationsprojekte, bei „Marketing" die Marketingprojekte, Messen u. Events oder bei „Controlling" die CAPEX-Projekte sein.

Ein strategisches PMO benötigt Unabhängigkeit von den Entscheidungen oder Eigeninteressen der zweiten Führungsebene, weil es übergreifend wirksam sein muss. Das kann durch die Eingliederung in eine Stabstelle erreicht werden. Als Stabstelle oder Teil einer Stabstelle besitzt das PMO ausreichend Informations-, Beratungs- und Weisungskompetenzen gegenüber den Business-Units, für entscheidungsvorbereitende Aufgaben wie z. B. die Vorbereitung eines Projektportfolio Board Meetings.

Man verzichtet allerdings bei der Eingliederung des PMO in eine Stabstelle auch auf einige Aufgaben, die einem PMO im operativen Projektmanagement zugeordnet werden. Je höher das PMO angesiedelt ist, desto weniger operative Managementverantwortung für Projekte, die z. B. in einer Abteilung oder Business Unit durchgeführt werden, kann es übernehmen. Abhängig von der jeweiligen Organisation kann ein strategisches PMO durch seine Unvoreingenommenheit („Neutralität") intensiveren Support für bereichsübergreifende Projekte der Organisation leisten.

Rahmenbedingungen und Profil eines Business-Unit oder Bereichs-PMO (Typ 2)

Wenn ein PMO Typ 2 (a) in einer projektorientiert aufgestellten Business-Unit eingeführt wird, dann ist sichergestellt, dass die Business-Unit eine auf die Eigenschaften ihrer Projekte abgestimmte Unterstützung bekommt. Zu den Management-Kompetenzen für Projekte mischt sich hier meistens die fachliche Komponente hinzu, die sich an den durchgeführten Projektarten der Business-Unit orientiert.

Die PMOs Typ 2 (a) sind meistens dem strategischen PMO fachlich zugeordnet und ihren Business-Unit-Managern disziplinarisch unterstellt. Es gibt jedoch auch die Möglichkeit, dass die PMOs Typ 2 dem strategischen PMO unterstellt sind, trotzdem hat das strategische PMO Typ 3 in der Regel nach außen hin nur die Befugnisse eines Stabs.

Ein PMO Typ 2 (b) macht in der Organisation dann Sinn, wenn es in einer Business-Unit mehrere Abteilungen gibt, die einerseits stark projektorientiert arbeiten und andererseits unterschiedliche Projektarten verantworten. Ein weiteres Kriterium kann die Anzahl der gleichzeitig durchgeführten Projekte in diesen Abteilungen sein und die notwendige individuelle Betreuung.

Ein Business-Unit-PMO oder Abteilungs-PMO muss nicht Vollzeit mit eigenen Mitarbeitern besetzt werden. Häufig reicht es aus, erfahrene und Projektmanagement-affine Mitarbeiter für die Aufgaben eines PMO zu begeistern und einen definierten Anteil der Kapazitäten für PMO-Leistungen abzustellen.

Nachteile für Organisationen mit PMOs Typ 2 ohne strategisches PMO

Wenn das PMO Typ 2 (a oder b) als Linienstelle in einer Business-Unit eingegliedert wird, kann es die Business-Unit intensiv unterstützen. Dieses PMO wird ohne ein strategisches PMO außerhalb der eigenen Business-Unit nur schwer wirksam werden.

Folgende Gründe sind dafür zu nennen:
- Konkurrenzsituation mit PMOs aus anderen Business-Units
- Akzeptanzprobleme, weil die fachliche Kompetenz für die Abwicklung der Projekte anderer Business-Units fehlt oder von diesen nicht anerkannt wird

- Fehlende Durchgriffsrechte für das Einfordern von Informationen oder das Erteilen von Anordnungen in Bezug auf das Management von Projekten

Bei der ausschließlichen Etablierung eines Business-Unit-PMO in eine Linienstelle wird es für das PMO nur schwer möglich sein, die Verlinkung zwischen Strategie und Projekten herzustellen. Ein Business-Unit-PMO (oder Abteilungs-PMO) ist nur indirekt über seinen Abteilungs- oder Bereichsleiter am Strategieprozess beteiligt. Dem PMO fehlt also in seiner Rolle als Berater der Blick auf die Gesamtorganisation. Durch die zuvor beschriebene fehlende Wirksamkeit außerhalb des eigenen Bereichs wird dem PMO das Erkennen von Zusammenhängen und – noch viel wichtiger – das Erkennen von Abhängigkeiten bei der Analyse und Auswertung des Gesamtprojektportfolios der Organisation erschwert.

Eine gute und vor allem gesunde Linienorganisation mit einem funktionierenden Informationsfluss top-down und bottom-up kann dies in geringem Umfang kompensieren. Die Praxis zeigt jedoch, dass genau das eine Schwachstelle vieler großer Organisationen ist. Daher besteht bei der Eingliederung des PMO in die Linienstelle ein sehr hohes Risiko, dass das PMO aufgrund mangelhafter oder fehlender Kommunikationsstrukturen seine Wirkung nicht entfalten kann.

8.3 Mehrwert und Nutzen eines Projektmanagement Office

Ein PMO erzeugt auf verschiedenen Ebenen einer Organisation Mehrwert und Nutzen. Hat eine Organisation erkannt, dass sie über Projekte schnell auf sich verändernde Marktbedingungen reagieren kann, dann wird sie neben der Linienorganisation den Raum für das Management von Projekten schaffen. Wenn sich eine Organisation entscheidet, Projektmanagement als Managementdisziplin ganzheitlich einzuführen, befindet sie sich in einem massiven Change-Prozess und einem damit verbundenen kulturellen Wandel. Projekte funktionieren anders, brechen alte, streng hierarchische Strukturen auf, bilden über Abteilungs- und Bereichsgrenzen hinweg interdisziplinäre Teams, fordern anderen Support aus der Linienorganisation und vieles mehr.

Dafür benötigt die Organisation einen Treiber, der mit den entsprechenden Befugnissen und Rechten ausgestattet ist, diesen Veränderungsprozess voranzutreiben und nachhaltig sicherzustellen. Für Organisationen mögen unterschiedliche Treiber gelten. Ein großer Mehrwert, den ein PMO liefern kann, ist die Professionalisierung der Managementdisziplin für die Abwicklung von Projekten. Eine Organisation benötigt einen entsprechenden Reifegrad (Maturity), um Projekte wirklich zu managen und nicht nur zu koordinieren oder gar zu verwalten. Wenn Projekte professionell gemanagt werden, dann folgen sie einem von der Organisation definierten Standard und einem Prozess. Die Supportfunktionen der Linienorganisation sind über Prozesse und Schnittstellen in die Projektabwicklung integriert, damit sie bestmöglich ihren Projektsupport leisten können.

Eine Organisation kann keine Kontrolle über ihre Projektaktivitäten haben, wenn nicht ein Mindestmaß an Standards im Projektmanagement eingehalten wird und ein aktuelles Mindest-Set an Projektinformationen vorliegt. Ein Sprichwort sagt: „You can't manage what you can't measure!" Ein strategisches PMO sorgt dafür, dass in einer Organisation ausreichend Kompetenz vorhanden ist, um Projekte erfolgreich zu managen und messbare Projektergebnisse zu liefern.

Eine Organisation, die den Zusammenhang zwischen strategischen Zielen und durchgeführten Projekten über Projektportfoliomanagement herstellen kann, hat einen wesentlichen Wissensvorsprung. Die Organisation erkennt, wo Lücken entstehen, identifiziert Doppelgleisigkeiten und ist in der Lage, die „richtigen" Projekte zu starten und nicht mehr notwendige Projekte zu stoppen, falls sich die Strategie ändert.

8.3.1 Zusammenspiel Reifegrad im Projektmanagement und PMO einer Organisation

Es gibt unterschiedliche Ansätze bei Maturity-Modellen, welche den Reifegrad einer Organisation messen. Die nachstehende Darstellung (Bild 8.4) gibt einen Überblick über den Reifegrad einer Organisation, die sich mit dem professionellen Management von Projekten und dem Projektportfolio-Management auseinandersetzt. Für die Gliederung wurde ein Modell mit fünf Ebenen gewählt, die Einstiegsebene ist Level 1, die höchste Stufe stellt Level 5 dar. Jeder Level betrachtet den Reifegrad auf fünf Dimensionen.

8.3 Mehrwert und Nutzen eines Projektmanagement Office

PM = Projektmanagement
PL = Projektleiter/Projektleiterin
KPI = Key Performance Indicator
KVP = Kontinuierlicher Verbesserungsprozess

Level 1 – Initial

1. PM wird fallweise eingesetzt, kein organisationsspezifisches Rahmenwerk im Einsatz.
2. Kein PM-Prozess definiert.
3. PM-Know-how ist wenig verbreitet.
4. Grad der PM-Ausbildung ist kein Maßstab für die Wahl des PL.
5. Keine definierten Standards für Portfoliomanagement vorhanden (First come, first serve).

Level 2 – Managed

1. PM wird in mind. einer Einheit der Organisation eingesetzt, eine grundlegende Leitlinie für PM ist vorhanden.
2. PM-Prozess ist definiert u. wird vereinzelt angewandt.
3. PM-Know-how ist bekannt und kommt fallweise zur Anwendung.
4. Grad der PM-Ausbildung wird bei der Nominierung von PL berücksichtigt.
5. Die Auswahl und Initialisierung von Projekten erfolgt ad-hoc, wenig oder geringe Formalismen.

Level 3 – Defined

1. PM wird in Bereichen, wo Projekte laufen, als Management-Disziplin verstanden, eine PM-Governance ist dort im Einsatz.
2. PM-Prozess ist definiert und wird in wesentlichen Bereichen angewandt.
3. PM-Know-how wurde organisationsspezifisch definiert u. i. d. wesentlichen Bereichen genutzt.
4. PM-Ausbildung beeinflusst die Auswahl von PLs, ein generisches Ausbildungsprogramm ist vorhanden.
5. Die Auswahl und Initialisierung v. Projekten erfolgt in relevanten Bereichen nach einem gesteuerten Prozess.

Level 4 – Qualitative Managed

1. PM ist als Management Disziplin verstanden und organisationsweit implementiert, ein Governance Framework aufgesetzt.
2. PM-Prozess ist definiert und wird flächendeckend angewandt.
3. Organisationsspezifisches PM-Know-how wird flächendeckend angewandt.
4. PM-Ausbildungsstand und einschlägige Erfahrung sind für die Auswahl eines PL maßgeblich, ein spezifisches PM-Ausbildungsprogramm ist etabliert.
5. Die Auswahl und Initialisierung von Projekten ist ein für die Gesamtorganisation gültiger, an der Strategie ausgerichteter Portfolioprozess eingerichtet.

Level 5 – Optimized

1. PM ist als Management Disziplin implementiert, über ein Governance-Framework gesteuert, über KPI gemessen und über KVP optimiert.
2. PM-Prozess ist flächendeckend implementiert, über KPI gemessen und einem KVP unterzogen.
3. Das organisationsspezifische PM-Know-how wird umfassend angewandt, wird einem KVP unterworfen und an die Bedürfnisse der Organisation angepasst.
4. Ausbildung und Erfahrung im PM ist Standard bei der Wahl des PL. Ein Karrieremodell für PL ist etabliert.
5. Die Auswahl und Initialisierung von Projekten erfolgen über strategischen Portfolioansatz, KVP ist etabliert.

Bild 8.4 Maturity Level einer Organisation im Management von Projekten und Projektportfolios

Abhängig von den Erwartungen und von den geplanten Aufgaben für ein PMO muss ein passender Maturity Level in der Organisation vorliegen. Ist dies nicht der Fall, muss dieser über eine Roadmap geplant und entwickelt werden.

 Eine Organisation muss nicht in allen Dimensionen den höchsten Maturity Level anstreben. Wichtig ist, dass die Erreichung eines Levels bewusst passiert und die Vor- und Nachteile bekannt sind. Es darf nicht unterschätzt werden, dass die Erhaltung eines Maturity Levels regelmäßigen Pflegeaufwand bedeutet.

Für die Entwicklung des passenden Maturity Levels ist jedenfalls ausreichender Support vom Top-Management der Organisation erforderlich. Der Management-Support ist essenziell, damit sich die Maturity in der Organisation entwickeln kann.

Nachstehend sind fünf Dimensionen gelistet und dargestellt, wie der Management-Support aussehen könnte:

1. **Vorhandenes Regelwerk, Leitlinie oder Governance für Projektmanagement:** Eine Organisation braucht eine gemeinsame Sichtweise, was unter einem Projekt verstanden wird. Sie definiert für sich, welche Ansätze herangezogen werden, um Projekte erfolgreich zu managen, und unter welchen Rahmenbedingungen das Management von Projekten in der Organisation stattfindet. Rollen, Funktionen und die damit verbundenen Aufgaben sind festgelegt, dokumentiert und in der Organisation kommuniziert. Das strategische PMO der Organisation entwickelt dafür geeignete Leitlinien und das Governance-Framework für Projekt- und Projektportfoliomanagement. Das Top-Management der Organisation nimmt das Framework ab, ebnet den Weg für die Akzeptanz und fördert aktiv die Anwendung bei den Führungskräften.

2. **Definierte Projektmanagement-Prozesse:** In Anlehnung an die DIN (DIN 69901-2, 2009) werden die Prozessgruppen des Projektmanagements, Initialisierung, Definition, Planung, Steuerung und Abschluss, organisationsbezogen definiert und implementiert. Darüber hinaus sollten Prozesse entwickelt werden, wie die Supporteinheiten in den Projektmanagement-Prozess bestmöglich integriert werden. Der Fokus sollte dabei auf die Bereiche Einkauf und Beschaffung, Personalwesen, Rechtsberatung und Controlling gelegt werden. (Die Prozesse für Portfoliomanagement werden in der Dimension 5 betrachtet.) Das strategische PMO entwickelt die Prozesse mit den Supporteinheiten, durch den Support des Top-Managements wird sichergestellt, dass die Supporteinheiten den entwickelten Prozessen folgen.

3. **Verfügbares Projektmanagement-Know-how, Capability und etablierte Projektmanagement-Standards:** Eine Organisation braucht ein bestimmtes Mindestmaß an Know-how und Capability, um Projekte erfolgreich zu managen. Sowohl das Wissen über Projektmanagement wie auch die Fähigkeiten, Projekte zu managen, sind typischerweise in einer Organisation in unterschiedlichen Reifegraden vorhanden. In der Organisation müssen Verständnis und Wissen so weit ausgeprägt sein, dass Projekte nicht von der Linienorganisation (z. B. den Supportfunktionen) oder den Hierarchieebenen durch Unwissen und Fehlinterpretationen behindert werden. Zusätzlich müssen Projektmanagement-Standards, -Methoden und -Werkzeuge (z. B. IT-Tools für Projektmanagement) verfügbar gemacht werden. Aufgabe des strategischen PMO ist die Entwicklung der Standards und Werkzeuge und die Abstimmung auf die Bedürfnisse der Organisation. Das Top-Management fordert die Einhaltung der Standards und die Anwendung der Werkzeuge aktiv ein.

4. **Fördern der Projektmanagement-Ausbildung und Nutzen der Projektmanagement-Erfahrung:** Über Trainings und Ausbildung müssen den Mitarbeitern einer Organisation jene Fähigkeiten und Fertigkeiten vermittelt werden, die sie für erfolgreiches Management ihrer Projekte benötigen. Die Ausbildung ist für alle typischen Rollen in einem Projekt anzubieten, aktuell zu halten und sollte Weiterentwicklungen im Projektmanagement (wie z. B. agile Methoden) berücksichtigen. Darüber hinaus ist es für projektorientierte Organisationen sinnvoll, Zertifizierungen und Karriere- oder Laufbahnmodelle für Projektleiter anzubieten. Gemeinsam mit der Erfahrung, die ein Projektleiter mitbringt, bildet der Ausbildungsstand ein wesentliches Selektionskriterium bei der Auswahl eines geeigneten Projektleiters für ein Projekt. Das strategische PMO erarbeitet in Zusammenarbeit mit der Personalentwicklung geeignete Maßnahmen und Modelle, das Management sorgt für die Bereitstellung der erforderlichen Mittel.

5. **Standards für Projektportfoliomanagement:** Die wesentlichste Entscheidung im Portfoliomanagement ist die für die Umsetzung der „richtigen Projekte". Dafür bedarf es geeigneter Prozesse, Werkzeuge und das Commitment von allen Führungskräften, wie in der Organisation Projekte ausgewählt und priorisiert werden. Prozesse für Repriorisierung und Abbruch für nicht mehr strategiekonforme Projekte helfen der Organisation, die Ressourcen auf das Wesentliche zu konzentrieren. Hierarchisch geprägte Organisationen müssen dafür einen Umdenkprozess einleiten. Ob ein Projekt umgesetzt wird oder nicht, entscheidet in projektorientierten Organisationen typischerweise ein Projektportfolio-Board und nicht jede Organisationseinheit für sich. Um dies zu ändern, braucht es einerseits die Bereitschaft, den erforderlichen Change (Transfer) einzuleiten, und andererseits die massive Unterstützung des Top-Managements bei der Umsetzung. Das Top-Management erarbeiten mit dem strategischen PMO die Prozesse, kommuniziert ihre Absichten klar und fordert die Einhaltung derselben aktiv bei den Führungskräften ein.

8.3.2 Checkfragen zum PMO-Bedarf einer Organisation

Es gibt eine Reihe von unterschiedlichen Indikatoren, aus denen abgeleitet werden kann, dass ein PMO qualitativen und quantitativen Mehrwert bringt. Analog zu den in Abschnitt 8.3.1 vorgestellten Maturity-Dimensionen sind hier einige Beispiele angeführt, wie in der Praxis der Bedarf eines PMO identifiziert werden kann.

Dimension 1: Woran erkenne ich, dass in meiner Organisation ein Regelwerk, eine Leitlinie oder ein Governance-Framework fehlt, ohne das sich Projektmanagement nicht weiterentwickeln kann?

- Die Projekte in Ihrer Organisation nehmen überhand, alles wird zum Projekt erklärt.
- Projekte definieren sich in Ihrer Organisation über die technischen Inhalte, das Management der Projekte läuft nebenbei.
- In Ihrer Organisation werden Rollen im Projekt auf Zuruf vergeben, welche Verantwortung mit welcher Rolle verbunden ist, ist nicht klar geregelt.
- Für wichtige Entscheidungen im Projekt wird in Ihrer Organisation die Linienstruktur verwendet und nicht die Beziehung zwischen Projektauftraggeber und Projektleiter.
- Für Planung haben Sie in Ihrer Organisation keine Zeit, Hauptsache es geht im Projekt etwas weiter.

Dimension 2: Woran erkenne ich, dass es in meiner Organisation keine definierten Projektmanagement-Prozesse gibt?

- Sie entwickeln in Ihrer Organisation eine Idee und urplötzlich ist es ein Projekt.
- Sie beauftragen in Ihrer Organisation ein konkretes Projekt; bis das benötigte Budget dem Projekt zugewiesen ist, vergehen schnell einmal drei Monate.
- In Ihrer Organisation verzögern sich Projekte schon kurz nach dem Start, weil die Beschaffung zu spät oder gar nicht eingebunden ist.
- Für Projekte werden Ressourcen über das persönliche Netzwerk des Projektleiters angefordert, es gibt keinen geregelten Prozess.
- Sie starten alle Ihre Projekte zu Jahresbeginn, weil dann die Budgets verfügbar sind.

Dimension 3: Woran erkenne ich, dass es meiner Organisation an Projektmanagement-Know-how und Projektmanagement-Standards fehlt?

- In Ihrer Organisation managen die Projektleiter Ihre Projekte so, wie sie meinen, dass es richtig ist; ein organisationsweit einheitlicher Standard ist nicht vorhanden.

- Die wenigsten Ihrer Projektleiter wissen, wie man eine Kosten- und Kapazitätsplanung für Projekte durchführt.
- Erfahrungen aus abgeschlossenen Projekten (Lessons Learned) werden nicht erfasst und für neue Projekte genutzt.
- In Ihrer Organisation wissen nur wenige Projektleiter, wie ein Projektstrukturplan erstellt wird und wofür dieser benötigt wird.
- Jeder Projektauftrag oder Statusbericht sieht in Ihrer Organisation anders aus, es fehlen Mindeststandards.

Dimension 4: Woran erkenne ich, dass es meiner Organisation an Projektmanagement-Ausbildung fehlt?
- In Ihrer Organisation gibt es zu wenig qualifizierte Projektleiter.
- In Ihrer Organisation wird der beste Techniker auch der Projektleiter.
- Die Auswahl des Projektleiters erfolgt in Ihrer Organisation nach dem Zufallsprinzip, ohne Evaluierung oder Qualifizierung.
- Von agilen Methoden im Projektmanagement haben Sie schon gehört; wie sich das für Ihre Organisation nutzen lässt, ist unklar.
- In Ihrer Organisation gibt es ausschließlich die Karriere in der Linienorganisation und kein adäquates Modell für Personen, die Projekte leiten.

Dimension 5: Woran erkenne ich, dass in meiner Organisation keine Standards für Projektportfoliomanagement vorhanden sind?
- In Ihrer Organisation laufen viele Projekte gleichzeitig; wer welches Projekt beauftragt hat, ist nicht transparent.
- In Ihrer Organisation werden ständig Projektressourcen angefragt; Sie wissen gar nicht mehr, wer in welchem Projekt mitarbeitet.
- Sie haben viele Projekte in Ihrer Organisation, alle sind gleich wichtig und gleich dringend.
- Bei der Vielzahl von Projekten in Ihrer Organisation können Sie gar nicht sagen, welches Projekt welche strategische Stoßrichtung unterstützt.
- In Ihrer Organisation managen Sie zeitgleich viele Projekte; welches Projekt von welchem abhängt, ist nicht erkennbar.
- In Ihrer Organisation kann es passieren, dass dieselbe Aufgabe in zwei Projekten gleichzeitig bearbeitet wird.
- Wenn sich die Strategie Ihrer Organisation ändert, können Sie nicht feststellen, welche Projekte Sie stoppen müssen.
- Ihre Organisation plant akribisch die Projekte für das nächste Jahr; welche Projekte dann im nächsten Jahr realisiert werden, weicht sehr oft davon ab.

8.3.3 Strategischer und operativer Nutzen eines PMO

Der steigende Marktdruck und der stärker werdende Wettbewerb in vielen Branchen fordern heute Führungskräfte aus allen Ebenen. Organisationen müssen strategische Projekte oder Programme initiieren, um auf diese Veränderungen zu reagieren. In den letzten Jahren haben sich strategische PMOs durchgesetzt, weil sie die Brücke zwischen Strategie und deren operativer Umsetzung durch Projekte und Programme schlagen. Strategische PMOs können auf deren Ausführung und Steuerung massiv einwirken und schaffen damit die notwendige Transparenz und Aktualität, die den Unterschied zwischen hoch performanten oder niedrig performanten Organisationen ausmacht.

Bei sich ändernden Marktbedingungen muss das Management einer Organisation gegebenenfalls Projektziele oder Projektinhalte bei laufenden Projekten anpassen. Dazu muss sie wissen, welche Projekte insgesamt laufen, und in der Lage sein, Vergleiche zwischen den Projekten anzustellen. Ohne diese Informationen ist es dem Management nicht möglich, nachhaltige Entscheidungen zu treffen.

Als Beispiel liefert ein gut aufgestelltes strategisches PMO zum Projektcluster Innovationsprojekte die geeigneten Informationen über Termine, Kosten, Ressourcenbedarf und Leistungs- und Ergebnisfortschritt. Durch Abstimmung und Abgrenzung des Innovationsclusters zum Rest des Projektportfolios können bei Bedarf geeignete Ressourcen identifiziert und freigemacht werden. Dadurch können Ressourcen auf Innovationsprojekte fokussiert werden und diese schneller und zielgerichteter realisiert werden.

Ein strategisches PMO wird das Management des Frontloading (Projektanträge) für das Projektportfolio übernehmen. Gemeinsam mit den relevanten Business-Units erarbeitet das strategische PMO geeignete Bewertungskriterien, mit denen die Projektanträge selektiert (Bild 8.5) und priorisiert werden. Die Entwicklung des Frontloading erfolgt typischerweise über abgestimmte Quality Gates. Dem strategischen PMO unterliegt in der Praxis die Prüfung der eingereichten Unterlagen zu den Quality Gates. Dadurch werden Freigabeentscheidungen unterstützt und qualitativ abgesichert.

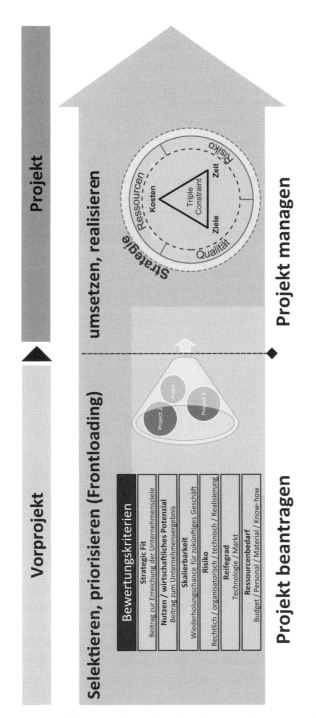

Bild 8.5 Ein strategisches PMO unterstützt bei der Selektion und Priorisierung des Frontloading (Projektanträge) eines Projektportfolios nach spezifischen Kriterien

Der operative Nutzen eines PMO liegt eindeutig in der Professionalisierung des Managements von Projekten. Darunter ist die kontinuierliche Weiterentwicklung und Pflege des Projektmanagement-Prozesses zu verstehen. Von einem strategischen PMO werden geeignete Tools, Technologien und Methoden gemäß den Erfordernissen der Organisation ausgewählt, auf spezifische Bedürfnisse angepasst, ausgerollt und weiterentwickelt.

Neben den Qualitätsstandards für das Management von Projekten werden durch das strategische PMO die Reporting-Standards definiert, entwickelt und bereitgestellt, diese bilden die Grundlage für das Projektportfoliomanagement. Durch das einheitliche Berichtwesen im Einzelprojekt, können auf Ebene des Projektportfolios Key Performance Indicators (KPIs) angeboten werden, die den Führungskräften als Grundlage für Management-Entscheidungen dienen.

 Reporting und Berichtwesen im Projekt- und Projektportfoliomanagement können heute mittels Management-Dashboards gelöst werden. Die Nachfrage nach Print-Outs oder nach verschickten PDF-Dokumenten ist rückläufig. Die Basis für die Management-Dashboards liefern gut gepflegte IT-Systeme für Projekt- und Projektportfoliomanagement.

■ 8.4 Aufgaben und Funktionen eines PMO

Jedes PMO ist anders, die Befugnisse, Verantwortlichkeiten und Schwerpunkte unterscheiden sich. Ganz allgemein gesagt, ist ein PMO eine permanente organisatorische Einheit, die sich im weitesten Sinn um die Management-Komponente des Projektmanagements kümmert. Darunter versteht man, dass ein PMO nicht die fachliche Expertise bündelt, sondern die Ansätze, Methoden und Aktivitäten, die für das erfolgreiche Management von Projekten benötigt werden.

Die Management-Expertise ist erforderlich, um die fachliche Aufgabenstellung in einem Projekt so zu führen und zu steuern, dass mit dem geplanten Einsatz von Ressourcen (Zeit, Geld, Materialien, Personen usw.) das bei der Projektbeauftragung vereinbarte Ziel erreicht wird. Je geringer die Komplexität eines Projekts ist, desto weniger Management-Expertise ist im Verhältnis zur fachlichen Expertise erforderlich. Je komplexer das Projekt, umso mehr muss die Management-Expertise im Verhältnis zur fachlichen Expertise überwiegen, um das Projekt erfolgreich abzuschließen (Bild 8.6).

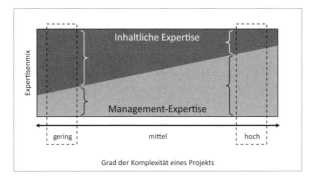

Bild 8.6 Je komplexer das Projekt, umso mehr muss die Management-Expertise im Verhältnis zur fachlichen Expertise überwiegen.

In der Praxis findet man oft den besten Techniker in der Rolle des Projektleiters. Das ist nicht immer sinnvoll, da dies nicht automatisch bedeutet, dass damit auch die notwendige Management-Expertise eingesetzt wird. Das heißt nicht, dass jedes Projekt die volle Ausprägung der Management-Expertise benötigt. Ein typisches Projektportfolio einer Organisation kann beispielsweise wie in Bild 8.7 dargestellt aussehen.

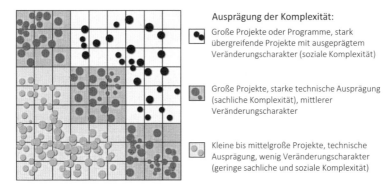

Bild 8.7 Typisches Projektportfolio einer Organisation mit Projekten hoher, mittlerer und geringer Komplexität

Das typische Projektportfolio einer Organisation enthält in der Regel einige wenige, große Projekte oder Programme mit hoher Komplexität. Zumeist handelt es sich dabei um bereichsübergreifende Projekte oder Programme, wo Projekt- oder Programmleiter zur Bewältigung der sozialen Komplexität eine ausgeprägte Expertise im Management sowie fundierte Erfahrungen aus dem Management gleichartiger Projekte und Programme mitbringen müssen. Solche Projekte oder Programme könnten beispielsweise in die Verantwortung eines strategischen PMO gelegt werden. Zumindest sollte das strategische PMO die Projekt- oder Programmleiter dieses Teilportfolios intensiv betreuen.

Große Projekte mit starker technischer oder fachlicher Ausprägung benötigen ein adäquates Know-how aus technischer oder fachlicher Sicht und mindestens ein ebenso ausgeprägtes Skillset auf der Management-Ebene. Der Projektleiter muss die hohe sachliche Komplexität nicht im Detail beherrschen. Vielmehr muss er in der Lage sein, die sachliche Komplexität ausreichend zu managen.

Kleine bis mittelgroße Projekte mit wenig Veränderungscharakter bilden in den meisten Organisationen die größte Gruppe. Es ist nicht auszuschließen, dass Projekte mit wenig Veränderungscharakter und geringer sachlicher und sozialer Komplexität Support benötigen.

8.4.1 Unterschiedliche Anspruchsgruppen eines PMO

Wie in Bild 8.8 dargestellt, hat ein PMO innerhalb einer Organisation unterschiedliche potenzielle Anspruchsgruppen (Stakeholder). Es gibt jedoch auch Anspruchsgruppen außerhalb der Organisation, die bedient werden müssen.

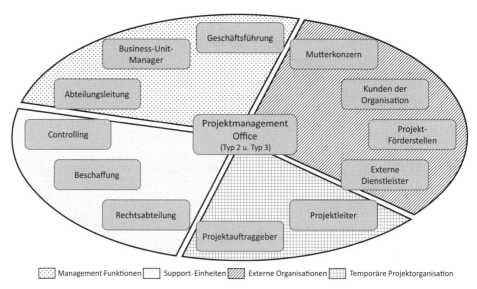

Bild 8.8 Beispiele für Anspruchsgruppen eines strategischen PMO oder eines Business-Unit-PMO

Als potenzielle Stakeholder eines strategischen PMO kommen die **Management-Funktionen einer Organisation** (z. B. Geschäftsführung, Business-Unit-Manager, Abteilungsleitung) in Betracht. Diese Anspruchsgruppe muss von einem strategischen PMO in der Regel mit Informationen über deren Teilportfolio versorgt werden. In diesem Fall ist ein Teilportfolio ein organisationsbezogener Ausschnitt aus dem Gesamtportfolio der Organisation. Darüber hinaus bietet das strategische PMO den Führungskräften der Organisation Beratung und Coaching bei der Initialisierung und Planung des Portfolios und organisationsübergreifender Projekte an.

Die **temporäre Organisation eines Projekts**, in der Regel repräsentiert durch Projektauftraggeber und Projektleiter, sind wesentliche Stakeholder eines PMO. Projektauftraggeber und Projektleiter werden vom strategischen PMO und Business-Unit-PMO gleichermaßen beraten oder gecoacht. Je näher das Projekt im Wirkungskreis einer Business-Unit oder einer Abteilung ist, desto wahrscheinlicher ist der Support durch ein Business-Unit- oder Abteilungs-PMO abgedeckt.

Die **Supporteinheiten**, wie z. B. das Controlling, die Beschaffung oder die Rechtsabteilung einer Organisation, werden vom strategischen PMO zu regelmäßigen Abstimmungen zum Frontloading (Projektanträge) eingeladen. Bei diesen Meetings werden laufende Projekte mitbetrachtet. Durch den engen Austausch ist der Wissensstand zwischen den projektorientierten Einheiten und den Supportfunktionen gut synchronisiert.

Eine Reihe von **externen Organisationen** sind ebenfalls Stakeholder des PMO. Der Mutterkonzern pflegt zwecks Austausch zu Projekten oder im Zusammenhang mit Portfolioreporting gerne Kontakt zu einem strategischen PMO. Business-Unit-PMOs können sehr gut in die Beziehungen mit Kunden der Organisation oder in die Abstimmung mit Förderstellen eingebunden werden (z. B. Qualitätsstandards für Projektmanagement). Ein Business-Unit- oder Abteilungs-PMO übernimmt die Abstimmung mit externen Dienstleistern bezüglich der in gemeinsamen Projekten anzuwendenden Projektmanagement-Standards.

8.4.2 Potenzielle Aufgaben eines PMO

Aus der von GPM und ifmme durchgeführten Studie aus den Jahren 2013/14 geht hervor, welche Aufgaben ein PMO in einer Organisation übernehmen soll (Arndt et al., 2014).

In der Studie werden dreizehn Aufgabenbereiche als Top-Aufgaben der PMOs genannt (Bild 8.9). Fast alle Befragten (98 %) nennen die Entwicklung von Methoden, Prozessen, Tools und Templates als PMO-Aufgabe, was dieser Tätigkeit ein deutliches Gewicht gibt.

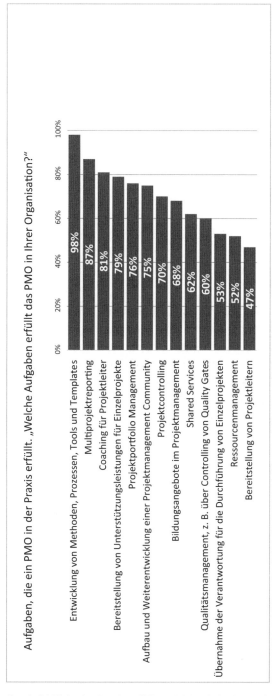

Bild 8.9 Aufgaben, die ein PMO in der Praxis erfüllt. „Welche Aufgaben erfüllt das PMO in Ihrer Organisation?" (Arndt et al., 2014)

Betrachtet man die PMO-Aufgaben analog der identifizierten Stakeholder, so gibt die nachstehende Auflistung einen groben Überblick.

Top-Management der Organisation:
- High-Level-Statusinformationen der aktuell in der Organisation durchgeführten Projekte
- Portfolioauswertungen der aktuell durchgeführten Projekte nach unterschiedlichen Kriterien, wie Strategieanteil, Innovations- oder Expansionsbeitrag, Optimierung des bestehenden Geschäfts, Business-Unit, Abteilung
- Auswertung des Frontloadings (Projektanträge) in geeigneten Management-Dashboards
- Qualitätsprüfung der Einreich- oder Antragsunterlagen für neue Projekte, die im Projektportfolio Board Meeting entschieden werden sollen
- Vorbereiten und Organisieren von Projektportfolio Board Meetings mit gut aufbereiteten Daten und Wenn/Dann-Szenarien für Portfolioentscheidungen
- Risiken der laufenden Projekte evaluieren und in aggregierter Form im Gesamtportfolio darstellen
- Benefits Realization Management (Erfüllung von Business Cases, Follow-Up KPIs)
- Projektreviews, wenn Projekte in der Krise sind

Business-Unit-Leiter oder Abteilungsleiter:
- Statusinformationen der aktuell in der Business-Unit oder Abteilung durchgeführten Projekte nach vordefinierten Kriterien und ausreichender Detailtiefe in geeigneten Dashboards
- Auswertung des Frontloadings (Projektanträge), bezogen auf die Business-Unit oder Abteilung nach unterschiedlichen Kriterien in geeigneten Dashboards
- Beratung und Coaching bei der Erstellung von Unterlagen für Projektportfolio Board Meetings
- Bereitstellen einer nach den Entscheidungen des Projektportfolio Boards priorisierten Liste der Vorhaben und Projekte in der betroffenen Business-Unit oder Abteilung
- Bereitstellen eines Standardprozesses zur Steuerung von Ressourcenanfragen und Zusichern von geeigneten Mitarbeitern für Projekte
- Bereitstellen von IT-Werkzeugen zur Unterstützung der projektbezogenen Kapazitätsplanung und des Managements von Ressourcen (Mitarbeiter)
- Status über den Ausbildungsstand und den allfälligen Ausbildungsbedarf der Projektleiter in der jeweiligen Business-Unit oder Abteilung
- Risiken der laufenden Projekte evaluieren und Darstellung in aggregierter Form im organisationsbezogenen Teilportfolio

Finanzen/Controlling:

- Konsolidierte Informationen zum Status- und Fortschrittsgrad der laufenden Projekte
- Konsolidierte Informationen zum Frontloading (Projektanträge) des Projektportfolios zur Optimierung der Budgetplanung
- Bereitstellung von Prognosen zur Budgetplanung (Forecasts) für die nächste wirtschaftliche Planungsperiode
- Bereitstellung von projektbezogenen Risikokennzahlen für die Konsolidierung in das Risikomanagement der Organisation
- Bereitstellen von Informationen zu Mehrkostenforderungen aus Projekten
- Bereitstellen von Business-Cases, Wirtschaftlichkeitsrechnungen sowie Kosten- und Nutzendarstellungen

Rechtsabteilung

- Bereitstellen konsolidierter Informationen zum Frontloading (Projektanträge), um zeitnahen Support in Rechtsfragen sicherzustellen
- Bereitstellung von Projektinformationen für regelmäßige Abstimmungsmeetings zu Rechtsthemen bei laufenden Projekten
- Bereitstellung von Informationen zur Regelung von Claim-(Anticlaim)-Ansprüchen aus aktiven Projekten

Beschaffung

- Bereitstellen aktueller Informationen zum Frontloading (Projektanträge) zur zeitnahen Entwicklung einer Beschaffungsstrategie bei großen Projekten
- Bereitstellung von Projektinformationen für regelmäßige Abstimmungsmeetings zu Beschaffungsthemen bei laufenden Projekten

Projektauftraggeber:

- Unterstützung beim Abklären und Prüfen von Abhängigkeiten zu anderen Projekten oder Projektanträgen
- Unterstützung beim Abklären und Prüfen von Redundanzen zu anderen Projekten oder Projektanträgen
- Coaching bei der Formulierung von Projektanträgen und Projektaufträgen
- Unterstützung bei der Auswahl des geeigneten Projektleiters
- Unterstützung und Coaching bei der Bewältigung von Projektkrisen

Projektleiter:

- Coaching bei der Formulierung des Projektauftrags
- Coaching bei der Erstellung der Projektpläne und dem Projekthandbuch
- Coaching bei der Erstellung spezifischer Projektpläne bzw. in der Anwendung spezifischer Projektmanagement-Methoden
- Schulung und Training auf den Projektmanagement-Softwaretools der Organisation
- Unterstützung bei der Moderation von Kick-Off-Veranstaltungen, Workshops, Arbeitsmeetings oder Projektabschlussmeetings
- Beratung und Unterstützung bei der Planung und Durchführung von teambildenden oder teamfördernden Maßnahmen
- Unterstützung bei Schnittstellenthemen zur Linienorganisation
- Bewertung der Qualität des Projektmanagements am Ende des Projekts

8.4.3 Künftige Entwicklung und Trends im Aufgabenbereich der PMOs

In Zeiten der Veränderung ist davon auszugehen, dass sich auch die Aufgaben eines PMO ändern werden. In der Studie „The Next Generation PMO", die Capgemini in Zusammenarbeit mit dem Project Management Institute (PMI) im Sommer 2018 durchgeführt hat, wurden PMO-Leiter zu den Veränderungen im Leistungsangebot ihrer PMOs befragt.

Die Studie (capgemini, 2018) kommt zu dem Ergebnis, dass disruptive Technologien und die veränderten Rahmenbedingungen, womit sich viele Organisationen konfrontiert sehen, auch Auswirkungen auf die benötigten Skills eines PMO haben werden.

Von den Teilnehmern der Studie wurde abgefragt, welche Qualifikationen und Fertigkeiten in den zwölf Monaten vor der Befragung am meisten angefordert wurden (Tabelle 8.1). Die Studie zeigt auf, dass Skills zu Wasserfallmodell, zu Minimum Viable Product, Scrum, statistische Analysen und Zeitplanung in den zwölf Monaten vor der Befragung nicht so stark frequentiert wurden. Stattdessen sind agile Ansätze und Change Management die wichtigsten Skills, die im selben Zeitraum vermehrt nachgefragt oder konkret angefordert wurden.

Tabelle 8.1 Hat die Nachfrage bzw. die Anforderung der nachstehenden Services im letzten Jahr zugenommen? (capgemini, 2018)

Fähigkeit oder Tätigkeit	Häufigkeit der Nachfrage
Agile Ansätze	67%
Change Management/Veränderungsmanagement	66%
Dashboards	56%
Leadership	55%
Kommunikation (informell)	54%
Risiko-Management	54%
Stakeholder-Schnittstellen	51%
Budgetierung	51%
Reports/Präsentationen	50%
Prognosen	49%
Unabhängige Analysen	48%
Projekt-Management-Software/Apps	47%
Requirements Management	42%
Zeitplanung	40%
Scrum	39%
Statistische Analysen	33%
Minimum Viable Product	29%
Wasserfall	10%

Strategische PMOs werden jetzt und in Zukunft verstärkt im Bereich der agilen Ansätze und des Change Managements gefordert werden und müssen die erforderlichen Skills und Kompetenzen in ausreichendem Umfang anbieten können.

Dort, wo strategische PMOs den Wandel der Organisation begleiten, brauchen sie neben den Skills auch die Kompetenzen und Befugnisse, um die geplanten Veränderungen in der Organisation durchzusetzen. Um Wirksamkeit zu erzielen, benötigt das PMO die volle Unterstützung vom Top-Management der Organisation.

8.5 Die wichtigsten Punkte in Kürze

- Ein Projektmanagement Office (PMO) ist eine Organisationsstruktur, die geschaffen wird, um die Projektmanagement-Praxis in einer Organisation zu fördern und zu verbessern.
- Man unterscheidet im Wesentlichen zwischen einem strategischen PMO, einem PMO in einer Business-Unit oder Abteilung und einem Projekt-Office, das einem großen Projekt oder Programm zugeordnet ist.

- Die organisatorische Eingliederung eines PMO entscheidet maßgeblich über den Wirkungs- und Einflussbereich eines PMO. Wenn es nahe der Geschäftsführung eingegliedert ist, dann kann es Strategie und deren Umsetzung in Projekten sehr gut unterstützen.
- Ein PMO unterstützt die Organisation, um einen höheren Reifegrad im Management von Projekten zu erlangen; das führt zu erfolgreicheren Projekten.
- Ein strategisches PMO entwickelt die Basis für Projektportfoliomanagement, um die Selektion und Priorisierung von Projekten zu unterstützen.
- Die Aufgaben und Funktionen eines PMO sind unterschiedlich und hängen von den jeweiligen Anspruchsgruppen (Stakeholdern) einer Organisation ab.
- Die Stakeholder eines PMO finden sich im oberen Management einer Organisation, den Leitern von Business-Units und Abteilungen, den Supportbereichen einer Organisation und in der temporären Organisation eines Projekts oder Programms.

Literatur

Arndt, C., Braun, L., Ribeiro, M., Rietiker, S., von Scheyder, W., Scheurer, S. (2014). *Das PMO in der Praxis*. Berlin, Nürnberg: GPM, HfWU, p. 22-34.

capgemini (2018). *The Next Generation PMO*. Tough Leadership. Washington DC: PMI, p. 6.

Crawford, J. and Cabanis-Brewin, J. (2011). *The strategic project office*. Boca Raton: Taylor & Francis, p. 31-43.

Darling, Eric & Whitty, Jonathan (2016). *The Project Management Office: it's just not what it used to be*. International Journal of Managing Projects in Business, p. 287.

DIN 69901-2 (2009-1). *Projektmanagement und Projektmanagementsysteme – Teil 2: Prozesse, Prozessmodell*. Deutsches Institut für Normung e. V. Berlin: Beuth-Verlag, p. 8-10.

DIN 69901-5 (2009-1). *Projektmanagement – Projektmanagementsysteme – Teil 5: Begriffe*. Deutsches Institut für Normung e. V. Berlin: Beuth-Verlag, p. 11-15.

Gareis, R., Gareis, L. (2017). *Projekt, Programm, Change*. Wien: Manz Verlag, p. 540-542.

pwc (2013). *Current Portfolio, Programme, and Project Management Practices*. Insights and Trends. London: pwc, p. 13-26.

9 Alles „multi" oder was? Der Umgang mit einer Vielzahl an Projekten

Knut Kämpfert, Michael Kohler

Mit einer steigenden Anzahl von Projekten verliert man sehr schnell den Überblick über die Projekte. Insbesondere die Frage, welche Projekte der Organisation welchen Mehrwert bringen, ist ohne eine Systematik schwierig zu beantworten. Kritisch wird dies, wenn für diese Projekte keine ausreichenden Ressourcen zur Verfügung stehen und eine Priorisierung durchgeführt werden muss. Diskussionen werden oftmals emotional geführt und in der Regel gewinnen dabei die Projekte, die den einflussreichsten Sponsor haben. Unklar bleibt dabei, ob diese Entscheidungen das Optimum für die Organisation darstellen. Mit der Methode des Multiprojektmanagements wird erreicht, dass Entscheidungen transparent und faktenbasiert getroffen werden. Dieser Lösungsansatz funktioniert auch in Abwandlung beim Einsatz von agilen Projektmanagementmethoden.

Das beschriebene Vorgehen ist für Unternehmen wie auch in nichtkommerziellen Organisationen nutzbar. Aus Gründen der Vereinfachung wird in diesem Artikel der Begriff „Organisation" für Unternehmen und nichtkommerzielle Organisationen verwendet.

> In diesem Beitrag erfahren Sie,
> - warum das Multiprojektmanagement für eine Organisation wichtig ist,
> - wie der Zusammenhang zwischen der Strategie der Organisation und den einzelnen Elementen des Multiprojektmanagements ist,
> - wie die einzelnen Prozessschritte des Portfoliomanagements aussehen,
> - welche Rollen des Multiprojektmanagements bestehen,
> - was bei der Einführung zu beachten ist,
> - welche Auswirkung die Agilisierung des Projektmanagements auf das Multiprojektmanagement hat,
> - welche Herausforderungen und Lösungsansätze für ein agiles Multiprojektmanagement existieren.

9.1 Einleitung

Die Märkte sind einem ständigen Wandel unterworfen. Damit Organisationen auch zukünftig bestehen können, müssen sie sich dem Wandel stellen und die Auswirkungen aktiv managen. Sehr offensichtlich ist der disruptive Wandel in der Automobilindustrie. Dort gibt es eine Vielzahl von Themen, die Veränderungen auslösen:

- E-Mobilität
- Mobilität on demand/Car Sharing
- Assistenzsysteme/autonomes Fahren
- Digitalisierung, Big Data und Data Cloud
- Höherer Konkurrenzdruck durch die Globalisierung
- Kürzere Produktlebenszyklen und höhere Varianz der Produkte

Diese Veränderungen führen dazu, dass einerseits neue Märkte und Geschäftsmodelle entstehen und andererseits bestehende Märkte sich verkleinern oder verschwinden und neue Organisationen in die Märkte eintreten. Das stellt eine Gefahr für das etablierte Business dar. Die Organisation muss sich im Sinne der disruptiven Gefahr neu erfinden, um am Markt weiterhin bestehen zu können.

Wie mit diesen Herausforderungen umgegangen wird, sollte nicht dem Zufall überlassen sein. Durch die Entwicklung einer Strategie sollte bewusst entschieden werden, wo die größten Chancen für einen langfristigen Erfolg der Organisation liegen. Aufgrund von limitierten Ressourcen können nicht alle Themen gleichzeitig umgesetzt werden und je nach Anforderung an diese Ressourcen sind diese oft auch nicht ohne Weiteres zukaufbar. Darum muss die Organisation definieren, welche Projekte zur Erreichung der Strategie wichtig sind.

Die Themenstellung kann sich auch sehr schnell und sehr stark verändern, was eine regelmäßige Überprüfung und Anpassung der Strategie erforderlich macht. Die Auswirkungen sind, dass laufende Projekte gestoppt und neue Projekte initialisiert werden müssen. Je nach Größe der Organisation kann das Managen eine sehr komplexe und sehr aufwendige Aufgabe sein. Ist die Methode des Multiprojektmanagements etabliert und sind die notwendigen Informationen aus den verschiedenen Projekten aktuell verfügbar, kann die Organisation sehr schnell auf Veränderungen reagieren und ggf. somit den entscheidenden Wettbewerbsvorteil erlangen.

9.2 Die Elemente des Multiprojektmanagements

Voraussetzung für ein wirksames Multiprojektmanagement ist eine klare und greifbare Strategie der Organisation (Bild 9.1). Diese Strategie wird nicht ausschließlich bei der Entscheidung über Ideen bzw. Portfolioelemente benötigt, sondern ist auch sehr hilfreich bei Entscheidungen über Projektänderungen.

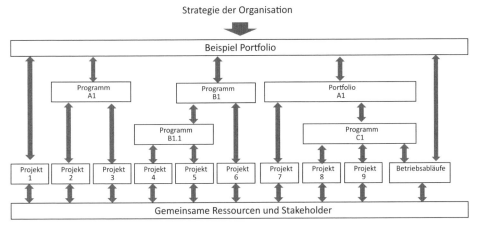

Bild 9.1 Elemente des Multiprojektmanagements (in Anlehnung an PMBOK© – Sixt Edition, 2017, S. 12)

9.2.1 Ideen

Auf der Suche nach Möglichkeiten zur Umsetzung der Strategie gibt es anfangs oft nur Ideen, die grob mit einzelnen Stichwörtern beschrieben sind. Solche Ideen können unstrukturiert entstehen, z. B. der typische Einfall bei der morgendlichen Dusche. Oder sie können in einer strukturierten Weise entstehen, wie z. B. durch einen Innovationsworkshop, in dem verschiedene Kreativitätsmethoden angewendet werden. Mit Hilfe von soziale Medienplattformen kann das Schwarmwissen der Mitarbeiter genutzt werden, um Ideen zu finden und zeitnah in Online-Diskussionen mit den richtigen Experten weiterzuentwickeln.

9.2.2 Potenzielle Portfolioelemente

Auf Basis von groben Ideenbeschreibungen sind objektive Entscheidungen nicht möglich. Deshalb müssen die Ideen durch Analysen und Planungen weiter mit Fakten angereichert werden. In der Regel wird hierzu ein kleines Team oder ein Verantwortlicher benannt, der die Projektbeschreibung weiterentwickelt.

9.2.3 Projekte

Ein Projekt ist ein zeitlich begrenztes Vorhaben mit dem Ziel, ein einmaliges Produkt, eine einmalige Dienstleistung oder ein einmaliges Ergebnis zu schaffen.

Im Multiprojektmanagement entstehen diese Projekte aus potenziellen Portfolioelementen. Aus potenziellen Elementen können einzelne oder mehrere Projekte bzw. Programme entstehen. Auch kann aus mehreren potenziellen Elementen nur ein Projekt entstehen.

9.2.4 Programme

Ein Programm besteht aus einer Gruppe von Projekten und Betriebsabläufen, die ein gemeinsames Ziel haben. Programme werden verwendet, wenn die Zielsetzung für ein einzelnes Projekt zu komplex oder zu groß ist. In diesem Fall werden Teilziele aus dem Gesamtziel des Programms für die einzelnen Projekte und Betriebsabläufe abgeleitet. Die Summe der einzelnen Projektziele ergibt das Gesamtziel für das Programm.

Beispiel

Projektprogramm: die Produktion eines neuen Produkts in einer neuen Fabrik.

Projekte innerhalb des Programms: Entwicklung des Produkts, Bau der Fabrik, Aufbau der Montageanlagen, …

Das Bündeln von mehreren Projekten zu einem Programm sollte gemacht werden, wenn durch das Zusammenführen Synergien erzeugt werden können. Somit liefert das Programm für die Organisation einen höheren Nutzen, als wenn die Projekte einzeln gesteuert würden. Der Mehrwert entsteht durch Synergien wie z. B. durch einen geringeren und schnelleren Abstimmungsaufwand zur Erreichung des Programmziels.

9.2.5 Portfolio/Subprojektportfolios

Organisationen haben in der Regel verschiedene Portfolios, z. B. Produktportfolio, Finanzportfolio etc. Dieser Artikel bezieht sich ausschließlich auf das Portfolio von Projekten. Ein Portfolio ist eine Gruppe von Projekten, Programmen, Subportfolios (Unterportfolio) und Betriebsabläufen zur Erreichung strategischer Ziele. Subportfolios, Programme oder Projekte des Portfolios müssen untereinander nicht unbedingt eine Abhängigkeit haben, außer dass sie auf die gleichen Stakeholder und Ressourcen zugreifen.

In Organisationen sieht man oft, dass jeder Funktionsbereich (z. B. IT, Einkauf, R&D, Kundenprojekte etc.) seine einzelnen Portfolien/Subportfolien eigenständig verwaltet. Dieses Vorgehen ist hilfreich, um die Anzahl der Stakeholder und die Komplexität zu reduzieren. Dafür müssen jedoch die Strategie und die daraus abgeleiteten Ziele für die Funktion heruntergebrochen werden. Der Portfolioprozess und die dafür benötigte Informationsbasis müssen für alle Funktionen gleich sein. Zudem ist es hilfreich, wenn für die Organisation ein gesamtes Portfolio erstellt wird (Bild 9.2). Dies ist heute durch die verfügbaren IT-Systeme zum Multiprojektmanagement keine große Herausforderung mehr. Der Vorteil besteht darin, dass Abhängigkeiten von Projekten in unterschiedlichen Funktionen transparent gemacht werden und somit auch außerhalb von einem Programm gesteuert werden können.

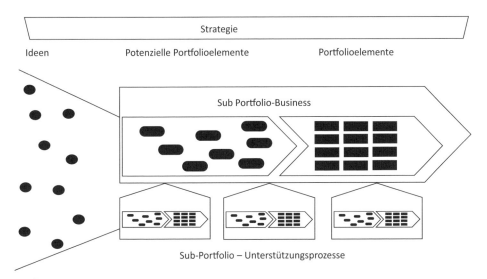

Bild 9.2 Zusammenhänge der Portfolien (In Anlehnung an Handbook of Project Portfoliomanagement Bild 26.1)

> **Beispiel**
>
> Ein neues Produkt benötigt eine neue Fertigungstechnologie und damit auch einen neuen IT-Prozess. In so einem Fall gäbe es in den Subportfolios von R&D, Fertigung und IT jeweils ein Projekt, das bei der Betrachtung des jeweiligen Subportfolios keine Abhängigkeiten hat, aber aus Sicht der Gesamtorganisation schon. Bei einer eventuellen Verschiebung eines einzelnen Projekts hätte dies große Auswirkungen auf die Einführung des Produkts. Mit dem Multiprojektmanagement werden solche Veränderungen sichtbar und es kann rechtzeitig reagiert werden. ∎

9.3 Unterschied zwischen Projekt-, Programm- und Portfoliomanagement

Beim Programmmanagement geht es wie beim Projektmanagement darum, die Programme bzw. mehrere Projekte „richtig" durchzuführen. Beim Portfoliomanagement liegt der Schwerpunkt auf der Identifikation der „richtigen" Programme und Projekte, die zur Umsetzung der Strategie einer Organisation nötig sind. Dabei müssen die Elemente des Portfolios nicht voneinander abhängig sein oder zusammenhängen.

9.3.1 Projektmanagement

Das Projektmanagement ist das Anwenden von Wissen, Fähigkeiten und Methoden auf Vorgänge des Projekts, damit die Anforderungen des Projekts erfüllt werden. Projektmanagement wird durch die angemessene Anwendung und Integration der für das Projekt identifizierten Projektmanagementprozesse erreicht. Projektmanagement ermöglicht Organisationen die effektive und effiziente Ausführung von Projekten (6th Edition PMBOK©, S. 10).

9.3.2 Programmmanagement

Sollten Projektziele für ein einzelnes Projekt zu komplex sein oder gibt es ähnliche Projekte mit additiver Zielsetzung, so ist es oft sinnvoll, diese Projekte in einem Programm zu bündeln. Die einzelnen Projekte werden stets von einem Projektleiter geführt. Die wechselseitigen Abhängigkeiten zwischen den einzelnen Projekten werden durch den Programmleiter gemanagt.

Programmmanagement ist erfolgreich, wenn dadurch ein besseres Ergebnis erzielt wird, als wenn die einzelnen Projekte unabhängig voneinander gemanagt würden. Weitere Vorteile eines erfolgreichen Programmmanagements bestehen darin, dass z. B. Risiken minimiert oder Synergien zwischen den einzelnen Projekten genutzt werden.

Im Einzelnen sind es die folgenden Hauptaktivitäten:
- Entwicklung und Aufbau einer funktionierenden Programmstruktur
- Identifizieren und Managen der Abhängigkeiten zwischen den einzelnen Projekten
- Managen der Risiken des Programms
- Lösen von Problemen und Konflikten zwischen den Projekten
- Management von Änderungen für das Programm und Herunterbrechen der Änderungen auf die einzelnen Projekte
- Management des Programm-Budgets
- Sicherstellung der Zielerreichung/Nutzenerreichung für das Programm

9.3.3 Portfoliomanagement

Ziel des Portfoliomanagements ist es, die richtigen Projekte für die Organisation auszuwählen, zu priorisieren und mit den notwendigen Ressourcen auszustatten. Spannend dabei ist, welches die richtigen Projekte sind, die der Organisation einen Mehrwert bringen. Damit Organisationen auch langfristig bestehen können, ist in der Regel eine rein monetäre Bewertung der Projekte nicht ausreichend. Im Portfoliomanagement geht es daher darum, wie die Ressourcen in Projekten verwendet werden, um die Strategie der Organisation optimal umzusetzen. Dabei ist sicherlich die Kosten-Nutzen-Betrachtung wichtig, aber auch, dass alle Ziele der Strategie berücksichtigt werden und keine unbearbeiteten Themen offenbleiben.

Zudem ist der Input aus dem Produktmanagement bedeutsam. Hat eine Organisation nur Cashcow-Projekte/Programme und keine zukunftsweisenden Projekte, dann ist der langfristige Erfolg der Organisation gefährdet. In diesem Fall ist für zukünftige Geschäfte kein Wettbewerbsvorteil mehr vorhanden. So können neue Geschäfte ausschließlich über niedrige Preise gewonnen werden.

Hauptaktivitäten im Projektportfoliomanagement:
- Transparente Entscheidung bezüglich der Umsetzung von potenziellen Vorhaben
- Analyse des Strategiebeitrags der Projekte für die Organisation
- Analyse der Portfolios bezüglich der kurzfristigen und langfristigen Ziele der Organisation
- Gleichmäßige Verteilung der Ressourcen
- Priorisierung von Projekten und Ressourcen im Fall von Konflikten
- Management von Risiken für das Portfolio (Bündelung/Klumpenrisiko)
- Management von Nutzen/Benefits
- Analyse der Aufwände und Kosten
- Analyse und Korrektur des Portfolios bei Strategieänderung (Anpassung von Prioritäten, Beenden von Projekten, Starten von neuen Projekten)

Für eine Organisation ist es optimal, wenn alle Ideen, Vorhaben, Projekte, Programme und Subportfolios in einem Gesamtportfolio zusammen dargestellt sind (Bild 9.2). Je nach Größe der Organisation kann dies eine sehr große und herausfordernde Aufgabe sein. Dabei liegt die Komplexität nicht unbedingt in den Prozessen und Kriterien, sondern in der Harmonisierung von Interessen der Stakeholder. Eine Organisation ist als Einheit erfolgreich und somit ist es wichtig, dass das Gesamtportfolio sich im Einklang befindet.

 Beispiel

Ein neues Produkt kann nur dann erfolgreich entwickelt werden, wenn eine neue Fertigungstechnologie in der Produktion stabil funktioniert. Dafür werden neue Anlagen beschafft und neue Prozesse eingeführt. Um den Erfolg des Produkts zu überwachen, müssen somit die Projekte in der Produktentwicklung, Fertigungstechnologie, HR und (…) betrachtet werden. Dies lässt sich mit vertretbarem Aufwand nur erreichen, wenn die Projekte in einem Gesamtportfolio verwaltet werden (Bild 9.2).

9.3.4 Übersicht: Portfolio, Programme und Projekte

Tabelle 9.1 zeigt eine Übersicht der Elemente Portfolio, Programme und Projekte.

Tabelle 9.1 Portfolio, Programme und Projekte

	Projekte	Programme	Portfolio
Ziel	Liefert ein einzigartiges Produkt.	Liefert ein einzigartiges Produkt, das sich aus Ergebnissen von zusammenhängenden Projekten zusammensetzt.	Eine Sammlung von Projekten, Programmen, Sub Portfolios und betrieblichen Abläufen zur Umsetzung der Organisationsstrategie.
Dauer	Zeitlich begrenzt	Zeitlich begrenzt	Daueraufgabe
Zeit und Kosten	Werden in der Projektdefinition identifiziert und festgeschrieben.	Werden bei der Programmdefinition identifiziert und festgeschrieben.	Ergeben sich auf Basis der strategischen Ziele und der daraus abgeleiteten Prioritäten.
Organisationsstruktur	Steuerkreis, Projektleiter, Projektteam	Steuerkreis, Programmmanager, mehrere Projektleiter, mehrere Projektteams	Strategiegeber, Entscheiderkreis, Portfoliomanager, Programm- und Projektmanager
Management	Projektmanager managen den Projektfortschritt und leiten bei Abweichung Maßnahmen zur Zielerreichung ein.	Programmmanager überwachen den Fortschritt der einzelnen Projekte und stimmen die einzelnen Aktivitäten so ab, dass viele Synergien genutzt werden können und das Programmziel erreicht wird.	Portfoliomanager überwachen, ob die Projekte den definierten strategischen Zielbeitrag bringen. Sie priorisieren die Projekte/Programme im Portfolio insbesondere bei Strategieänderungen.
Erfolg	Der Erfolg wird anhand der Erreichung der zu Projektstart definierten Ziele ermittelt.	Der Erfolg wird anhand der Erreichung der zu Programmstart definierten Ziele ermittelt. Das Gesamtergebnis des Programms muss besser als die Summe der Einzelprojekte im Programm sein. Der Fokus liegt auf dem Erfolg des Programms.	Der Erfolg wird anhand einer Aufwand- Nutzen- Betrachtung und bezüglich der Erreichung der strategischen Ziele bewertet.

9.4 Der Projektportfolioprozess

Für eine übersichtliche Darstellung des Portfolioprozesses sind die Darstellung und Erläuterung auf das Nötigste reduziert (Bild 9.3).

Bild 9.3 Übersicht Portfolioprozess

9.4.1 Strategie der Organisation

Input für die Steuerung der Projektlandschaft sind die langfristigen Ziele, die aus der Strategie der Organisation abgleitet und messbar formuliert sind. Aus diesen Zielen werden kohärente Teilziele für die Subportfolios abgeleitet.

9.4.2 Projektideen sammeln

Auf Basis der Strategie werden mögliche Projekte identifiziert, die zur Strategieerfüllung beitragen. Diese Identifikation kann in einer strukturierten oder unstrukturierten Weise erfolgen. Dies ist ein fortlaufender Schritt, der nie abgeschlossen wird. Es besteht jederzeit die Möglichkeit, neue Ideen mit aufzunehmen. Die Ideen werden anhand von definierten Kriterien in das Portfolio eingeordnet.

9.4.3 Projektvorhaben bewerten

Um über die Umsetzung der Projekte entscheiden zu können, müssen die Projektideen weiterentwickelt werden. So sollten z. B. die Umsetzung analysiert, Aufwände abgeschätzt, Nutzen und Risiken ermittelt werden. Das PMO definiert, in welcher Form die Informationen zur Entscheidung benötigt werden. Oft werden hierfür verschiedene Score-Werte definiert. Ein Score-Wert ist eine aggregierte Kennzahl aus verschiedenen Einzelfaktoren. Sie werden z. B. zur Ermittlung des Risikos verschiedener Einzelrisiken mittels eines Fragebogens abgefragt. Der Bewertung eines jeden einzelnen Risikos wird eine Kennzahl zugeordnet. Aus der Summe aller Risikokennzahlen wird ein entsprechender Score-Wert errechnet. Die Gewichtung zur Errechnung muss die Organisation gemäß ihren Bedürfnissen definieren. Für die unterschiedlichsten Bewertungsfaktoren (Risiko, Finanzen, Beitrag zur Strategieerfüllung etc.) können Score-Werte definiert werden.

9.4.4 Projektvorhaben priorisieren und entscheiden

Anhand der ausgearbeiteten Projektvorhaben muss die Organisation entscheiden, welche Projekte gleich, später, anders oder gar nicht umgesetzt werden. Für die Entscheidung werden verschiedenste Kriterien berücksichtigt.

Wichtige Kriterien sind beispielsweise:
- Nutzen
- Aufwand
- Verfügbare Ressourcen
- Risiken
- Beitrag zur Strategieerfüllung

Bei der Betrachtung des Risikos im Portfolio ist zu beachten, dass sich die Projektrisiken mit der Risikobereitschaft der Organisation im Einklang befinden und dass kein Risiko viele im Portfolio befindliche Projekte gefährden kann (Klumpenrisiko). Wenn sich dies nicht vermeiden lässt, muss das Risiko mit der entsprechenden Aufmerksamkeit auf Portfolioebene gemanagt werden.

Ein Klumpenrisiko ist z. B., wenn ein elektronisches Bauteil in verschiedenen Produkten verwendet wird, aber nur begrenzt am Markt verfügbar ist.

Bei der Betrachtung des „Beitrags zur Strategieerfüllung" ist aus Portfoliosicht darauf zu achten, dass alle strategischen Ziele durch Projekte unterstützt werden. Wenn das Budget und die Ressourcen vergeben sind, sollten keine „weißen" Flecken übrigbleiben.

Jedes Projekt und die damit verbundenen Herausforderungen sind immer individuell. Ohne einheitliche Entscheidungskriterien ist eine objektive und transparente Entscheidung nicht möglich. Mit Hilfe der im vorigen Kapitel beschriebenen Score-Werte können die Projekte sehr einfach mit anderen Projekten aus dem Portfolio verglichen werden. Eine Sortierung der Projekte nach den Score-Werten bietet hinsichtlich Risiko und Nutzen einen schnellen Überblick.

Der Prozess und die Kriterien zur Auswahl hängen sehr stark von den Projektarten ab. Projekte, die durch den Kunden beauftragt sind, haben oft einen sehr verkürzten Entscheidungsprozess bzw. die Entscheidung, ob dieses Projekt für die Organisation wichtig ist, muss bereits in der Angebotsphase getroffen werden.

In Organisationsprojekten bzw. bei Projekten, die einen internen Kunden haben, ist der Entscheidungsprozess oft langwieriger und die Entscheidungskriterien sind meist vielfältiger.

Auch wenn durch Score-Werte und KPIs Projekte untereinander einfacher vergleichbar sind, ist es dennoch schwierig, aus der Vielzahl der Möglichkeiten das Optimum für die Organisation herauszufinden. Dies ist die Aufgabe des Portfoliomanagers. Mit Szenario-Techniken werden verschiedene Varianten entwickelt und dem Portfolioentscheider zur Entscheidung vorgestellt.

9.4.5 Portfolio steuern

Das Umfeld der Organisation und auch die Projekte entwickeln sich meist anders als geplant. Um trotzdem das Portfolio transparent und zielgerichtet steuern zu können, ist es erforderlich, dass regelmäßig relevante Projektinformationen wie z. B. KPIs, Budget, Status-Meilensteine etc. in aggregierter Form verfügbar sind. Auf Basis dieser Informationen kann z. B. über Projektänderungsanträge oder über die Verschiebung von Prioritäten und Ressourcen entschieden werden. Eine fortlaufende Priorisierung der Projekte gehört ebenfalls zur Steuerung eines Portfolios.

9.4.6 Ergebnisse des Portfolios bewerten

Bei Abschluss eines einzelnen Projekts werden neben den relevanten Projektinformationen zusätzlich die wichtigen Projekterkenntnisse, z. B. aus einem Lessons Learned, an das Portfolio zurückgemeldet. Anhand dieser Informationen kann die Planungsqualität von einzelnen Projekten überprüft und verbessert werden. Zusätzlich erhält der Strategiegeber aus dem Ergebnis ein wertvolles Feedback, wie gut die Strategie umgesetzt werden kann und ob evtl. Anpassungen der Strategie notwendig sind.

9.5 Rollen im Portfoliomanagement

Beim Projektmanagement ist eine Unterstützung oder ein Pate aus dem obersten Management oft sehr hilfreich. Dies ist aber meist, wenn überhaupt, nur bei den wichtigsten Projekten einer Organisation der Fall. Beim Portfoliomanagement ist dies anders. Ohne die aktive Mitarbeit des obersten Managements funktioniert das Portfoliomanagement nicht. Eine Übersicht der Rollen ist in dem Bild 9.4 dargestellt.

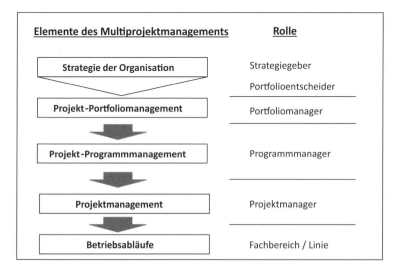

Bild 9.4 Elemente im Multiprojektmanagement mit verantwortlichen Rollen

9.5.1 Strategiegeber

Die Strategie wird von der Organisationsleitung oder einem von der Organisationsleitung beauftragten Gremium erarbeitet. Für das Portfoliomanagement müssen aus dieser Strategie die Ziele und die Rahmenbedingungen abgeleitet werden. Rahmenbedingungen sind z. B. verfügbare Ressourcen, akzeptiertes Risiko, Budget, Termine, geforderte Projektrendite etc.

9.5.2 Portfolioentscheider

Die Portfolioentscheider sind für die Erfüllung der Portfolioziele und damit indirekt auch für die Umsetzung der Unternehmensstrategie verantwortlich. Abhängig von der Unternehmensgröße ist das meistens das obere Management oder ein Gremium, das mit Personen aus dem oberen Management besetzt ist. Damit dieses Gremium im Sinne der Organisationsstrategie entscheiden kann, ist eine enge Abstimmung mit dem Strategiegeber notwendig. Bei kleineren Organisationen werden die Rollen Strategiegeber und Entscheider oftmals vom gleichen Personenkreis wahrgenommen.

Ist das Portfolio der Organisation in Subportfolios unterteilt, gibt es für jedes Subportfolio Portfolioentscheider, die durch eine gesamtheitliche Strategie geleitet werden.

9.5.3 Portfoliomanager

Der Portfoliomanager ist für die Verwaltung der Projekte und Programme im Portfolio und für die Durchführung des Portfolioprozesses in der Organisation verantwortlich. Hierfür sammelt er die Informationen der einzelnen Portfolioelemente zusammen und bereitet diese für die Analysen auf. Auf dieser Basis bereitet er Entscheidungsvorschläge vor und stellt diese dem Portfolioentscheider vor. Er ist somit die Schnittstelle zwischen der operativen Projektebene und dem für die Strategie verantwortlichen Management.

 Um projektübergreifend Informationen zu sammeln, ist ein standardisiertes Reporting notwendig. Damit dieses Reporting die Projektarbeit nicht zu sehr belastet, sollte bei der Definition Folgendes berücksichtigt werden:
- Wo und wie entstehen die Informationen?
- Wer ist für das Bereitstellen der Informationen verantwortlich?
- Entwickeln und Verwenden von Reporting-Standards
- Regelmäßige Überprüfung, wie das Reporting besserer und einfacher gemacht werden kann
- Offene und klare Kommunikation, wie die Informationen verwendet werden
- Gemeinsame Verwendbarkeit von Projektattributen, KPI etc. im Projektmanagement und Portfoliomanagement

9.5.4 Programmmanager

Der Programmmanager ist wie der Projektmanager für die Zielerreichung des Programms verantwortlich. Da Programme aus mehreren inhaltlich verwandten Projekten bestehen, sind die Komplexität und die Führungsaufgabe gegenüber einem einzelnen Projekt deutlich anspruchsvoller. Die einzelnen Projekte werden durch die verantwortlichen Projektleiter gesteuert. Der Programmmanager hingegen konzentriert sich auf die übergeordneten Ziele und auf die Abstimmung und Synergieerzeugung im Programm.

9.5.5 Projektmanager

Im Multiprojektmanagement hat der Projektleiter die aus dem Projektmanagement bekannten Aufgaben. Zudem muss er die für das Multiprojektmanagement notwendigen Informationen zeitgerecht zur Verfügung stellen. Für diesen eventuellen Mehraufwand bekommt er mehr Transparenz über sein Projektumfeld und die Abhängigkeit zu anderen Projekten. Dies ermöglicht es ihm, die Schnittstellen besser zu managen und Entscheidungen aus dem Portfolio besser zu verstehen und umzusetzen.

9.5.6 Projektsteuerkreis

Der Projektsteuerkreis steuert die Umsetzung der einzelnen Projekte oder Programme. Der Rahmen der Entscheidungsmöglichkeiten kommt aus dem Portfolio. Dieser Rahmen kann nur in Abstimmung mit dem Portfoliomanagement/Programmmanagement bzw. dem Portfolioentscheider/Programmentscheider angepasst werden. Sinnvollerweise sollte der Steuerkreis mit den wichtigsten Stakeholdern besetzt sein. Bei strategisch wichtigen Projekten enthält der Steuerkreis oft auch Portfolioentscheider.

9.5.7 Fachbereich/Linie

Der Fachbereich hat die operative Verantwortung und übernimmt am Ende das Projektergebnis. Ist die Projektorganisation eine Matrix, so stellt der Fachbereich die Ressourcen für das Projekt.

9.5.8 Projekt Management Office (PMO)

Das Projekt Management Office hat die Verantwortung, die Rahmenbedingungen, Prozesse und Kennzahlen für die Projekte, Programme und Portfolios zu definieren, einzuführen und die definierten Prozesse zu unterstützen.

9.6 Einführung des Multiprojektmanagements

Die Einführung des Multiprojektmanagements/Projektportfoliomanagements ist vor allem ein strategischer Ansatz. Entscheidet sich eine Organisation dafür und liegt zudem eine verwertbare Strategiedefinition vor, dann muss das Management definieren, auf welcher Grundlage und welchen Informationen es zukünftig über Projekte entscheiden möchte. Eine Einführung gestaltet sich schneller, wenn bereits ein durchgängiges und gut funktionierendes Projektmanagement in der Organisation vorhanden ist. Dann ist die operative Ebene schneller in der Lage, die notwendigen Informationen zu erarbeiten und zur Verfügung zu stellen.

Für die Motivation der Beteiligten ist es wichtig, dass innerhalb von kürzester Zeit erste Erfolge sichtbar und spürbar werden.

9.7 Multiprojektmanagement in globalen Projekten und Organisationen

Das Multiprojektmanagement setzt voraus, dass die einzelnen Projekte festgelegten Standards folgen, um einheitliche Bewertungs- und Entscheidungskriterien zu bekommen. Denn nur so ist gewährleistet, dass transparente Entscheidungen getroffen werden können. Je größer, internationaler und diverser die Organisation ist, desto schwieriger ist es, Standards vollständig durchzusetzen. Grund dafür ist die Vielzahl von Stakeholdern und das unterschiedliche Verständnis, Verhalten und die Kultur in den Regionen. Für eine erfolgreiche Umsetzung ist es deswegen essenziell, dass das PMO und die Portfoliomanager eine entsprechende Sensibilität haben und die einzuhaltenden Standards auf ein Minimum reduziert sind. Für die Durchsetzung dieser Standards braucht das PMO eine durch das Top-Management unterstützte hoheitliche Verantwortung. Um die lokalen Stakeholder für den Prozess zu gewinnen, ist es sinnvoll, regionale Subportfolios zu bilden und nur die wichtigsten Projekte in dem Gesamtportfolio zu berücksichtigen.

Um einen globalen Portfolioansatz zu unterstützen, ist ein durchgängiges und weltweit performantes Projektmanagement-Informationssystem sehr hilfreich.

9.8 Multiprojektmanagement im agilen Umfeld

9.8.1 Projekte: agil, hybrid und klassisch

Gegenwärtig kommen bei vielen Organisationen agile Projektmanagementmethoden zum Einsatz. Diese reichen von reinen agilen Ansätzen wie z. B. SCRUM bei Softwareprojekten (z. B. die Entwicklung einer App) über hybride Projekte, also agiles und klassisches Projektmanagement in Mischform, bis hin zum klassischen Wasserfallmodell. Prinzipiell lassen sich auch klassische Projekte agilisieren. Das heißt, innerhalb eines Wasserfall-Projekts wird hybrid vorgegangen.

 Beispiel für ein hybrides Projekt: Das Gesamtprojekt wird nach dem Wasserfallmodell abgearbeitet und einige Teile des Projekts agil, z. B. Scrum für die Software-Subprojekte.

Rein klassische Projekte lassen sich ebenfalls agilisieren, indem z. B. für das Managen offener Punkte die Kanban-Methode eingesetzt wird.

Das Schaubild (Bild 9.5) zeigt Beispiele für ein klassisches Projekt nach dem Wasserfallmodell, ein rein agiles Projekt, z. B. Scrum, und ein hybrides Projekt, in dem klassische mit agilen Ansätzen kombiniert werden.

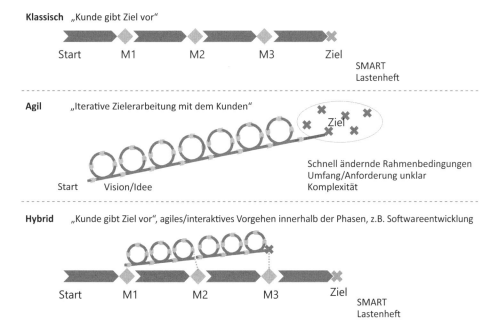

Bild 9.5 Übersicht klassische, agile und hybride Projekte

9.8.2 Agil und Multiprojektmanagement

Die spannende Frage der Agilisierung ist, welchen Einfluss diese auf das Multiprojektmanagement hat. Hierzu spielt der Grad der Agilisierung des Unternehmens eine große Rolle. Vereinfacht wird dies an folgenden zwei Szenarien dargestellt:

1. Die rein agile Organisation: agile Projekte, agile Unternehmensplanung, agile Unternehmensstrukturen und eine agile Unternehmenskultur
2. Die hybride Organisation: agile, hybride und klassische Projekte und ein klassisches Projektportfoliomanagement

In Szenario 2 treffen agile Projekte auf klassische Methoden, wie beispielsweise dem klassischen Projektportfoliomanagement. Dabei entsteht ein Spannungsfeld, da ein klassisches Projektportfoliomanagement nicht unbedingt ohne Weiteres kompatibel mit agilen Projekten ist. Ein Beispiel dafür ist die Operative Planung, in der klassisch Kosten und Kapazitäten für ein oder mehrere Jahre anhand von Kostenzielvorgaben der Unternehmensleitung geplant werden. Diese Planung ist die Basis für das Projektportfoliomanagement. Nun treffen plangetriebene Unternehmensprozesse auf agile Projekte, die sich in die nicht agilen Portfolioprozesse einordnen sollen. Agile Projekte bestehen aus kurzen, aber vielen Iterationen. Das heißt, das Portfolio wird öfter mit Informationen versorgt und das Projekt erfordert schnellere Portfolioentscheidungen. Um dieses und weitere Spannungsfelder (Tabelle 9.2) aufzulösen, muss der Projektportfolioprozess hybridisiert werden, sodass er das Bindeglied von agilen Projekten und klassischen Prozessen darstellt. Ein agiles Projektportfoliomanagement ist ein weiterer konsequenter Schritt zur agilen Organisation.

Tabelle 9.2 Spannungsfelder agiles und hybrides Projektportfoliomanagement (Prof. Dr. Ayelt Komus, HS Koblenz)

	Agil	Plangetrieben
Managementparadigma	Lernen, entwickeln, liefern	Planen, umsetzen
Zeitpunkt/Entscheidung	Vision: früh, dann rollierend Detail: fortlaufend	Sehr früh
Zielsetzung/Planungsprozess	Erkenntnis/Alignment	Plan
Managementfokus	Rollen, Artefakte, Zeremonien, Kultur, Lernen	Artefakte, Planungsalgorithmen
Rollenprinzip	Durchgängige Trennung Doing, Methodik, Produkt	Projektleiter im Fokus
Treiber für Projekt-Portfolioentscheidungen	Produktarchitektur, Nutzen	Formular, Prozess/Scoring
Planungsphilosophie	Planung im Takt Lieferung nach Bedarf/Möglichkeit Kontinuierliche Produktentwicklung	Projekte mit definiertem Ergebnis und Termin

9.8.3 Agile Skalierungsansätze

In der Regel beginnt eine Organisation bei ihrer Agilisierung damit, dass ein Team oder ein Projekt agilisiert wird. In den nächsten Schritten entwickelt sich die Agilisierung Schritt für Schritt weiter, indem zusätzliche Teams und Projekte agilisiert werden. Im Laufe der agilen Verbreitung stößt die Organisation an ihre Grenzen. Es gibt Handlungsbedarf in der Regelung der Zusammenarbeit zwischen den einzelnen agilen Teams und auch den Projekten. Dabei gilt es, die agilen Inseln untereinander systematisch zu vernetzen. Großprojekte oder auch Programme benötigen über die einzelnen autarken Teams hinweg Koordination und Regeln. Insbesondere wenn zeitlich, organisatorisch und örtlich verteilte Teams zusammenarbeiten müssen. Agile Skalierungsansätze wie Skalierungsmethoden oder Scaling Frameworks bieten hierfür Lösungsansätze. Sie definieren die notwendigen Regeln, Methoden und Konzepte.

Agile Skalierungsansätze sind insbesondere für große Organisationen relevant, da diese meistens in mehreren und oftmals global verteilten Entwicklungsteams organisiert sind. Bei kleineren Organisationen, die aus einem kleinen Entwicklungsteam bestehen, genügen oftmals agile Ansätze, wie beispielsweise Scrum.

Übersicht agiler Scaling Fameworks

- SAFe (Scaled Agile Framework) –ein flexibles Framework, das den Einsatz von agilen Methoden innerhalb mehrerer Teams oder im Rahmen von Programmen sowie Portfolios ermöglicht. Das Konzept ist abgeleitet aus den Prinzipien der agilen Softwareentwicklung, Lean-Produktentwicklung und dem Systemdenken und ermöglicht eine einfachere Integration in die klassischen Unternehmensbereiche (*https://www.scaledagileframework.com*).
- LeSS (Large Scale Scrum) –ein erweitertes Scrum-Framework, welches die Anwendung der Scrum-Methode unter Zuhilfenahme von Skalierungsregeln und Richtlinien auf mehrere kooperierende Teams ermöglicht. Der Fokus liegt hierbei auf dem globalen Produkt, wobei jedoch die Standard-Scrum-Regeln beachtet werden (*https://less.works/*).
- Scrum@Scale - das Scrum@Scale-Framework soll die Prinzipien eines Scrumteams und die Vorgehensweisen auf die ganze Organisation über alle Abteilungen, Produkte und Services erweitern. Die agile Transformation soll in Bereichen mit dem größten Bedarf an Veränderung begonnen und dann schrittweise ausgeweitet werden (*https://www.scrumatscale.com/*).

- Team of Teams – kombiniert die Anpassungsfähigkeit, Agilität und Zusammenarbeit eines kleinen Teams mit der Stärke und den Ressourcen einer großen Organisation (General Stanley McChrystal, Team of Teams: New Rules of Engagement for a Complex World).
- Nexus – das Nexus Framework stellt eine Erweiterung des Scrum-Frameworks für mehrere Teams dar. Ein Kernteam stellt die Koordination der Teams und die Harmonisierung der abgeschlossenen Arbeit sicher, während Abhängigkeiten zwischen den Scrum-Teams minimiert und ein integriertes Produkt realisiert werden (*https://www.scrum.org/resources/nexus-guide*).

Die am meisten verwendeten Scaling-Fameworks sind SAFe, LeSS und individuelle Frameworks. In der zitierten Umfrage haben derzeit lediglich 20 % der Befragten Skalierungsmethoden oder Scaling-Frameworks im Einsatz (Prof. Dr. Ayelt Komus, HS Koblenz; Abschlussbericht: Status Quo Agile 2016/2016, S. 123, 125; *www.status-quo-agile.de*). Setzt sich die Agilisierung innerhalb von Organisationen fort, so werden auch agile Skalierungsansätze sich weiter verbreiten und entwickeln.

■ 9.9 Die wichtigsten Punkte in Kürze

Im Vergleich zum Projektmanagement ist das Multiprojektmanagement eine jüngere Methode, die in den letzten Jahren immer häufiger zur Anwendung kam und zukünftig weiter an Bedeutung gewinnen wird. Die Methode ist hierarchieübergreifend und benötigt klare Rollen und Spielregeln. Um die Methode in der Organisation einzuführen, müssen ein schlüssiges Konzept, ein klarer Auftrag von der Organisationsleitung und die Bereitschaft aller Beteiligten, sich gemäß den Spielregeln zu verhalten, vorhanden sein. Einfacher ist es, wenn die Organisation bereits einen hohen Reifegrad im operativen Projektmanagement hat. Der Aufwand lohnt sich, denn ein gut funktionierendes und akzeptiertes Multiprojektmanagement bietet einen hohen Mehrwert für die Organisation. Es gibt weniger Projekte, bei denen der Mehrwert nicht sichtbar ist, und einzelne Projekte profitieren von der höheren Transparenz und von klareren und schnelleren Entscheidungen.

Die Methode des Multiprojektmanagements ist auch beim Einsatz des agilen Projektmanagements hilfreich. Sie wird sowohl im agilen als auch im klassischen Umfeld weiter an Bedeutung gewinnen. Notwendig ist, dass die Prozesse und die Organisation entsprechend angepasst werden, um die Teams entsprechend des agilen Verständnisses managen zu können. Aber letztendlich ist es ein konsequenter Schritt in eine agile Organisation.

Literatur

Prof. Dr. Komus, Ayelt (HS Koblenz), Abschlussbericht: Status Quo Agile 2016/2016, S. 123, 125 (*www.status-quo-agile.de*)

General McChrystal, Stanley: Team of Teams: New Rules of Engagement for a Complex World

Lock, Dennis; Wagner, Reinhard (Hrsg.): The Handbook of Project Portfoliomanagement, 2018

PMI: PMBOK® Guide – Sixt Edition, 2017

Prof. Dr. Steinle, Claus; Eßeling, Verena; Dr. Eichenberger, Timm (Hrsg.): Handbuch Multiprojektmanagement und -controlling, 2008

Wagner, Reinhard (Hrsg.): Erfolgreiches Projektportfoliomanagement, 2016

https://less.works/

https://www.scaledagileframework.com

https://www.scrum.org/resources/nexus-guide

https://www.scrumatscale.com/

10 Kennzahlensysteme zur Steuerung projektorientierter Unternehmen

Martin Kütz

Moderne Unternehmenssteuerung ist ohne Kennzahlensysteme nicht mehr vorstellbar. Wenn sich Unternehmensphilosophien ändern, müssen auch die Managementsysteme angepasst werden. Projektorientierung erfordert projektorientierte Kennzahlensysteme.

> In diesem Beitrag erfahren Sie,
> - mit welchen Kennzahlen Projekte jedweder Größe gesteuert werden können.
> - mit welchen Kennzahlen Projektportfolios gesteuert werden sollten.
> - wie man die Projektorientierung über geeignete Kennzahlen in die Gesamtsteuerung eines Unternehmens integrieren kann.

■ 10.1 Vorteile einer kennzahlenbasierten Steuerung

Unternehmen sind komplexe soziotechnische Systeme (Schulte-Zurhausen 2010, S. 33–37). Sie zu steuern, ist Aufgabe des Managements. Dabei können Kennzahlensysteme eine wirksame Managementunterstützung sein.

Für jede Steuerungsaufgabe benötigt man drei Elemente, das **Steuerungsobjekt**, seinen **Eigentümer** und den **Manager**, der vom Eigentümer mit der Steuerung beauftragt wird (vgl. Bild 10.1). Dabei steht der Eigentümer vor der Frage, wie es ihm gelingen kann, dass der Manager auch wirklich uneigennützig in seinem Sinne handelt (vgl. Principal Agent Theory; Horváth 2011, S. 121–122).

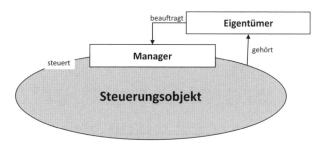

Bild 10.1 Elemente einer Steuerungsaufgabe

Steuerung erfolgt in der Zeit und kann angesehen werden als Folge von Entscheidungen, die vorbereitet, getroffen, umgesetzt und letztlich auch überprüft werden müssen. Diese Entscheidungen müssen sich an den Zielen orientieren, die Eigentümer und Manager bezüglich des Steuerungsobjekts miteinander vereinbart haben. Daher erfolgt die Steuerung in **Regelkreisen**, in denen immer wieder überprüft wird, in welchem Grad sich das Steuerungsobjekt den vereinbarten Zielen nähert.

Hier nun kommen Kennzahlensysteme ins Spiel, mit deren Hilfe Eigentümer und Manager gemeinsam feststellen können, wie erfolgreich der Manager die ihm übertragene Steuerungsaufgabe bewältigt. Kennzahlensysteme unterstützen also die Arbeit des Managements. Sie schaffen Transparenz und erlauben die Bewertung des Steuerungserfolgs.

■ 10.2 Begriffliche Grundlagen

Wir gehen davon aus, dass das Steuerungsobjekt präzise definiert wurde und seine Schnittstellen zur Umwelt bekannt sind. Des Weiteren nehmen wir an, dass die Ziele für das Steuerungsobjekt inhaltlich klar sind und Eigentümer und Manager ein konsistentes Verständnis dieser Ziele haben.

Vor diesem Hintergrund können wir eine **Kennzahl** als einen Zahlenwert definieren, der die quantitative Ausprägung eines für die Zielerreichung relevanten Merkmals des Steuerungsobjekts repräsentiert.

Eine Kennzahl wird zum Zeitpunkt t durch ihren **Sollwert** $s(t)$ und **ihren** Istwert $r(t)$ repräsentiert. Man kann weitere Kennzahlenwerte definieren, z. B. Prognosewerte $p(t)$, die auf Basis früherer Istwerte einen Wert liefern, den die Kennzahl zu einem späteren Zeitpunkt möglicherweise annehmen könnte. Eine Kennzahl tritt also in verschiedenen Ausprägungen auf, die sich jedoch sämtlich auf ein bestimmtes Merkmal des Steuerungsobjekts beziehen.

Da für die Steuerung komplexer Objekte mehrere Merkmale relevant sind, führt das zur Definition eines **Kennzahlensystems** bestehend aus einer Menge von Kennzahlen, mit denen das Steuerungsobjekt über die dahinterstehenden Merkmale in befriedigender Vollständigkeit dargestellt werden kann.

Damit haben wir für einen Zeitpunkt t eine Liste aller Sollwerte, aller Istwerte und auch eine oder mehrere Listen von Prognosewerten, die wir mithilfe der Vektorschreibweise als $\underline{s}(t) = (s_1(t), s_2(t), ..., s_m(t))$, $\underline{r}(t) = (r_1(t), r_2(t), ..., r_m(t))$ und $\underline{p}(t) = (p_1(t), p_2(t), ..., p_m(t))$ darstellen können. Dabei bezeichnet m die Anzahl der gewählten Kennzahlen.

Für die Zielerreichung steht eine beschränkte Zeitspanne T zur Verfügung, die wir hier als **Planungsperiode** bezeichnen. Diese Planungsperiode beginnt zum Zeitpunkt $t_0 = 0$ und endet zum Zeitpunkt $t_n = T$. Sie wird durch **Kontrollpunkte** $t_1, t_2, ..., t_{n-1}$ in n Teilintervalle unterteilt. Diese Teilintervalle sind üblicherweise, wenn auch nicht zwingend, von gleicher Dauer.

Zu Beginn der Planungsperiode hat das Steuerungsobjekt den Status $\underline{r}(t_0)$ und soll in den Zielzustand $\underline{s}(T)$ überführt werden. Der Manager muss nun planen, wie er das Steuerungsobjekt von $\underline{r}(t_0)$ nach $\underline{s}(T)$ bewegen will. Dazu wird er für die definierten Kontrollpunkte Zwischenziele $\underline{s}(t_i)$ definieren, die er an diesen Kontrollpunkten mit den tatsächlich realisierten Merkmalsausprägungen $\underline{r}(t_i)$ vergleicht. Die Arbeit mit Kennzahlensystemen ist also eine natürliche Ergänzung der Steuerung in Regelkreisen (vgl. Bild 10.2).

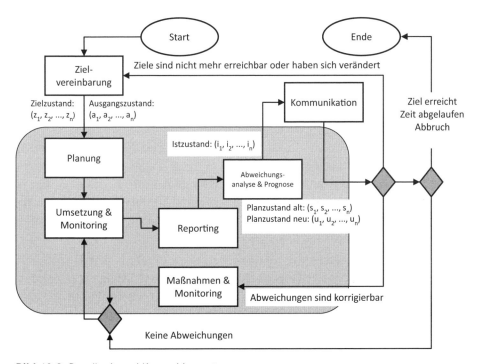

Bild 10.2 Regelkreis und Kennzahlensystem

Dabei liefert uns die Abbildung des Steuerungsobjekts als Vektor im m-dimensionalen Raum der Merkmalsausprägungen eine präzise Definition der Aufgabe des Managers. Wenn nämlich in diesem Vektorraum eine Abstandsfunktion d mit den Eigenschaften einer Metrik definiert ist (Bronstein 2008, S. 667), dann lässt sich die Aufgabe des Managers einfach so beschreiben, dass im Falle der Zielerreichung $d(\underline{s}(T); \underline{r}(T)) = 0$ sein muss. Außerdem wird der Manager bestrebt sein, auch seine Zwischenziele zu erreichen, also $d(\underline{s}(t_i); \underline{r}(t_i)) = 0$ zu realisieren.

Damit ist das Prinzip der kennzahlenbasierten Steuerung umfassend beschrieben, gaukelt aber auch eine Einfachheit vor, die es so nicht gibt. Eigentümer und Manager müssen nämlich, bevor sie in die operative Umsetzung gehen, eine erhebliche Menge an „Hausaufgaben" machen. Es ist zu klären,

- welche Merkmale für die Steuerungsaufgabe relevant sind und wie viele Kennzahlen sie auswählen müssen, um das angestrebte Ziel auch erschöpfend beschreiben zu können,
- wie man das angestrebte Ziel mittels der ausgewählten Kennzahlen quantifiziert,
- wie viele Kontrollpunkte man in der Planungsperiode benötigt,
- wie man die Istwerte der ausgewählten Kennzahlen im laufenden Betrieb zeitnah ermittelt.

Wir können diese Überlegungen hier nicht weiter vertiefen (verweisen dazu auf: Kütz 2006), müssen aber noch darauf hinweisen, dass der Manager für seine Steuerungsaufgabe zwei Kategorien von Kennzahlen benötigt. **Steuerungskennzahlen** beschreiben und messen das vom Steuerungsobjekt zu erreichende Ziel. Sie sind zugleich Gradmesser für den Erfolg der geleisteten Managementarbeit. **Informationskennzahlen** beschreiben Merkmale des Steuerungsobjekts und des Umfelds, in dem sich das Steuerungsobjekt bewegt, die der Manager nicht beeinflussen kann, aber kennen und bei seiner Arbeit berücksichtigen muss (Kütz 2013, S. 227). Die Zuordnung einer konkreten Kennzahl zu einer dieser beiden Kategorien ist nicht immer einfach, aber grundsätzlich möglich.

Betrachten wir nun die Steuerungsobjekte in projektorientierten Unternehmen. Wir beginnen mit dem **Projekt** (Kuster 2015, S. 6): „If a one-off initiative extends across departments, has a limited time frame, is focused on an specific objective, is interdisciplinary and is so important, critical and urgent, that it cannot be easily managed by the existing line organisation, but instead needs special organisational measures to be taken, then it is a project."

Ergänzend weisen wir darauf hin, dass das Projekt ein **Ergebnis** liefern muss, mit dem anschließend jenseits des Projekts ein (wirtschaftlicher) **Erfolg** erzielt werden soll. Der Projektmanager muss „nur" das Projektergebnis liefern. Für den Erfolg, der mit diesem Projektergebnis realisiert werden soll, ist er nicht mehr verantwortlich, sondern der Projektkunde als Eigentümer des Projekts. Das angestrebte Projektergebnis kann sich während des Projektverlaufs erheblich verändern; das Projektmanagement muss also mit **„moving targets"** zurechtkommen.

Projekte sind vielfältigen Rand- und Rahmenbedingungen unterworfen. Neben dem begrenzten Zeitrahmen müssen sie mit beschränkten technischen, personellen und finanziellen Ressourcen zurechtkommen. Das Projektergebnis selber kann Einschränkungen unterworfen sein, z. B. aufgrund gesetzlicher Regelungen oder technischer Gegebenheiten.

Außerdem besteht die Notwendigkeit einer **projektspezifischen Organisation**. Das bedarf eines flexiblen und weniger strukturierten Umfelds, als es arbeitsteilig ausgerichtete Organisationen bieten. Damit müssen projektorientierte Unternehmen die Vorhaltung und Auslastung von (personellen) Kapazitäten managen.

Bei der Planung eines Projekts zerlegen wir die komplexe Aufgabenstellung in kleinere Einheiten. Die „work breakdown structure" (Kuster 2015, S. 130–133) führt zu Teilprojekten und Projektphasen, schlussendlich zu einem Verzeichnis „kleinster planbarer Einheiten", den **Arbeitspaketen** (Kuster 2015, S. 130–133). Arbeitspakete sind **elementare Projekte**, die aus Sicht des Projektmanagements selbstorganisierend durchgeführt werden. Sie müssen unter zeitlichen und ressourcenmäßigen Beschränkungen definierte Ergebnisse liefern. Innerhalb eines Projekts bilden Arbeitspakete Ketten und diejenige Kette mit der zeitlich längsten Dauer bezeichnen wir als **kritischen Pfad**.

Wir können aber auch Projekte zu größeren Komplexen zusammenfassen, zu Projektprogrammen und Projektportfolios. **Projektprogramme** sind gewissermaßen Superprojekte, in denen mehrere Projekte zu einem gemeinsamen Gesamtergebnis führen. Die einzelnen Projekte liefern eigenständig nutzbare Ergebnisse, allerdings kann der Erfolg des Projektprogramms erst dann in vollem Umfang realisiert werden, wenn alle Projektergebnisse des Programms vorliegen. In **Projektportfolios** sind die verbindenden Elemente die **Ressourcen**, die alle Projekte eines Portfolios nutzen müssen. Das führt zwischen den Projekten zu einem Kampf um die vorhandenen Ressourcen.

Ein **projektorientiertes Unternehmen** wird zunächst „überdurchschnittlich" viele Projekte durchführen, so dass das Projektmanagement einen wesentlichen Anteil an der Managementarbeit ausmacht. Hinzu kommen projektartige Aktivitäten, die in Form von Aufträgen, Kleinserien oder Dienstleistungen auftreten. Sie werden von externen oder internen Kunden ausgelöst und zeichnen sich durch eine gewisse Einmaligkeit, Individualität und Komplexität aus.

Verallgemeinernd kann man jedes „Stück" Arbeit, das sich mit den Mitteln des Projektmanagements planen und steuern lässt, als Projekt betrachten. Daher können viele kontinuierlich anfallende Aufgaben im Projektmodus mit einem hohen Grad an Selbstorganisation und Autonomie der ausführenden Mitarbeiter abgewickelt werden.

■ 10.3 Steuerung eines Projekts

Wir betrachten zunächst die kennzahlenbasierte Steuerung eines elementaren Projekts. Was sind dann die für eine Steuerung relevanten Merkmale? Sind diese Merkmale zu quantifizieren und dann die Merkmalsausprägungen auch tatsächlich zu ermitteln? Folgende Sachverhalte sind bekannt oder ermittelbar:

- Das vom Projekt zu liefernde Ergebnis muss quantifiziert und die gelieferte Ergebnismenge muss gemessen werden.
- Die vom Projekt verbrauchten Ressourcen müssen hinsichtlich ihrer Relevanz für die Projektsteuerung selektiert werden und der Verbrauch dieser Ressourcen muss gemessen werden.
- Wenn das Projekt startet oder endet, muss es entsprechende Meldungen geben und die Zeitpunkte müssen registriert werden.
- Die Zufriedenheit des Eigentümers oder anderer Betroffener (Stakeholder) mit dem Projektverlauf kann zu jedem Kontrollpunkt ermittelt werden.
- Änderungsanforderungen müssen gemeldet und registriert werden und es muss dann nachgefasst werden, ob sie akzeptiert wurden und wie sich die akzeptierten Änderungsanforderungen auf das Projekt hinsichtlich Ergebnismenge, Ressourcenverbrauch und Dauer ausgewirkt haben.
- Die im Projekt auftretenden Besonderheiten müssen gemeldet und registriert werden. Eventuell führt ihre Klärung zu (weiteren) Änderungsanträgen.
- Die Bedrohungen des Projekts von außen müssen erkannt, gemeldet und registriert werden. Auch die Veränderung einer Bedrohung im Zeitverlauf muss verfolgt werden.
- Die Attraktivität des Projekts für das Unternehmen ändert sich, wenn sich das Projekt ändert oder in der Durchführung von der Planung abweicht. Diese Veränderungen müssen nachvollzogen werden.

Um den Projektstatus mithilfe von Kennzahlen planen und dann im Ist darstellen zu können, müssen wir einige technische Fragen diskutieren.

Ergebnismenge: Die Ergebnismenge eines elementaren Projekts können wir im Rahmen der Planung auf 1 skalieren. Bei späteren Änderungen können wir dann mittels Äquivalenzziffern (Kütz 2013, S. 133–138) die Ergebnismenge im Plan anpassen und schlussendlich lässt sich das tatsächlich ausgelieferte Ergebnis nach demselben Prinzip bewerten. Für die Ermittlung von Äquivalenzziffern kann man verschiedene Methoden nutzen, z. B. Expertenschätzungen oder Verfahren, die mit paarweisen Vergleichen arbeiten, wie z. B. den Analytischen Hierarchieprozess (Kütz 2013, S. 302–307). Ein projektorientiertes Unternehmen könnte Referenzergebnisse definieren und die Ergebnismenge von aktuellen elementaren Projekten müsste gegen diese Referenzergebnisse geschätzt werden (Kütz 2019).

Zufriedenheit: Die Zufriedenheit mit einem Projekt kann man über Befragungen mithilfe von Scoring-Verfahren (Kütz 2013, S. 291–301) ermitteln.

Änderungsanforderungen, Besonderheiten und **Bedrohungen**: Diese Objekte können einfach gezählt werden. Eventuell ist eine grobe Gewichtung z. B. nach dem Schema klein (1) / mittel (2) / groß (4) sinnvoll. Die Gewichtung kann sich für einen Eintrag im Zeitverlauf ändern, z. B. könnte eine Bedrohung größer werden oder sich abschwächen. Eine genaue Bewertung mittels Äquivalenzziffern macht aus praktischer Sicht keinen Sinn.

Projektattraktivität: Die Projektattraktivität wird mit dem Return on Investment (ROI) oder daraus abgeleiteten Größen dargestellt. Der ROI setzt den durch das Projektergebnis erzeugten Nettonutzen zum Kapitalbedarf des Projekts ins Verhältnis. Alle Größen, auch die mit dem Projektergebnis zu erzeugenden Nutzeffekte, müssen finanziell bewertet werden. Unter Rückgriff auf Methoden der Entscheidungstheorie ist das stets möglich (Kütz 2019).

Vor diesem Hintergrund können wir für jeden Kontrollpunkt das in Tabelle 10.1 dargestellte Kennzahlensystem aufstellen.

Tabelle 10.1 Kennzahlensystem für Projekte

Steuerungskennzahlen	Informationskennzahlen
- Realisierte Ergebnismenge	- Änderungsdruck auf das Projekt
- Entstandener Projektaufwand	- Volumen an Besonderheiten im Projekt
- Termintreue des Projekts	- Bedrohungslage des Projekts
- Zufriedenheit mit dem Projekt	- Attraktivität des Projekts

Nun müssen wir die ausgewählten Kennzahlen so präzisieren, dass wir sie rechentechnisch aufbereiten und die Istwerte im laufenden Projekt ermitteln können.

Realisierte Ergebnismenge: Im Rahmen der (Erst-)Planung planen wir die kumulierten Ergebnismengen für diejenigen Kontrollpunkte, durch die unser Projekt von der Planung her laufen soll. Vor dem Start des Projekts steht die Ergebnismenge auf 0, nach Abschluss des Projekts auf dem Wert 1. Für die von der Projektdauer überdeckten Kontrollpunkte planen wir spezifische Ergebnismengenwerte zwischen 0 und 1.

Wird nun zu einem Kontrollpunkt die geplante Ergebnismenge verfehlt (also unterschritten oder überschritten), zeigt die **relative kumulierte Ergebnismenge**, also der Quotient aus tatsächlicher und geplanter Ergebnismenge, die Abweichung deutlich, denn im Idealfall wäre der Wert dieses Quotienten 1. Im Fall einer Abweichung werden nun die Planwerte für die noch ausstehenden Kontrollpunkte und den Endpunkt des Projekts neu geplant, ggf. verändert.

Entstandener Projektaufwand: Analog zur Ergebnismenge betrachten wir den **kumulierten, relativen Ressourcenverbrauch**. Die Skalierung ergibt sich aus den gewählten Zähleinheiten, z. B. Personentage. Eventuell führen wir mehrere Kennzahlen für unterschiedliche Ressourcen.

Termintreue des Projekts: Termine (beim elementaren Projekt sind es nur zwei Termine, nämlich der Start- und der Endtermin) betrachten wir wie eine Folge von qualifizierten Ereignissen. Planmäßig soll dann zu jedem Kontrollpunkt eine bestimmte Menge an Terminen erfolgreich erreicht worden sein. Wie bei der Ergebnismenge die zu viel produzierte Ergebnismenge nicht ignoriert werden kann, so kann man auch hier die Menge der verfehlten Termine nicht ignorieren. Zu einem bestimmten Kontrollpunkt soll aktuell eine bestimmte Menge an Terminen erreicht sein und planmäßig kann man nun nur noch diejenigen Termine erreichen, die in der Zukunft liegen.

Zufriedenheit mit dem Projekt: Für die Zufriedenheitsmessung mittels Scoring müssen die Kriterien, die vorgegebenen Werte, z. B. 1, 2, 3, 4, 5, und die Gewichte für die Aggregation zur Kennzahl definiert werden. Auch hier kann man Istwert und Sollwert zum jeweiligen Kontrollpunkt ins Verhältnis setzen.

Das hier vorgestellte Vorgehen unterscheidet sich von üblichen Ansätzen, da die gemessenen Werte nicht gegen den aktuell definierten Endzustand des Projekts gestellt werden, sondern gegen die **Planwerte des aktuellen Kontrollpunkts**. Für die operative Projektsteuerung macht das auch Sinn, da das Projektmanagement wissen möchte, ob es aktuell im Plan ist oder nicht.

Änderungsdruck auf das Projekt: Hier interessiert vor allem die Anzahl der noch nicht bearbeiteten Änderungsanträge.

Volumen an Besonderheiten im Projekt: Hier interessiert vor allem die Anzahl der noch nicht geklärten Besonderheiten.

Bedrohungslage des Projekts: Die Menge der (gewichteten) Bedrohungen hat bereits Warteschlangencharakter, denn es handelt sich um die Menge der noch nicht „beseitigten" Bedrohungen, die allerdings zum Ende des Projekts hin auf 0 absinken sollte …

Attraktivität des Projekts: Der Ausgangswert der Projektattraktivität wurde im Projektantrag im Rahmen der Projektinitiierung bestimmt. Sie muss mit jeder Änderung des Projekts, insbesondere mit jeder Übernahme einer Änderungsanforderung, fortgeschrieben werden. Sie darf sich durch Projektänderungen eigentlich nicht verschlechtern, sondern sollte sich insbesondere bei Änderungsanträgen eher verbessern. Anhand der (erwarteten) Projektattraktivität sollte der Projektkunde entscheiden, ob er eine Änderung des Projekts zulässt oder nicht.

Im Steuerungsbereich repräsentieren Ergebnismenge, Projektaufwand und Termintreue das **magische Dreieck des Projektmanagements** (Kuster 2015, S. 175–

176). Darüber hinaus könnte noch der Qualitätsgrad des Projekts von Interesse sein, also der Anteil der durchgeführten Qualitätssicherungsmaßnahmen, bei denen keine Fehler gefunden wurden. Allerdings ist schlechte Qualität der Arbeitsergebnisse gleichbedeutend damit, dass sich die Ergebnismenge reduziert, und wird hier nicht weitergeführt.

Man könnte folgende Steuerungskennzahlen ergänzen:

- relative kumulierte Ergebnismenge, bezogen auf das aktuell geplante Endergebnis (**Fertigstellungsgrad**),
- relative kumulierte verbrauchte Ressourcenmenge(n), bezogen auf den insgesamt geplanten Ressourcenverbrauch (**Budgetausschöpfungsgrad**).

Im Bereich der Informationskennzahlen könnten folgende Kennzahlen von Interesse sein:

- Anzahl der insgesamt seit Projektstart eingelaufenen Änderungsanträge,
- Anzahl der seit Projektstart ins Projekt übernommenen Änderungsanträge,
- Anzahl der vorgenommenen Planänderungen,
- Anzahl der insgesamt seit Projektstart registrierten Besonderheiten.

Damit erhalten wir das in Tabelle 10.2 dargestellte erweiterte Kennzahlensystem zur Projektsteuerung.

Tabelle 10.2 Kennzahlensystem für Projekte (erweitert)

Steuerungskennzahlen	Informationskennzahlen
- Relative kumulierte Ergebnismenge - Relativer kumulierter Ressourcenverbrauch - Termintreue des Projekts - Zufriedenheit mit dem Projekt	- Anzahl der noch nicht bearbeiteten Änderungsanforderungen zu diesem Projekt - Anzahl der noch nicht geklärten Besonderheiten - (Gewichtete) Anzahl der identifizierten Bedrohungen dieses Projekts - Attraktivität des Projekts
- Fertigstellungsgrad des Projekts - Budgetausschöpfungsgrad des Projekts	- Anzahl der insgesamt eingelaufenen Änderungsanträge zu diesem Projekt - Anzahl der ins Projekt übernommenen Änderungsanträge - Anzahl der vorgenommenen Planänderungen - Anzahl der insgesamt für dieses Projekt registrierten Besonderheiten

Intuitiv neigt man dazu, die Istwerte zu den Werten des ursprünglichen Plans in Relation zu setzen. Das macht aber erst bei Analysen nach Projektabschluss Sinn. Für die laufende Projektsteuerung ist die Bezugnahme auf den aktuellen Plan besser geeignet.

Wie lassen sich die vorgenannten Ergebnisse auf Projekte mit mehreren Arbeitspaketen übertragen? Ein kurzer Blick in Tabelle 10.2 zeigt, dass wir für die zuvor genannten Kennzahlen die interne Struktur des Projekts nicht ausgenutzt haben. Also können wir die Kennzahlen auf jedes beliebige Projekt anwenden.

Für nicht-elementare Projekte ist nun ein weiteres Phänomen zu beachten. Während wir beim elementaren Projekt in die interne Struktur des Arbeitsablaufs keinen Einblick hatten bzw. haben wollten und damit einen kontinuierlichen Arbeitsfluss angenommen hatten, haben wir beim nicht-elementaren Projekt mehrere Folgen von Arbeitspaketen.

Hier kann es vorkommen, dass nacheinander ablaufende Arbeitspakete nicht unterbrechungsfrei durchgeführt werden. Es ergeben sich aus unterschiedlichen Gründen Wartezeiten. Formal kann man solche Wartezeiten als Arbeitspakete definieren, die zwar eine Dauer haben, aber keine Ressourcen verbrauchen. Wartezeiten entstehen nicht zuletzt dadurch, dass das Projekt auf benötigte Ressourcen warten muss, die noch durch ein anderes Projekt belegt sind. Hier deutet sich schon die bittere Erkenntnis an, dass Projektplanung auf der Ebene einzelner Projekte eigentlich nicht möglich ist, sondern sinnvoll nur auf der Portfolioebene durchgeführt werden kann.

■ 10.4 Steuerung eines Projektportfolios

In einem Projektportfolio fassen wir elementare und komplexe Projekte unter dem Aspekt gemeinsamer Ressourcennutzung zusammen. Damit verbunden ist in der Regel eine projektübergreifende Durchführungsverantwortung.

Formal könnten wir ein Projektportfolio als ein Superprojekt betrachten, das sich aus Projekten zusammensetzt und letztlich ein strukturiertes Konglomerat von Arbeitspaketen darstellt. Von daher könnte man die in Tabelle 10.2 dargestellten Kennzahlen unverändert auf die Portfolioebene übertragen.

In der Praxis sind Portfolios jedoch zeitlich unbefristet angelegt, überdecken also mehrere Planungsperioden. Das Portfolio wird ständig durch neue Projekte erweitert. Auch die Sichtweise des Managements ist hier eine andere. Während das einzelne Projekt davon ausgeht, dass es durchgeführt werden muss, und dann die benötigten Ressourcen fordert, fragt der Portfolio-Verantwortliche, welche und wie viele Projekte in welcher Reihenfolge er mit den ihm zur Verfügung stehen Ressourcen in der Planungsperiode durchführen kann.

Betrachtet man ein Projektportfolio als Superprojekt, dann stellt sich natürlich die Frage nach der Ergebnismenge dieses Superprojekts. Viel wichtiger wäre aber für den Portfolio-Manager die Information, welche Projekte des Portfolios Auffälligkeiten bezüglich der projektspezifischen Ergebnismenge aufweisen. Die entsprechende Metrik wäre die **Anzahl der (laufenden) Projekte mit Auffälligkeiten** bzgl. der projektspezifischen Ergebnismenge. Was eine Auffälligkeit ist und warum ein Projekt auffällig wird, muss natürlich definiert und operationalisiert werden. Der Sollwert dieser Kennzahl ist 0. Wenn der Istwert größer als 0 ist, weiß der Portfoliomanager, dass es auffällige Projekte im Portfolio gibt. Diese muss er identifizieren.

Analog sollte man die Frage des Projektaufwands bzw. der Budgeteinhaltung und die Frage der Termintreue im Portfolio betrachten. Auch hier ist es für den Portfoliomanager wichtiger, die auffälligen Projekte zu identifizieren als projektübergreifende statistische Werte zu erhalten.

Aus der Sicht des Portfolios sind aber weitere Steuerungsgrößen notwendig. Während das einzelne Projekt genau die Ressourcen fordert, die es benötigt, werden auf Portfolioebene bestimmte Kapazitäten von Ressourcen vorgehalten, um sie dann den Projekten zur Verfügung zu stellen. Damit muss der Portfolioverantwortliche die **Kapazitätsauslastung** steuern, eventuell für unterschiedliche Ressourcenpools.

In vielen Unternehmen können Kapazitätsgrenzen durch Einsatz von Fremdressourcen, insbesondere Fremdpersonal, überwunden werden. Allerdings gibt es auch hier Limitierungen, die in der Regel als Anteil an den eingesetzten eigenen Ressourcen ausgewiesen werden. Das wäre auch auf der Ebene einzelner Projekte von Interesse. Also sprechen wir im Portfolio über den Verbrauch von Fremdressourcen, bezogen auf den Verbrauch eigener Ressourcen. Und wir sprechen über die Anzahl von Projekten, die diesbezüglich Auffälligkeiten aufweisen.

Nach den Steuerungskennzahlen müssen wir nun die Informationskennzahlen auf Portfolioebene betrachten. Für Änderungsanträge, Besonderheiten und Bedrohungen stellt sich auch hier wieder die Frage nach der Anzahl von Projekten, die Auffälligkeiten zeigen. Das lässt sich auch auf die Projektattraktivität übertragen.

Man könnte auch hier das Gesamtvolumen aller Änderungsanträge, aller Besonderheiten und aller Bedrohungen auswerten; der Wert für das Portfoliomanagement erscheint jedoch fraglich. Es könnte allerdings Änderungsanträge, Besonderheiten und Bedrohungen geben, die auf Portfolioebene entstehen und diese Informationen sollten dem Portfoliomanagement schon vorliegen. Für Änderungsanträge und Besonderheiten ist das weniger relevant; projektübergreifende Bedrohungen sind wahrscheinlich.

Schließlich ist für den Portfoliomanager noch die **Reichweite des Portfolios** relevant. Es handelt sich dabei um die Zeitspanne (ab dem aktuellen Kontrollpunkt), die für eine vollständige Bearbeitung des Portfolios noch benötigt wird. Dies kann eine Steuerungskennzahl sein, wenn der Portfoliomanager Projekte einwerben muss.

Damit erhalten wir ein erstes Kennzahlensystem für die Portfolioebene (vgl. Tabelle 10.3).

Tabelle 10.3 Kennzahlensystem für das Projektportfolio-Management

Steuerungskennzahlen	Informationskennzahlen
• Anzahl der laufenden Projekte mit Auffälligkeiten in der Ergebnismenge	• Anzahl der laufenden Projekte mit Auffälligkeiten bei den Änderungsanträgen
• Anzahl der laufenden Projekte mit Auffälligkeiten im Ressourcenverbrauch	• Anzahl der laufenden Projekte mit Auffälligkeiten bei den Besonderheiten
• Anzahl der laufenden Projekte mit Auffälligkeiten in der Termintreue	• Anzahl der laufenden Projekte mit Auffälligkeiten bei den Bedrohungen
• Anzahl der laufenden Projekte mit Auffälligkeiten in der Zufriedenheit mit dem Projekt	• Anzahl der laufenden Projekte mit Auffälligkeiten bei der Projektattraktivität
• Kapazitätsauslastungsgrad für relevante Ressourcen	• Anzahl der projektübergreifenden Bedrohungen
• Fremdanteil für relevante Ressourcen	
• Anzahl von laufenden Projekten mit Auffälligkeiten im Verbrauch von Fremdressourcen	

Da die Projekte in einem Portfolio über die gemeinsame Nutzung von Ressourcen vernetzt sind, benötigen wir im Portfolio eine Reihenfolgeplanung, die zwar von der Projektattraktivität ausgeht, aber über die zeitliche Platzierung der Projekte auch wieder auf die Projektattraktivität zurückwirkt.

Wir können diese Frage hier nicht inhaltlich diskutieren, sondern müssen annehmen, dass es in dem Unternehmen Regeln gibt, die sowohl bei der Grundplanung des Portfolios als auch bei jeder Änderungsplanung angewandt werden. Wie auch immer diese Regeln aussehen, wird jede nachträgliche Änderung einzelner Projekte zu **Dominoeffekten** führen. Lokale Änderungen können sich global im Portfolio auswirken.

Wegen dieser Dominoeffekte ist Termindisziplin essenziell und Termintreue das wichtigste Managementziel. Die Ressourcenbelegungszeiten dürfen sich möglichst nicht ändern. Laufzeitverkürzungen einzelner Arbeitspakete sind unkritisch, da davon kein Projekt negativ betroffen wird. Allerdings kann es dann bei einer Ressource zu einer reduzierten Auslastung kommen. Verlängerungen von Ressourcenbelegungszeiten hingegen führen stets zu Auswirkungen im Portfolio.

Eine zusätzliche Portfoliokennzahl wäre dann die Anzahl der (laufenden) Arbeitspakete, die ihren Abschlusstermin nicht (mehr) halten können. Steht diese Kennzahl auf 0, ist das Portfolio nicht akut gefährdet.

Wie bereits angedeutet wurde, hat die Reihenfolgeplanung für Projekte Rückwirkungen auf die Projektattraktivität. Je später ein Projekt durchgeführt werden kann, desto schlechter wird seine Attraktivität für den Projekteigentümer sein. Daher muss im Portfoliokontext bei der Bewertung von Änderungsanträgen nicht nur geprüft werden, ob sich bei Zulassung dieser Änderung die Attraktivität des betrachteten Projekts verbessert, sondern auch, welche negativen Auswirkungen es auf andere Projekte im Portfolio haben würde, wenn sich deren Bearbeitung zeitlich verzögern würde.

10.5 Herausforderungen für das agile Management

Wir beginnen wieder mit der Betrachtung eines elementaren Projekts. Zwar hat es gemäß Definition keine internen Strukturen, jedoch ist es hinsichtlich Dauer und Ressourcenbedarf ein Unikat.

In der Praxis wird in vielen Bereichen Komplexität durch standardisierte Einheiten erfolgreich reduziert. Die Container-Logistik wie auch der Einzelhandel, der standardisierte Gebinde verkauft, beruhen auf diesem Prinzip. Wäre es also sinnvoll, auch im Projektbereich mit standardisierten Einheiten zu arbeiten? Wie sähen diese Einheiten aus?

Wir müssen für Arbeitspakete eine Art Projektcontainer definieren, dem wir eine feste Zeitspanne zuordnen und eine bestimmte (personelle) Ressourcenausstattung. Die Vorgabe fester Zeitfenster ist im Projektmanagement schon lange unter dem Begriff der „time box" bekannt (Oestereich 2008, S. 190–192). Konsequenterweise muss man das zur „time & capacity box" (TCB) ausweiten.

Das Arbeiten mit TCBs wird in der jüngeren Vergangenheit breit diskutiert. Man spricht dabei von agilen Arbeitsformen und agilem Management. Ausgelöst wurden diese Diskussionen durch neue Ansätze in der Softwarepflege. Da Softwaresysteme permanent geändert werden (müssen), sind Arbeitsformen nötig, mit denen sie in kurzen Zeitintervallen kundenspezifisch und graduell angepasst werden. Dazu werden Timeboxes festgelegt, in denen eine überschaubare Menge an Änderungen, die man mit dem Kunden abstimmt, realisiert werden, und dem Kunden wird am Ende einer solchen Timebox ein verbessertes und einsatzfähiges Softwaresystem übergeben (vgl. z. B. Scrum; Spitczok 2014, S. 281–283). Was jeweils in einer Timebox gemacht wird, wird mit dem Auftraggeber unmittelbar vor Beginn der Timebox abgestimmt. So können aktuelle Erfordernisse zeitnah in die Software eingearbeitet werden. Dieses flexible Vorgehen bezeichnet man als „agil". Bei der agilen Arbeitsweise sind die Softwareentwickler innerhalb der vorgegebenen, relativ kurzen Zeitspanne völlig autonom in der Gestaltung ihrer Arbeit.

Auch bei der klassischen Projektarbeit gehen wir auf Arbeitspaketebene davon aus, dass der oder die Bearbeiter eigenverantwortlich und selbstorganisierend arbeiten. Aber kann man die inhaltliche Agilität auf die Projektarbeit übertragen?

Wenn man in Projekten nach dem TCB-Prinzip arbeiten will, muss man die Projektaufgabe so aufgliedern, dass die Arbeitspakete TCB-kompatibel sind. Ist die elementare Aufgabe größer als die verfügbare „Verpackungseinheit", muss sie aufgeteilt werden. Das ist vielleicht nicht immer möglich. Ist die betrachtete Projektaufgabe kleiner, dann kann man die TCB eventuell nicht vollständig befüllen oder muss mehrere Arbeitspakete zusammenfassen. Das spricht scheinbar gegen einen solchen Ansatz. Wer allerdings erfahrene Projektplaner beobachtet, wird feststellen, dass sie relativ konsequent darauf achten, dass ihre Arbeitspakete in zugeordnetem Arbeitsaufwand und zugeordneter Zeitdauer homogen sind.

Umgekehrt hat man, wenn man projektübergreifend mit einheitlichen TCBs arbeitet, auf der Portfolioebene große Vorteile. Man kann dann sämtliche Projektarbeiten zeitlich synchronisieren und so anordnen, dass die Kontrollpunkte mit den Start- und Endpunkten der TCBs zusammenfallen. Die Übergänge zwischen verschiedenen Ressourcen können nur zu diesen Zeitpunkten erfolgen. Sämtliche Managemententscheidungen, sei es auf Projekt- oder Portfolioebene, werden auf diese Zeitpunkte konzentriert und dann im Verbund getroffen.

Inhaltlich kann das Agilitätsparadigma in der Projektarbeit nur eingeschränkt umgesetzt werden. Projekte kann man nicht zu beliebigen Zeitpunkten abbrechen und stets ein nutzbares Projektergebnis zur Verfügung haben. Man muss eben berücksichtigen, dass in der Softwarepflege vergleichsweise kleine Aufgaben zu Arbeitspaketen gebündelt werden, wir aber in der Projektarbeit komplexe und große Aufgabenstellungen in Arbeitspakete zerlegen.

Insgesamt bietet aber das TCB-Prinzip im Portfolioumfeld eine empfehlenswerte Option zur Komplexitätsreduktion und Vereinfachung des Portfoliomanagements. Welche Auswirkungen hätte das auf Kennzahlensysteme?

Um es kurz zu machen: Für Ergebnismenge und Ressourcenverbrauch ändern sich die Kennzahlen nicht. Auch für die Informationskennzahlen ergeben sich keine Änderungen. Allerdings stellt sich die Frage, ob Termintreue noch relevant ist, wenn alle Aufgaben nach einem vorgegebenen Zeitraster ablaufen und am Ende jeder TCB verwertbare Arbeitsergebnisse vorgelegt werden müssen.

Spielen wir die Möglichkeiten einmal durch:

- Wird eine geplante Aufgabe mit geringerem Aufwand fertiggestellt als geplant, wird man das Ergebnis zum Ende der TCB ausliefern. Schlimmstenfalls bleiben Ressourcen ungenutzt und verschlechtern die Kapazitätsauslastung.

- Benötigt eine Aufgabe mehr Aufwand als geplant, dann kann der TCB-Manager durch Intensivierung der Ressourcennutzung (z. B. Überstunden) in der Zeit bleiben. Er kann auch von anderen TCB-Managern freie Ressourcen „zukaufen". Das Portfoliomanagement müsste nicht zugeschaltet werden. Kann die Aufgabe trotzdem nicht in der laufenden TCB erledigt werden, kann geprüft werden, ob Restarbeiten in die nachfolgende TCB dieser Ressource verschoben werden können und dort nicht belegte Kapazitäten nutzen. Zum Ende der TCB würde man nur ein vorläufiges Ergebnis liefern. Erst, wenn dieses Abfedern nicht möglich ist, muss das Projekt umgeplant werden.

Ein Vorgehen nach dem TCB-Prinzip würde dazu führen, dass Probleme zunächst auf der Arbeitspaketebene gelöst und Terminprobleme zu großen Teilen im Zeitgitter aufgefangen werden können. Insofern ist die Kennzahl der Termintreue hier nun überflüssig. Wenn das geplante Ergebnis nicht geliefert werden kann, fällt die Ergebnismenge der TCB niedriger aus als geplant und das Projekt muss umgeplant werden. Allerdings setzt die Arbeit nach dem TCB-Prinzip eine entsprechende ergebnisorientierte Kultur voraus, in der Ergebnisse mit hoher Verbindlichkeit zum geplanten Termin vorgelegt werden.

10.6 Vermessung der Projektorientierung

Nun führen projektorientierte Unternehmen nicht nur Projekte durch, sondern verfügen auch über eine Routineorganisation mit definierten Prozessen. Allerdings lassen sich gerade im Dienstleistungsbereich viele Routineaufgaben mit den Mitteln des Projektmanagements behandeln. Abläufe werden durch externe oder interne Kunden ausgelöst und sind allenfalls statistisch vorhersagbar. Vor den bearbeitenden Ressourceneinheiten können sich, wenn die Kapazitäten knapp sind, Warteschlangen bilden. Es entsteht eine typische Portfoliosituation.

Man kann in diesen Situationen jeden Vorgang als elementares Projekt begreifen oder, wenn man im TCB-Modus arbeitet, Kundenanfragen geeignet bündeln und mehrere Einträge in einer Warteschlange gleichzeitig in die Bearbeitung geben.

Ein projektorientiertes Unternehmen wird also große Teile seiner Aktivitäten als „Projekte" über verschiedenen Ressourcenpools interpretieren. Diese Portfolios können wie beschrieben gesteuert werden. Darüber hinaus stellt sich die Frage, welche weitergehenden Fragestellungen es gibt, zu denen eine projektspezifische Organisation Ziele entwickelt und sie mithilfe von Kennzahlen(systemen) steuert.

Es ist zu fragen, wie hoch der **Anteil projektartiger Aktivitäten** ist. Oder umgekehrt, welchen Aufwandsanteil das Unternehmen zur Aufrechterhaltung seiner Projektfähigkeit reservieren muss. Des Weiteren muss ein projektorientiertes Unternehmen ein Interesse daran haben, dass es in der Organisation eine hinreichende Menge an Projektmanagementkompetenz gibt. Das könnte man durch den **Anteil Mitarbeiter mit Projektmanagement-Qualifizierung oder -Erfahrung** messen. Wenn das projektorientierte Arbeiten in der Organisation möglichst weit verbreitet sein soll, dann kann man ermitteln, wie viele Mitarbeiter mindestens einen bestimmten Anteil ihrer Arbeitszeit in Projekten gearbeitet haben. Diese

Überlegungen führen zu dem in Tabelle 10.4 dargestellten übergeordneten Kennzahlensystem.

Tabelle 10.4 Kennzahlensystem für projektorientierte Unternehmen

Steuerungskennzahlen
• Anteil des Ressourcenverbrauchs für die Durchführung projektartiger Aktivitäten am gesamten Ressourcenverbrauch
• Anteil der Mitarbeiter mit Projektmanagement-Qualifikation am gesamten Mitarbeiterbestand
• Anteil der Mitarbeiter mit Projektmanagement-Erfahrung am gesamten Mitarbeiterbestand
• Anzahl der Mitarbeiter mit Auffälligkeiten hinsichtlich ihres Anteils von Projektarbeit an ihrer gesamten Arbeitszeit
• Anzahl der Projektportfolios mit Auffälligkeiten in der Projektdurchführung

Vergleicht man die hier dargestellten Kennzahlensysteme mit anderen Kennzahlensystemen zur Gesamtsteuerung von Unternehmen, z. B. der Balanced Scorecard (Horváth 2011, S. 232–234), so wird man ohne große Schwierigkeiten feststellen, dass es auch dort in hohem Maße um Ergebnismengen, Ressourcenverbräuche und Termineinhaltung geht und sich für konventionelle Kennzahlen stets Analogien in projektorientierten Unternehmen finden lassen. In einem projektorientierten Umfeld hat man jedoch über den Portfoliobegriff einen durchgehenden Managementansatz, der vom Arbeitspaket bis zum gesamten Unternehmen Durchgängigkeit schafft.

■ 10.7 Einführung einer kennzahlenbasierten Steuerung

Will man ein projektorientiertes Unternehmen kennzahlenbasiert steuern, so muss man mehrere Dimensionen unterscheiden:

- die Projektorientierung als zentrales Element der Führungs- und Arbeitskultur,
- die Entwicklung und Einführung entsprechender Kennzahlensysteme,
- die Nutzung der Kennzahlensysteme in der laufenden Arbeit.

Grundlage ist die Projektkultur. Sie muss etabliert sein, das Management muss sich glaubwürdig (!) dazu bekennen und der Arbeitsalltag muss die Projektorientierung tatsächlich wiederspiegeln, z. B. in der Setzung von Prioritäten und der Autonomie der Projektteams.

Auf dieser Basis können dann konzeptionelle Grundlagen für eine kennzahlenbasierte Steuerung erarbeitet und Kennzahlen definiert werden. Das lässt sich in relativ kurzer Zeit, also in wenigen Wochen oder allenfalls Monaten bewerkstelligen. Die korrespondierenden Aufwände liegen etwa zwischen 0,5 und 1,5 Personenjahren. Das ist überschaubar, aber auch nicht zu vernachlässigen. Hauptengpass ist die zeitliche und zeitgleiche Verfügbarkeit des einzubeziehenden Managementpersonals.

Auf die konzeptionelle Erarbeitung folgen die technische und organisatorische Einführung. Hier sind entsprechende Softwaresysteme zu installieren. Vor allem aber muss die benötigte Datenlogistik aufgebaut, die Qualität der Inputdaten gesichert und die Arbeit mit den Kennzahlen im involvierten Management geübt werden. Das sollte in Form eines Pilotbetriebs erfolgen, in dem man zwar schon operativ mit den Kennzahlen arbeitet, aber Veränderungen und Ergänzungen der Kennzahlensysteme jederzeit vornehmen kann. Bis zu einem endgültigen und eingeschwungenen Zustand solle man mit einer Zeitspanne von 12 bis 18 Monaten rechnen. Insgesamt ergibt sich der in Bild 10.3 dargestellte Ablauf.

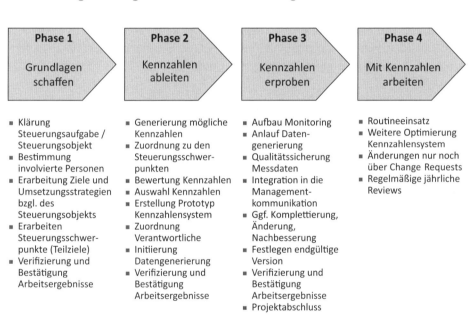

Bild 10.3 Einführung von Kennzahlensystemen (schematischer Ablauf)

Ein Kennzahlensystem ist ein Management-Werkzeug und das verantwortliche Management muss das spezifische Managementsystem aktiv erarbeiten und Treiber bei Umsetzung und Einführung sein. Kennzahlensysteme out-of-the-box gibt es nicht.

10.8 Fazit und Ausblick

Kennzahlensysteme stellen auch für das Projektmanagement und projektorientierte Unternehmen eine effektive Managementunterstützung dar. Für die „Konstruktion" entsprechender Kennzahlensysteme gibt es typische Ansätze. Jedoch muss man eine kennzahlenbasierte Steuerung mit all ihren Konsequenzen und Unbequemlichkeiten wollen und dann konsequent einführen und anwenden.

Insbesondere ist zur Realisierung der hier dargestellten Ansätze eine zentrale Registrierung aller benötigten Messdaten erforderlich. Das muss technisch und organisatorisch abgesichert werden. Die Bedeutung des Monitorings für den Erfolg einer kennzahlenbasierten Steuerung darf keinesfalls unterschätzt werden.

Der Veränderungsdruck und die Kundenorientierung im unternehmerischen Bereich werden weiter zunehmen, aber auch in anderen Organisationsformen, z.B. der öffentlichen Verwaltung. Damit gewinnt das Arbeiten in Projektform weiter an Bedeutung. Die hier diskutierten Ansätze für die kennzahlenbasierte Steuerung von Projekten können konzeptionell auf beliebige und auch unternehmensübergreifende Projektsituationen übertragen werden.

10.9 Die wichtigsten Punkte in Kürze

- Für die kennzahlenbasierte Steuerung von Projekten und Projektportfolios kann man auf bewährte und praktikable Konzepte zurückgreifen.
- Viele Unternehmensaktivitäten können mit den Methoden des Projektmanagements geführt werden, insbesondere dienstleistungsbasierte Aktivitäten, die durch eine gezielte Anfrage des Kunden ausgelöst werden und eine kunden- oder anfragenspezifische Vorgehensweise erfordern.
- Die Besonderheiten und Anforderungen der Projektorientierung können kennzahlenmäßig erfasst und in bestehende Kennzahlensysteme der Unternehmenssteuerung integriert werden.

Literatur

Bronstein, I. N. et al.: *Taschenbuch der Mathematik*. Wissenschaftlicher Verlag Harri Deutsch, Frankfurt am Main 2008 (7., vollständig überarbeitete und ergänzte Auflage)

Horváth, Péter: *Controlling*. Verlag Franz Vahlen, München 2011 (12., vollständig überarbeitete Auflage)

Kuster, Jürg et al.: *Project Management Handbook*. Springer-Verlag, Berlin Heidelberg 2015 (1st English Language Translation)

Kütz, Martin: *IT-Steuerung mit Kennzahlensystemen*. dpunkt.verlag, Heidelberg 2006

Kütz, Martin: *IT-Controlling für die Praxis*. dpunkt.verlag, Heidelberg 2013 (2., überarbeitete und erweiterte Auflage)

Kütz, Martin: *Nutzeffekte von IT-Projekten bewerten*. Controlling & Management Review 1/2019, S. 52–56

Oestereich, Bernd; Weiss, Christian: *APM – Agiles Projektmanagement*. dpunkt.verlag, Heidelberg 2008

Schulte-Zurhausen, Manfred: *Organisation*. Verlag Franz Vahlen, München 2010 (5., überarbeitete und aktualisierte Auflage)

Spitczok von Brizinski, Niklas; Vollmer, Guy; Weber-Schäfer, Ute: *Pragmatisches IT-Projektmanagement*. dpunkt.verlag, Heidelberg 2014 (2., überarbeitete und aktualisierte Auflage)

11 Prozess- und Projektorientierung geschickt miteinander verbinden

Jens Erasmus, Reinhard Wagner

Prozesse und Projekte beeinflussen Unternehmen in zunehmendem Maße. Beide Perspektiven gilt es durch ein integriertes Management geschickt miteinander zu verbinden. Obwohl Projekte einzigartig sind, können Prozesse die Effizienz der Projektabwicklung sowie die Zusammenarbeit zwischen allen Beteiligten verbessern. Führungskräfte sind gefragt, das Unternehmen entsprechend auszugestalten.

In diesem Beitrag erfahren Sie,
- weshalb die Prozessorientierung weiter zunimmt,
- welche Wechselwirkungen es zwischen Prozess- und Projektmanagement gibt,
- wie prozessorientiertes Projektmanagement nach DIN 69901 aussieht und
- wie ein prozessorientiertes PM-System generell ausgestaltet werden kann.

11.1 Einleitung

Das Wirtschaftsleben wird heute in starkem Maße von Prozessen geprägt. Ein Prozess besteht aus einem Bündel von Aktivitäten und beschreibt die Transformation von Eingaben in Ergebnisse. Diese Transformation geschieht unter Einsatz von Ressourcen (z.B. Materialien, Maschinen und Know-how) und wird durch eine oder mehrere Personen unter Beteiligung verschiedener Organisationseinheiten erbracht. Das Ziel des Ressourceneinsatzes in Prozessen ist die Erzeugung eines Mehrwerts. Dies kann z.B. bei Fertigungsprozessen die Herstellung eines Produkts, bei Serviceprozessen die Erbringung einer Dienstleistung oder bei informationstechnischen Prozessen die Generierung von Informationen sein.

Die Ergebnisse sollen möglichst effektiv und effizient erreicht werden. Mit Effektivität ist die bestmögliche Erreichung der vom Abnehmer („Kunde") gewünschten

Ergebnisqualität gemeint, mit Effizienz die Minimierung des Ressourceneinsatzes und der damit verbundenen Kosten sowie der für die Transformation benötigten Zeit. Der international weit verbreitete Qualitätsmanagement-Standard ISO 9000 hat wesentlich zur Verbreitung der Prozessorientierung beigetragen. Er setzt dabei klar auf den prozessorientierten Ansatz und bringt dessen Vorteile wie folgt auf den Punkt: „Ein erwünschtes Ergebnis lässt sich effizienter erreichen, wenn Tätigkeiten und dazugehörige Ressourcen als Prozess geleitet und gelenkt werden." (DIN 2015 S. 9)

■ 11.2 Ursachen und Wirkung der Prozessorientierung

Die wachsende Bedeutung von Prozessen in der Wirtschaft kann auf eine Reihe von Einflussfaktoren und Entwicklungstrends zurückgeführt werden. Die in den letzten Jahren stark gestiegene Globalisierung der Wirtschaft spielt hierbei sicher eine Schlüsselrolle. Herkömmliche unternehmerische Konzepte und tradierte Organisationsformen wurden aufgrund einer globalen Wettbewerbssituation immer mehr in Frage gestellt. Neue Wettbewerber in Regionen wie z. B. Asien setzen europäische Unternehmen mit ihren niedrigen Lohnkosten und weiteren, zumeist strukturell bedingten Vorteilen unter Druck.

Andererseits erwachsen in diesen Märkten aber auch Chancen für europäische Unternehmen, mit ihren qualitativ sehr hochwertigen Technologien, Produkten oder Dienstleistungen zu punkten. Die Märkte für Dienstleistungen, Rohstoffe, Güter, Informationen usw. globalisieren sich ebenfalls. Zusammenarbeit über räumliche, sprachliche, zeitliche und kulturelle Grenzen hinweg nimmt stetig zu.

Die Prozessorientierung wird auch durch den Wandel der Märkte von Verkäufer- zu Käufermärkten begünstigt. Die Käufer von Waren und Dienstleistungen haben eine bessere Auswahl und stellen zunehmend Forderungen hinsichtlich Preis und Qualität der nachgefragten Produkte bzw. Dienstleistungen. Anbieter stehen vor der Herausforderung, in immer kürzeren Abständen attraktive Innovationen auf den Markt zu bringen und die Kunden dabei stärker in die Wertschöpfung mit einzubeziehen. Darüber hinaus ist auch eine Verbesserung von Effektivität und Effizienz in der Wertschöpfung nötig, um innovative Produkte und Leistungen nach den individuellen Wünschen der Kunden in möglichst kurzer Zeit und zu wettbewerbsfähigen Preisen am Markt anbieten zu können.

Die Hinwendung zum Kunden erfordert die Öffnung herkömmlicher Organisationsstrukturen, die Abstimmung der zur Leistungserbringung notwendigen Abläufe sowie das Management der vielfältigen Schnittstellen. Die Zusammenarbeit ist zumeist temporär, d. h. befristet, und setzt auf ein hohes Maß an Kooperationsbereitschaft wie auch Kooperationsfähigkeit aller Beteiligten. Projektorientierte Formen der Zusammenarbeit rücken immer stärker in den Mittelpunkt der Betrachtungen. Projektmanagement wird zur Schlüsselkompetenz.

Eine der wichtigsten Veränderungen in Unternehmen ist die Abkehr von herkömmlichen, eher starren Strukturen, die zumeist durch eine arbeitsteilige Spezialisierung bedingt waren und immer nur einzelne Ausschnitte des betrieblichen Geschehens betrachteten, und die Hinwendung zu einer ganzheitlichen, an Prozessen orientierten Sichtweise. Ausgangspunkt für diese Sichtweise sind die Anforderungen der relevanten Märkte bzw. Kunden, die möglichst weitgehend in die Leistungserbringung zu integrieren sind. Alle Aktivitäten eines Unternehmens zielen darauf ab, diese Anforderungen möglichst effektiv und effizient, bei bestmöglicher Nutzung der vorhandenen Ressourcen und des Know-hows, zu erfüllen.

Die „statische" Aufbauorganisation verliert so eher an Bedeutung zugunsten einer „dynamischen" Betrachtung von Abläufen und dem komplexen Zusammenspiel der internen wie externen Beteiligten. Die Spezialisten stellen ihr Know-how in den Dienst von kundenorientierten Prozessen und müssen sich dabei immer wieder auf neue Herausforderungen einstellen. Die zunehmende Prozessorientierung erfordern ein Umdenken: Galten vorher Stabilität und Sicherheit als beherrschende Determinanten bezüglich der Umweltbedingungen und Aufgabeninhalte, so werden bei der prozessorientierten Arbeitsgestaltung vor allem Flexibilität und Agilität von den Beteiligten gefordert.

Die Ablauforganisation eines Unternehmens mit ihren unterschiedlichen Prozessen orientiert sich dabei weitgehend an Wiederholvorgängen. Abhängig von den projektspezifischen Anforderungen werden die zur Aufgabenbewältigung nötigen Prozesse zusammengestellt und miteinander vernetzt. Diese setzen Gestaltungsfreiheit sowie eine hervorragende Qualifikation der für den Prozess verantwortlichen „Prozess-Eigner" voraus. Die zunehmende Prozessorientierung hat auch Auswirkungen auf die Art und Weise der Organisationsgestaltung. Aufbau- und Ablauforganisation verschmelzen zunehmend. Auf Basis der zur Aufgabenbewältigung benötigten Prozesse wird die Ablauforganisation definiert und die jeweiligen Rollen zugeordnet. Eine Rolle ist ein Bündel von Erwartungen hinsichtlich der zu erledigenden Aufgaben, der notwendigen Kompetenzen – hier im Sinne von Befugnissen – und der Verantwortlichkeiten. Der Unternehmensleitung kommt deshalb die Aufgabe zu, eine dynamische Organisationsform zu schaffen, die eine ständige Anpassung von Prozessen und Rollen ermöglicht.

Insbesondere die Identifikation notwendiger Prozesse, die Beschreibung und Anpassung der Prozesse an die jeweiligen Anforderungen, die Überwachung und Steuerung der Prozessdurchführung, die Digitalisierung bzw. Automatisierung sowie die kontinuierliche Verbesserung sind Aufgaben, welche durch ein professionelles Prozessmanagement zu leisten sind.

Die Prozessorientierung bringt eine Reihe von Chancen mit sich (Wagner et al. 2007), u. a. die

- spürbare Ausrichtung der Unternehmensprozesse am Kunden,
- Verbesserung der Ablauftransparenz und der Kostentransparenz,
- eindeutige Definition der Kompetenzen und Verantwortlichkeiten,
- Schaffung von internen Kunden-Lieferanten-Verhältnissen (z. B. über Service-Level-Agreements),
- Messbarkeit und Überwachbarkeit der Prozessleistung,
- Steigerung der Produktivität durch kontinuierliche Prozessverbesserung und
- Steigerung der Mitarbeitermotivation durch die Möglichkeit, Prozesse mitgestalten zu können.

Insbesondere der letzte Punkt zeigt aber auch auf, wie eng Chancen und Risiken der Prozessorientierung beieinander liegen. So kommt die Prozessorientierung einerseits dem Interesse der Beschäftigten nach mehr Gestaltungsfreiraum und eigenverantwortlichem Handeln entgegen, andererseits fordert sie aber auch ein hohes Maß an Selbstständigkeit und Know-how, was nicht als selbstverständlich vorausgesetzt werden darf. Hier gilt es von Seiten der Unternehmensleitung, die Voraussetzungen für die Auswahl und den Einsatz der richtigen Mitarbeiter und die kontinuierliche Weiterentwicklung des Know-hows zu schaffen.

Darüber hinaus gilt es u. a. weitere Risiken zu berücksichtigen:

- Orientierung an externen Märkten und Kunden kann zum Verlust der eigenen Identität führen,
- ständige Anpassung von Prozessen und Verantwortlichkeiten kann einen Verlust an Orientierung zur Folge haben und Chaos verursachen,
- Streben nach einer größtmöglichen Effizienz bei der Auftragsabwicklung kann dazu führen, dass „der Blick fürs große Ganze" verloren geht,
- hoher Aufwand für Prozessmanagement und Controlling, der nicht im Verhältnis zum Nutzen steht, und
- einseitige Orientierung an Prozessen befördert möglicherweise eine Vernachlässigung der „weichen" Faktoren (z. B. Führung, Kooperation, Kommunikation).

11.3 Prozessorientierung im Projektmanagement

Die Projektorientierung hat in den letzten Jahren einen ähnlichen Aufschwung erlebt wie die Prozessorientierung. Beide Konzepte sind deshalb so populär, weil sie eine bessere Erfüllung der Kundenwünsche bei gleichzeitiger Verbesserung von Effektivität und Effizienz versprechen. Projekte und Prozesse ergänzen sich wechselseitig. So können einerseits Projekte durch eine Vielzahl von Prozessen beschrieben werden, mit deren Hilfe das Projektergebnis erzielt wird. Andererseits können die übergeordneten Prozesse mit Hilfe von Projekten umgesetzt werden. Dies ist vielleicht auch einer der Gründe, warum die beiden Konzepte oft durcheinander gebracht oder teilweise sogar synonym verwendet werden. Deshalb soll zuerst eine Abgrenzung zwischen den Begriffen „Projekt" und „Prozess" sowie den dazugehörigen Disziplinen „Prozess-" und „Projektmanagement" vorgenommen werden.

11.3.1 Abgrenzung von „Projekt" und „Prozess"

Gemäß deutscher Norm DIN 69901-5 ist ein Projekt ein „Vorhaben, das im Wesentlichen durch Einmaligkeit der Bedingungen in ihrer Gesamtheit gekennzeichnet ist, wie z. B. Zielvorgabe, zeitliche, finanzielle, personelle oder andere Begrenzungen, projektspezifische Organisation." (DIN 2009 S. 11) Die Betonung liegt dabei vor allem auf der Einmaligkeit der Bedingungen und dem Rahmen, der durch den Termin und anderweitige Begrenzungen vorgegeben ist. Dieser grenzt den Handlungsspielraum für die Ausführung der zur Projektabwicklung notwendigen Tätigkeiten ein.

Ein Prozess ist nach ISO 9000 „ein Satz von in Wechselbeziehung bzw. Wechselwirkung stehenden Tätigkeiten, der Eingaben in Ergebnisse umwandelt" (DIN 2015 S. 22). Hier stehen vor allem diejenigen Tätigkeiten im Mittelpunkt der Betrachtungen, die für die Erzielung des Ergebnisses notwendig sind. Hierbei wird nicht auf die Einmaligkeit der Bedingungen in ihrer Gesamtheit abgehoben, da es sich bei Prozessen eher um standardisierte Tätigkeiten handelt, die wiederholt und unter Ausnutzung von Lerneffekten ausgeführt werden.

Es mag überraschen, dass die Betrachtung einer Organisation aus einer prozessorientierten Perspektive eine noch recht junge Disziplin ist. Erst seit Anfang der 1990er-Jahre etablierte sich der Begriff „Process" im Kontext des „Business Reengineering" (Hammer und Champy 1993). Ausschlaggebend war die Beobachtung, dass die tradierten Ansätze zur Steigerung der Effizienz im Unternehmen offenbar an Grenzen stießen. Verbesserungsprogramme erhöhten zwar die Leistungsfähigkeit einzelner Bereiche oder Abteilungen, die Effizienz des gesamten Unternehmens nahm dagegen ab.
Ursächlich hierfür war eine Beschränkung der Optimierung auf Tätigkeiten innerhalb eines Bereichs, ohne dass jedoch die Schnittstellen bzw. internen Kunden-Lieferanten-Beziehungen betrachtet wurden. Doch genau das Management dieser abteilungsübergreifenden Abhängigkeiten war es, das letztendlich wesentlich den Erfolg eines Unternehmens bedingt.

Hier werden bereits die Gemeinsamkeiten zwischen „Projekt" und „Prozess" sichtbar. Bei Projekten wie bei Prozessen werden Ressourcen eingesetzt, um die jeweiligen Anforderungen des Auftraggebers zu erfüllen und gewünschte Ergebnisse zu erzielen. Der Ressourceneinsatz soll möglichst effizient erfolgen, bei den Prozessen aufgrund der übergeordneten Zielsetzung, bei Projekten aufgrund der engen Vorgaben bezüglich Zeiten und Finanzen. In beiden Fällen müssen eine Reihe von Tätigkeiten absolviert werden, um zu Ergebnissen zu kommen. Diese Tätigkeiten stehen in vielfältiger Wechselwirkung. Eine Koordination dieser Tätigkeiten über verschiedene disziplinarische und organisatorische Zuständigkeiten auf ein gemeinsames Ziel hin ist notwendig.

Nach DIN 69901-5 ist Projektmanagement definiert als die „Gesamtheit von Führungsaufgaben, -organisation, -techniken und -mitteln für die Initialisierung, Definition, Planung, Steuerung und den Abschluss von Projekten" (DIN 2009 S. 14). Der Begriff „Führung" ist hier nicht nur im Sinne von „Leitung" zu verstehen, sondern orientiert sich mehr an der Bedeutung des englischen Worts „Management", was auch „Durchführen" beinhaltet. Dies heißt aber nicht, dass der Projektmanager selbst „Hand anlegt" und bei der Herstellung des Projektergebnisses mitwirkt. Vielmehr sind es das Organisieren, Planen, Steuern und Koordinieren dieser Aufgaben. Gleichzeitig werden in der Definition zwei Aspekte von Projektmanagement deutlich:

1. die institutionelle Verankerung im Rahmen der organisatorischen Strukturen,
2. die instrumentelle Umsetzung.

Der erstgenannte Aspekt bezieht sich auf die Frage, wer jeweils für die Ausführung der Managementaufgaben zuständig ist. Beim anderen Aspekt hingegen geht es um die Frage, wie und womit diese Managementaufgaben umgesetzt werden.

Zusammenfassend kann definiert werden: Prozessmanagement zielt auf die organisatorische Entwicklung des Unternehmens ab. Neben der einmaligen Erneuerung des gesamten Unternehmens (Reengineering), der Etablierung von Prozessdenken, Prozessorganisation und Prozessmanagement, umfasst es permanentes Prozesscontrolling, d. h. eine gesteuerte kontinuierliche Prozessverbesserung (Gaitanides et al. 1994). Das Prozessmanagement wird demnach vor allem als Entwicklungsaufgabe in einer Organisation verstanden. Dabei wird das Ziel verfolgt, deren Effizienz zu sichern und das organisatorische bzw. das individuelle Lernen zu ermöglichen.

Prozessmanagement ist – im Gegensatz zum Projektmanagement – weniger an der operativen Umsetzung von Aufgaben orientiert, sondern kümmert sich primär um die Schaffung der notwendigen Voraussetzungen. Diese Voraussetzungen sind tendenziell eher statischer Natur und stellen einen Idealzustand im Zusammenarbeitsmodell einer Organisation dar.

Auf den ersten Blick mag es widersprüchlich erscheinen, ein Projekt als „einzigartiges, zeitlich beschränktes (...) Vorhaben" (IPMA 2015) in Verbindung zu bringen mit standardisierten Tätigkeiten in einem Prozess. In der Praxis ist jedoch zu beobachten, dass zwar das einzelne Projekt individuell ist, der Ablaufmechanismus jedoch wiederkehrenden Mustern folgt. So ist es in der Automobilzulieferindustrie gängige Praxis, bei allen Entwicklungsprojekten Musterteile (zum Beispiel sogenannte C-Muster) für den Kunden zu produzieren. Zwar unterschieden sich die Musterteile für die verschiedenen Produkte und Reifegrade im Entwicklungsprozess. Nahezu identisch ist jedoch das Zusammenarbeitsmodell in einem Unternehmen, wie diese Muster entwickelt, produziert, getestet und versandt werden. An diesem Beispiel zeigt sich, wie wichtig es ist, das Wissen über den Ablauf von wiederkehrenden Tätigkeiten aus Köpfen in (teil-)formalisierte Prozesse zu überführen (Kumar 2018). Denn so können sich die Projektleiter auf einem innerhalb des Unternehmens festgelegten und allseits bekannten Prozess abstützen und müssen nicht jedes Mal „das Rad neu erfinden". Dies erleichtert die Projektabwicklung und erhöht die Qualität der Arbeitsergebnisse aller beteiligten Abteilungen.

Darüber hinaus können aus dem Prozessmanagement heraus Veränderungsprojekte mit dem Ziel einer Effizienzsteigerung ausgelöst werden. Ebenso liefern Projekte wertvolle Informationen zur tatsächlichen Leistungsfähigkeit von Geschäftsprozessen, wodurch Prozessverbesserungen ausgelöst werden können.

11.3.2 Einordnung von Prozessen

Die Zerlegung eines Unternehmens in verschiedene Prozessbereiche wurde 1985 von Michael Porter in seinem richtungsweisenden Werk „Competitive Advantage" (Porter 1985) etabliert. Demnach lassen sich die vielfältigen Prozesse eines jeden

Unternehmens in verschiedene Kategorien unterteilen. Diese Unterteilung orientiert sich primär an dem Zweck des Prozesses. Im Mittelpunkt der prozessorientierten Betrachtung stehen die (primären) Wertschöpfungsprozesse. Diese auch als Haupt-, Kern- oder Geschäftsprozesse bezeichneten Prozesse beziehen sich auf die Erstellung des Produkts bzw. der Dienstleistung. Sie sind der Kern wie Kundenanforderungen in profitable Ergebnisse verwandelt werden. Für diese Transformation müssen die Kernprozesse unterstützende Leistungen erhalten. Diese können beispielsweise aus den Bereichen IT, Logistik und Personalentwicklung stammen. Somit bilden die sogenannten Unterstützungsprozesse die zweite wesentliche Prozesskategorie in einem Unternehmen ab.

Mitunter werden als dritte Prozesskategorie die Führungs- bzw. Managementprozesse angeführt. Sie geben die generelle Richtung für die Organisation vor, indem sie Prozesse wie Strategie, Governance oder Geschäftsplanung abbilden. Werden sie in einem Unternehmen separat geführt, so haben sie zumeist einer Art Klammerfunktion, indem sie querschnittlich mit einer Vielzahl anderer Geschäftsprozesse interagieren. Diese Führungsprozesse sorgen somit für eine kontinuierliche Verbesserung des gesamten Managementsystems und der Prozesse insgesamt.

Die verschiedenen Prozesskategorien eines Unternehmens werden als „Prozesshaus" zusammengefasst. Dieses ist unternehmensspezifisch und hat zum Ziel, das dominierende Geschäftsmodell bestmöglich zu unterstützen. Projektorientierte Unternehmen fassen die Tätigkeiten des Projektmanagements teilweise in einem separaten Projektmanagementprozess zusammen. In diesem Fall wird das Prozesshaus durch einen vierten Bereich ergänzt. Die folgende Abbildung zeigt eine schematische Darstellung der unterschiedlichen Prozesskategorien am Beispiel der DIN 69901-2 (vgl. Bild 11.1).

Bild 11.1 Schematische Darstellung verschiedener Prozesskategorien (in Anlehnung an DIN 2009)

11.3.3 Projektmanagementprozesse

Im Unterschied zu den unmittelbar „Erzeugnis schaffenden" Prozessen im Rahmen eines Projekts (den Wertschöpfungs- und Unterstützungsprozessen) bilden Projektmanagementprozesse die Gesamtheit der in Wechselbeziehung oder Wechselwirkung stehenden Tätigkeiten des Projektmanagements ab, die eine Vielzahl von Eingaben (Input) in Ergebnisse (Output) wie Planung, Überwachung und Steuerung von Projekten verwandeln (Motzel und Möller 2017).

Je nachdem, wie viele Tätigkeiten zusammengefasst werden, kann zwischen einem und auch mehreren Dutzend Projektmanagementprozessen unterschieden werden. Neben der separaten Darstellung solcher Prozesse als vierte Kategorie im Prozesshaus findet sich auch die Darstellung als „virtueller Prozess". Hierbei liegt der PM-Prozess nicht parallel zu den anderen drei Prozesskategorien, sondern bildet eine Art Schnittmenge zwischen einzelnen Geschäftsprozessen aller Kategorien. So bedient sich der Projektmanagementprozess in der Automobilzulieferindustrie üblicherweise u. a. aus den Bereichen Einkauf und Personal (Unterstützungsprozesse), Produktentwicklung und Fertigung (Kernprozesse) sowie Kontinuierliche Verbesserung (Führungsprozess).

Neben Prozessen für das Management einzelner Projekte gibt es auch Modelle (vgl. DIN 2013), die sich mit den Prozessen für das Management von Programmen und Projektportfolios beschäftigen. Dabei werden Prozesse des Projekt-, Programm- oder Projektportfoliomanagements in einen Zusammenhang gebracht. Ein gutes Beispiel hierfür sind Prozesse aus dem Bereich des Opportunity-Managements, bei welchem aus Vertriebssicht neue Potenziale für ein Unternehmen erschlossen werden. Sobald ein Auftrag gewonnen wird, muss das Projekt in das Portfolio eingelastet werden. Gleichzeitig muss jedoch auch das Einzelprojekt gestartet werden, um den Auftrag umzusetzen. So können die Prozesse für das Management eines einzelnen Projekts aus den übergeordneten Prozessen eines Programms bzw. eines Projektportfolios gesteuert werden.

Projekte sind „multidisciplined and organised endeavours" (IPMA 2015). Konsequenterweise ist die starke funktions- und abteilungsübergreifende Verbindung ein zentrales Merkmal aller Projektmanagementprozesse. In den meisten projektorientierten Unternehmen gibt es verschiedene Typen von Projekten (z. B. Akquiseprojekte, Kundenprojekte) und unterschiedliche Kontexte der Projektausführung (z. B. Kunden, Stammorganisation, Zulieferer). Deshalb findet sich in einem Unternehmen üblicherweise auch nicht ein einziger PM-Prozess, sondern ein spezifischer je nach Projekttyp oder Kontext. Für diese wird die Vielzahl von Wiederholtätigkeiten über mehrere Abteilungen hinweg gebündelt dargestellt. Lösungsansätze für einzelne oder eine Gruppe von Wiederholtätigkeiten können in einem Prozess abgebildet werden und erleichtern so die Projektabwicklung. Es sei betont, dass dies nicht im Widerspruch zum Einmaligkeitscharakter von Projekten steht.

Denn Projekte bestehen in der Praxis zumeist aus einer Vielzahl von Wiederholtätigkeiten, die allerdings nur in ihrer Gesamtheit aller Rahmenbedingungen (z. B. der Auftraggeber, die Zielsetzung, der Termin, der Projektinhalt) einmalig sind.

11.4 Das Beispiel der prozessorientierten DIN 69901

Die deutsche Norm DIN 69901-2 enthält einen vollständigen Durchlauf eines Projekts aus Sicht des Projektmanagements. Dieser zeigt die Abfolge der einzelnen Prozesse des Projektmanagements und stellt zudem deren Vernetzung mit dem Umfeld eines Projekts dar. Ausgehend von diesen Prozessen schlägt die Normenreihe nützliche Projektmanagementmethoden vor und erklärt die verwendeten Begriffe. Die deutsche Norm ist nicht nur für die prozessorientierte Ausgestaltung der Projektarbeit innerhalb von Organisationen, sondern auch für die organisationsübergreifende Zusammenarbeit in Projekten geeignet. Das Prozessmodell der DIN 69901 diente auch als Vorlage für die internationale Norm ISO 21500 (siehe das Kapitel zu Normen und Standards in diesem Buch).

Aufgrund der stringenten Prozessorientierung ist eine Einbettung in vorhandene Prozesslandschaften einer Organisation (z. B. gemäß der ISO 9000ff) leicht zu erreichen. Die wesentlichen Tätigkeiten des Projektmanagements bei der Abwicklung eines Projekts sind in Prozessen abgebildet und stehen in Wechselwirkung mit dem Projektumfeld sowie den Unternehmensprozessen. Die Visualisierung der Norm erleichtert den Stakeholdern erheblich die Orientierung im Projektablauf und unterstützt die strukturierte Vorgehensweise aus Sicht des Projektmanagements.

11.4.1 Prozessmodell der DIN 69901

In Teil 2 der Norm werden alle Prozesse und deren Einordnung in einer Organisation behandelt. Dabei sind alle Prozesse mit ihrem Zweck sowie den wesentlichen Aktivitäten beschrieben. Vervollständigt wird dieses durch eine genaue Angabe aller Inputs und Outputs für einen Prozess sowie der Auflistung sinnvoller Projektmanagementmethoden.

Alle Projekte – und damit auch das Projektmanagement – finden in einer konkreten Umgebung statt. Im bereits beschriebenen Prozesshaus werden die Prozessgruppen einer Organisation (z. B. eines Unternehmens) zueinander in Beziehung gesetzt. Das Projektmanagement wird auf Basis eines Projektlebenszyklus in fünf Phasen (Initialisierung, Definition, Planung, Steuerung und Abschluss) unterteilt.

Es soll mit seinen Aktivitäten sicherstellen, dass die Anforderungen des/der Kunden durch das Projekt realisiert werden (vgl. Bild 11.2).

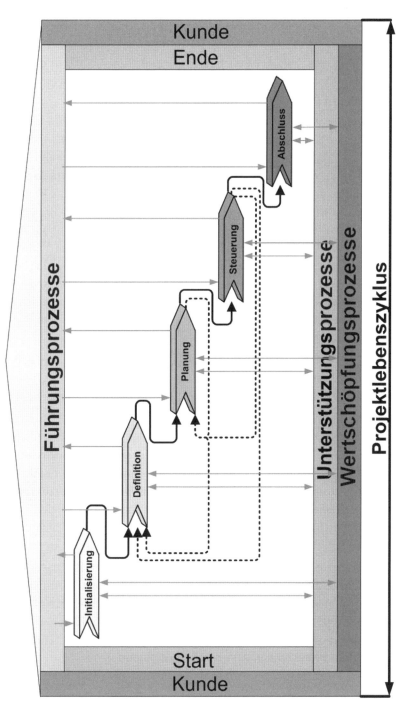

Bild 11.2 Prozesshaus der DIN 69901 (in Anlehnung an DIN 2009)

Obwohl die Norm auf das Management eines einzelnen Projekts fokussiert ist, stellt sie den Bezug zum Management mehrerer Projekte her. Hierfür wird der Begriff „Multiprojektmanagement" verwendet. In DIN 69901-5 wird Multiprojektmanagement definiert als „organisatorischer und prozessualer Rahmen für das Management mehrerer einzelner Projekte. Das Multiprojektmanagement kann dabei in Form von Programmen oder Portfolios organisiert werden. Dazu gehört insbesondere die Koordinierung mehrerer Projekte bezüglich der Zuordnung gemeinsamer Ressourcen zu den einzelnen Projekten."

Bei der Phaseneinteilung unterscheidet DIN 69901 zwischen Projekt- und Projektmanagementphasen. Die Projektmanagementphasen beziehen sich dabei auf die Tätigkeiten des Projektmanagements von der Initialisierung über die Definition, Planung und Steuerung bis hin zum Abschluss eines Projekts. Projektphasen beziehen sich dagegen auf alle anderen Tätigkeiten im Rahmen eines Projekts, hier insbesondere die wertschöpfenden Tätigkeiten. Je nach Branche, Projektart oder Organisation kann der Projektlebenszyklus in unterschiedlich viele Einzelphasen unterteilt werden. Projektphasen spiegeln den projektspezifischen Verlauf wider. In der Praxis wird oft von Projektrealisierungsphasen gesprochen. Typische Projektphasen in der Automobilzulieferindustrie sind „Konzept", „Realisierung", „Qualifizierung" und „Stabilisierung". Projektabschluss ist üblicherweise nach einem festgelegten Zeitraum – beispielsweise sechs Monate – nach dem Beginn der Produktion (Start of Production, SOP).

Mit der Differenzierung in Projektmanagement- und Projektphasen gelingt der Norm der schwierige Spagat zwischen den projektspezifischen Anforderungen und einem generischen Projektmanagementansatz, der eine weitgehende Allgemeingültigkeit für sich beanspruchen kann.

Die Projektmanagementprozesse werden nicht nur den fünf Projektmanagementphasen zugeordnet, sondern auch noch thematisch orientierten Prozessuntergruppen (vgl. Bild 11.3). So gibt es z. B. die Prozessuntergruppen „Ablauf und Termine", „Änderungen", „Kosten und Finanzen", „Organisation" und „Risiko". Auch hier wird der hohe Grad der abteilungsübergreifenden Tätigkeit im Projekt deutlich, da die Prozessuntergruppen mehreren Projektkategorien eines Unternehmens zugeordnet werden können.

Alle Prozesse sind einer Projektmanagementphase und einer Prozessuntergruppe zugeordnet. Durch diese Matrixdarstellung können sie anhand ihres Namens und einer Prozessnummer identifiziert werden. Damit ist eine gute Orientierung über den gesamten Projektlebenszyklus gewährleistet. Diese Aufteilung und Strukturierung helfen dem Projektmanager wie auch den Stakeholdern, sich schnell zurechtzufinden und den Projektablauf systematisch zu planen.

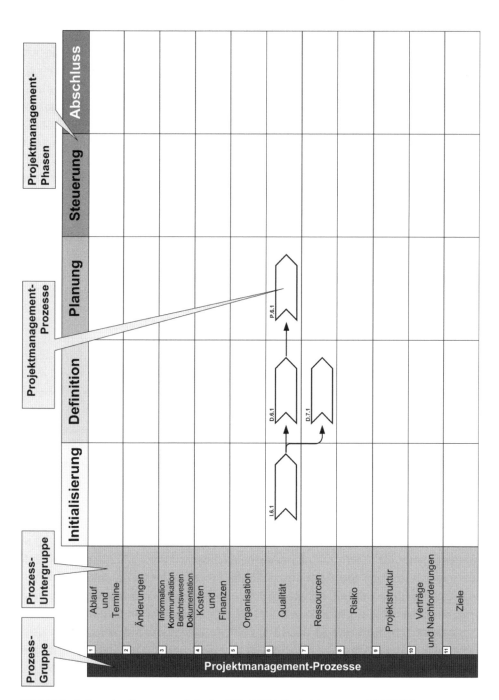

Bild 11.3 Aufbau des Prozessmodells der DIN 69901 (in Anlehnung an DIN 2009)

Welche Prozesse über den Projektverlauf tatsächlich benötigt werden, hängt von den individuellen Anforderungen sowie der Entscheidung des Projektmanagers ab. Dieser definiert am Anfang, d. h. in der Initialisierungsphase, welche Projektmanagementprozesse bei dem Projekt tatsächlich zur Anwendung kommen sollen. Durch eine solche projektspezifische Entscheidung wird aus dem generischen Prozess eine projektspezifische Instanz gebildet. Die Auswahl einer solchen Instanz kann projektspezifisch – von Projekt zu Projekt – vorgenommen werden, zumeist wird allerdings das Unternehmen auf Basis typischer Projektanforderungen Richtlinien für die Auswahl der notwendigen Prozesse vorbereitet haben. Unterstützt wird dieses sogenannte Tailoring von Prozessen üblicherweise durch Leitlinien aus Projektmanagementhandbüchern. Dort werden die für unterschiedliche Projekttypen nötigen Projektmanagementprozesse mit den dazugehörigen Methoden und Tools vorgegeben.

11.4.2 Projektmanagementprozesse der DIN 69901

Die Prozesse sind entlang der fünf Projektmanagementphasen angeordnet. Sämtliche Prozesse sind dabei in einer logischen und nicht immer zwingend zeitlichen Projektmanagementabfolge verknüpft. Durch diese Verknüpfung wird der Verlauf der Projektmanagementaktivitäten von Beginn bis zum Abschluss eines Projekts dargestellt. Zu erwähnen ist, dass die Norm nur eine von mehreren Abfolgen wiedergibt. Aus Übersichtlichkeitsgründen sind auch bei den Anordnungsbeziehungen der einzelnen Prozesse nur die wesentlichen dargestellt. Aus diesen Anordnungsbeziehungen abgeleitet, stellt der Input eines Prozesses den Output des Vorgängers dar. Durch diese Vorgehensweise hat jeder Prozess einen definierten Input und Output.

Da das Projektgeschäft aber in den seltensten Fällen sequenziell verläuft, sind die wichtigsten Rekursionen im Prozessmodell berücksichtigt worden, sodass der Anwender immer die Möglichkeit hat, an einem früheren Punkt inhaltlich wieder aufzusetzen. Wie schon oben erwähnt, sind die Prozesse der Norm dabei nicht vollständig verknüpft worden, um einerseits nicht die Übersichtlichkeit zu gefährden und andererseits die Prozesse auf die Trägerorganisation anpassen zu können. Veranschaulicht wird dies in Bild 11.4, bei dem ein Ausschnitt aus dem Prozessschaubild, mit den Projektmanagementprozessen und ihren Anordnungsbeziehungen zu sehen ist. Des Weiteren ist einer der Prozesse farbig hervorgehoben. Hierbei handelt es sich um einen von mehreren „Muss-Prozessen". Diese Prozesse sind in der Norm als Mindestanforderung beschrieben, d. h., der Anwender sollte zumindest diese Prozesse ausführen, um mit der DIN 69901 konform zu sein.

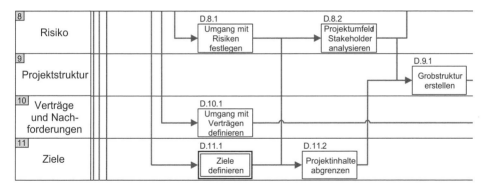

Bild 11.4 Ausschnitt aus Prozessablauf der Definitionsphase (in Anlehnung an DIN 2009)

11.4.3 Prozessbeschreibungen der DIN 69901

Bei der Beschreibung der Projektmanagementprozesse der DIN 69901 wird Wert darauf gelegt, dass alle Beschreibungen einem einheitlichen Muster entsprechen. Dadurch findet sich der Anwender leicht zurecht und alle Beschreibungen können schnell, auf einen Blick, analysiert werden.

Jede Prozessbeschreibung enthält dabei folgende Punkte (vgl. Bild 11.5):

- Prozessnummer
- Prozessname
- Vorgänger-/Nachfolgeprozess(e)
- Zweck und Hintergrund
- Prozessbeschreibung (Vorgehen)
- Input
- PM-Methoden
- Output

Prozess Nr.:	D 1.1		
Prozessname:	Meilensteine definieren		
Vorgänger-prozesse:	D 9.1 Grobstruktur erstellen	Nachfolge-prozesse:	D 4.1 Aufwände grob schätzen
Zweck und Hintergrund:	Nach der Abgrenzung der Projektinhalte und der Erstellung der Grobstruktur dient dieser Prozess nun dazu, die Zwischenereignisse/-ergebnisse in eine zeitliche Reihenfolge zu bringen. Dies ist u. a. Voraussetzung für die Abschätzung der Aufwände und die Bewertung der Machbarkeit sowie Grundlage für die Erstellung eines Terminplans.		
Prozess-beschreibung (Vorgehen):	Zuerst werden die Meilensteine inhaltlich definiert (Meilenstein-Beschreibung), in eine zeitliche Reihenfolge gebracht und mit (groben oder vorläufigen) Terminen versehen (Meilensteinplan).		
Input	PM-Methoden		Output
- Projektziele - Projektinhalte - Grobstruktur	- Meilenstein-Planung		- Beschreibung der Meilensteine - Meilensteinplan

Bild 11.5 Beispiel einer Prozessbeschreibung (in Anlehnung an DIN 2009)

Unter den Methoden findet der Anwender die für ihn wichtigsten bzw. die an dieser Stelle des Prozesses zur Verfügung stehenden Projektmanagementmethoden. Die für das Projektmanagement relevanten Methoden sind im Methodenteil der Norm systematisch beschrieben. In der praktischen Anwendung kommen sicherlich weitere Methoden zum Einsatz, die Norm fokussiert hier bewusst auf einige wenige.

11.4.4 Praktische Umsetzung des Prozessmodells

Das Prozessmodell der DIN 69901 bietet eine gute Grundlage für das Management einzelner Projekte und zeigt von der Initialisierung bis zum Abschluss alle relevanten PM-Prozesse auf. Im Folgenden wird der Durchlauf eines Projekts von der Initialisierung bis zum Abschluss skizziert, um einen besseren Eindruck von der praktischen Umsetzung des Prozessmodells zu vermitteln. Hierbei wird auf eine vollständige und ausführliche Erläuterung der in DIN 69901 dargestellten Prozesse verzichtet.

Ein Projekt beginnt mit der Initialisierungsphase. Der Auslöser für das Projekt kann dabei sowohl von extern wie auch von intern kommen. Die Führung nimmt sich der Projektidee an und beauftragt eine Person, die Projektidee zu konkretisieren und die nächsten Schritte im Projekt einzuleiten. Daran anschließend wird die vorliegende Projektidee eingehend analysiert, bewertet und eine Zielvision skizziert. Abhängig von den projektspezifischen Anforderungen werden die aus dem Prozessmodell relevanten Prozesse ausgewählt und für die Projektabwicklung vorbereitet. Schließlich werden die Ergebnisse aus den Prozessen der Initialisierungsphase der Führung zur Freigabe vorgelegt. Mit der Freigabe kann der Übergang in die nächste Projektmanagementphase erfolgen.

In der Definitionsphase soll das Projekt weitgehend definiert werden. Der erste Schritt besteht darin, ein Kernteam für das Projekt zu bilden, das die Aufgaben in der Definitionsphase erfüllt. Als wesentlicher Prozess steht die Definition der Ziele im Mittelpunkt dieser Phase. Hier stellt sich insbesondere die Frage, was mit dem Projekt erreicht werden soll. In enger Abstimmung mit dem internen bzw. externen Auftraggeber werden die Projektziele spezifisch und messbar formuliert und in die gewünschte Form (z. B. Lastenheft) gebracht.

Im weiteren Verlauf werden konkrete Projektinhalte festgelegt (was ist zu leisten bzw. was nicht) und in einer übersichtlichen Art und Weise strukturiert. Anschließend werden wesentliche Meilensteine definiert und die Aufwendungen zur Durchführung des Projekts grob abgeschätzt. Auf Basis dieser Informationen sowie einer Analyse der Einflüsse aus dem Umfeld und der Erwartungen relevanter Interessengruppen werden schließlich die Machbarkeit bewertet und die für das Projekt kritischen Erfolgsfaktoren abgeleitet.

Nach der Erteilung der Freigabe beginnt die Planungsphase. Hier wird im Wesentlichen festgelegt, was, wann, wie und durch wen gemacht werden soll. Die Planung beginnt mit der Erstellung eines Projektstrukturplans, der Detaillierung bis auf die Ebene von Arbeitspaketen sowie der Planung von einzelnen Vorgängen. Auf dieser Basis werden Termine, Ressourcen und Kosten geplant. Da es in der Praxis immer wieder zu Abstimmungen kommt, ist dieses Vorgehen ein iterativer Prozess. Insbesondere die Betrachtung möglicher Risiken und entsprechender Gegenmaßnahmen wird einen Rücksprung in vorangehende Prozesse der Planungs- oder gegebenenfalls auch der Definitionsphase nötig machen. Wenn der Iterationsprozess schließlich beendet ist, kann der Projektplan erstellt werden.

Der Projektplan ist die Zusammenführung aller einzelnen Pläne (z. B. Projektstruktur-, Ressourcen-, Termin-, Kosten- und Qualitätsplan) zu einem Gesamtplan. Abhängig von den konkreten Anforderungen im Projekt werden zum Abschluss der Planungsphase noch die Vertragsinhalte mit den Lieferanten abgestimmt. Damit ist das Projekt jetzt definiert und geplant. Es kann an die Ausführung des Plans gehen. Dazu benötigt der Projektmanager ein letztes Mal die Freigabe des Auftraggebers. Diese Freigabe ist eine der Wichtigsten, da ab diesem Zeitpunkt erheblich mehr Ressourcen eingebunden werden und damit das Risiko sowie die Kosten erheblich steigen.

In der Steuerungsphase werden alle zuvor definierten und geplanten Aktivitäten des Projekts umgesetzt. Gestartet wird diese Phase mit einem Kick-off, in dem den Beteiligten das Projekt mit seinen Zielen, der Planung und der gewählten Organisationsform vorgestellt wird und sich alle nach einer Aussprache auch verpflichten, das Projekt entsprechend der Vorgaben umzusetzen. Gegebenenfalls finden im Rahmen des Kick-offs auch schon erste Schritte auf dem Weg zur Teambildung/-entwicklung statt. Alle weiteren Prozesse laufen quasi parallel und in Iterationsschleifen ab. Zu allen wichtigen Aspekten (Ziele, Termine, Kosten, Ressourcen, Qualität, Risiken etc.) des Projekts werden Informationen bezüglich des Ist-Stands aufgenommen und mit den Plan-Werten verglichen. Sollte es zu Abweichungen kommen, wird mit geeigneten Maßnahmen gegengesteuert.

Darüber hinaus sind es vor allem Änderungen an den Zielvorgaben, die in der Praxis häufig zu Abweichungen in Projekten führen. Jede Änderung muss als solche erkannt und dokumentiert werden. Nach einer Prüfung der Auswirkungen wird über die Durchführung der Änderung entschieden und ggf. der Projektplan angepasst. Hier sind also auch Rücksprünge in die Prozesse der Definitions- und insbesondere der Planungsphase notwendig. Schließlich gilt es noch, mögliche Nachforderungen gegenüber dem Auftraggeber zu sichern. Mit Erreichen des definierten Projektziels wird dem Auftraggeber das Ergebnis zur Abnahme vorgelegt und damit die letzte Projektmanagementphase eingeläutet.

In der Abschlussphase wird das gesamte Projekt noch einmal aufbereitet. Dies beginnt mit einer Nachkalkulation, der Durchführung einer Abschlussbesprechung, der Erstellung eines Abschlussberichts und der Archivierung wichtiger Unterlagen. Diese Informationen stellen das Wissen einer Organisation über das Projekt dar. Im Mittelpunkt der Abschlussphase nach DIN 69901 steht die Erfahrungssicherung. Oft wird in diesem Zusammenhang von „Lessons Learned" gesprochen. Die Erfahrungen dienen der Organisation in Zukunft bei ähnlichen Projekten als Input für die Umsetzung der Projektmanagementprozesse. So können Fehler in der Zukunft vermieden und das Projektmanagementsystem kontinuierlich verbessert werden.

Zum Schluss des Projekts werden die Ressourcen zurückgeführt, die Projektorganisation aufgelöst und der Projektmanager von seiner Verantwortung entbunden. Damit ist das Projekt dann formal beendet.

Anhand dieses vereinfachten Beispiels wird deutlich, dass die Einmaligkeit eines Projekts und die hohe Standardisierung durch Prozesse nicht im Widerspruch zueinander stehen. Vielmehr ist das Gegenteil der Fall, denn der Mechanismus bei der Durchführung von Projekten hat einen hohen Wiederholcharakter. Unternehmen, denen es gelingt, eine stabile und effiziente Basis der Projektausführung zu etablieren, können ihre Ressourcen darauf konzentrieren, diese Prozesse zu perfektionieren. Sie kommen schneller, fehlerärmer und mit weniger Aufwand zum

Ergebnis. Zusätzlich erhöhen sie ihre Agilität, da eine hohe Prozesstransparenz aufzeigt, welche Aktivitäten verändert durchgeführt werden müssen, um auf veränderte Rahmenbedingungen angemessen zu reagieren (Panagacos, 2012).

11.5 Gestaltung prozessorientierter PM-Systeme

Möchte eine Organisation die Vorteile des prozessorientierten Ansatzes im Projektmanagement realisieren, so steht die Führung vor der Aufgabe, die gesamte Organisation und das Projektmanagementsystem umzugestalten. Auf Basis einer fundierten Analyse der Anforderungen gilt es, die notwendigen Prozesse auszuwählen. Dabei sollte strukturiert „top-down" vorgegangen werden, indem zunächst die übergeordneten Prozesse und erst danach die tieferen Prozesse identifiziert werden. Im zweiten Schritt müssen die Prozesse für die Organisation nutzbar gemacht und das Projektmanagement auf die angepassten/neuen Prozesse umgestellt werden. Zur Erzielung der Vorteile (u. a. Steigerung von Effektivität und Effizienz) ist es notwendig, Ziele zu formulieren und entsprechende Messgrößen daraus abzuleiten. Denn ausgenommen von Governance-Prozessen sollte kein Prozess aus einem Selbstzweck eingeführt werden. Vielmehr muss immer der messbare Nutzen im Vordergrund stehen. Mithilfe einer kontinuierlichen Überwachung dieser Messgrößen können dann im Betrieb Verbesserungspotenziale abgeleitet und entsprechende Maßnahmen umgesetzt werden. Dies kann eine wertvolle Basis für ein Unternehmen sein, um ein „Best in Class"-Projektmanagement zu etablieren.

Bevor die Einführung eines prozessorientierten Projektmanagementsystems erwogen wird, sollten die Anforderungen der Projektarbeit eingehend analysiert werden. Hier spielen insbesondere strategische Ausrichtung, Bedeutung und Anzahl der Projekte, Unterschiedlichkeit der Projekte bzw. die Häufigkeit ähnlicher Projekttypen mit ihren Anforderungen sowie die Qualifikation der im Projektmanagement beschäftigten Mitarbeiter eine wesentliche Rolle. Werden in einer Organisation nur relativ wenige Projekte durchgeführt, dann lohnt sich der Aufwand für die Einführung und den Betrieb eines prozessorientierten Projektmanagementsystems vermutlich nicht. Bei der Durchführung einer großen Anzahl von Projekten ist es dagegen ratsam, das Projektmanagement auf die Anforderungen der Projekte auszurichten. Treten Ähnlichkeiten zwischen den Anforderungen einzelner Projekte auf, so lassen sich diese gegebenenfalls zu Projekttypen zusammenfassen. Für jeden Projekttyp kann dann ein angepasstes Projektmanagementsystem mit spezifischen Prozessen entwickelt werden. Erfolgsentscheidend ist es, die passende Granularität der Prozesstypen zu identifizieren. Denn einerseits dürfen die Prozesse nicht zu allgemein gehalten sein (dann werden sie als irrelevant und theoretisch wahrgenommen und nicht genutzt). Andererseits dürfen sie nicht zu spezifisch sein, da sonst eine enorme Anzahl von Prozessen entsteht, die nicht mehr beherrschbar ist.

Bei der Auswahl und Anpassung der Projektmanagementprozesse kann das Unternehmen auf schon existierende Standards zurückgreifen. So können z. B. die Prozesse der oben beschriebenen DIN 69901 als Grundlage für die Gestaltung des Projektmanagements dienen. Die für den jeweiligen Projekttyp erforderlichen Prozesse können aus der Norm ausgewählt, über den individuellen Projektlebenszyklus in einen logischen Zusammenhang gebracht und dann mit den vorgegebenen Prozessbeschreibungen definiert werden. Darüber hinaus lassen sich noch hilfreiche oder gebräuchliche Methoden und Tools zuordnen.

Damit die Projektmanagementprozesse bei der Anwendung nicht isoliert betrachtet werden, ist eine Vernetzung der Prozesse notwendig, also die logische Verknüpfung der Projektmanagementprozesse untereinander sowie mit den Führungs-, Unterstützungs- und den Wertschöpfungsprozessen. Hierbei ist das Prozesshaus des jeweiligen Unternehmens die führende Prozessarchitektur. Zusätzlich müssen die Prozesse über die Grenzen der Organisation bzw. Organisationseinheit mit denen der am Projekt beteiligten Partnern – d. h. anderer Organisationseinheiten oder Sublieferanten – vernetzt werden. Durch eine solche Vernetzung der Prozesse soll eine weitgehende Durchgängigkeit und damit einhergehende Verbesserung der Effizienz in der übergreifenden Projektarbeit erreicht werden. Beachtet werden muss dabei allerdings, dass die Einwirkmöglichkeit auf die Prozesse externer Partner in der Regel stark beschränkt ist. Somit kommt der Beschreibung der Output/Input-Beziehungen in diesen Konstellationen eine besondere Bedeutung zu.

Nach der Abstimmung der für die Projektabwicklung nötigen Prozesse gilt es, passende organisatorische Strukturen zu gestalten. Dabei sind Prozesse zumeist eng mit einem Rollenkonzept verknüpft, bei dem die Aufgaben, Kompetenzen und Verantwortlichkeiten der Prozesse in spezifischen Rollen gebündelt und dann bestimmten Personen der Organisation zugeordnet werden. Mit der Prozessorientierung werden herkömmliche, relativ statische, Organisationsstrukturen überwunden. So wird durch die Prozessorientierung auch eine bessere Balance zwischen Projekt- und Linienorganisation erreicht. Gerade für Unternehmen, die in einer ausgeprägten Matrixorganisation operieren, kann dies von großer Hilfe sein.

Die Gestaltung einer prozessorientierten Organisationsstruktur sollte „Hand in Hand gehen" mit einer entsprechenden Kultur. Dabei ist zu berücksichtigen, dass sich Kultur in einer Projektorganisation durch die zeitlich begrenzte Zusammenarbeit eines Projektteams von der langfristig bestehenden Kultur der Organisation unterscheidet. Die Kultur kann vor allem durch das Verhalten der Führung, durch

Rituale, Symbole und eine gemeinsame Sprache, sowie durch intensive Kooperation der Projektteammitglieder und anderer Stakeholder geprägt werden.

Damit wird deutlich, dass nicht nur durch die Einführung von Prozessen die Leistungsfähigkeit einer Organisation verbessert wird, sondern eine Reihe von weiteren Einfluss- bzw. Gestaltungsfaktoren zu berücksichtigen sind. Das Projektmanagementsystem wird in der Regel in Form eines PM-Handbuchs abgebildet und in das Managementsystem des Unternehmens integriert.

11.6 Die wichtigsten Punkte in Kürze

- Prozessmanagement hilft Projekten, die stark abteilungsübergreifenden Aktivitäten zuverlässiger zu steuern.
- Projektmanagementprozesse können ein stabiles Rahmenwerk bilden, in welchem die einzelnen Projekte über Abteilungsgrenzen hinweg ausgeführt werden.
- Die DIN 69901 bildet ein vollständiges Prozessmodell für Projektmanagement ab und kann zur Gestaltung des Projektmanagements im Unternehmen eingesetzt werden.
- Bei der Einführung eines Prozessmanagements bei der Projektabwicklung muss der konkrete Nutzen im Vordergrund stehen und interne und externe Beteiligte müssen eng eingebunden werden.

Literatur

DIN: *DIN 69901 Teile 1-5 Projektmanagement – Projektmanagementsysteme.* Beuth, Berlin 2009

DIN: *DIN 69909 Teile 1-4 Multiprojektmanagement – Management von Projektportfolios, Programmen und Projekten.* Beuth, Berlin 2013

DIN: *DIN EN ISO 9000:2015-11 Qualitätsmanagementsysteme – Grundlagen und Begriffe.* Beuth, Berli, 2015

IPMA: *Individual Competence Baseline Version 4.0 (IPMA ICB 4.0).* IPMA Nijkerk 2015

Gaitanides, Michael; Scholz, Rainer; Vrohling, Alwin; Raster, Max: *Prozessmanagement – Konzepte, Umsetzung und Erfahrung des Reengineering.* Hanser, München 1994

Hammer, Michael; Champy, James: *Reengineering the Corporation – a Manifesto for Business Revolution.* HarperCollins 1993

Kumar, Akhil: *Business Process Management.* Routledge, New York 2018

Motzel, Erhard; Müller, Thor: *Projektmanagement-Lexikon.* 3. Auflage. Wiley VCH Verlag, Weinheim 2017

Panagacos, Theodore: *The Ultimate Guide to Business Process Management.* Kindle Edition 2012

Porter, Michael E.: *Competitive Advantage: Creating and Sustaining Superior Performance.* Macmillan, London 1985

Wagner, Karl W.; Patzak, Gerold: *Performance Excellence – Der Praxisleitfaden zum effektiven Prozessmanagement.* Hanser, München 2007

12 Wie der Konflikt zwischen Projekt und Linie beendet werden kann

Michael Bergau

Der Konflikt zwischen Projekt und Linie ist ein immerwährendes Thema in Theorie und Praxis. Unterschiedliche Ziele, Interessen, Kulturen und das Ringen um begrenzte Ressourcen führen zu Spannung im Unternehmen. Gesucht werden Lösungsstrategien, wie die Geschäftsführung mit dem Thema umgehen kann.

> In diesem Beitrag erfahren Sie,
> - wie Sie Lösungsstrategien aus unterschiedlichen Erklärungsmodellen für Unternehmen ableiten können,
> - wie Projekt und Linie ihre eigene „Kultur" entwickeln und daraus Konflikte entstehen können und
> - welche Strategien im Umgang mit dem Konflikt Linie/Projekt sinnvoll sein können.

■ 12.1 Einleitung

Der Montagmorgen beginnt mit der üblichen Geschäftssitzung und dem gewohnten Streit. An den Konferenztisch bzw. in den Ring gehen ein junger, dynamischer Projektleiter und ein erfahrener, hochgeachteter Produktionsmanager. Das Projekt zur Einführung einer neuen Fertigungstechnik liegt bereits deutlich hinter dem Zeitplan und der Projektleiter begründet die Verspätung mit klaren Worten:

- Bereits zugesicherte Mitarbeiter werden durch Manager der Produktion wieder abgezogen, das Projekt arbeitet also mit verminderter Besetzung.
- Die Zusammenarbeit mit der Produktion hinkt, da notwendige Informationen oft verspätet oder schlecht, manchmal auch gar nicht geliefert werden.
- Es ist schwierig, im Projekt vorwärts zu kommen, da viele Linienmanager etliche Neuerungen mit einem Hinweis auf Bewährtes ablehnen würden.

Vorwürfe, die der Produktionsmanager nicht auf sich sitzen lassen kann. Er kritisiert mit deutlichen Worten die Arbeitsweise des Projekts:

- Das Projekt hindert die Mitarbeiter der Produktion an der Erfüllung ihrer eigentlichen Aufgaben, sie sollen ständig zusätzliche Arbeiten erledigen oder lange Berichte erstellen.
- Der Projektleiter fordert häufig Informationen ein, die ihm aufgrund seiner hierarchischen Position im Unternehmen gar nicht zustehen, die erst aufwendig zusammengestellt und für ihn eigens freigegeben werden müssen.
- Die Führungskräfte der Linie werden mit unausgereiften, praxisfernen Konzepten von ihrer Arbeit abgehalten.

Die Geschäftsführung ist in einer schwierigen Situation. Projekt und Linie profilieren sich in der Geschäftssitzung und vor gemischtem Publikum erneut mit gegenseitigen Schuldzuweisungen und gleichzeitig hört man Gerüchte, dass ein wichtiger Konkurrent kurz davor ist, mit einer ähnlichen Fertigungstechnik die Kosten drastisch zu reduzieren und gleichzeitig die Qualität zu erhöhen. Der Betriebsrat klagt, dass Mitarbeiter die Aufgaben des Projekts zusätzlich zu ihrer regulären Arbeitszeit („on top") bearbeiten müssen, und fordert Überstundenzuschläge. Zu befürchten ist, dass die anhaltenden Konflikte dem Unternehmen durch Investitionen in gescheiterte Projekte, spät realisierte Änderungen, sinkende Motivation, Fluktuation von Kompetenzträgern etc. schaden.

Die Frage ist: Wie kann seitens der Geschäftsführung eine andauernde Konfliktsituation zwischen Linie und Projekt (auf-)gelöst werden, um die Zukunft des Unternehmens am Markt zu sichern. Eine Frage, die sich an der Schnittstelle zwischen Linien- und Projektorganisation in unterschiedlichen Unternehmen und Branchen regelmäßig stellt. Im Zentrum dieser Betrachtung stehen Unternehmen, die Produkte in Serie fertigen und gleichzeitig selbst neue Produkte, Fertigungsverfahren und Prozesse in Projekten entwickeln, um sie dann auch in Serie auf den Markt zu bringen. Nicht im Fokus dieses Beitrags sind hingegen Unternehmen, die entweder eine stark projektorientierte Wertschöpfung (wie Architekturbüros und Softwareentwickler) oder eine überwiegende Herstellung in der Linie (wie Produktionswerke) haben.

Natürlich kann die beschriebene Situation durch die Trennung der konfliktären Parteien vermieden werden. Man verzichtet auf Linienfunktionen, indem die Fertigung an ein reines Produktionswerk oder das Personalwesen an einen externen Dienstleister vergeben wird. Alternativ werden Projekte an externe Entwicklungsdienstleister oder IT-Firmen vergeben, ein Vorgehen, das tatsächlich im Markt zu beobachten ist. Da dieses aus Sicht des Konflikts eher eine Vermeidung, nicht eine Lösung darstellt, verzichte ich diesbezüglich auf eine weitere Betrachtung.

Ausgangspunkt sind zunächst grundlegende Modelle, die der Erklärung der Vorgänge in einem Unternehmen dienen und der aus ihnen implizierten Lösungsstrategien. Einen Schwerpunkt setze ich dabei auf das Thema Kultur als Erklärungsmuster für interne Konflikte. Der Beitrag schließt mit Empfehlungen zur Bearbeitung von Konflikten zwischen Linie und Projekt.

Übersicht:
- Organisation als Maschine
- Organisation als Organismus
- Zum Begriff der Kultur
- Kultur in der Linie und im Projekt
- Unternehmenskultur gestalten
- Konflikte bearbeiten und lösen
- Empfehlungen für die Praxis

12.2 Organisation als Maschine

Eine Organisation wie ein Unternehmen kann mit unterschiedlichen Erklärungsmodellen beschrieben werden, die maßgeblich für die Wahrnehmung von Wirklichkeit und für die Entwicklung von Lösungen sind. Jedes Erklärungsmodell hilft, Erfahrungen systematisch einzuordnen und in einer immensen Fülle von Informationen und zwischen vielen, oft schwer zu deutenden Daten handlungsfähig zu bleiben. Jedes Erklärungsmodell stabilisiert sich selbst, indem es bestätigende Erfahrungen im Bewusstsein und in Erinnerung hält, während widersprüchliche Erfahrungen herausgefiltert werden. In der Kognitionspsychologie ist das als „Bestätigungsfehler" oder „Confirmation Bias" benannt. Dies ist insofern relevant, als dass die Nutzung eines Erklärungsmodells in Konfliktsituationen manche Lösungsstrategien ermöglicht, andere hingegen verschließt. Wir sind uns in der Regel nicht unserer Erklärungsmodelle bewusst, mit denen wir uns die Wirklichkeit erschließen. Sie sind vielmehr ein Filter vor unseren Augen, den wir für die Realität selbst halten. Eine Auseinandersetzung mit unseren mentalen Modellen (und von diesen abweichenden Vorstellungen) kann uns unsere eigenen Erklärungsmodelle bewusster machen und neue Interpretationen/Handlungsmöglichkeiten eröffnen. Es sollte uns bewusst sein, dass kein einfaches mentales Erklärungsmodell geeignet ist, eine komplexe Wirklichkeit zu erklären.

Die Beschreibung von Organisationen als Maschine kam mit der industriellen Revolution auf. Menschen beschäftigten sich zunehmend mit immer komplizierteren Apparaten und nutzten diese als Metapher, um sich selbst und Organisationen zu beschreiben. Aus dieser Perspektive ist eine Organisation ein komplizierter Mechanismus und jeder Mensch darin ein Bauteil, das eine ihm vorbestimmte Funktion ausführt. Gesteuert wird die Maschine durch einen Entscheider, der aufgrund überragender Kompetenz die richtigen Steuerungsimpulse gibt. Ähnlich wie ein Computer läuft die Organisation durch ein Betriebssystem, eine Software, die in Form von Befehlen Arbeiten beginnt, fortsetzt und unter definierten Umständen beendet. Bestimmte Funktionsträger (nicht alle) übermitteln Informationen und treffen Entscheidungen, die dann von anderen Funktionsträgern umgesetzt werden. Die Vorstellung von Kommunikations- und Arbeitsprozessen ist linear: Auf eine bestimmte Anweisung folgt immer die gleiche Reaktion.

Folgt eine Organisation überwiegend diesem Erklärungsmodell, können diese (und weitere) Merkmale auftreten:

- Fehler (oder unerwartetes Verhalten) werden durch Versagen von einzelnen Beteiligten als zu reparierender Defekt erklärt. Druck, Strafe oder weitere Anweisungen sollen wieder zu den gewünschten Ergebnissen führen. Im Notfall werden einzelne Beteiligte als schadhaft ausgetauscht.
- Rekrutierung erfolgt über ausdifferenzierte Stellenprofile, dabei wird ein bestehendes Bauteil ersetzt oder ein neues erstmalig eingebaut.
- Zur Lösung von Problemen wird die richtige Methode gesucht, eine Reparaturanleitung, die durch einfache Schritte den gewünschten Zustand herstellt.
- Initiativen und Kommunikation erfolgt überwiegend von oben nach unten entlang der Hierarchie. Rückmeldungen in Gegenrichtung sind selten und folgen präzise definierten Spielregeln mit stark begrenzten Inhalten (Beispiel: jährliche Mitarbeiterbefragung).

Aus der Sicht der linearen Organisation ist der Konflikt Linie/Projekt als Ressourcenkonflikt zu erklären, der durch verbesserte Anweisungen zu lösen ist. Beide Seiten wollen zur Erfüllung ihrer Ziele auf Ressourcen des Unternehmens zugreifen, beanspruchen die Arbeitszeit von Mitarbeitern und Führungskräften, die Nutzung von Betriebsmitteln wie Anlagen und schließlich auch vertrauliche Informationen für sich. Durch die Begrenztheit der Ressourcen sehen sich Projekt- und Linienleitung gleichermaßen in der Ausübung ihrer Aufgaben beeinträchtigt.

Somit kann der Konflikt mit relativ einfachen Mitteln gelöst werden (die in den meisten Lehrbüchern zu finden sind):

- **Zieldefinition und Erfolgsmessung:** Die Geschäftsführung benennt zunächst die übergeordneten strategischen Ziele des Unternehmens und leitet aus ihnen die Ziele von Linie und Projekt ab. Dazu beschreibt sie die Ziele (und Nicht-Ziele) so präzise wie möglich, weist Ressourcen zu und macht eventuell das quantitative und qualitative Gelingen zu einem Bestandteil der Zielvereinbarung aller Führungskräfte (beispielsweise durch die Einführung einer Balanced Scorecard).

- **Aufbauorganisation:** Die Struktur und Berichtswege von Linie und Projekt werden unmissverständlich beschrieben (beispielsweise durch Einführung einer Matrixorganisation). Dabei werden Aufgabenverteilung und Eskalationswege zwischen Linie und Projekt in Rollenbeschreibungen festgehalten (Beispiel: der Projektleiter bestimmt, welches Arbeitspaket wann fertigzustellen ist, der Linienleiter legt fest, wer das Arbeitspaket wie bearbeitet, im Streitfall entscheidet die Geschäftsführung).
- **Ablauforganisation:** der Ablauf von Projekten wird in einem grundlegenden Phasenmodell definiert, in dem die wesentlichen Meilensteine für Ergebnisse und Eckpunkte für eine Regelkommunikation zwischen den Beteiligten beschrieben werden.

Diese klassischen Lösungen machen den Beteiligten deutlich, was die übergeordneten Ziele sind, und vermindern das Risiko von „Silo-Denken", das sich auf den jeweils eigenen Bereich konzentriert. Die beschriebenen Regelungen füllen Lücken in der Gestaltung des Unternehmens und definieren bisher Undefiniertes.

Fraglich ist dennoch, warum die beschriebenen Lösungsansätze in der Praxis oft nicht konsequent oder gar nicht umgesetzt werden. Dazu drei Hypothesen:

- Ausbildung von Führungskräften in Linienfunktionen,
- Einbindung der Geschäftsführung in Netzwerke der Linie,
- Gefahr des Aufbaus von Bürokratien.

Die erste Hypothese dazu liegt in der Ausbildung der Mitglieder der Geschäftsführung. Die meisten haben einen Karriereweg in der Linie hinter sich, haben daraus ihre Sicht auf das Unternehmen entwickelt. Sie haben gelernt, wie Prozesse schlanker und stabiler gestaltet werden können, wie Berichtswege definiert und durchgesetzt werden können. Was jedoch fehlt, ist ein Verständnis für die Bedarfe von Projekten, Projektleitern und Teams.

Die zweite Hypothese liegt in der Einbindung von Entscheidern in soziale Netzwerke der Linie. Das konsequente Durchsetzen der beschriebenen Regelungen durch die Geschäftsführung könnte seitens alter Kollegen als Entmachtung (und Verrat) wahrgenommen werden. Das Dilemma der Geschäftsführung, auf der einen Seite auf Projekte und auf der anderen Seite auf Linienarbeit angewiesen zu sein, wird häufig durch einen ambivalenten Kurs gelöst. Regelungen werden eingeführt, eine konsequente Durchsetzung aber vermieden.

Ein Lösungsansatz könnte im gezielten Einsatz in Projekten innerhalb der Führungskräfteentwicklung und in der Einführung eines projektorientierten Karrierepfads liegen. Nach einigen Jahren sind dann Entscheider in der Geschäftsführung, die auch die Perspektive von Projekten kennen und soziale Netzwerke in Linien- und Projektfunktionen haben.

Die Einführung von neuen Regeln ist in sich ein zweischneidiges Schwert. Auf der einen Seite wird durch die Einführung einer Regel eine klare Orientierung in „erlaubt" und „nicht erlaubt" eingeführt, nach der sich die Mitarbeiter und Führungskräfte eines Unternehmens richten können. Auf der anderen Seite führt die Einführung einer Regel rasch zu der Einführung weiterer Regelungen, die wiederum weitere Regeln nach sich ziehen. Eine einfache Regel kann unmöglich eine Hilfe für alle möglichen Entscheidungssituationen in einer komplizierten Umwelt sein. Mitarbeiter, die weiterhin arbeitsfähig sein wollen, müssen entweder bestehende Regeln verletzen oder neue Regeln aufstellen, die spezifische Situationen und Ausnahmen berücksichtigt. Mitarbeiter fragen dann häufiger „was ist erlaubt?" und seltener „was bringt Nutzen?". Schließlich entsteht eine Bürokratie, die sich weniger auf die Bedarfe ihrer Kunden, sondern vielmehr um sich selbst dreht. Es ist sicherlich kein Zufall, dass die strikte Umsetzung aller Regelungen, der „Dienst nach Vorschrift", als eine Form der Leistungsverweigerung gilt (Kühl 2015).

Es braucht somit ein ausgeprägtes Fingerspitzengefühl und eine klare Wahrnehmung der Auswirkungen, um einen andauernden Konflikt durch Einführung und Anpassung von Regelungen zu lösen. Schließlich gilt es immer wieder, die bestehenden Regeln auf ihre Aktualität zu prüfen und obsolete Regeln in einer Art Frühjahrsputz zu streichen.

In der Praxis ist darüber hinaus bei der Einführung von Regelungen Widerstand zu beobachten, der eine konsequente Umsetzung schwierig macht. Einen Erklärungsansatz für solche Phänomene liefert ein weiteres Modell.

12.3 Organisation als Organismus

Die Betrachtung eines Unternehmens als komplexes System ist ein alternatives Erklärungsmodell, das eine Organisation als eine Art biologischen Organismus betrachtet und als „Systemtheorie" bezeichnet wird. Das Modell entstand in der Analyse biologischer und sozialer Systeme, deren Entwicklungen und Reaktionen nicht durch lineare Abläufe zu erklären sind. Aus dieser Perspektive ist die Zusammenarbeit einer Organisation durch komplexe Prozesse geprägt. Gesteuert wird ein komplexes System durch eine Führungskraft, die im Bewusstsein unzureichender Informationen auf Situationen mit geeigneten Interventionen wie Entscheidungen oder Kommunikation reagiert und die vielfältigen Rückmeldungen aus der Organisation und ihrer Umwelt in der Konzeption weiterer Interventionen berücksichtigt. Statt einfacher Reiz-Reaktion-Muster gibt es hier zirkuläre Rückkopplungen, deren Ergebnisse nicht präzise vorherzusehen ist.

Menschen sind aus dieser Perspektive neben einem Mittel zur Erreichung betrieblicher Ziele auch Träger von eigenen Bedürfnissen und Interessen, die zu unvorhersehbaren Aktionen und Reaktionen führen. Sie nehmen Positionen im sozialen Netzwerk ein, die schwer zu erfassen sind. Sie sind einander Freunde, Gegner, Alliierte, Konkurrenten, Vorbilder, Neider. Menschen in diesem Erklärungsmodell leiten Informationen weiter, teilen ihre Wahrnehmung, motivieren oder demotivieren andere etc.

Anstatt eine objektive Realität anzunehmen, die es analytisch zu erfassen gilt, geht man von einer Vielzahl subjektiver Realitäten aus, die von den Beteiligten jeweils konstruiert werden. Die Vorstellung von Kommunikations- und Arbeitsprozessen ist komplex: Auf eine bestimmte Anweisung können völlig unterschiedliche Reaktionen erfolgen.

Folgt eine Organisation überwiegend diesem Erklärungsmodell, können diese (und weitere) Merkmale auftreten:

- Fehler werden als wertvolle Informationen über die gelebten Prozesse angesehen. Der Gegenstand der Untersuchung ist die Art und Weise der Zusammenarbeit, die von den Beteiligten dabei erlebten Stärken und Schwächen. Lösungen liegen in der Regel in der Veränderung von Informations- und Kooperationsprozessen.
- Rekrutierung erfolgt über soziale Passung zur Organisation. Gesucht werden Menschen, die eine Ergänzung für das bestehende Team sein können, die präzise Aufgabendefinition erfolgt dann immer wieder erneut nach Kompetenzen, Anforderung und Bedarfen.
- Kommunikation ist ein komplexes Zusammenspiel aller Beteiligten. Dabei können große Steuerungsimpulse wirkungslos verpuffen und kleine Impulse eine enorme Wirkung zeigen. Letzteres ist auch als „Schmetterlingseffekt" benannt, nach der Fragestellung „Kann der Flügelschlag eines Schmetterlings bei uns einen Sturm in China auslösen?".

Nach der Systemtheorie ist der Konflikt zwischen Linie und Projekt ein Muster in einem komplexen Zusammenspiel, das sich nicht vollständig steuern und vorhersagen lassen kann. Die Einführung scheinbar einfacher Regelungen kann demnach unerwartete Auswirkungen haben. So kann beispielsweise eine rein rational gemeinte Regelung, die den knapp werdenden Büroraum im Personalwesen durch die Einführung von mobilen Arbeitsplätzen besser nutzen soll, als Herabwürdigung durch die betroffenen Mitarbeiter verstanden werden. Die Auswirkungen sind unerwarteterweise sinkende Motivation, steigende Fehlzeiten und emotionale Auseinandersetzungen zwischen Führungskräften und Team.

Das Verhalten der Beteiligten ist dabei keineswegs chaotisch, es folgt einer Struktur und Logik, die wir auch als „Kultur" bezeichnen können.

12.4 Zum Begriff der Kultur

Wenige Begriffe sind einerseits so unscharf und werden andererseits so selbstverständlich verwendet wie der der „Kultur". Der Ursprung des Worts liegt im Lateinischen: „Cultus" und „Cultura". Diese Ausdrücke bezogen sich zunächst auf die landwirtschaftliche Pflege und Nutzung von Feldern und Tieren, später dann auch auf die Pflege des Geistes. Heute erreicht der Begriff eine beachtliche Bandbreite. Eine Studie kam auf 164 unterschiedliche Bedeutungen (Kroeber & Kluckhohn). Unter „Kultur" erfassen wir beispielsweise die Beherrschung von gebräuchlichen Umgangsformen (wie der korrekten Benutzung von Hummerbesteck) und die Kenntnis über anerkannte Kunstgüter (wie die Lektüre der Hauptwerke Goethes). Wir benutzen ihn zur Abgrenzung und zum Vergleich von Nationen, sprechen von der italienischen Lebensart in Abgrenzung zum deutschen Lebensstil. Und schließlich verwenden wir ihn als „Unternehmenskultur", um Verhaltensweisen zwischen und innerhalb von Unternehmen zu beschreiben.

Dieser Beitrag verwendet die Definition von Helen Spencer-Oatey von Kultur als „die Gesamtheit von Attitüden, Grundsätzen, Annahmen, Werten und Wertvorstellungen, Verhaltensnormen und Grundeinstellungen, die von einer Gruppe geteilt werden, die das Verhalten der Gruppenmitglieder beeinflussen und mit wessen Hilfe diese das Verhalten anderer interpretieren" (Spencer-Oatey).

Bemerkenswert an diesem Kulturbegriff ist, dass er sich nicht an das Konzept einer Nation, eines geografischen Gebiets, sondern an eine Gruppe bindet. In diesem Sinn können Unternehmen und auch Bereiche/Abteilungen innerhalb dieser eine eigene Kultur bilden, die sie von anderen Unternehmen bzw. anderen Bereichen/Abteilungen unterscheidet.

Man kann in diesem Sinn Kultur als ein System komplexer Spielregeln verstehen, welches einer Gruppe eine Kooperation untereinander durch Komplexitätsreduktion ermöglicht. Rollen, Hierarchien, Kommunikationsmuster, Werte, Interpretation von Ereignissen, Beziehungen zu anderen Gruppen etc. müssen nicht einzeln und aufwendig ausgehandelt werden, sondern werden tradiert, in der Zusammenarbeit vorgelebt und in Gesprächen implizit (beispielsweise durch Gerüchte und Geschichten) vermittelt. Wie bei einer Sportart ist die Interaktion der „Mitspieler" vordefiniert. Die Beziehung zwischen Schiedsrichter und Spielern muss nicht vor jedem Spiel einzeln ausgehandelt werden, niemand erwartet vom Torwart, Tore zu schießen oder die Waden seiner Teamkollegen zu massieren.

Jede Kultur kennt Regeln und Rituale, wie neue Mitglieder aufgenommen (Rekrutierungsverfahren), auf Tauglichkeit getestet (Probezeit) und bei Regelverstößen sanktioniert (Abmahnungen) werden. Alle Regeln werden dabei als „naturgegeben" und „normal" wahrgenommen und selten hinterfragt. So folgt ein Fußballspieler der Abseitsregel, ohne sie jemals als das zu hinterfragen, was sie eigentlich ist: eine willkürliche Festsetzung, die keineswegs zwangsläufig ist.

Helen Spencer-Oatey beschreibt Kultur als Zwiebelmodell, als Schichten, die übereinanderliegen (Bild 12.1):

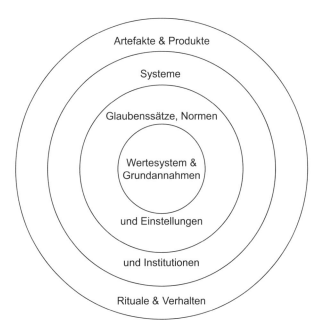

Bild 12.1 Zwiebelmodell von Kultur

An der Oberfläche liegen sichtbare Artefakte, Produkte, Rituale und Verhaltensweisen, die es den Mitgliedern einer Kultur schnell ermöglichen, einander zu erkennen („wir gehören zusammen"), und die ebenso schnell eine Abgrenzung zu Mitgliedern anderer Gruppen ermöglichen („wir gehören NICHT zusammen") und die den Besuchern aus anderen Gruppen als Erstes auffallen.

Der Besuch in der Kantine eines beliebigen Unternehmens kann dies verdeutlichen. Hier eilen Mitglieder der Geschäftsführung mit ihren Assistenten an einen Tisch, verteilen und diskutieren Unterlagen mit bunten Grafiken zwischen ihren Tablets, essen hastig und rennen dann zum nächsten Termin. Dort sitzt entspannt eine Gruppe aus der technischen Entwicklung, Ingenieure mit kariertem Hemd und dem unvermeidlichen Kugelschreiber in der Hemdtasche. Kleidungsstil (wie Anzug und Krawatte) und Verhaltensweisen (wie demonstrative Eile beim Essen) signalisieren deutlich die jeweilige Gruppenzugehörigkeit.

Je länger ein Mensch Mitglied einer Kultur ist, desto prägender wird diese für dessen Identität. Eine charmante Beschreibung dafür ist das französische Konzept der „Déformation professionnelle", demzufolge Menschen die Verhaltensweisen ihres

Berufsbilds oder ihres Unternehmens annehmen und schließlich generell ausleben. Wir kennen Grundschullehrer, die nach einigen Jahren Berufserfahrung alle Menschen wie Kleinkinder behandeln und Stewardessen, die auch außerhalb der Kabine eines Flugzeugs mit einem eingefrorenen Lächeln herumlaufen.

Wer diese sichtbaren Anzeichen zu deuten weiß, kann auf die Zugehörigkeit zu unterschiedlichen Gruppen, Systemen und Institutionen schließen. Kleidung wie direkt aus einem Modemagazin von übernächster Woche? Marketing und Vertrieb. Im Unternehmen ist gemeinhin bekannt, dass die Vertriebsmitarbeiter nach der Höhe ihrer Verkäufe entlohnt und eingestuft werden, ein Blick auf die Rangliste in deren Büro zeigt, wer von ihnen gerade angesehen ist und wer nicht. Freundliche Vorsicht und formale Umgangsformen bestimmen den Umgang untereinander. T-Shirts mit dem Schriftzug finnischer Heavy Metal Bands, Hornbrillen und Bärte? Auch die IT ist vertreten. Deren Zusammenarbeit ist durch Kollegialität geprägt. Angesehen ist, wer als kompetent gilt und anderen hilft. Die Interaktion in der Kantine ist locker und kollegial.

Erst im längeren Gespräch zeigen sich dann Glaubenssätze, Normen und Einstellungen. Für die einen ist zum Beispiel Home-Office eine Notwendigkeit: „kompetente Mitarbeiter organisieren sich selbst", für die anderen ist Arbeiten außerhalb des Sichtbereichs einer Führungskraft völlig undenkbar: „Vertrauen ist gut, Kontrolle ist besser" (siehe auch Theorie X/Y von McGregor).

Im Zentrum liegen schließlich Wertesysteme und Grundannahmen über die Natur von Menschen, Arbeit und Führung. Diese sind auch für ihren Träger nicht bewusst, sie definieren, was „richtig" und „falsch", was „normal" und „anormal" ist. Hierin können sich religiöse und normative Grundhaltungen abbilden. Wenigen Katholiken dürfte bewusst sein, dass ihre Arbeitsethik auf die Kardinaltugenden von Platon zurückgeht, während die protestantische Arbeitsethik auf dem Konzept der „natura corrupta" von Calvin fußt (Nieschmidt, Weber).

Kulturen erhalten ihre Existenz durch einen Prozess der „Autopoiesis". Der Begriff stammt aus der Biologie und beschrieb ursprünglich die Selbsterhaltung von Lebewesen durch Regeneration beschädigter oder fehlender Zellen und die Immunabwehr gegenüber Infektionen (Verela, Maturana, Uribe). Inzwischen wird das Konzept der Autopoiesis in einer Reihe von anderen Disziplinen verwendet, auch in der Systemtheorie nach Niklas Luhmann (Luhmann). Demnach reproduzieren soziale Systeme sich durch Autopoiesis, indem sie die Regeln ihrer Kommunikation neuen Mitgliedern auferlegen (Rekrutierung, Ausbildung, Einarbeitung), ihre Außenwelt durch gezielte Filterung wahrnehmen und bewerten. Beispielsweise ist die Entwicklung der Zuckerpreise für das System Automobilhersteller völlig irrelevant, die neuen Produkte oder Innovationen anderer Hersteller am gleichen Markt von hoher Bedeutung.

Der wiederkehrende Konflikt zwischen Linie und Projekt kann auch als ein Prozess der Autopoiesis verstanden werden. Die gegenseitigen Schuldzuweisungen im Rahmen von Geschäftsführungssitzungen, gefolgt von einer Intervention der Geschäftsleitung und der abschließenden Verarbeitung dieser können als Ritual mit feststehenden Rollen und Mustern verstanden werden. Die Abgrenzung vom anderen hilft, die eigene Identität und Kultur zu wahren und sich der Wertschätzung anderer Beteiligter zu versichern. Versuche zur dauerhaften Auflösung des „Problems" könnten daraus als existenzbedrohend wahrgenommen werden und heftige Gegenreaktionen auslösen.

■ 12.5 Kultur im Projekt, Kultur in der Linie

Wir können davon ausgehen, dass Gruppen und Kulturen als Anpassungsleistung an die Anforderungen und Ressourcen einer natürlichen und/oder sozialen Umwelt entstehen. Die Anforderungen an eine Gruppe werden in ihren formellen und informellen Zielen deutlich. Das Ziel von Projektarbeit ist „ein zeitlich befristetes Vorhaben zur Schaffung eines einmaligen Produkts, einer einmaligen Dienstleistung oder eines einmaligen Ergebnisses" (siehe auch Project Management Institute: A Guide To The Project Management Body of Knowledge). Dies steht in Kontrast zu dem Ziel von Linienfunktionen, die keine einmaligen Leistungen, sondern dauerhaft stabile, sich wiederholende Ergebnisse bereitstellen sollen. Aus der unterschiedlichen Zielsetzung erwachsen weitere Implikationen hinsichtlich Organisationsform, Risiken, Werten und Persönlichkeiten.

Die Organisationsstruktur der Linie ist dauerhaft und eher hierarchisch, Führungskräfte werden oft überragende Fachleute in ihrem Bereich, die viele Details in Produktion und Produkt inhaltlich kennen und bewerten können. Die Wiederholung von ähnlichen Situationen ermöglicht es, klare Berichtswege und Entscheidungskompetenzen von der Basis bis hin zur oberen Führungskraft zu definieren. Die Beziehungen der Beteiligten sind stabil und auf dauerhafte Kooperation ausgelegt, man kennt das soziale Umfeld, das sich nur selten ändert.

Demgegenüber steht die Projektorganisation als temporäre Einrichtung mit klarem Ablaufdatum: Mit dem Erreichen des Projektziels wird die Organisation wieder aufgelöst. Der Projektleiter als Führungskraft ist ein Koordinator mit hoher sozialer und methodischer Kompetenz, der nicht unbedingt fachliche Expertise mitbringen muss (diese wird durch entsprechende Teammitglieder eingebracht). Da ein einmaliges Ziel zu erreichen ist, gibt es immer wieder Entscheidungssituationen, die überraschend auftreten und neue Lösungsstrategien erfordern. Daraus resultiert eine vernetzte Kommunikationsstruktur mit dynamischer Entscheidungsfindung. Die Beziehung der Beteiligten ist temporär und auf das Erreichen des Projektziels ausgerichtet. Neuzugänge, Abgänge und Veränderungen der Rollen sind im Vergleich zur Linienorganisation häufig.

Das Erreichen der Arbeitsziele in der Linienorganisation ist wieder und wieder bewiesen worden, das Risiko eines Scheiterns ist gering und eher in außerordentlichen Umständen begründet. In der Analyse von Fehlern werden oft einzelne Personen als Ursache ausgemacht und diszipliniert. Projektarbeit ist dagegen durch die Einmaligkeit der Ziele risikohaft. Fehler in der Beauftragung, in der Einschätzung von Rahmenbedingungen, Beteiligten, Techniken etc. können jederzeit zu einer Schieflage im Projekt bis zum Scheitern führen. Beim Auftreten von Fehlern wird häufiger der zugrunde liegende Prozess analysiert und neue Erkenntnisse als Lessons Learned dokumentiert.

Es ist einleuchtend, dass sich Menschen für eine an ihrer Persönlichkeitsstruktur und ihren Interessen ausgerichtete Stelle oder Berufslaufbahn entscheiden. Ein Mensch, der eher zu einer geringen Offenheit neigt – gemessen am Fünf-Faktoren-Modell der Persönlichkeit (Cervone, John & Pervin) – wird sein berufliches Glück wahrscheinlicher in einer Linienorganisation suchen, die ihm Sicherheit, Orientierung und eine stabile Rollenerwartung gibt. Ein Mensch mit einer höheren Offenheit wird eher in einer Projektlaufbahn sein Bedürfnis nach Flexibilität, Innovation und ständig neuen Herausforderungen befriedigen können. Beide Persönlichkeitsmerkmale sind dabei nicht wertend, im Sinne von „gut" oder „schlecht", sondern lediglich beschreibend und wertneutral zu verstehen.

Die folgende Tabelle fasst die Unterschiede zusammen (Tabelle 12.1):

Tabelle 12.1 Unterschiede von Projekt- und Linienorganisation

	Linie	Projekt
Ziel	Stabile, effiziente Produktion von bewährten Produkten	Erschaffung eines einmaligen Produkts oder einer einmaligen Dienstleistung
Organisation	Stabil und ohne zeitliche Befristung	Temporär und auf die Dauer des Projekts befristet
Risiko	Gering (alle Prozesse und Rollen sind bewährt)	Hoch (durch Einmaligkeit des Produkts und der Beteiligten)
Persönlichkeiten	Geringe Offenheit	Hohe Offenheit

Damit wird deutlich, dass Gruppen, die sich in Projekt- oder Linienarbeit organisieren, unterschiedliche Kulturen entwickeln. Ausgehend vom Zwiebelmodell von Spencer-Oatey ist folgende Skizze hypothetischer Linien- und Projektkulturen denkbar (Tabelle 12.2):

Tabelle 12.2 Mögliche Linien- und Projektkulturen

Schicht	Linie	Projekt
1. Artefakte, Produkte, Rituale & Verhalten	• Konservative Kleidung • Offene Darstellung von Statussymbolen (wie Titel, Teilnahme an Gremien, Parkplatz vor dem Büro) • Besprechung mit Mitarbeitern nach ritualisierter Absprache mit Sekretariat	• Moderner Kleidungsstil • Subtile Darstellung von Statussymbolen (wie neue Geräte, Mitwirkung an erfolgreichen Projekten) • Besprechung mit Mitarbeitern jederzeit je nach Thema/Dringlichkeit
2. Systeme & Institutionen	• Tief gestaffelte Hierarchie • Prozessbeschreibungen, Richtlinien	• Flache Hierarchie • Projektmanagement-Methodik
3. Glaubenssätze, Normen und Einstellungen	• Der Chef ist unser bester Spezialist • Vertrauen ist gut, Kontrolle ist besser • Richtlinien organisieren unsere Arbeit	• Der Projektleiter ist unser bester Problemlöser • Monitoring ist gut, Zusammenarbeit ist besser • Teams organisieren sich und ihre Arbeit selbst
4. Wertesystem & Grundannahmen	• Gut ist, Bestehendes zu erhalten und am Laufen zu halten • Schlecht ist, eine bewährte Ordnung zu stören	• Gut ist, Neues zu erschaffen und in die Welt zu bringen • Schlecht ist, das Neue zu verhindern

Die Vertreter von Projekt- und Linienarbeit haben in diesem Beispiel eine jeweils spezifische Kultur entwickelt, die scheinbar vom jeweils anderen nicht geachtet und respektiert wird. Dazu eine (nur leicht überspitzte) Szene: Der Vertreter des Projekts, der auf einen Linienleiter zugeht, um kurzfristig Informationen zu erfragen, verletzt dessen Auffassung von Vorgehen und Protokoll. Der Linienleiter erwartet einen hierarchisch mindestens Gleichgestellten, der ihm eine Terminanfrage über sein Sekretariat einstellt, sein Anliegen im eigenen Büro persönlich erklärt, eventuell schriftlich plausibilisiert und dann einen angemessenen Zeitraum für die Bearbeitung gewährt. Stattdessen trifft er in der Kantine einen völlig unangemessen gekleideten Projektmitarbeiter (hierarchisch weit unter ihm), der ihn nicht nur unter Umgehung jedes Protokolls direkt anspricht, sondern auch mit der Forderung belästigt, in einem lächerlich kurzen Zeitrahmen Informationen bereitzustellen.

Auf der anderen Seite erlebt auch der Projektmitarbeiter eine Verletzung seiner Erwartungen. Er rechnet mit einem zwanglosen Gespräch, einem sofortigen Verweis auf entsprechende Fachexperten oder umgehend eine E-Mail mit einer Zusammenstellung der gewünschten Informationen. Er findet stattdessen einen distanzierten Manager, der ihn von oben herab an das Sekretariat oder an nicht informierte Stellvertreter verweist und die dringend benötigten Informationen lang hinauszögert. Bis zu der nächsten Begegnung haben beide Seiten in ihrer Organisation Verbündete informiert und sind entsprechend eingestimmt, man ist gemeinsam auf dem Weg in die Eskalation.

Bei der Bearbeitung von solchen oder ähnlichen Konflikten ist es erheblich, welche Beziehung Menschen zu den auftretenden Phänomenen haben. Der antike Philosoph Epiktet umschrieb dies mit den Worten: „Es sind nicht die Dinge selbst, die uns bewegen, sondern die Ansichten, die wir von ihnen haben" (Wöhrle: Epiktet: Handbüchlein der Moral). Ob also jemand angesichts unerfüllter Erwartungen oder vermeintlich konfliktärer Verhaltensweisen wütend wird oder gelassen bleibt, liegt demnach nicht im Verhalten selbst, sondern in der Bewertung dessen.

Klassischerweise wird in einer Begegnung mit einer anderen Kultur normativ bewertet. Die Sitten und Gebräuche der eigenen Kultur werden als „normal" definiert und jede Abweichung als verwerflich oder unzivilisiert abgewertet. Wenn Unterschiede sichtbar werden, können diese durch die Überlegenheit der eigenen Kultur gegenüber vermeintlichen „Barbaren" verstanden werden: „Wir sind besser als die." Auch die Streitigkeiten am Anfang des Textes können daraus erklärt werden: Die jeweils anderen verstehen einfach nicht, wie zivilisierte Zusammenarbeit, gute Organisation, korrekte Ressourcensteuerung etc. richtig funktioniert.

Innerhalb der eigenen Gruppe kann ein Lösungsversuch durch Abgrenzung oder Sanktionierung zielführend sein. Das abweichende Mitglied geht oder richtet sein Verhalten wieder nach der Gruppe aus, die den reuigen Abweichler wieder in ihrer Mitte aufnimmt. Im Umgang mit einer anderen Gruppe kann der gleiche Lösungsversuch andererseits als weitere Regelabweichung oder Provokation interpretiert werden und in eine kostspielige Eskalation („So nicht, denen zeigen wir es mal") führen, die dem Unternehmen und damit auch den Konfliktpartnern selbst Schaden zufügt. Gelegentlich wird eine hierarchische Instanz angerufen, um die andere Seite zur richtigen (sprich: der eigenen) Kultur zu erziehen.

Alternativ kann die gleichzeitige und gleichberechtigte Existenz verschiedener Kulturen anerkannt werden. An die Stelle einer bestimmenden Leitkultur tritt ein System wechselseitiger Anerkennung von unterschiedlichen Subkulturen, die Bestandteile einer gemeinsamen Kultur bilden. Vergleichbar mit Kanada, dessen Kultur durch die Begegnung einer französischsprachigen und einer englischsprachigen Gruppe geprägt ist, könnte die Kultur eines Unternehmens durch die gleichwertige Zusammenarbeit von Projekt und Linie geprägt sein, bei der beide Seiten ihre Beiträge für die übergeordneten Zielen anerkennen, ihr jeweiliges Anderssein akzeptieren und versuchen, in der „Sprache" des Gegenübers zu kommunizieren. Dies würde im oben beschriebenen Beispiel bedeuten, dass sich der Projektmitarbeiter an dem Protokoll der Linie orientiert, der Linienmanager einen aus seiner Sicht exotischen Kommunikationsversuch gelassen nimmt und beide ihre gegenseitigen Erwartungen vollständig und deutlich formulieren.

■ 12.6 Unternehmenskultur gestalten

Da es neben den Subkulturen von Linie und Projekt auch eine übergeordnete Unternehmenskultur gibt, kann es die Aufgabe der Geschäftsführung sein, die Akzeptanz anderer Verhaltensweisen und Kulturen zu fördern. Die Frage ist: wie?

Seitdem der Begriff der Unternehmenskultur durch Magazine für Manager geistert, in denen die Bedeutung von Unternehmenskulturen für den Erfolg einzelner Marken beschworen wird, gibt es zahlreiche Versuche, direkt auf sie einzuwirken. Da dies meist durch den Druck von Broschüren und Postern, durch Beiträge in der Mitarbeiterzeitung und einige sporadische Workshops geschehen soll, kann man annehmen, dass die Gestalter dieser Programme Anhänger des Erklärungsmodells „Organisation als Maschine" sind. Durch neue verbale Anweisungen, so die Annahme, kann eine neue verbesserte Unternehmenskultur verordnet werden. Die Produkte unterschiedlicher Beratungsfirmen sind so leicht zu kaufen, die Ergebnisse hingegen eher bescheiden und führen oft in eine Desorientierung der Belegschaft. Welche Kultur ist nun die richtige? Die täglich erlebte oder die auf bunten Seiten herbeigewünschte? Ambiguitätstoleranz wird zu einer wichtigen Kompetenz und „Predige Wasser und trinke Wein" zur Maxime der Führungskräfte, von denen man Wortmeldungen nach den neuen Konstrukten und Handeln nach der alten Kultur erwartet.

Unternehmenskulturen haben einen langen Atem (wie bereits oben zum Begriff der „Autopoiesis" beschrieben), einmal etablierte Verhaltensmuster, Normen und Werte werden meist erhalten, auch wenn der Grund für ihre Entstehung längst nicht mehr gegeben ist. Sie sind immer vergangenheitsbezogen und ändern sich erst und langsam, wenn aus der Veränderung ein hinreichend wahrgenommener Nutzen entsteht. Die meisten herstellenden Unternehmen haben eine Tradition in der Linie. Einmal entwickelte Produkte liefen stabil, der Volkswagen Käfer rollte beispielsweise von 1938 bis 2003 vom Band. Die Herausforderung bestand weniger darin, Neuerungen zu entwickeln, sondern vielmehr eine effiziente Produktion zu gestalten, die hohe Qualität bei niedrigen Kosten ermögliche. Während „außen" komplett neue Branchen wie Informationstechnologie und Telekommunikation mit innovativen Formen der Zusammenarbeit entstanden, blieb bei vielen Unternehmen „innen" die ursprüngliche Kultur erhalten. Neue Mitarbeiter lernten in dieser Tradition ihren Beruf, machten Karriere, bildeten ihrerseits neue Mitarbeiter nach bewährten Mustern aus und verließen schließlich das Unternehmen.

Die unpopuläre Erfahrung zeigt: Unternehmenskulturen sind nicht direkt steuerbar und verändern sich nicht per Anweisung der Geschäftsführung (Luhmann, Grubendorfer). Vielmehr ist das tatsächliche zu beobachtenden Verhalten der Mitglieder der Geschäftsführung und des Managements kulturprägend: Wie werden Konflikte bearbeitet? Welche Interaktionen finden zwischen den Beteiligten statt? Welches Verhalten wird gefördert und welches Verhalten bestraft?

Veränderungsimpulse könnten von außen kommen. Kunden erwarten andere Produkte und besseren Service, Konkurrenten erweitern ihr Angebot um neue Vertriebswege, neue Lieferanten bieten neue technische Lösungen an. Die digitale Disruption schreckt vor keiner Branche zurück. Allerdings wird die Außenwahrnehmung einer Kultur durch diese selbst bestimmt. Veränderungen könnten von einzelnen Menschen als relevant wahrgenommen werden, vom Gesamtsystem des Unternehmens ignoriert werden. Die Veränderung des Markts durch Onlinehändler wurde vielerorts stark thematisiert, die klassischen Kataloghändler Quelle und Neckermann registrierten diese jedoch zu spät und mussten schließlich aufgeben.

Eine wertvolle Intervention kann daher die Förderung von Selbstreflexion im Unternehmen sein. Wie geht man im Konfliktfall miteinander um? Wie verhalten sich die einzelnen Beteiligten? Wie reagieren wir auf die Veränderungen im Markt? Aus der Selbstreflexion könnten die notwendigen Impulse kommen, die schließlich zu Anpassungsleistungen im Unternehmen führen.

Im Rahmen der Selbstreflexion empfiehlt es sich, die Konfliktkultur zu beleuchten. Sind die Konfliktpartner mit dem Geschehen stark assoziiert oder können sie ihren Konflikt aus einer sportlich-ironischen Distanz betrachten? Wird im Konflikt zwischen Rolle und Person getrennt oder sind beide untrennbar verknüpft? Ein Rollenmodell könnten Boxer sein, die im Ring erbittert um den Sieg kämpfen und danach freundschaftlich ein Bier trinken gehen.

■ 12.7 Konflikte bearbeiten und lösen

Die Ausgangsfrage dieses Beitrags war, wie die Geschäftsführung eines Unternehmens einen Konflikt zwischen Linie und Projekt managen kann, welche Maßnahmen bestehende Konflikte lösen bzw. welche Maßnahmen das Auftreten von Konflikten zumindest unwahrscheinlicher machen. Implizit wurde unterstellt, dass dieses wünschenswert wäre. Eine Betrachtung des Themas wäre unvollständig, ohne dieses Paradigma zu hinterfragen: Ist es wirklich sinnvoll, Konflikte dauerhaft zu minimieren bzw. zu verhindern? Sind diese nicht vielmehr ein natürlicher und produktiver Bestandteil der Zusammenarbeit von Menschen?

Neutral können wir Konflikte als Risiken betrachten, als ungewisse Ereignisse, die bei ihrem Auftreten positive oder negative Folgen haben können (siehe auch Project Management Institute: A Guide To The Project Management Body of Knowledge). Als negative Folgen (Bedrohungen) können angesehen werden:

- Kosten aus Verspätungen und Qualitätsminderungen (sowohl im Projekt als auch in der Linie),
- Sinkende Motivation (ausgedrückt in erhöhtem Krankenstand und größerer Fluktuation),
- Verlust von Wettbewerbsfähigkeit, da notwendige Veränderungen an Produkten oder Prozessen nicht effizient gestaltet werden können.

Als positive Folgen (Chancen) können angesehen werden:

- Schaffung optimaler Lösungen für das Unternehmen (und daraus ständige Verbesserung von Produkten und Prozessen bei gleichzeitiger Kostensenkung/Qualitätssteigerung und höherer Motivation durch stärkere Einbindung in strategisch wichtige Prozesse),
- Aufbrechen von „Silo-Denken" zugunsten einer strategischen Perspektive für das Unternehmen und seine Kunden,
- Machtsicherung von Entscheidern, die als Mittler und Konfliktlöser fungieren.

Im zielgerichteten Umgang mit Konflikten sollten positive und negative Folgen miteinander abgewogen werden. Entscheidend ist, welche Seite überwiegt, ob die Kosten- und Leistungsrechnung ein Plus oder ein Minus als Ergebnis hat.

Wichtig ist bei der Betrachtung eines Konflikts, welche Eskalationsstufe erreicht ist. Ob die Beteiligten sich noch sachlich auseinandersetzen können, ob eine Lösung unwahrscheinlicher wird oder ob bereits der Weg in den gemeinsamen Untergang geebnet ist. Friedrich Glasl beschreibt neun Eskalationsstufen und Möglichkeiten zur Lösung:

1. Verhärtung: Spannungen treten auf, sichtbar durch eine konträre Diskussion, in der unterschiedliche Meinungen aufeinanderprallen, die dabei noch gegenseitig anerkannt werden und die zur Erarbeitung einer gemeinsamen Lösung genutzt werden.
2. Debatte: Die Konfliktpartner wollen einander überzeugen, die andere Meinung zugunsten der eigenen Meinung fallen zu lassen. Dazu erarbeiten Beteiligte rhetorische und politische Strategien, mit denen sie ihren eigenen Standpunkt zulasten des Gegenübers durchsetzen wollen.
3. Taten statt Worte: Der Druck in der Auseinandersetzung wird erhöht, beispielsweise werden Gespräche als taktisches Mittel abgebrochen. Aus einem kollegia-

len Austausch ist ein „Wir gegen die" geworden, für die anderen gibt es kein Verständnis mehr.

In den ersten drei Stufen der Eskalation ist eine Lösung durch die Moderation und Vermittlung einer neutralen, von beiden Seiten angesehenen Instanz wie die Geschäftsführung möglich.

4. Koalitionen: Der Konflikt verschärft sich durch die Einbindung weiterer Beteiligter, mit denen man Koalitionen eingeht. Gegenstand des Konflikts ist nicht mehr das ursprüngliche Thema, sondern der Gewinn der eigenen Seite und das Verlieren des Gegners.
5. Gesichtsverlust: Mit der fünften Stufe ist der Vertrauensverlust vollständig. Ziel ist es, nun den Gegner zu diskreditieren.
6. Drohstrategien: Forderungen werden durch Drohszenarien („Entweder Sie machen XYZ oder wir werden ZYX") unterstrichen, die die eigene Macht verdeutlichen sollen.

Ab der vierten Stufe kann ein Mediator als neutrale Instanz den Konflikt deeskalieren. Entscheidend dafür ist, wie die Beauftragung geschieht und wahrgenommen wird. Sollte ein Mediator als Taktik des Gegners interpretiert werden, kann auch die wohlgemeinteste Lösung zu einer weiteren Eskalation führen.

7. Begrenzte Vernichtung: Der Gegner wird nicht mehr als Mensch wahrgenommen. Ziel ist es, dass der andere einen größeren Schaden erleidet als man selbst. Dazu ist jede Maßnahme zulässig.
8. Zersplitterung: Die Koalitionen des Gegners sollen aufgebrochen werden.
9. Gemeinsam in den Abgrund: Auch der eigene Untergang wird einkalkuliert, um einen Sieg über den Gegner zu ermöglichen.

Ab der siebten Stufe kann nur noch der Eingriff einer Machtinstanz wie die Geschäftsführung oder die Justiz den Konflikt beenden.

Zu beachten ist, dass gerade der Versuch, einen Konflikt zu lösen, zu einer Verstärkung desselbigen führen kann. Wenige Maßnahmen haben zu solch verheerenden Eskalationen in Konflikten geführt, wie der Versuch, diese Konflikte ein für alle Mal zu beenden. Die starke Abwertung nicht nur der Beteiligten, ihrer Identität und ihrer Interessen, sondern auch der bisherigen Art sich auseinanderzusetzen und die angedrohte Endgültigkeit der scheinbaren Lösung führt direkt in eine sprunghafte Eskalation.

Zielführender ist es, auf gemeinsame übergeordnete Ziele zu verweisen und beide Konfliktpartner in ihren Eigenarten und ihrem eigenen Weg, einen Beitrag zur Erfüllung der gemeinsamen Ziele zu leisten, anzuerkennen und für eine Lösung zu werben, die beiden Seiten gerecht wird.

12.8 Die wichtigsten Punkte in Kürze

Die Zusammenarbeit zwischen Projekt und Linie ist ein Dauerbrenner bei Veröffentlichungen über Projektmanagement. Vieles ist dazu definiert und geschrieben worden, sodass man angesichts der Vielzahl kluger Köpfe, die sich dieses Themas angenommen haben, und der andauernden Relevanz des Themas vermuten kann, dass es die EINE Lösungsstrategie schlicht und einfach nicht gibt.

Im Konflikt zwischen projektorientierter und linienorientierter Kultur kann es in einem klassischen Unternehmen mit gleichberechtigten Linien- und Projektfunktionen daher keine dauerhafte, statische Lösung geben. Ziel ist vielmehr die Schaffung einer dynamischen Balance, die aus der gegenseitigen Anerkennung unterschiedlicher Perspektiven und Interessen situationsbedingt und zielorientiert Lösungen schafft.

Dazu einige Empfehlungen:

- Positionieren Sie die Geschäftsführung als neutrale, steuernde Instanz. Vermeiden Sie Parteilichkeit.
- Etablieren Sie übergeordnete Ziele, die als Orientierung für das gesamte Unternehmen gelten. Leiten Sie die weiteren Ziele aus diesen ab. Verweisen Sie im Bedarfsfall auf die übergeordneten Ziele als für alle geltende Orientierung.
- Seien Sie sich Ihrer eigenen Erklärungsmodelle für Handlungen im Unternehmen bewusst. Erweitern Sie Ihren Deutungs- und Handlungsspielraum, indem Sie sich mit alternativen Modellen auseinandersetzen.
- Setzen Sie sich mit der Kultur in Ihrer Gruppe und in Ihrem Unternehmen auseinander. Sie erschließen sich dadurch ein wesentliches Gestaltungs- und Entwicklungspotenzial.
- Sie haben den größten Einfluss auf die Kultur Ihres Unternehmens durch Ihre eigenen sichtbaren Handlungen und Verhaltensweisen, nicht durch Werbung für eine theoretische Kultur.
- Fördern Sie die Selbstreflexion im Unternehmen, um Anpassungsleistungen an veränderte Umwelten wahrscheinlicher zu machen.
- Betrachten und kommunizieren Sie Konflikte als Prozess des Ringens um die beste Lösung. Etablieren Sie eine ironisch-sportliche Distanz zum Konflikt mit hoher Wertschätzung zwischen den Beteiligten. Intervenieren Sie, wenn ein Konflikt zu eskalieren beginnt.
- Seien Sie sparsam mit Regelungen. Folgen Sie dem Motto „so viel wie nötig, so wenig wie möglich" und beobachten Sie die Auswirkungen. Vermeiden Sie die Falle des „mehr vom Selben" und streichen Sie immer wieder obsolet gewordene Regeln.

- Etablieren Sie eine Konfliktkultur, in der kulturelle Unterschiede und Arbeitsweisen als notwendig anerkannt werden.
- Gestalten Sie die Führungskräfteentwicklung so, dass Nachwuchskräfte Einblick in unterschiedliche Bereiche und Kulturen erhalten. Führen Sie neben einem Entwicklungsweg in der Linie auch einen gleichgestellten Entwicklungsweg in Projekten ein. Fördern Sie die Vernetzung entlang von Prozessketten ebenso wie die Vernetzung in den Bereichen.

Literatur

Cervone, Daniel; John, Oliver P.; Pervin, Lawrence (2005): Persönlichkeitstheorien. 5. Auflage. UTB.

Grubendorfer, Christina (2016): Einführung in systemische Konzepte der Unternehmenskultur. Carl Auer, Heidelberg.

Kroeber, A. L.; Kluckhohn, C. (1952): Cultur: a critical review of concepts and definitions. Papers. Peabody Museum of Archeology & Ethnology, Harvard University, 47(1), viii, 223.

Kühl, Stefan (2015): Volkswagen ist überall – Die alltägliche Normalität der Regelabweichung. URL: *https://www.soziopolis.de/beobachten/wirtschaft/artikel/volkswagen-ist-ueberall/*. Abgerufen am 13.01.2019.

Niklas Luhmann: Soziale Systeme: Grundriss einer allgemeinen Theorie. Frankfurt 1984.

McGregor, Douglas (1960): The human side of enterprise. McGraw-Hill.

Nieschmidt, Peter (2014): Rolle und Wertschätzung menschlicher Arbeit im gesellschaftlichen Wandel. Vortrag zur MTM Bundestagung, Stuttgart. URL: *https://m.youtube.com/watch?v=tpulYjxb_IQ&t=2039s*. Abgerufen am 26.12.2018.

Project Management Institute (2013): A Guide To The Project Management Body of Knowledge (PMBOK© Guide). Project Management Institute, Philadelphia.

Spencer-Oatey, Helen (1999): Introduction. What Is Culture? A Compilation Of Quotations From Relevant Authors. Centre for intercultural Training and Research (S. 1–18). Siehe auch: interculturalnetwork. URL: *http://www.intercultural-network.de/einfuehrung/thema_kultur.shtml*, abgerufen am 24.12.2018.

Varela, Francisco J. & Maturana, Humberto & Uribe, R. (1974): Autopoiesis: The organization of living systems, its characterization and a model. In: Biosystems. 5, 1974, S. 187–196.

Warnotte, Daniel (1937): Bureaucratie et fonctionnarisme. Revue de l'Institut de Sociologie, 17, S. 245–260).

Weber, Max (1905): Die protestantische Ethik und der Geist des Kapitalismus. Archiv für Sozialwissenschaften Sozialpolitik (Bd. XX & XXI).

Wöhrle, Georg (2002): Epiktet für Anfänger, Gespräche und Handbuch der Moral, eine Leseeinführung. Deutscher Taschenbuchverlag, München.

13 Projektmanagementkompetenzen wirksam werden lassen durch ein gelungenes Personalmanagement

Sigrid Pander

Erfolgreiche Projektarbeit in einer zunehmenden „VUCA-Welt" (VUCA = Akronym für sich schnell wandelnde Bedingungen durch die Begriffe Volatilität, Unsicherheit, Komplexität und Ambiguität) erfordert die Gestaltung eines förderlichen Umfelds, das die Kompetenzen der Projektakteure wirksam werden lässt. Ein gelungenes Personalmanagement leitet sich von den Projektanforderungen ab und findet seine Verankerung in einem passenden Kompetenzmodell. Durch eine systematische Kompetenzentwicklung gelingt es Projektmanagern immer mehr, zu Gestaltern ihrer Verantwortungsbereiche und somit zu Unternehmern ihrer Potenziale zu werden. Dies stärkt die Projektarbeit und leistet einen wesentlichen wertschöpfenden Beitrag zum Unternehmenserfolg.

> In diesem Beitrag erfahren Sie,
> - wie günstige Voraussetzungen für die Kompetenzentwicklung des Projektpersonals geschaffen werden können,
> - wie ein effektives Personalmanagement in der Organisation des Projektmanagements verankert werden kann,
> - wie ein ganzheitlicher Entwicklungspfad Projektmanager zu „Unternehmern ihrer Potenziale" werden lässt.

13.1 Günstige Voraussetzungen schaffen

„Was ist erfolgreiche Projektarbeit in Ihrem Unternehmen und was macht einen guten Projektleiter aus?", so ähnlich kann eine Einstiegsfrage lauten, will man sich ein Bild des „Projektmanagement-Mindsets" in projektorientierten Organisationen machen.

Als Antwort erhält man dann: „Projektleitung ist ein langer Weg, auf dem man durch die richtigen Aufgaben zur richtigen Zeit und natürlich einem gelegentlichen Scheitern lernt, Verantwortung und Führerschaft zu übernehmen."

Und weiter: „Gute Projektleiter haben die Technik im Griff. Sie zeichnen sich durch wirtschaftliches Verständnis, diplomatisches, teamorientiertes Verhalten und eine hohe Eigenmotivation aus. Von diesen Personen gibt es aber nicht viele, man kann sie sich leider nicht „backen". Oder doch?

Wie dem auch sei: Oftmals wird bei Gesprächen mit Entscheidern gar nicht ganz klar, wie „gutes Projektmanagement (PM) mit erfolgreichen Projektleitern" im Unternehmen definiert ist und auf welche Faktoren es für nachhaltige Ergebnisse ankommt. Eine richtungsweisende Projektmanagementstrategie fehlt häufig. Wo aber nichts oder nur wenig ist, breiten sich andere Faktoren aus. Den Raum nehmen dann nicht selten verschiedene Projektkulturen ein, die je nach Umfeldbedingungen und Kundenwünschen beliebig ausgeprägt sind. Unterschiedliche Arbeitsstile, Erwartungen und Denkhaltungen erschweren die Zusammenarbeit, das Projekt verliert das Momentum.

Halten wir also fest: Projektarbeit leistet mittlerweile einen wesentlichen Beitrag zum Unternehmenserfolg. Jedoch: Unzulängliche Mindsets, fehlende PM-Best-Practices und unzureichend qualifiziertes PM-Personal wirken sich negativ auf das Projektgeschäft aus und stellen eine der Ursachen für Termin- und Kostenüberzüge dar. Nicht zuletzt behindert eine uneinheitliche PM-Landschaft die Etablierung einer systematischen PM-Qualifizierung. Lernfelder bleiben ungenutzt, wichtige Erkenntnisse können nur unzureichend in die künftige Arbeit integriert werden.

Der Handlungsbedarf ist hoch, eine PM-Umgebung zu etablieren, die systematisch die Auswahl von Projekten wie auch deren Planung und Durchführung bis hin zu den Lessons Learned unterstützt. Daraus abgeleitet kann ein entsprechendes Personalmanagement seine Wirkung entfalten. Moderne Projektarbeit ist geprägt von Komplexität, diversen Abhängigkeiten, raschem Wissenszuwachs sowie hoher Unsicherheit. In diesem Kontext bedarf es Mitstreiter, die sich diesen Bedingungen stellen und Lösungen generieren. Dreh- und Angelpunkt ist somit das Projektpersonal, dessen Kompetenzen und Verhaltensweisen im Einklang mit den Anforderungen der Projekte stehen. Umso mehr kommt es auf ein Personalmanagement an, das die richtigen Mitarbeiter mit den passenden Kompetenzen für die entsprechenden Projektphasen bereitstellt.

Eine Unternehmenswirklichkeit, die Projektarbeit begünstigt, vereint die organisatorischen und kulturellen Rahmenbedingungen mit personalpolitischen Maßnahmen und gewährleistet so dem Projektteam eine Best-in-class-Aktion in allen Projektphasen. Es geht also um die intelligente Vernetzung mehrerer Faktoren im Sinne eines ganzheitlichen „Wirksystems".

Die folgenden Ausführungen untersuchen dieses Wirksystem. Es kommt im Wesentlichen darauf an,

- ein gemeinsames Projektmanagementverständnis zu entwickeln und in eine PM-Strategie zu übersetzen sowie
- zur besseren Orientierung der Akteure und zur Beschleunigung von Lernprozessen Best-Practices für PM-Methoden/-Verfahren zu etablieren und über geeignete PM-Tools/-Werkzeuge zu implementieren.

Dann sind die Gestalter der Organisation gefragt,

- das Personalmanagement zu stärken sowie
- das Projektpersonal potenzialorientiert auszubilden und einzusetzen.

Zusammengefasst in fünf PM-Dimensionen erhält man auf diese Weise ein effektives PM-System (siehe Bild 13.1). Das nächste Kapitel erläutert überblicksartig die erfolgskritische Wirkungsweise von PM-Strategie, PM-Methoden, PM-Verfahren und PM-Tools und spannt damit den strukturellen Rahmen auf. Das darauffolgende Kapitel beschreibt den Einfluss der PM-Organisation und hebt die Bedeutung des Personalmanagements hervor. Das letzte Kapitel widmet sich der konkreten Kompetenzentwicklung von Projektmitarbeitern.

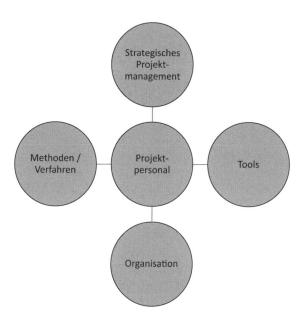

Bild 13.1 Ein effektives PM-System beruht auf dem Zusammenspiel von fünf PM-Dimensionen

13.2 Der strukturelle Rahmen gibt den Weg für die Kompetenzentwicklung vor

Nachhaltige Projektergebnisse zu erzielen ist nicht das Verdienst eines einzelnen Projektmanagers oder Projektteams. Vielmehr ist es ein gelungenes Zusammenspiel aus einem Managementsystem auf Basis von Strategie, Planungs- und Organisationsprozessen sowie effizienten Methoden, Tools und dem Einsatz von passend ausgebildetem Projektpersonal. Als gelungen kann dieses Zusammenspiel jedoch nur gewertet werden, wenn auch die notwendige Verhaltensänderung der „Mitspieler" erfolgt. Diese Verhaltensausrichtungen beziehen sich beispielsweise auf Regeln der Teamarbeit, der Entscheidungslogiken, einer gemeinsamen (Projekt-)Sprache wie auch dem von allen Akteuren geteilten Verständnis über das Projektziel.

Die Darstellung in Bild 13.2 betont die gegenseitige Abhängigkeit dieser Faktoren. Die Multiplikationszeichen verstehen sich als Notwendigkeit zur Ausgestaltung eines jeden Faktors. Ist auch nur ein Faktor schwach ausgebildet bzw. geht gegen „null", so bewegen sich auch die Ergebnisse ähnlich wie in der Mathematik in Richtung „null". Man könnte auch sagen „ungenügend" oder „ineffizient". Das kann natürlich nicht gewollt sein – im Gegenteil, Ressourcen sollen effizient eingesetzt werden und ihren Beitrag zum Ergebnis leisten.

Bild 13.2 Erfolgsfaktoren für nachhaltige, messbare Projektergebnisse

Umso entscheidender ist also eine klare Projektstrategie. Jedoch, Strategiearbeit auf Unternehmensebene zeigt sich oft von der Projektarbeit abgegrenzt, was die Ausprägung unterschiedlicher Subkulturen begünstigt. Einerseits entsteht die „Subkultur der Strategie", andererseits die „Subkultur des Projekts" (Pander/Roeschlein 2009). Während sich strategische Arbeit an der langfristigen Ausrichtung eines Unternehmens orientiert, beschränkt sich Projektarbeit meist auf den Erfolg des aktuellen Projekts. So entwickelt sich das Mindset von Unternehmensstrategen eher in Richtung eines Gesamt-Prozessverständnisses. Projektmanager beziehen in ihre Handlungen jedoch nicht unbedingt die übergeordneten Unternehmensziele mit ein. So greifen firmenorganisatorische Festlegungen oftmals in ungünstiger Weise mit projektorientierten Notwendigkeiten ineinander. Ein gutes Beispiel sind hierfür die Ineffizienzen, unter denen Matrixorganisationen leiden.

Dementsprechend gibt eine wirksamkeitsorientierte Verzahnung von Unternehmensstrategie und Projektarbeit klare Ableitungen für die PM-Strategie vor: Vision, Mission und Unternehmensleitbild haben einen deutlichen Bezug zu Projekten und Projektmanagement. Die Kommunikation an die Belegschaft mit geeigneten Dialogformaten, wie etwa Roadshows, Townhall-Meetings oder Teamdialogen, stellt das Verständnis für die strategischen Zielrichtungen sicher. Im Rahmen dieser Formate kommuniziert das Management seine Erwartungen hinsichtlich einer Projektkultur (z. B. gelebte Fehlerkultur, Entscheidungshierarchien etc.) und fördert die Umsetzung in der Praxis, nicht zuletzt durch Konsequenzen bei der Nichteinhaltung.

Ein Projektsteuerkreis auf Vorstandsebene übernimmt Aufgaben des Portfolios - bzw. Multiprojektmanagements. Zu den konkreten Aufgaben gehören die Koordination aller Projekte wie auch die Auslastung der Ressourcen und Steuerung aller notwendigen Investitionen. Kennzahlen für Projektqualität und Projektperformance befinden sich im regelmäßigen Abgleich mit der Unternehmensstrategie und werden in den PM-Prozessen mit verankert.

Generelle Kommunikationsrichtlinien setzen die Basis für einen effizienten Austausch in den Teams und über Hierarchien hinweg, etwa durch die Vorgabe von Protokollformaten für Meetings. Es ist fast schon unnötig zu erwähnen, dass das Management in punkto Kommunikation seine Rolle aktiv, permanent und persönlich ausübt.

Lassen Sie mich den Einfluss einer klar formulierten Strategie auf die Entscheidungsfindung mit den Worten von David Plouffe zusammenfassen, der den Wahlkampf von Barack Obama für die Präsidentschaftswahlen 2008 leitete: „But we had our game plan and stuck on it. This was a hallmark of our campaign: because our strategy and approach were settled, decision making was fairly uneventful, which I think is important in any organization. When an issue or question arose, we asked ourselves whether it supported our strategy and whether it was consistent with our tactics. If the answer was no – and most times it was – there was no debate or drama. [...] This allowed us to spend more time on execution and less on hand-wringing over decisions."

All diese Festlegungen und Entscheidungen setzen einen klaren Rahmen für das Miteinander bei der Projektarbeit. Für das Rekrutieren und Qualifizieren des Projektpersonals lassen sich hieraus wertvolle Hinweise gewinnen und in entsprechenden Formaten umsetzen. Verhaltensweisen können eingeübt, der Umgang mit Methodiken und Tools geschult werden.

> **Tipp für die Praxis**
>
> Als Ausgangspunkt für die Entwicklung einer PM-Strategie empfiehlt sich z. B. die Durchführung eines PM-Assessments zur Bestimmung des PM-Reifegrads einer Organisation. Das Assessment auf Basis von PM Delta (siehe Literatur: IPMA Delta) bestimmt den Status quo (IST) im PM-System, legt Referenzwerte (SOLL) fest und leitet Optimierungsmaßnahmen mit einem konkreten Ausweis langfristiger Entwicklungsschritte ab. Für PM-verantwortliche Stellen im Unternehmen wird so der Rahmen gespannt, in dem sich das PM-relevante System sinnvoll entwickeln lässt. Das Referenzmodell kann hierfür als eine Art Leitfaden verwendet werden.
>
> Der Aufbau des Referenzmodells umfasst die folgenden Kategorien:
> - Leitung (Strategie, Organisation, Kultur, Qualität/Performanz)
> - Prozesse (Single- und Multi-Projektmanagement)
> - Kompetenzen (Kompetenzmanagement, Personalauswahl, Personalentwicklung)
> - Methodik (Information/Dokumentation, Kommunikation, Werkzeuge, Umgang mit Standards)
> - Weiterentwicklung (Innovation, Benchmarking, KVP)

Wo aber findet sich all das wertvolle Wissen rund um die Projektarbeit wieder? Für Auswahl- und Qualifizierungsaktivitäten ist es notwendig zu verstehen, welche Anforderungen an das Projektpersonal jetzt und zukünftig gestellt werden. Der klassische Hort des Wissens ist meist ein Projekt-Handbuch. Hier gilt ganz klar: Projekt-Handbücher sind nützlich. Anwender in der Praxis kritisieren jedoch zu Recht, dass diese zwar mit großem Aufwand erstellt werden, dann aber leider in Ablagen verschwinden, weil sie sich als wenig praxistauglich erweisen.

Für die Strukturierung der PM-Landschaft mit all ihren Methoden, Verfahren und Tools empfiehlt es sich, einen Mindestsatz an Best-Practice-Methoden zu entwickeln und aktuell zu halten. Einen Rahmen also, der eine „grundsätzliche Richtlinie", z. B. in Form einer PM-Policy, darstellt. Die Hauptaussage: So werden Projekte in unserem Haus durchgeführt! Ideale Vorgehensweisen sind beschrieben und können z. B. für die Einarbeitung von neuen Mitarbeitern herangezogen werden. Insbesondere die Personalentwicklung kann für die Gestaltung von Onboarding- und Qualifizierungsmaßnahmen Anreize daraus entnehmen. Natürlich ist es wichtig, dass der administrative Aufwand auf ein Minimum beschränkt ist („Lean Administration"!) sowie Methoden und Techniken den Anwendern regelmäßig erläutert werden. Das Augenmerk in der Anwendung sollte unbedingt auf einer „Usability" (KISS-Prinzip: Keep it simple and stupid!) liegen. Für Qualifizierungsmaßnahmen jeglicher Art gilt zudem: Die (PM-)Organisation muss hierfür geeignetes Personal vorhalten sowie zeitliche Ressourcen zur Teilnahme einplanen!

Ein weiterer Pluspunkt für ein Set an Best-Practices ist, dass Abweichungen von den Vorgaben transparent werden. Niemand will sich in der Praxis sklavisch an formale Vorgaben halten. Jedoch, durch den Abgleich von „So wollen wir es tun" mit „So erfordert es die aktuelle Situation" werden Risiken und Chancen klar sichtbar, ein bewusstes Agieren z. B. für das Ergreifen einer Alternative ist möglich. Und nicht mehr beliebig! Idealerweise sind die beschriebenen PM-Prozesse mit den Abläufen der Fachabteilungen synchronisiert und bilden insbesondere in Matrix-Organisationen eine gemeinsame Ablauflogik. Für die Projektmitarbeiter schafft dies Sicherheit und verringert Reibungspunkte.

In Bezug auf die Kompetenzentwicklung von Projektpersonal sollte eine PM-Policy drei wesentliche Kapitel enthalten:

1. Beschreibungen zu Rollen und Verantwortlichkeiten
   Mit Hilfe von Verantwortlichkeitsmatrizen werden Rollen und Aufgaben der Projektmitarbeiter beschrieben. Dies gilt für das „Corporate Level" (z. B. Boardmitglieder, Chief Project Officer etc.) ebenso wie für das „Project Level" (z. B. Steering Commitee, Projektmanager, Projektteam etc.). In Matrix-Organisationen sind diese Klärungen unerlässlich, will man nicht in einem endlosen Zuständigkeitsgerangel versinken.

   Über die Rollenklärung und der damit verbundenen Klarheit über Zuständigkeiten und Entscheidungskompetenzen fällt es wesentlich leichter, das richtige Personal mit den richtigen Fähigkeiten an der richtigen Position einzusetzen. Die bekannten Rollenbedarfe wie auch deren spezifische Ausgestaltung ermöglichen eine vorausschauende und nachhaltige Personalplanung und -entwicklung. Was nicht zuletzt bedeutet: Die Etablierung einer PM-Laufbahnplanung wird ermöglicht.

2. Aufzeigen der organisationalen Abläufe bei der Projektbearbeitung
   Zeit ist in Projekten eine knappe Ressource. Verbindlich beschriebene organisationale Abläufe vereinfachen die Administration und beugen zeitraubenden Nach- und Rückfragen vor. Empfehlenswert sind vor allem Festlegungen zur Entscheidungshierarchie über alle Projektphasen hinweg sowie Regelungen zu internen Prozessbeziehungen wie z. B. „Subproject-Agreements". Eine sogenannte „Project Charta" (Projektauftrag) enthält Ausführungen darüber, was das Ziel des Projekts ist, mit welchem Ereignis es startet, wie es geplant und gesteuert wird, wie das Änderungsmanagement geregelt ist und natürlich wie der Projektabschluss gestaltet wird. Diese wichtige, aber leider oft übergangene Phase des Projektabschlusses beinhaltet die Übergabe von Verantwortlichkeiten sowie die Erarbeitung von Dokumenten wie z. B. Lessons Learned oder einem Abschlussbericht. Für eine lernende Organisation wie auch für die lebenslang lernenden Projektmitarbeiter ist es unerlässlich, das Erfahrungswissen für die Organisation aufzubereiten, zugänglich zu machen und stetig weiterzugeben.

3. Auswahl und Qualifizierung von Projektpersonal
Auch zur Auswahl und Qualifizierung von Projektpersonal sollten sich Ausführungen in der PM-Policy finden. Ausführlicheres dazu in den nächsten Kapiteln. In der PM-Policy ist der PM-Karrierepfad auf Basis von Kompetenzanforderungen veröffentlicht. Somit wird die eigene Kompetenzentwicklung transparent und nachvollziehbar. (Junge) Projektmitarbeiter und deren Führungskräfte erhalten so einen klaren Aus- und Überblick über die Erfordernisse eines Karrierewegs in der Projektarbeit.

Zur langfristigen Sicherung der PM-Kompetenzen eines Unternehmens über alle Projekte und Projektphasen hinweg sollten der Wissensaufbau und -transfer zentral gesteuert sein, z. B. über ein Projektmanagement-Office in Zusammenarbeit mit der Personalentwicklungsabteilung. Ein systematisches PM-Lerncurriculum stellt die regelmäßige Weiterqualifizierung von Projektpersonal sicher und geht gezielt auf die Veränderungen in einer lernenden Arbeits- und Projektwelt ein. Dazu mehr in den beiden folgenden Kapiteln.

13.3 Personalmanagement wirkungsvoll verankern

Projekte wirksam zu organisieren und die Teams stärkenorientiert einzusetzen, das ist schon fast eine Kunst. Umso mehr macht es Sinn, insbesondere die Schnittstelle zwischen der Gesamt-Projektsteuerung innerhalb eines Projektmanagement-Office (PMO) und der Personalentwicklung (meist eine HR-Funktion) zu stärken und miteinander zu verzahnen. Andernfalls entzieht man sonst dem Projektsystem relativ schnell Energie, indem man die Projektbeteiligten durch Kompetenzgerangel, Rollendiffusität oder unklare Verantwortlichkeiten aufreibt.

PMOs können in Unternehmen in sehr unterschiedlichen Ausprägungen vorkommen. Welche Leistungen von Seiten der Organisation abgerufen werden, hängt von verschiedenen Faktoren ab, darunter Art und Anzahl der Projekte, Reifegrad der Organisation, Arbeits- und Projektkulturen etc. Neben reinen Serviceleistungen kann ein PMO auch Governance-Leistungen anbieten, wie etwa Portfoliomanagement, Wissensmanagement, Multiprojektsteuerung etc. Bild 13.3 zeigt exemplarisch ein Leistungsangebot eines PMO auf. Es wird deutlich, dass mit Hilfe dieser Organisationseinheit die wesentlichen PM-organisatorischen Fragen subsummiert sind und Lösungen generiert werden. Mehr zur Rolle von PMOs veranschaulicht der informative Artikel von Wolfram von Schneyder (von Schneyder, 2014). Ein wirkungsvolles Personalmanagement zur Entwicklung der PM-Kompetenzen sollte in der PMO-Organisation verankert sein, mit klarer Anbindung an die Prozesse der

Personalabteilung. So schafft die Gesamtorganisation die Verzahnung von Qualifikationsanforderungen aus der Projektarbeit, verbunden mit den Serviceleistungen aus der Personalentwicklung.

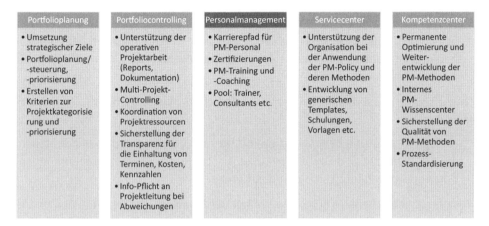

Bild 13.3 Exemplarisches Leistungsangebot eines Projektmanagement-Office

Die vorherigen Kapitel haben gezeigt: Das Projektpersonal soll passen und somit stärkenorientiert der richtigen Projektkategorie bzw. Projektphase zugeordnet sein. Für ein Umsetzen in der Praxis werden dazu zunächst die Anforderungen an das Projektpersonal definiert. Diese können z. B. von der Individual Competence Baseline der GPM/IPMA (siehe Literatur: ICB 4.0) abgeleitet und um persönliche Erfahrungswerte aus dem unternehmensinternen Projektumfeld ergänzt werden. Die Kompetenzanforderungen finden sich dann in entsprechenden Stellenbeschreibungen wieder, meist untergliedert in Aufgaben, Qualifikation, Verantwortung und Befugnisse. Das PMO kann nun – je nach Erfahrungslevel und Projektanforderungen – Handreichungen für die operative Projektarbeit zur Verfügung stellen. Die Kompetenzbeschreibungen wiederum greift die Personalentwicklung auf und konzipiert entsprechende Qualifizierungsangebote. Führungskräfte erhalten Tools an die Hand, mit denen sie den Entwicklungsstand ihrer Mitarbeiter (Ist-Zustand) ableiten und Maßnahmen zur Weiterentwicklung einleiten können (hin zum Soll-Zustand).

Die Kompetenzanforderungen an das Projektpersonal sind idealerweise mit einer Komplexitätsmatrix verknüpft. Der Komplexitätsgrad innerhalb dieser Matrix zeigt die Anforderungen an die persönlichen Fähigkeiten auf, gibt aber auch Hinweise auf die Gestaltung von Projektumfeldbedingungen.

In der Literatur sind verschiedene Herangehensweisen zur Messung der Projektkomplexität beschrieben. Exemplarisch sei hier auszugsweise das Dokument „Messung der Komplexität von Projekten" der PM-Zert – der Zertifizierungsstelle der GPM e. V. – angeführt (siehe Literaturangaben):

Die objektiv messbare Komplexität eines Projekts oder Programms wird im Sinn des Dokuments der PM-Zert erfasst durch:

- Elementevielfalt: Dies ist die Menge der Elemente, gemessen anhand der Anzahl der Elemente und der Unterschiedlichkeit der Elemente (z. B. Vielzahl an Nationalitäten innerhalb einer Projektorganisation).
- Beziehungsvielfalt: Dies ist die Menge der Beziehungen zwischen den Elementen, erfasst anhand der Anzahl der Beziehungen und der Unterschiedlichkeit der Beziehungen.

Hinzu kommt ein dynamischer Aspekt, nämlich die Veränderung in der Zeit, erfasst durch:

- Änderungspotenzial bzw. Unsicherheit: Dies ist die Menge möglicher Zustände, die die Elemente und die Beziehungen im Laufe der Zeit einnehmen können, z. B. Änderungshäufigkeit durch den Kunden.

Zusammengefasst gilt: Je höher die Vielfalt der Elemente und Beziehungen und je dynamischer das Projektumfeld, desto höher wird der „Score" bezüglich der Projektkomplexität ausfallen. Entsprechend geforderter sind somit auch die Kompetenzen der Projektmitarbeiter.

Als Ergebnis eines Komplexitäts-Assessments lassen sich die Projekte in verschiedene Kategorien einteilen. Im Beispiel der PM-Zert: einfach, begrenzt komplex, komplex, hoch komplex, extrem komplex. Das ideale Matching von Kompetenzstufen im Entwicklungspfad von Projektpersonal, z. B. Projektmitarbeiter, Projektmanager, Senior-Projektmanager und Projektdirektor, zu den Komplexitätsstufen ist in Bild 13.4 dargestellt.

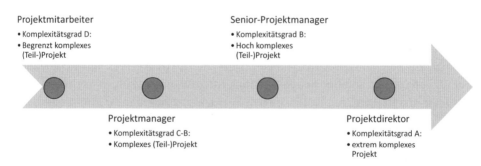

Bild 13.4 PM-Entwicklungsstufen in Bezug auf die Projektkomplexität

Die Kompetenzausprägungen steigern sich z. B. über die Stufen „Wissen", „Fertigkeit", „Fähigkeit" und „Excellence" (gemäß einer Einteilung nach J. Erpenbeck, siehe Literaturangabe). In der Nachlese im Projektmanagement-Handbuch bzw. in der PM-Policy kann festgestellt werden, welchen Ausprägungsgrad die jeweilige

PM-Kompetenz (Methoden-, Verhaltens-, Fachkompetenz etc.) auf der jeweiligen Entwicklungsstufe haben muss.

Wissen bzw. Kenntnis bedeutet dabei ein Theorie- und Faktenwissen, in einer ersten Anwendung, z. B. im Rahmen der Planung und Durchführung eines Teilprojekts mit dem Komplexitätsgrad D.

Unter Fertigkeit versteht man eine Tätigkeit, die durch Üben automatisiert wird. Diese Fertigkeit baut auf Kenntnis und Erfahrungen auf. Die Fähigkeiten in der Anwendung zeigen sich durch ein verfestigtes System bestimmter Handlungsprozesse. Fähigkeiten erlauben bereits ein situatives Handeln, auch unter Unsicherheit.

Und schließlich beschreibt die Exzellenz in der Anwendung die Handlungsfähigkeit in einer hoch komplexen, unsicheren Umgebung mit einer entsprechenden Reaktion auf das Unerwartete („managing the unexpected").

Die Herausforderung besteht nun darin, zur richtigen Zeit das Projektpersonal mit der passenden Qualifikation mit der geeigneten Projektkategorie zu „matchen". Dies erfordert Erfahrung sowie ein wirksames Zusammenspiel der eingangs genannten fünf PM-Dimensionen.

Tipp für die Praxis

Über die Messung der Projektkomplexität lassen sich konkrete Handlungsempfehlungen für die Ausgestaltung des Projektumfelds ableiten.

Zum Beispiel: Das Projekt ist hoch komplex, mit einer Vielzahl an Akteuren unterschiedlicher Disziplinen, mit sich verändernden Zielen und großer Änderungshäufigkeit. Hier ist ein Senior-Projektmanager gefordert, der seine Projektumwelt wie folgt gestaltet:

1. Anforderungen an das Projektmanagement
   - Hohe Aufmerksamkeit für die Themen Zieldefinition und Zielemanagement
   - Sowohl zu Beginn des Projekts als auch während der Durchführung
2. Erfolgsfaktoren
   - Transparenz der Ziele für alle Beteiligten
   - Einheitliches Verständnis über die Ziele und deren Veränderung
   - Ziele werden rechtzeitig fortgeschrieben, angepasst und abgewandelt
3. Vorgehensweisen
   - Integration von Rückkopplungsschleifen für regelmäßiges Feedback
   - Iteratives Vorgehen: Zwischenergebnisse kommunizieren und sich gemeinsam dem Ziel nähern

4. Methodeneinsatz
   - Erwartungsklärung, Verhandeln von Erwartungen und Zielen
   - Definition von Zwischenzielen
   - Änderungsmanagement im Fokus
5. Projektorganisation
   - Auftraggeber ist im Steuergremium vertreten (→ schnelle Entscheidung)
   - Gemeinsame Projekträumlichkeiten für vereinfachte und direkte Kommunikation
6. Führung und Teamarbeit
   - Klare Richtungsgebung und Orientierung durch Setzen des Handlungsrahmens
   - Ausgeprägte Teamarbeit, rechtzeitige und häufige Kommunikation
7. Kulturelle Rahmenbedingungen
   - Häufiges Fragen als Teil der Projektkultur erlaubt und erwünscht

13.4 Der Projektmanager als Unternehmer seiner Potenziale

Der Mensch als Gestalter der Projektarbeit. Nun bleibt die Frage, welche Kompetenzfelder für Projektmanager relevant sind und durch entsprechende Entwicklungswege abgedeckt sein sollten. Dies jedoch ohne die sprichwörtliche „eierlegende Wollmilchsau" produzieren zu wollen.

Halten wir fest, dass Projektmanager meist über eine sehr gute fachliche Ausbildung verfügen. Zudem steht ihnen eine Vielzahl an technischen und Projektmanagement-Tools zur Verfügung. Für die Bewältigung von komplexen Projektanforderungen benötigen sie stetige Motivation, Energie, Kreativität, wie auch ein sich beständig wandelndes Wissen. All dies sind Ressourcen, die sich verbrauchen und immer wieder neu aufgebaut werden müssen.

Wie also kann der persönliche Entwicklungsweg gestaltet werden, sodass ein Projektmanager gut gerüstet seine Arbeit bewältigt?

Leitet man die Entwicklungswege von einem klassischen PM-Leitbild ab, so besteht die Gefahr, sich in Paradoxien zu verlieren, wie etwa (siehe Pander/Trobisch):

- Optimierung der Planung bei Zunahme von Unsicherheit,
- Erhöhung der Arbeitsintensität bei gleichzeitiger Dynamisierung der Arbeitsabläufe,

- Menschen berechnen wollen in unberechenbaren Entwicklungsnetzwerken,
- Nichtplanbares als Störfall erfassen in stark veränderlichen Umwelten.

Projekte bleiben nun mal das, als was sie definiert sind: herausfordernde und risikoreiche Vorhaben. Insofern verlaufen sie nur selten glatt und nach vorgegebenen Zeitplänen. Ein „Mehr desselben" im klassischen Sinn verkehrt somit den Projekterfolg nicht selten ins Gegenteil. Eine ineffiziente Projektabwicklung lässt Projekte aus dem (Ressourcen-)Rahmen fallen. Aus Projektleitern werden Projektleider, die sich fremdgesteuert und machtlos fühlen, wie reine Erfüllungsgehilfen, mit großer Verantwortung, aber wenig Gestaltungsspielraum.

Moderne Entwicklungskonzepte bieten aus dieser Erkenntnis heraus eine Verzahnung unterschiedlicher Vorgehensweisen an. Ein erster guter Weg besteht im Auf- und Ausbau unternehmensinterner, kollegialer Unterstützungsstrukturen. Wie laufen unsere Best-Practice-Prozesse ab, wie funktioniert Wissenstransfer im Spiegel unserer Unternehmenskultur? Und was gibt unsere Branche als übergeordnetes Projektumfeld an Erfahrungswissen und Lernzyklen her? Diese Fragen zu klären, benötigt Raum und Zeit und kann selbstgesteuert (z. B. in kollegialen Fallberatungen, internen Networking-Events) oder institutionalisiert (Lernen in PM-Planspielen, Projektcoaching) umgesetzt werden, in jedem Fall mit klarem Fokus auf den Entwicklungsstand der Person im Matching mit der Projektkomplexität.

Der alternative Ausbildungsweg stärkt in erster Linie die Entwicklung von Projektmanagern zur modernen Führungskraft, die „Leadership" auf den vier grundsätzlichen Ebenen der Persönlichkeit lebt:

- Verstand/Kognition
- Emotion/Empfinden
- Körper/sinnliche Wahrnehmung
- Bauchgefühl/Intuition

In unsicheren und komplexen Projektumfeldern ist die ganze Person gefragt, mit einer sensibilisierten Körperlichkeit, einer wachen Wahrnehmung, einer kreativen Geisteskraft, einer empathischen Kontaktaufnahme, mit all ihren Emotionen und Intuitionen. Der Projektleiter agiert somit als „ein Unternehmer seiner Potenziale". Es spielt der klare analytische Blick eine ebenso wichtige Rolle wie der Umgang mit eigenen und fremden Emotionen. Notwendig ist das Vertrauen in die eigene Kraft, auch in Situationen, die volatil und ungewiss sind (VUCA-Welt). Diese innere Haltung baut auf Selbstreflexion, Inspiration und Neugier auf und verfestigt sich durch einen kontinuierlichen Lernprozess. Der Spagat zwischen Widerstandsfähigkeit und Sensibilität, Flexibilität und Stabilität, Empathie und Entscheidungskraft, Durchsetzungsstärke und Kooperation muss gelingen, wenn Projektleiter zukünftig Resilienz (= die innere und äußere Widerstandsfähigkeit einer Person) und Potenzialität (= das höchstmögliche Potenzial, das eine Persönlichkeit in sich entfalten kann) beweisen wollen (Pander/Trobisch).

Bild 13.5 PM-Kompetenzfelder als Übersicht für alle PM-Karrierestufen

Bild 13.5 fasst die wesentlichen PM-Kompetenzfelder zusammen. Diese Kompetenzfelder gelten grundsätzlich über alle PM-Karrierestufen hinweg, entsprechend der Anforderung an Ausprägung und Schwerpunkt. In der PM-Literatur finden sich zum konkreten Aufbau viele Handreichungen. Ein PM-Kompetenzmodell sollte in jedem Fall auf das spezifische Unternehmen angepasst sein, mit allen seinen Besonderheiten im Geschäftsmodell und in Bezug auf Umfeld, Branche, Kundenstruktur etc.

Und schließlich gilt: Das Entwickeln von adäquatem Verhalten und notwendigen Führungs- und PM-Kompetenzen vollzieht sich in einem immer höheren Anteil am konkreten Tun. Auch wenn Wissensvermittlung durch Seminare, Zertifizierungen etc. weiterhin Sinn macht, so sollte doch der weit größere Lernanteil im aktiven Handeln mit Reflexionsphasen stattfinden (gemäß „70-20-10-Modell": 70 % Lernen durch Handeln, 20 % Austausch im Netzwerk, 10 % Seminare/Trainings). Verbunden mit einem adäquaten Konsequenzmanagement – im Positiven wie im Negativen: Verhalten sollte Konsequenzen haben.

Gerne wird „vergessen", für diese intensive Form des Lernens notwendige Ressourcen zur Verfügung zu stellen. Ganz klar also die Forderung: Lernen braucht Zeit! Wie etwa geplante (!) Zeiteinheiten im laufenden Projektbetrieb für das Einlernen und Ausprobieren. Aber auch zeitliche und finanzielle Ressourcen für Reflexionsphasen, z. B. zwischen Mentor und Mentee, oder auch für einen aktiven Wissenstransfer. Auch hier profitiert die „lernende Organisation" von einem agilen, bedarfsorientierten Zusammenspiel von Projektorganisation und Personalentwicklung.

13.5 Die wichtigsten Punkte in Kürze

- Projekte leisten immer mehr einen wesentlichen Beitrag zum wirtschaftlichen Erfolg eines Unternehmens. Eine richtungsweisende Projektstrategie fehlt jedoch häufig und führt unweigerlich zu Effizienzverlusten. Auf Basis einer PM-Reifegradmessung lässt sich eine griffige PM-Strategie formulieren, die den Handlungsrahmen für Erwartungen und Entscheidungen vorgibt.
- Gute, nachhaltige Projektergebnisse lassen sich in einem Umfeld erzielen, in dem das Managementsystem mit der Strategie abgestimmt ist und sich stets weiterentwickelt („Lernende Organisation"). Der Mensch als wichtigster Gestalter steht dabei im Mittelpunkt. Seine Kompetenz- und Verhaltensentwicklung erfährt höchste Management-Aufmerksamkeit. Kompetenzanforderungen leiten sich konkret von den Projektkomplexitäten ab und lassen so das „Matching" zu: das richtige Projektpersonal stärkenorientiert an den richtigen Stellen im Projektablauf einsetzen zu können.
- In volatilen und unsicheren Umfeldern bringt sich der Projektmanager mit seiner gesamten Persönlichkeit ein: Verstand, Empfinden, sinnliche Wahrnehmung und Intuition. Auf seinem persönlichen Entwicklungspfad agiert er als „Unternehmer seiner Potenziale" und entfaltet diese anhand konkreter Herausforderungen im Projektalltag.

Literatur

Deutsche Gesellschaft für Projektmanagement e. V.: Messung der Komplexität von Projekten. In: PM Zert. Zertifizierungsstelle, Dokument Z05/06/19.02.2014.

Erpenbeck, J.; Sauter, W. (2014): Kompetenzentwicklung im Netz. New Blended Learning mit Web 2.0. epubli GmbH, Berlin.

Individual Competence Baseline, Version 4.0 (ICB 4), *www.gpm-ipma.de/know_how/pm_normen_und_standards ICB*. Abgerufen am 26.11.2018.

IPMA Delta: Assessment für Organisationen. Information unter *www.gpm-ipma.de* oder via *info@gpm-ipma.de*. Besuch der Website: 26.11.2018.

Pander S.; Roeschlein R. (2009): Verzahnung von Strategie- und Projektarbeit in projektorientierten Unternehmen: Kann die Unternehmenskultur den Brückenschlag leisten? In: Wagner R. (Hrsg.): Projekt als Strategie – Strategie als Projekt. Trends, Potenziale, Perspektiven. GPM e. V. Buchreihe Forschung. Buch 01. Nürnberg.

Pander, S.; Trobisch, N. (2011): Ein roter Faden für das Projektmanagement. Personale Kompetenzen für ein zukunftsfähiges Projektmanagement mit einem archetypischen Grundmuster ergründen und entwickeln. In: GPM e. V. (Hrsg.): projektMANAGEMENTaktuell, 1/2011.

Plouffe, D. (2009): The Audacity to Win. The Inside Story and Lessons of Barack Obama's Historic Victory. Viking-Verlag, S. 67.

Von Schneyder W., (2014): Projekt Management Office: Schaltzentrale im Projektgeschäft. In: Wagner R.; Grau N. (Hrsg.): Basiswissen Projektmanagement – Projektarbeit richtig organisieren. S. 135–157. Symposion Publishing GmbH, Düsseldorf

14 Projektmanagementstandards für projektorientierte Unternehmen

Steffen Rietz

Die Einführung von Projektmanagementstandards kostet nachweislich Zeit und Geld, bringt vorübergehende Unruhe in die Organisation und ist nicht selten durch eine lästige Kundenforderung initiiert. Durch die Beschränkung der Sichtweise auf diese Aspekte wird das Thema häufig als unangenehm empfunden. Wir möchten die Implementierung von PM-Standards aber als lohnende Investition vorstellen, Potenziale, Chancen und Synergien aufzeigen und eine solide Basis für zahlreiche Organisations- und Verbesserungsprojekte zur Einführung von PM-Standards schaffen.

> In diesem Beitrag erfahren Sie,
> - welche Projektmanagementnormen und -standards zur Verfügung stehen,
> - wie eine Auswahl des richtigen PM-Standards erfolgt,
> - welche Potenziale und Chancen mit der Implementierung verbunden sind und welche typischen Fehler es zu vermeiden gilt.

14.1 Einleitung

Jede Organisation startet irgendwann ihr erstes Projekt – ohne Standards zu kennen oder gar zu befolgen, einfach so. Dazu werden die besten Experten aus den benötigten Bereichen rekrutiert und bilden das Projektteam, um die Aufgabe zu lösen. Das funktioniert sowohl in der Produktentwicklung als auch bei Investitionsprojekten oder im Eventmanagement, die besten Konstrukteure und Programmierer, unterstützt von den besten Controllern, begleitet von erfahrenen Einkäufern und einem engagierten Key Account Manager, bei Bedarf in Abstimmung mit dem Kunden, dem Logistikleiter oder einer kompetenten Rechtsberatung usw. Kommt es dann doch zu unerwarteten Problemen, werden diese durch Erfahrung und Engagement gelöst, notfalls durch Überstunden. Dieser Lösungsansatz funktioniert genau einmal. Wird ein zweites Projektteam benötigt und die jeweiligen Experten und Erfahrungsträger aller Unternehmensbereiche sind bereits im ersten Projekt gebunden, so wird es schon ungleich schwieriger. Und bei fünf, zwanzig oder mehr parallelen Projekten?

In projektorientierten Unternehmen werden zahlreiche Projekte zeitgleich in verschiedenen Abteilungen und an verschiedenen Standorten bearbeitet. Dabei werden nicht nur die Projekte größer und mehr, auch die Anzahl der gegenseitigen Beeinflussungen und Abhängigkeiten steigt exponentiell mit jedem Projekt. Neben den Abläufen in der Linienorganisation und der klassischen Projektarbeit etablieren sich ggf. weitere Strukturen durch die Zusammenfassung von Projekten in Programmen oder einem Projektportfolio. Neben dem Zeit- und Kostendruck im Projekt entstehen zusätzlich Konkurrenzsituationen zwischen den Projekten, weil mehrere Projekte auf die gleichen Ressourcen zugreifen. So entsteht ein deutlich erhöhter Bedarf an exzellenten Projektmitarbeitern. Diese sind aber nur begrenzt verfügbar. Auch wenn jeder gern ausschließlich Experten in seinem Projektteam hätte, so sind es realistischerweise doch die ganz normalen Mitarbeiter/Facharbeiter/Arbeitnehmer/Angestellten/Kollegen von nebenan, … von denen man sich ein exzellentes Projektergebnis erhofft, gar erwartet. Das wirksamste Mittel, das diesen Teams an die Hand gegeben werden kann, sind Projektmanagementstandards.

 Um ein erfolgreicher Sportler zu sein, reicht es nicht aus, allgemein sportlich zu sein. Man muss sich a) für die richtige Sportart entscheiden, b) disziplinspezifisch an seinen Stärken und Schwächen arbeiten und c) insbesondere in Mannschaftssportarten nicht nur Spitzenkönner vereinen, sondern ein starkes Team aufbauen.

Analog sollte man im industriellen Maßstab davon ausgehen, dass nicht unbegrenzt Experten und Erfahrungsträger zur Verfügung stehen, sondern primär eine hohe Anzahl durchschnittlicher Fachkräfte. Einem brillanten Entwickler unvermittelt Projektverantwortung zu übertragen bedeutet oft, einen brillanten Entwickler zu verlieren, während ein mittelmäßiger Projektleiter geboren wird.

Projektmanagementstandards bilden die Basis, sodass aus der Verfügbarkeit vieler durchschnittlicher Arbeitnehmer leistungsstarke Projektteams und überdurchschnittliche Ergebnisse generiert werden. Die Standards sichern das Grund-Leistungsniveau in kleinen Projekten und die Beherrschbarkeit in komplexen Situationen.

Ein Standard ist eine weit verbreitete, vielfach praktizierte, bewährte und bereits mehrfach optimierte Arbeitsweise, die ihre Richtigkeit, Vollständigkeit, Funktions- und Leistungsfähigkeit in vergleichbaren Anwendungsfällen bereits bewiesen hat. Folgt man dem Standard, gibt es – wenn auch ohne Garantie – eine hohe Erfolgswahrscheinlichkeit.

Diese erhöhte Erfolgswahrscheinlichkeit führt zu folgenden Initialforderungen nach Projektmanagementstandards:

- **Kundenforderung:**
  In Projektausschreibungen, insbesondere bei großen komplexen Vorhaben oder in öffentlichen Ausschreibungen wird der Nachweis von Projektmanagementstandards gefordert; bei reifegradbasierten Standards auf einem konkreten Reifegrad (= Implementierungsniveau). Dies ist den Ausschreibungsunterlagen oder dem Lastenheft zu entnehmen, z. B. durch Formulierungen wie: „Der Auftragnehmer arbeitet nach [Norm XY] und ist jederzeit in der Lage, dieses in einem Audit nachzuweisen."

  → Solche Forderungen sind i. d. R. nicht verhandelbar. Der ausschreibende Kunde möchte alles tun, den Projekterfolg bestmöglich abzusichern. Wer die Implementierung gängiger Projektmanagementstandards nachweisen kann, ist angebotsfähig – ein großer Vorteil.

- **Zertifizierungsanforderung:**
  Die meisten Unternehmen sind zertifiziert, einfach oder mehrfach, in den meisten Fällen u. a. mit ihrem Qualitätsmanagementsystem. Dieses folgt allgemein der ISO 9000 ff. oder branchenspezifisch einer vergleichbaren Norm (z. B. im Automotive-Bereich der ISO/TS 16949). Die in der Norm genannten zahlreichen Anforderungen richten sich u. a. auch an eine zielorientierte und strukturierte Projektarbeit.

  → Hat das Unternehmen den Auftrag oder Anspruch, ein normenkonformes Qualitätsmanagementsystem aufzubauen, so sind auch PM-Standards zu etablieren. Das können Unternehmensstandards sein, aber auch frei verfügbare branchenabhängige oder -unabhängige Standards.

- **Sicherstellung von Kompatibilität:**
  Immer seltener genießen Projektteams den Luxus, dass alle Teammitglieder in räumlicher Nähe agieren und sich zeitlich und örtlich unkompliziert abstimmen können. Immer häufiger wird standortübergreifend zusammengearbeitet. Zunehmend werden Projekte auch unternehmensübergreifend zwischen Lieferanten und Kunden entlang der Wertschöpfungskette verzahnt. Eine reibungslose Zusammenarbeit ist dann nur möglich, wenn Prozesse und Methoden aufeinander abgestimmt sind.

  → Die Sicherstellung von Kompatibilität in den Arbeitsweisen (durchgängige Prozesse, abgestimmte Methoden, Toolschnittstellen, …) erfolgt am einfachsten über PM-Standards. Arbeiten alle beteiligten Partner nach dem gleichen PM-Standard, so wird die Zusammenarbeit deutlich erleichtert, häufig sogar erst möglich.

- **Basis für Effektivität, Effizienz und Synergien:**
  Wenn kein Kunde und kein Auditor etwas fordert, ist die Implementierung von Standards trotzdem höchst hilfreich.
  - Vordefinierte Prozesse und Dokumententemplates erleichtern und verkürzen die Projektplanungsphase. (Was schon vorhanden ist, muss nicht mehrfach neu erarbeitet werden.)
  - Implementierte Standards sind die Trägerstruktur für den kontinuierlichen Verbesserungsprozess in der Projektarbeit. (Jede neue Erfahrung kann hier für Folgeprojekte eingebunden werden.)
  - Standards machen Projekte für Reportingempfänger und Entscheider vergleichbar. (Müssen Engpassressourcen über Prioritäten zugewiesen werden, müssen die Status der anfragenden Projekte transparent und vergleichbar sein.)

Bei der Definition von Unternehmensstandards ist es sehr hilfreich, sich an existierenden Vorarbeiten zu orientieren. Projektmanagementnormen und -standards sind vielfach vorhanden, meist gut beschrieben, oft kostengünstig zu erwerben. Hinter jeder Norm stehen eine Vielzahl geistiger Väter und Entwickler, aber auch zahlreiche feedbackgebende Anwender. Beides erhöht die Wahrscheinlichkeit, dass Normen auf dem zur Verfügung stehenden Beschreibungsniveau richtig und vollständig sind, wenn auch nicht in jedem Fall unmittelbar nutzbar. Die branchen-, produkt- oder unternehmensspezifische Anpassung muss oft noch erfolgen, ist aber deutlich aufwandsärmer zu bewerkstelligen als eine Eigenentwicklung.

14.2 Orientierung in den verfügbaren Projektmanagementstandards

Die Begriffe Norm und Standard werden selten hinreichend unterschieden, oft sogar synonym verwendet, was genau genommen nicht richtig ist. Mindestens die in Tabelle 14.1 gelisteten Fakten sollten bekannt und bewusst sein.

Tabelle 14.1 Unterscheidung von Normen und Standards

Normen	Standards
Normung erfolgt durch ein legitimiertes Normungsgremium (z. B. DIN, ISO, ...), das einem Normungsauftrag folgt. → In den Normungsausschüssen kann fast jeder jederzeit Mitglied werden.	Standardisierung erfolgt auf Eigeninitiative eines selbst ernannten, oft kompetenten, aber selten legitimierten Herausgebers. → In frühen Phasen der Standardisierung mitzuwirken, ist oft vom Good Will bisheriger Akteure abhängig.
Normen sind das Ergebnis eines konsensorientierten Prozesses im Ausgleich heterogener Interessenslagen. → Auch kleine und junge Marktteilnehmer werden gehört.	Standards sind das Ergebnis eines eher intransparenten Erstellungsprozesses mit dem Ziel einer marktbeherrschenden Stellung. → Wer den Standard hat, hat den Markt.
Normungsgremien unterliegen der Selbstverpflichtung zur Nachhaltigkeit. → Überprüfungszyklus von DIN-Normen: fünf Jahre	Herausgeber von Standards haben meist keine nennenswerten Pflichten. Anpassungen erfolgen kurzfristig, zyklisch oder ggf. nie.
Es herrscht ein breites Mitspracherecht – sowohl bei der Erstellung als auch durch die Möglichkeit der Kommentierung vor der finalen Publikation.	Es gibt nur sehr begrenze Möglichkeiten der Einflussnahme durch die Öffentlichkeit; gesichert: keine.
Es gibt keine allgemeingültigen Aussagen über inhaltliche Schwerpunkte, Qualität, Umfang, Praxisnähe oder den Preis.	
Aus dieser Tabelle können keine direkten Vor- oder Nachteile abgeleitet werden. Es soll lediglich für den Kontext sensibilisiert werden. Dieser ist wichtig, wenn Nutzer von Normen oder Standards deren Entstehungsgeschichte verstehen wollen oder die (Weiter-)Entwicklung gar selbst aktiv beeinflussen möchten.	

Ein letzter wesentlicher Aspekt wird in der Tabelle 14.1 vernachlässigt: die Verbindlichkeit. Die Verbindlichkeit von Normen und Standards ist zunächst nicht gegeben, wenn nicht durch einen Vertrag im Kunden-Lieferanten-Verhältnis selbst erzeugt. Es gibt aber weitere Vorgaben, die unterschiedlich verbindlich wirken können und daher bekannt sein sollten. Mit absteigender Verbindlichkeit sind das (nach Rietz u. a. 2019):

1. **Gesetze**
   Geltende Rechtsnormen, die in einem Gesetzgebungsverfahren eines Staats oder Bundeslands dessen Willen zum Ausdruck bringen

   → Wenn z. B. Projektgesellschaften gegründet werden und den Vorgaben des AktG oder GmbHG unterliegen und die Besteuerung nach dem UStG erfolgt

2. **Verordnungen**
   Rechtsnormen, die durch Regierungs- oder Verwaltungsorgane erlassen werden

   → Wenn z. B. eine Orientierung an bestehenden Vertragsentwürfen (FIDIC-Verträge) erfolgt oder eine Abrechnung nach den Grundsätzen der HOAI vorgenommen wird

3. **Normen**

   Definition von Leitlinien, Regeln oder Merkmalen durch ein legitimiertes Normungsgremium im Konsensbildungsprozess

   → Wenn z. B. nach der DIN 69901 (national) oder der ISO 21500 (international) gearbeitet wird

4. **Standards**

   Weitgehend vereinheitlichte, anerkannte und angewandte Art und Weise der System- oder Produktgestaltung in einem definierten Wirkungsbereich

   → Wenn z. B. das Projektpersonal nach der ICB ausgebildet wird und der Prozess zur Produktentwicklung dem V-Modell® XT folgt

5. **Richtlinien**

   Formlose Handlungs- oder Ausführungsvorschrift (oft auch als „De-facto-Standard" etabliert)

   → Wenn z. B. der VDI in seiner VDI-Richtlinie 6601 das „Berufsbild Projektingenieur" prägt

Mit Blick auf die Gesetze und Verordnungen sei nicht nur auf deren hohe Verbindlichkeit hingewiesen, sondern auch auf die entsprechenden Konsequenzen bis hin zur Haftung einzelner Akteure. Laufen Gründungsszenarien nicht gesetzeskonform ab oder werden Steuern nicht, unvollständig oder nicht pünktlich gezahlt, so drohen gebührenpflichtige Mahnungen, Nachzahlungen, ggf. Strafzahlungen und/oder mit Fristen verbundene Auflagen. All das kann in kürzester Zeit den kalkulatorischen Gewinn eines Projekts aufzehren oder gar in einen Verlust umwandeln. Folgenschwere Konsequenzen können über das Projekt hinaus für die gesamte Organisation entstehen, wenn z. B. ein aufwendig erstelltes Angebot aus formellen Gründen keine Beachtung findet oder die Organisation gar von künftigen Ausschreibungen ausgeschlossen wird. Haftungsfragen für einzelne Akteure gibt es in Deutschland eher selten, bei internationalen Projekten mit Personalentsendung schon eher. Damit soll kein Schreckensszenario aufgebaut werden, aber Normen und Standards haben schon allein dadurch ihre Berechtigung, weil viele von ihnen systematisch abprüfen, ob Gesetze und Verordnungen in ausreichendem Maße bekannt sind und in angemessener Weise beachtet werden. Insofern ist es hilfreich, Projektpersonal normenkonform auszubilden und Prozesse normenkonform zu implementieren, um die Projektteams frühzeitig für dieses heikle Thema zu sensibilisieren.

Im weiteren Verlauf sollen die Normen und Standards im Mittelpunkt stehen. Es gibt eine Vielzahl und große Vielfalt solcher Empfehlungen. Das wirft nicht nur die Frage nach der Implementierung (im Sinne von Ja oder Nein) auf. Es erzeugt insbesondere die Frage, ob mehrere Normen ggf. in einer bestimmten Kombination oder einer bestimmten Reihenfolge einzuführen sind. Die oft geäußerte Vermutung, dass zahlreiche Normen sich konkurrierend oder gar gegenseitig behindernd gegenüberstehen, ist tendenziell falsch. Die meisten Normen können synergetisch miteinander verknüpft werden. Um dies etwas zu verdeutlichen, wollen wir uns die Charakteristik einzelner Normen ansehen. Unterstellen wir eine grundsätzlich in Projekten arbeitende Organisation, die mit der Professionalisierung des Projektmanagements auch eine Standardisierung anstrebt, so empfiehlt sich die in Bild 14.1 dargestellte Vorgehensweise:

1. **Entwicklung eines gemeinsamen Grundverständnisses**

   a) Einführung von Begriffsstandards
   Meilensteine, Reviews, Freigaben, ... sind etablierte Begriffe, die in vielen Organisationen aber jeweils anders gelebt werden.

   b) Einführung von Modellierungsstandards
   Prozesse in Swimlane-Darstellung, tabellarische Darstellung der AKVs, Verzeichnisbäume für das Daten- und Dokumentenmanagement, ... Erklärungsbedürftige Zusammenhänge müssen nicht nur in Schulungen vermittelt werden, sondern jederzeit abrufbereit sein.

2. **Absicherung gemeinsamer Handlungsfähigkeit**

   a) Ableitung eines Rollenmodells nach standardisierter Ausbildung des Projektpersonals (z. B. nach Einführung eines kompetenzbasierten Standards wie der ICB 4 der IPMA)

   b) Ableitung eines Phasen- oder Ablaufmodells, basierend auf einem prozessorientierten Standard (DIN 69901-2, ISO 21500, PMBOK® des PMI, ...)

   c) Normenlandschaft ggf. durch einen systemreferenzierenden Standard abrunden, um die Gesamtorganisation einzubinden und für Projekte zu befähigen

3. **Gemeinsame Operationalisierung**

   Durch Bereitstellung eines PMH (Projektmanagementhandbuch) mit zahlreichen Templates und Vorlagen, i. d. R. sehr schnell IT-unterstützt (Toolstandards), um die Projektarbeit zu beschleunigen, zu sichern sowie die Wieder- und Weiterverwendung von Bewährtem zu fördern

4. **Frühe Optionierung von Entwicklung und Wachstum**

   a) Soll eine qualitative Weiterentwicklung und Professionalisierung des Projektmanagements erfolgen, empfiehlt sich die Orientierung an einem Reifegradmodell, das Entwicklungspfade aufzeigt.

   b) Ist ein quantitatives Wachstum der Projektlandschaft zu erwarten, empfiehlt sich das rechtzeitige Poolen der Projekte in Programmen und Portfolien inkl. eines angemessenen Multiprojektmanagements (Programm- und Portfoliomanagement).

14 Projektmanagementstandards für projektorientierte Unternehmen

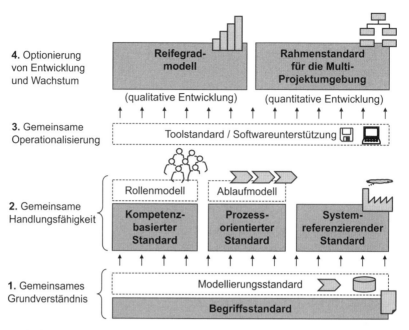

Bild 14.1 Projektmanagementstandards, systematisiert nach ihren Charakterprofilen (in Anlehnung an Rietz 2015)

 Beginnen Sie mit den Begriffsstandards und achten Sie dabei auch auf Kleinigkeiten. So ist z. B. der „Projektmanager" schon so weit verbreitet, dass er nicht einmal mehr als Fachvokabular, sondern als allgemeinsprachliche Bezeichnung gilt. Prüft man aber den Verantwortungsumfang (ggf. inkl. seiner Haftung), die zu erledigenden Aufgaben und die daraus abgeleiteten Kompetenzen und Befugnisse, so entsteht schnell eine große Vielfalt von Projektmanagern. Selbst innerhalb einer Organisation werden Projektmanager von ihren jeweiligen Auftraggebern teils sehr unterschiedlich eingesetzt und geführt, sodass die Bezeichnung „Projektmanager" auf der Visitenkarte noch lange keinen Aufschluss gibt.

Wird dieses Thema bagatellisiert, so wird die Aussage „Ich brauche einen Projektleiter" immer mit der Gegenfrage beantwortet: „Was meinst du? Wen brauchst du? Wofür willst du ihn einsetzen?" Missverständnisse bleiben und eine personenunabhängige Personalplanung ist nicht möglich.

14.2.1 Internationale Projektmanagementnormen

Internationale Projektmanagementnormen entstehen in einem Arbeitskreis der ISO, der Vertreter aus über 50 Ländern vereint (Stand 01/2019), darunter ISO-Mitgliedsländer auf allen Kontinenten und aus allen führenden Industrienationen. Konkret sind inzwischen die in Tabelle 14.2 gelisteten Normen verfügbar.

Tabelle 14.2 Internationale Normen im Projekt- und Multiprojektmanagement (Stand 01/2019)

Norm	Thema
ISO 21500:2012-09	Guidance on Project Management (auch als DIN ISO 21500:2016-02 in deutscher Sprache verfügbar)
ISO21503:2017-08	Guidance on Programme Management (auch als DIN ISO 21503:2018-10 in deutscher Sprache verfügbar)
ISO 21504:2015-07	Guidance on Portfolio Management (auch als DIN ISO 21504:2017-09 in deutscher Sprache verfügbar)
ISO 21505:2017-03	Guidance on Governance (auch als DIN ISO 21505:2018-01 in deutscher Sprache verfügbar)
ISO 10006:2017-11	Quality Management – Guidelines for quality management in projects (Übernahme in das dt. Normenwerk als DIN-Fachbericht ISO 10006 in Arbeit)
Anzutreffen sind diese Normen häufig in Unternehmen, die insgesamt den internationalen Empfehlungen folgen, oft auch der ISO 9000 ff. (→ Qualitätsmanagement), ISO 31000 (→ Risikomanagement).	

Projektmanagement

Die erste der genannten Normen, die ISO 21500, ist das zentrale Element in dem gesamten Themenbereich. Nach einigen begrifflichen Erläuterungen wird das Projekt dort als Teil der betrieblichen Projektorganisation dargestellt. Ein Projekt entspringt dabei immer einem Business Case und generiert Lieferobjekte, die in das betriebliche Umfeld zurückfließen.

Beispiel

In einem Projekt zur Produktentwicklung ist der Business Case die Gesamtbetrachtung aus Entwicklung und anschließender (Serien-)Produktion. Dabei wird die Produktentwicklung entweder vom Kunden direkt oder anteilig mit jedem Produktverkauf bezahlt, sodass am Ende Umsatz und Gewinn entstehen. Lieferobjekte wären z. B. ein Produktdesign, Zeichnung und Stückliste, Fertigungs- und Montageplan sowie ein funktionierender Prototyp.

In einem Projekt des Eventmanagements kann der Business Case daraus bestehen, eine Großveranstaltung zu organisieren und durchzuführen, für die über Eintritte und Einnahmen ein wirtschaftlicher Gewinn entsteht. Lieferobjekte können Verträge mit Schaustellern sein, ein Abnahmeprotokoll vom Gesundheitsamt, Brandschutz- und Lärmschutzkonzepte u. Ä.

Im Weiteren werden in der ISO 21500 Kompetenzen des Projektpersonals aufgeführt, so z. B.:

- technische Kompetenzen (u. a. zur strukturierten Durchführung von Projekten),
- verhaltensbezogene Kompetenzen (im Zusammenhang mit persönlichen Beziehungen) und
- kontextbezogene Kompetenzen (im Zusammenhang mit dem Management des Projekts innerhalb des Organisations- und des externen Umfelds).

Es folgen Prozessgruppen (analog einem Phasenmodell aus Initiierung, Planung, Umsetzung, Controlling, und Abschluss) sowie mehrere Themengruppen (beginnend mit den klassischen Projektplanungsthemen (Termine, Ressourcen, Kosten), aber auch Risikomanagement und Kommunikation bis inkl. der Stakeholder und der Beschaffung und damit der Abbildung der Schnittstellen in die Projektumwelt. Zu jedem dieser Themen werden primäre Inputs, Outputs und eine Kurzbeschreibung geliefert.

Die in der ISO 21500 genannten Themen sind dabei weder hoch wissenschaftlich noch sehr innovativ. Sie verkörpern den kleinsten GEMEINSAMEN Nenner aller normenkonform arbeitenden Projektakteure:

- Welche Informationen sollte ein Projektauftrag enthalten?
  (Insbesondere dann, wenn Auftraggeber und Auftragnehmer das erste Mal zusammenarbeiten)
- Wie erfolgt die Steuerung von Änderungsanfragen?
  (Insbesondere dann, wenn die kundenorientierte Umsetzung und die Kostenkalkulation nicht aus dem Gleichgewicht kommen dürfen)
- Was sollte im Rahmen der Lessons Learned beachtet werden?
  (Wenn auch bei einem großen und lokal verteilt agierenden Team wirklich jeder Fehler nur einmal gemacht werden darf)
- Wie müssen Information, Kommunikation, Dokumentation und Eskalation abgestimmt sein, damit auch komplexe Projekte fehlerfrei ablaufen?
  (Wie wollen wir zum Mond und zum Mars fliegen, wenn wir nicht mal einen Hauptstadtflughafen bauen können? Wie sind die Zuschauermassen bei Olympischen Spielen und Fußballweltmeisterschaften zu lenken, wenn nicht mal alle Teilnehmer die letzte Love-Parade überlebt haben?)

Kurz: Immer wenn ein Projektteam signifikanter Größe bemüht ist, arbeitsteilig ein gemeinsames (Projekt-)Ziel zu erreichen, können im Detail Fehler mit kleineren oder größeren Auswirkungen passieren. Um zumindest grobe Fehlplanungen, Missverständnisse in der menschlichen Kommunikation, Irrtümer oder Probleme aus der Unvollständigkeit des Planungsansatzes auszuschließen, empfiehlt sich die Verwendung eines bewährten Standards.

Ein Projekt vor seiner Umsetzung zu planen, ist – mal unabhängig vom Planungsaufwand – grundsätzlich immer eine gute Idee.

Um den Planungsprozess selbst zu verkürzen und das Planungsergebnis gleichzeitig zu verbessern, empfiehlt sich ein unternehmensweiter Projektmanagementstandard, der sowohl die gröbsten Fehlplanungen und Unterlassungssünden verhindert als auch die Projekte innerhalb des Unternehmens grob vergleichbar macht.

Arbeiten Partner unternehmensübergreifend oder gar länderübergreifend zusammen, so wird auch ein länderübergreifender PM-Standard benötigt.

Programm- und Portfoliomanagement

Bilden mehrere Projekte eine Multiprojektlandschaft (Bild 14.2), so treten die Projekte auch sofort in eine Beziehung zueinander. Mindestens erfolgt ein Konkurrenzkampf um Ressourcen, primär um Budgets und Personal. Projektspezifisch kommen weitere Engpassressourcen (z. B. nur einmalig vorhandene Räume, Maschinen oder Messplätze) hinzu. Für den besseren Überblick und eine z. B. kennzahlenbasierte Steuerung der Multiprojektlandschaft werden einige Projekte in einem Projektportfolio zusammengefasst.

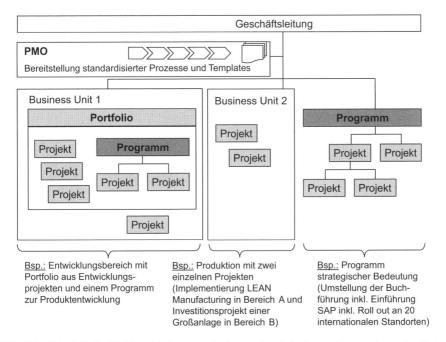

Bild 14.2 Beispielhafte Multiprojektlandschaft eines entwickelnden und produzierenden Unternehmens

Andere Projekte weisen neben der Ressourcenkonkurrenz ggf. noch inhaltliche Verbindungen auf, verfolgen ein gemeinsames Ziel, erzeugen im Zusammenwirken einen weiteren Mehrwert und werden daher in Projektprogrammen geführt. Mit der erhöhten Quantität und der erhöhten Komplexität von Projektportfolios und Projektprogrammen werden diese auch häufig in internationaler Zusammenarbeit geführt, um standortspezifische Vorteile rund um den Globus zu nutzen. Typische Kriterien sind sich ergänzende technologische Kompetenzprofile der Partner, das Lohngefälle, die Verfügbarkeit von Personal- oder technischen Ressourcen, Zugang zu neuen Märkten oder Fremdkapital usw. Das Portfoliomanagement in Großunternehmen und mehr noch das Programmmanagement für komplexe Vorhaben sind typische internationale Themen. Das eingangs genannte Programm- und Portfoliomanagement (Tabelle 14.3) und auch die Governance-Richtlinien sind daher typische und wichtige internationale Normen.

Tabelle 14.3 Programm- und Portfoliomanagement im Vergleich

Projekt-Programmmanagement	Projekt-Portfoliomanagement
Projektprogramm = Pool aus Projekten	Projektportfolio = Pool aus Programmen und Projekten
Projekte innerhalb eines Programms haben ein gemeinsames inhaltliches bzw. strategisches Ziel und erzeugen einen gemeinsamen Mehrwert.	Projekte innerhalb eines Portfolios konkurrieren um Ressourcen; primär um Budgets und Personal (kleinster gemeinsamer Nenner: wirtschaftlicher Erfolg des Portfolios).
zeitlich befristet, definiertes/terminiertes Ende	zeitlich unbefristet; kein terminiertes Ende
Beispiel: Raumfahrtprogramm: Bau der Rakete, Ausbildung der Astronauten, Vorbereitung der wissenschaftlichen Experimente, ... Synchronisation aller Projekte auf den konkreten Start eines bemannten Weltraumflugs	Beispiel: Portfolio von IT-Projekten in einem Großkonzern zur besseren Personalplanung (z. B. SAP-Roll-out, Einführung einer IT-basierten Konstruktionsumgebung, Datenmigration aus abgekündigten Altsystemen und Leistungserweiterung des E-Mail-Servers)
Aber: Entwicklung eines Autos beim OEM, Entwicklung des darin verbauten Getriebes vom TIER1 A und der ebenfalls verwendeten Scheinwerfer vom TIER1 B sind kein Programm, sondern Projekte, die über eine Kunden-Lieferanten-Beziehung verknüpft sind.	Aber: Nicht alle Projekte können sinnvoll zu einem Portfolio zusammengefasst werden, wie z. B. Umstieg auf SAP, Aufbau eines Betriebskindergartens und Ausgliederung der Gebäudereinigung.

14.2.2 Nationale Projektmanagementnormen

Die deutsche Delegation gehört regelmäßig zu den führenden und engagierteren Landesvertretungen auf internationaler Ebene, kann sie doch auf eine lange Erfolgsgeschichte des DIN (Deutsches Institut für Normung e. V.) zurückblicken. Auch deutsche Projektmanagementnormen haben sich inzwischen sehr bewährt (Tabelle 14.4).

14.2 Orientierung in den verfügbaren Projektmanagementstandards

Tabelle 14.4 Deutsche Normen im Projekt- und Multiprojektmanagement (Stand 01/2019)

Norm	Thema
DIN 69900:2009-01	Projektmanagement – Netzplantechnik; Beschreibungen und Begriffe
DIN 69901:2009-01	Projektmanagement – Projektmanagementsysteme Teil 1: Grundlagen Teil 2: Prozesse, Prozessmodell Teil 3: Methoden Teil 4: Daten, Datenmodell Teil 5: Begriffe
DIN 69909:2013-03	Multiprojektmanagement – Management von Projektportfolios, Programmen und Projekten Teil 1: Grundlagen Teil 2: Prozesse, Prozessmodell Teil 3: Methoden Teil 4: Rollen

Die eingangs genannten Merkmale und Vorteile normenkonformer Projektarbeit gelten im nationalen Kontext ebenso wie auf internationaler Ebene. Alle bisherigen Ausführungen sind übertragbar. Auf zwei ergänzende Aspekte muss dennoch eingegangen werden, da sie eine Besonderheit deutscher/nationaler Normen darstellen.

Netzplantechnik

Die Netzplantechnik ist weltweit bekannt, auch anerkannt und weitgehend harmonisiert. Fast alle IT-basierten Projektmanagementtools nutzen sie als Rechenmodell, um Gantt-Charts o. Ä. grafisch auszuweisen. Die Verfügbarkeit dieser Terminplanungswerkzeuge lässt es heute unnötig erscheinen, Netzpläne ohne IT-Unterstützung rechnen zu können. Auf Knopfdruck werden Terminpläne mit verknüpften Aktivitäten angezeigt und der kritische Pfad durch das Projekt wird auf dem Monitor ausgewiesen.

Heute erscheint es nicht mehr sinnvoll, Normen zur Netzplantechnik zu verfassen. Deutschland ist jedoch eines der wenigen Länder, die schon vor Jahrzehnten vor dem Aufkommen der IT-basierten Tools professionelle Normungsarbeit betrieben haben und daher noch heute auf Dokumente aus dieser Zeit zurückgreifen können. Und was nützt uns das?

- Stark vernetzte Terminpläne führen regelmäßig dazu, dass das zeitliche Verschieben einer Aktivität sowohl den kritischen Pfad ändert als auch den Projektendtermin in signifikantem Maß verschiebt. Aus „Furcht vor der unkontrollierten Verschiebung von Folgeterminen" werden daher oft wichtige Verknüpfungen von Teilaufgaben in IT-basierten Terminplänen gar nicht erst vorgenommen. Wichtig hingegen wäre, das Zustandekommen unerwünschter Terminverschiebungen und zeitlicher Puffer nachvollziehen zu können. Die deutsche Norm ist eines der wenigen Dokumente, die das ermöglichen. (Die IT soll uns gern das zeitraubende Rechnen abnehmen. Will der verantwortungsvolle Projektleiter aber die Interpretation des Terminplanungsergebnisses nicht auch dem PC überlassen, so muss er die Entstehung der Rechenergebnisse schnell und sicher nachvollziehen können.)

- Wer alle Hintergründe der Netzplantechnik kennt, weiß auch, dass der kritische Pfad durch den Netzplan eigentlich *terminkritischer Pfad* heißen müsste, da er lediglich zeitliche Engpässe ausweist. Die Bezeichnung *kritischer Pfad* verleitet dazu, alle Überwachungs- und Steuerungsaktivitäten auf diesen Pfad zu fokussieren, obwohl viele andere Formen der Kritikalität (technologische Risiken, von Insolvenz bedrohte Lieferanten oder Kunden etc.) gänzlich unberücksichtigt bleiben.

Flexibilität in der Implementierung

Die deutsche DIN 69901-2 ist ähnlich aufgebaut wie die ISO 21500. PM-Prozesse werden detailliert dargestellt und den PM-Phasen zugeordnet (Tabelle 14.5). Ein wesentlicher Unterschied – und das ist in Deutschland einmalig – ist die Kennzeichnung eines Mindestumfangs. Nur wenige Prozesse sind verpflichtend, die Mehrzahl der Prozesse sind optional und können bei fehlendem Bedarf auch entfallen.

Tabelle 14.5 Auszug der PM-Prozesse nach DIN 69901-2

	Initialisierung	Definition	Planung	Steuerung	Abschluss
1. Ablauf und Termine		D.1.1: Meilensteine definieren	P.1.1: Vorgänge planen **P.1.2: Terminplan erstellen** P.1.3: Projektplan erstellen	S.1.1: Vorgänge anstoßen **S.1.2. Termine steuern**	

Das hat zwei ganz wesentliche Vorteile:

- Je nach Unternehmens-, Projekt- und Produktcharakteristik können die PM-Prozesse nicht nur angepasst werden, sondern ggf. auch gänzlich entfallen. Mit dieser Skalierung ist eine weitreichende Individualisierung möglich. Bedarfe können gedeckt und Administration kann gleichzeitig vermieden werden.
- Ein in seiner Bedeutung stetig zunehmender Grund normenkonformer Projektarbeit ist das Bestehen von Audits und Assessments. Mit der Implementierung der DIN 69901-2 kann die Umsetzung einer führenden Projektmanagementnorm nachgewiesen werden, was bei Beschränkung auf den Mindestumfang sehr einfach möglich ist, ohne eine inhaltlich unzulässige Kürzung der Prozesse vorzunehmen.

14.2.3 Projektmanagementstandards

Projektmanagementstandards gibt es viele, durchaus auch viele gute. Gerade bei Standards ist ein ganz wesentlicher Aspekt aber auch der Verbreitungsgrad. Es ist also müßig, die Leistungsfähigkeit verschiedener Ansätze akademisch zu vergleichen, sondern wir konzentrieren uns auf die, die weltweit den höchsten Verbreitungsgrad aufweisen (Tabelle 14.6).

Tabelle 14.6 International anerkannte Projektmanagementstandards

	ICB	PMBOK®	PRINCE2
Name	Individual Competence Baseline	Guide to the Project Management Body of Knowledge	Projects in Controlled Environments
aktuelle Version	Vers. 4 (2017)	6th edition (2017)	Ausgabe 2017
Herausgeber	IPMA, International Project Management Association	PMI, Project Management Institute	AXELOS
Herkunft	IPMA = Internationaler PM-Dachverband mit >70 Mitgliedsländern	USA (amerikanischer Standard; weltweite Akzeptanz)	UK (britischer Standard; weltweite Akzeptanz)
Charakter	Kompetenzbasierter Standard (Was muss ein Projektmitarbeiter kennen und können?)	Prozessorientierter Standard (In welchen Phasen u. Prozessschritten sollte ein Projekt ablaufen?)	Mix aus Prozessen, Themen und Grundprinzipien (Gelebte Verzahnung von Projekt- und Stammorganisation)

Der ICB liegt folgender Gedanke zugrunde: Wenn weltweit Akteure der Projektwirtschaft ausgebildet werden, dann sollten die vermittelten Inhalte in Art und Umfang auch vergleichbar sein. Ein Projektmitarbeiter muss sich sicherlich vom Projektmanager und vom Projektdirektor, auch vom Programm- oder Portfoliomanager unterscheiden, aber ob er seine Kompetenzen im Land A oder B erwirbt, darf dabei keine Rolle spielen. Daher hat der internationale Projektmanagement-Dachverband mit der ICB einen kompetenzbasierten Standard geschaffen, der von den Mitgliedern weltweit ausgebildet, angewendet und assessiert wird.

 Der einzig legitime Vertreter der IPMA in Deutschland ist die GPM, Deutsche Gesellschaft für Projektmanagement e. V. Über Qualifizierung und Zertifizierung nach den Grundsätzen der ICB informieren Sie sich bitte unter www.gpm-ipma.de.

Landesspezifisch ergänzende Details oder die Berücksichtigung kultureller Besonderheiten sind nicht auszuschließen und sogar sinnvoll. Aber grundsätzlich werden zwei auf dem gleichen IPMA-Level ausgebildete Projektmanager sehr schnell einander erkennen und auch schnell eine gemeinsame Planungs- und Arbeitsbasis finden.

> Insbesondere in den höheren Ausbildungsstufen der Level B und A besticht das ICB-Ausbildungskonzept durch Vielfalt (mehrere verschiedene Prüfungsformen) und einen hohen nachzuweisenden Praxisanteil. Durch Lernen aus dem Lehrbuch wird man die Prüfung nicht bestehen, ggf. nicht einmal die Prüfungszulassung bekommen.

Auch wenn PMBOK® und PRINCE2 im Grunde nationale Standards sind, so haben sie doch eine internationale Akzeptanz gefunden, mindestens aus folgenden Gründen:

- Beide Standards sind vor ca. drei Jahrzehnten entstanden, haben inzwischen zahlreiche Optimierungsschleifen durchlaufen und einen entsprechend hohen Reifegrad erreicht.
- Viele Unternehmen arbeiten heute international oder zumindest mit internationalen Partnern. Wenn der kleinste gemeinsame Nenner u. a. die englische Sprache ist, so greift man auch auf einen englischsprachigen Standard zurück, der von Nativ-Speakern entworfen wurde.
- Die beiden Herkunftsländer USA und UK gehören sowohl technisch als auch mit ihrer Wirtschaftskraft zu den führenden Nationen. Allein durch ihre zahlreichen Projekte tragen sie selbst zu einer stetigen Verbreitung ihres Standards bei.
- Immer wieder hört man die Frage, welcher der genannten Standards der bessere wäre – der typische Vergleich von Äpfeln und Birnen. Keiner der Standards ist besser oder schlechter als der andere. Sie sind – wenn überhaupt – geeignet oder ungeeignet im Sinne der Erfüllung konkreter Anforderungen oder ggf. sogar gut miteinander kombinierbar.

Beispiele für Formulierungen in Projektausschreibungen

- „… Als Projektleiter ist ein Senior Projektmanager (zertifiziert nach IPMA-Level B) einzusetzen. Teilprojektleiter und Kernteammitglieder können eine Projektmanagement-Ausbildung (mindestens zertifiziert nach IPMA Level D) nachweisen." → ICB-Zertifikate des Projektpersonals werden zu einem K. o.-Kriterium.
- „… Das Gesamtprogramm ist nach den Grundsätzen des PMI aufgesetzt und organisiert. Als Projektgruppe innerhalb des Programms arbeiten Sie auch nach PMI und können dies jederzeit nachweisen." → PMBOK®-angelehnte Projektprozesse werden zu einem K. o.-Kriterium.
- „… Wir legen besonderen Wert auf ein professionelles Projektmanagement in Planung, Durchführung und Dokumentation. Im Rahmen der ISO-16949-Zertifizierung ist dies in angemessener Weise nachzuweisen." → Dies ist z. B. möglich, indem das Projektpersonal der ICB folgend ausgebildet wurde, nach Prozessen der ISO 21500 gearbeitet wird und Dokumente in Anlehnung an das PMI (z. B. Project Charter Template u. Ä.) verwendet werden.

14.3 Auswahl der richtigen Norm und Implementierung

Jetzt haben wir vieles (leider noch längst nicht alles) zum Projektmanagement kennengelernt und es bleibt die Frage: Wie wähle ich aus der Angebotsvielfalt das beste Konzept aus und mache daraus den Best-Practice-Standard für mein eigenes Unternehmen? Gehen Sie Schritt für Schritt vor.

Auswahl eines Projektmanagementstandards

Im Idealfall werden die Auswahl und Einführung eines PM-Standards selbst wie ein Projekt organisiert, d. h., man beginnt mit einer Zielbeschreibung und einem Lastenheft. Da es in diesem frühen Stadium aber häufig noch an Professionalität im Projektmanagement mangelt, reduziert sich diese Phase oft auf eine Anforderungsliste, die aber mindestens folgende Fragen beantworten sollte:

- Wie groß werden die Projekte sein (Dauer, Budget u. Ä.) und wie viele Projekte wird die Projektlandschaft umfassen?
- Werden Lösungen für das PM (Projektmanagement) gesucht oder für das PPPM (Projekt-, Programm- und Portfoliomanagement)?
- Welchen Charakter haben die Projekte (Entwicklung-, Organisations-, Investitionsprojekte, ...)? Werden die Projekte einander sehr ähnlich sein oder ergibt sich eine eher heterogene Projektlandschaft?
  - Eine wesentliche Rolle spielen dabei Vorgehensmodelle: Sequenzielle Vorgehensmodelle (Wasserfallmodell, Stage Stage® Prozess oder V-Model®), wiederholende Modelle (inkrementelle oder iterative Vorgehensweise, Spiralmodell), agile Vorgehensweise (Scrum, Kanban o. Ä.)? Falls die methodischen Grundlagen dazu fehlen, findet sich eine sehr gute Systematik dazu in Timinger 2019.
- Laufen die Projekte lokal, überregional oder gar international?
- Welche Rolle spielen die Schnittstellen zu Lieferanten, Kunden und Kooperationspartnern? Falls das signifikanten Einfluss hat: Mit welchen Lösungen arbeiten die Partner heute?
- Was kann dem künftigen Projektpersonal abverlangt werden? (karriereorientierte Akademiker oder Facharbeiter oder häufig wechselnde temporär Beschäftigte, ...)
- Wie groß ist überhaupt der Entscheidungsspielraum? Gibt es Forderungen von Kunden bzgl. Art und Inhalt der Norm? Gibt es Vorgaben von Auditoren/Assessoren oder langfristige Zertifizierungsziele?

- Typische Kundenforderung ist die Implementierung von Normen und Standards, die mit Reifegradmodellen verknüpft sind, um eine kontinuierliche Verbesserung (KVP) des Projektmanagements sicherzustellen (z. B. CMMI oder SPICE nach ISO/IEC 15504).
- Gibt es Produkt- oder Branchenspezifika zu beachten? Existieren etablierte Branchenstandards oder muss man sich an individuell geschaffenen Best-Practice-Lösungen der Wettbewerber orientieren?
  - Branchenspezifische Normen können eine Entsprechung übergeordneter Normen sein

    (z. B. ISO/TS 16949 (QM-Systeme im Automobilbereich) ist die Automotive-Entsprechung der ISO 9001 im branchenunabhängigen Qualitätsmanagement).
  - Teils gibt es branchenspezifische Ergänzungen wie z. B. DIN EN 14724 (Projektmanagement in der Luft- und Raumfahrt), DIN EN 9200 (Programmmanagement in der Luft- und Raumfahrt) oder Automotive SPICE (für die Automobilindustrie) und SPICE for Health (für den Medizin- und Gesundheitsbereich).

Aus jeder Antwort der genannten Fragen können Empfehlungen in eine bestimmte Richtung oder Restriktionen für die Auswahl einer geeigneten Lösung abgeleitet werden. Hilfestellungen geben auch Verbände (GPM, DGQ, ...) und Branchenverbände (VDA, VDMA, ...).

Erfahrungsaustausche mit Kooperationspartnern und Wettbewerbern helfen oft, einen ersten Trend zu erkennen oder offensichtlich ungeeignete Lösungen schnell auszuschließen.

Wenn ein besonders innovativer Ansatz gesucht wird, helfen auch Gespräche mit Branchenverbänden oder einschlägigen Arbeitsausschüssen der Normungsinstitute über deren aktuelle Tätigkeitsschwerpunkte. Dort ist teilweise mit einer Vorlaufzeit von einem bis zu fünf Jahren erkennbar, welche Standards entstehen werden, welche gerade überarbeitet werden oder durch zunehmende Bedeutungslosigkeit ggf. in absehbarer Zeit vom Markt genommen werden. Letzteres ist besonders gefährlich, weil die Standards nach dem Marktrückzug oft trotzdem noch verfügbar sind und grundsätzlich funktionieren, aber nicht mehr supportet und weiterentwickelt werden.

Typischer Fehler: Teils werden PM-Tools evaluiert, um mit der Implementierung des ausgewählten Tools indirekt auch die darin „verpackte" Methode zu implementieren. Das funktioniert in aller Regel nicht. (Man sollte immer erst die Fahrschule besuchen und fahren lernen und dann das Auto kaufen.)

Einführung eines Projektmanagementstandards

Nachdem Unternehmensvertreter innovativ tätig waren, sich Input vom Markt geholt und sich für eine bevorzugte Norm, einen Standard oder eine Kombination aus mehreren Ansätzen entschieden haben, gilt es initiativ in die Organisation vorzudringen. Es ist ein Konzept für die Implementierung zu erarbeiten. Kernfragen sind: a) in welchem Umfang, b) mit welchen Abweichungen und c) mit welchen Konsequenzen soll implementiert werden? Kurz: Aus dem allgemeinen Standard ist ein Unternehmensstandard zu extrahieren. Das kann durch schlichte Übernahme sehr schnell gehen oder eine recht arbeitsintensive und methodisch anspruchsvolle Aufgabe sein.

Diese Transferleistung von einem allgemeinen in einen Unternehmensstandard sollte durch eine Person (oder eine Personengruppe) vorgenommen werden, die auch längerfristig für das Thema verantwortlich ist. Möglich und typisch sind dabei folgende Varianten:

- Stabsstelle an der Geschäftsleitung,
- Stabsstelle in dem Bereich, in dem die meisten Projekte beheimatet sein werden (z. B. im Entwicklungsbereich, wenn es hauptsächlich Projekte zur Produktentwicklung sein werden),
- Teilbereich des Qualitätsmanagements (wenn die operative Projektarbeit ohnehin durch den Bereich QM/QS überwacht wird)

oder gleich richtig und konsequent durch

- Gründung eines Projekt Management Office (PMO), als ...
  - kleine Gruppe zur Erstellung und Pflege der PM-Unternehmensstandards,
  - größere Gruppe als operative Schnittstelle der Projekte zur Führungsebene des Unternehmens (PM-Methodenexperten + operatives Programm- und Portfoliomanagement),
  - personalstarke Gruppe, die alle operativen Projektmanager poolt und für deren Aus- und Weiterbildung verantwortlich zeichnet.

Ist ein PM-Unternehmensstandard geschaffen, muss dieser aktiv in die Organisation ausgerollt werden, d. h. alle Betroffenen müssen informiert und motiviert werden. Hilfreich sind verbindliche Prozessmodelle, Rollenbeschreibungen, vorgegebene Methoden und Templates, Guidelines, Leitfäden und Handbücher etc. Das Thema Projektmanagement sollte dabei auf verschiedensten Plattformen kommuniziert werden, d. h. Informationsveranstaltungen, Aushänge auf den Fluren und in den Besprechungszimmern, im Intranet bis hin zu Artikeln in der Firmenzeitung etc. Jeder Einzelne muss sich individuell angesprochen und informiert fühlen, auch wenn es ggf. in Großunternehmen mehrere tausend Mitarbeiter betrifft.

Diese – nennen wir sie ruhig Informationsbereitstellung auf allen Kanälen – wird keine Nachhaltigkeit entfalten, wenn die Implementierungsverantwortlichen mit den Anwendern nicht in den Dialog kommen. Schulungen müssen interaktiv aufgebaut sein, d. h. mit Übungen und Feedback. Welche Bestandteile der Norm sind inhaltlich passend oder nicht, leicht oder schwer umzusetzen, wirklich hilfreich oder eher administrativ behindernd? Auch die Erstanwendung sollte unter genauer Beobachtung stehen. In Reviews sollte nicht nur der Projektinhalt geprüft werden, auch das Review selbst sollte sich in kurzzyklischen Überarbeitungen dem organisatorischen Optimum nähern. Interne Audits und Self Assessments tragen nicht nur zu Überwachung und Verbesserung bei, sondern sammeln auch aktiv Feedback ein und nehmen den Projektteilnehmern so schnell die Furcht, wenn mal ein echtes, wichtiges Projektaudit ansteht.

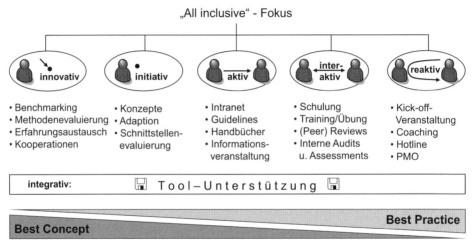

Bild 14.3 Schritt für Schritt den geeignetsten am Markt verfügbaren Standard identifizieren, dann adaptieren und implementieren (Rietz 2019)

Last but not least sollte das PMO reaktiv zur Verfügung stehen. Kick-off-Veranstaltungen oder Workshops zum Risikomanagement könnten nach entsprechender Bedarfsanforderung moderiert werden. Einer Schulungswelle durch das Unternehmen kann sich eine Coachingphase anschließen. Insbesondere im Umgang mit den Prozessen und Templates muss in enger Abstimmung mit den Anwendern ein geeignetes Maß gefunden werden, welche Handhabung noch zulässig und welche schon zu lässig ist.

Beispiel

Die Überwachung eines Implementierungsprojekts für einen PM-Standard muss – insbesondere in der Anfangsphase – sehr engmaschig erfolgen und von den Anwendern spürbar sein. Sonst hält sich niemand daran. Nachlässigkeiten in der Anfangsphase sind später nur sehr schwer, teilweise gar nicht mehr zu korrigieren.

Trotzdem bleibt die Frage, welche Rolle man einem PMO und den internen Auditoren gibt? In Anlehnung an den Straßenverkehr ist kritisch zu prüfen, will man ...

- etwas wie die Polizei einsetzen, mit weitreichenden Kontroll- und Sanktionierungsbefugnissen?
- etwas wie das Ordnungsamt, lokal und in den Befugnissen begrenzt; eher mikroregulierend?
- etwas wie die Gelben Engel vom ADAC, kompetente Unterstützer, die aber im Bedarfsfall erst aktiviert werden müssen?
- etwas wie die Tankwarte und Werkstätten, hoch spezialisiert im Leistungsangebot, rund um die Uhr verfügbar, aber kostenpflichtig?

14.4 Die wichtigsten Punkte in Kürze

- Projektmanagementnormen und -standards stehen in großem Umfang zur Verfügung – mit nationaler und internationaler Reichweite, mit unterschiedlichen Charakterprofilen, sowie branchenspezifisch und branchenübergreifend. Es wäre einfach töricht, diese nicht zu nutzen oder zumindest mal zu sichten und auf Anwendbarkeit im eigenen Wirkungskreis zu prüfen.
- Projektmanagementstandards helfen, die Projektqualität und die Projektmanagementqualität zu erhöhen. Sie helfen, die Projektlaufzeit und die Projektkosten zu senken oder überhaupt erst einmal Projektkomplexität handhabbar zu machen. Dies erfolgt aber NICHT automatisch. Es muss der richtige Standard ausgewählt und in angemessener Weise auf Branchen-, Unternehmens- und Produktspezifika übertragen werden.
- Projektmanagement ist keine Frage der IT-Unterstützung. Es gibt zahlreiche IT-gestützte PM-Werkzeuge – Quasi-Standards von namhaften IT-Anbietern – aber die meisten dieser Projektplanungswerkzeuge sind kaum mehr als eine Termin- und Ressourcenplanungsunterstützung.
- Ein Standard ist dann ein Standard, wenn er a) gut ist und b) viele Nutzer mitmachen. „Viele" kann bedeuten, viele Millionen Anwender weltweit. Es kann sich aber auch um 95 % aller Projekte im Unternehmen handeln. Allein die Ver-

gleichbarkeit durch einen Unternehmensstandard, der Wegfall von wiederkehrenden Einarbeitungszeiten und eine zentrale Trägerstruktur für den kontinuierlichen Verbesserungsprozess zu haben, ist schon ein großes Plus.

- Ohne akademische Definitionen bemühen zu wollen: Projektmanagement ist eine der geeignetsten Formen der Arbeitsorganisation, wenn eine Gruppe von Menschen arbeitsteilig ein gemeinsames Ziel erreichen will. Um die beteiligten Teammitglieder a) in bewährter Art und Weise zu synchronisieren und b) es ihnen insgesamt so leicht wie möglich zu machen, bieten sich Standards an. Nutzen Sie sie. Viel Erfolg!

Literatur

Rietz, Steffen; Roeschlein, Ralf: „Normen und Standards im Projektmanagement" in GPM (Hrsg.): „Kompetenzbasiertes Projektmanagement (PM4)", 2019, S. 186–219

Rietz, Steffen: „Projektmanagement-Standards zur externen Orientierung" in Wagner, Reinhard (Hrsg.): „Beratung von Organisationen im Projektmanagement", Symposion-Verlag 2015, S. 165-191

Rietz, Steffen: „Prozessmanagement mit Engineering-Standards" in Jochem, Roland; Mertins, Kai; Knothe, Thomas (Hrsg.): „Prozessmanagement – Strategien, Methoden, Umsetzungen", WEKA-Verlag, 2. Auflage 2019, S. 255–290

Timinger, Holger; Möller, Thor; Oswald, Alfred: „Vorgehensmodelle und Ordnungsrahmen" in GPM (Hrsg.): „Kompetenzbasiertes Projektmanagement (PM4)", 2019, S. 132–181

Abkürzungsverzeichnis

AktG	Aktiengesetz	
AKV	Aufgaben, Kompetenzen, Verantwortung	
CMMI	Capability Maturity Model Integration	
DGQ	Deutsche Gesellschaft für Qualität e. V.	(→ *www.dgq.de*)
DIN	Deutsches Institut für Normung e. V.	(→ *www.din.de*)
FIDIC	Fédération Internationale des Ingénieurs Conseils (frz.)	(→ *www.fidic.org*)
GmbHG	GmbH-Gesetz	
GPM	Deutsche Gesellschaft für Projektmanagement e. V.	(→ *www.gpm-ipma.de*)
HOAI	Honorarordnung für Architekten und Ingenieure	(→ *www.hoai.de*)
ICB	Individual Competence Baseline (ab Vers. 4)	
IPMA	International Project Management Association	(→ *www.ipma.world*)
ISO	International Organization for Standardization	(→ *www.iso.org*)
KVP	Kontinuierlicher Verbesserungsprozess	
PMBOK®	Project Management Body of Knowledge	
PMH	Projektmanagement-Handbuch	
PMI	Project Management Institute	(→ *www.pmi.org*)
PMO	Project Management Office	
PPPM	Projekt-, Programm- und Portfoliomanagement	
SPICE	Software Process Improvement and Capability DEterminination	
VDA	Verband der Automobilindustrie e. V.	
VDMA	Verband Deutscher Maschinen- und Anlagenbau	(→ *www.vdma.org*)

15 Projektmanagement-Tools der nächsten Generation

Dr. Rupert Stuffer

> Die traditionellen Projektmanagement-Tools können die Anforderungen agiler, dezentraler Projektteams nicht erfüllen. Moderne Arbeitsmethoden benötigen schlanke, flexible, selbsterklärende Tools, die sich beliebig an den individuellen Nutzerbedarf anpassen lassen und über das gesamte Zulieferer-Ökosystem hinweg eingesetzt werden können. Dies erfordert einen radikal neuen konzeptionellen Ansatz.

In diesem Beitrag erfahren Sie,
- welche Herausforderungen Globalisierung, Digitalisierung und wachsende Komplexität für die Produktentwicklung mit sich bringen,
- warum konventionelle Software agile, dezentrale Projektteams nicht adäquat unterstützen kann,
- welche Anforderungen die nächste Generation der Projektmanagement-Software erfüllen muss und
- welche neuen Ansätze in Zukunft zu erwarten sind.

■ 15.1 Einleitung

Die Vorteile projekthaften Arbeitens sind in vielen Branchen schon vor geraumer Zeit erkannt worden. Selbstverständlich ist von Anfang an auch Software zur Unterstützung herangezogen worden, wenn auch lange Zeit auf relativ simpler Basis. Mit zunehmender Erfahrung in der Projektarbeit sind die Ansprüche – auch an die Software – gestiegen.

Unterdessen zeichnet sich jedoch ein wesentlich dramatischerer Umbruch ab, der weit über die gewohnten evolutionären Vorgänge hinausgeht. Man kann mit Fug und Recht sagen: In der Projektarbeit ist ein neues Zeitalter eingetreten.

Wenn ein evolutionärer Prozess durch völlig neuartige Faktoren gestört wird und fundamentales Umdenken erfordert, spricht man von einem „disruptiven" Ereignis. In der Tat sind in den letzten Jahren mehrere disruptive Phänomene aufgetaucht, die die gesamte Industriegesellschaft herausfordern. Insbesondere sind dies die immer gravierendere Umwelt- und Klimaproblematik sowie Globalisierung und Digitalisierung. Der Klimawandel zwingt uns zur raschen Entwicklung umweltfreundlicherer Technologien in fast sämtlichen Lebensbereichen, von der Produktionstechnik bis zum Individual- und Güterverkehr. Die Globalisierung hat eine ganz neue Wettbewerbsdynamik mit sich gebracht. Und die Digitalisierung eröffnet aufgrund der gigantischen Fortschritte der Informationstechnik zahlreiche neue Chancen, birgt aber gerade für die traditionellen Industrienationen mit ihren hohen Produktionskosten die Gefahr, plötzlich gegenüber Schwellenländern ins Hintertreffen zu geraten.

15.2 Ein Paradigmenwechsel

Im Kontext stark gewachsener Technikaffinität im Endverbrauchermarkt und massiver internationaler Konkurrenz haben sich die Innovationszyklen deutlich beschleunigt. Der Markt zwingt zu immer schnellerem Reagieren. Produktwelten ändern sich dramatisch. Zwei Beispiele: Innerhalb weniger Jahre musste die Industrie die zweimalige radikale Umorientierung der Beleuchtungstechnik verkraften, von der Edison-Glühbirne zu den Energiesparlampen und schließlich zur LED-Beleuchtung. Und die sich anbahnende Verdrängung des Verbrennungsmotors durch E-Fahrzeuge stellt an die Kfz-Hersteller völlig andere Anforderungen; um ihre Marktposition zu sichern und ihre Verkaufszahlen aufrechtzuerhalten, müssen sich die Autobauer schnellstmöglich anpassen und Ergebnisse liefern – und das weltweit.

In der globalisierten Industrie müssen geografisch verteilte Teams Informationen beliebig schnell teilen können und die Projektdaten müssen von jedem Standort aus zugreifbar sein. Zugleich sind die Projekte größer, komplexer, dynamischer und arbeitsteiliger geworden. Die Zulieferernetzwerke sind ausladend, die Zahl der Projektbeteiligten wird immer größer und wechselseitige Abhängigkeiten sind kaum noch überschaubar. Dabei sind eine sorgsame Planung und Überwachung von Ressourcen und Zielvorgaben unabdingbar.

Herausforderungen wie Globalisierung, Klimawandel und Digitalisierung verlangen von Unternehmen Flexibilität und schnelles Reagieren. Dies kann durch projekthaftes Arbeiten in agilen, eigenständigen Teams ermöglicht werden. Um diese Projektteams in allen Koordinations- und Kollaborationsprozessen in einem komplexen Umfeld zu unterstützen, ist eine moderne, leistungsfähige Software erforderlich, die methodisch flexibel ist und sich an die agile Arbeitsweise von Teams anpasst.

In dieses Umfeld bricht die Digitalisierung als disruptives Phänomen herein. Wenn bei zahlreichen Produkten der mechanische Bereich gegenüber der Software an Bedeutung verliert, verschieben sich Kompetenzvorsprünge. Wohl etablierte Unternehmen (OEMs), die ihren Markt und ihre Produktwelt bislang perfekt beherrscht haben, müssen plötzlich umdenken und sehr rasch neue Kompetenzen erwerben – siehe Elektrofahrzeuge. Wenn die Zeit für den Aufbau neuer Abteilungen und die Anwerbung geeigneter Fachkräfte nicht reicht oder der entsprechende Arbeitsmarkt bereits leergefegt ist, müssen neue Kooperationen mit Spezialfirmen gebildet und ein entsprechendes Lieferantennetzwerk aufgebaut werden. Die Zusammenarbeit mit diesen neuen Partnern bringt neue Herausforderungen, denn die Softwareentwicklung folgt anderen Prozessen und Mustern als die Hardware- bzw. Elektronikentwicklung. Die Produkte werden vielschichtiger und die Lernfähigkeit der Unternehmen wird auf eine harte Probe gestellt.

Hinzu kommt, dass sich Innovationen in einer Umbruchphase wie derzeit in der Automobilindustrie hochgradig dynamisch entwickeln. Niemand kann heute genau vorhersagen, welche Erwartungen z. B. ein sogenanntes Connected-Car-Ökosystem in fünf oder zehn Jahren erfüllen muss und welche Richtung die autonome Fahrzeugsteuerung einschlagen wird. Man muss die Randbedingungen ausloten, die Technologieentwicklung genauestens beobachten und auf neue Trends sofort reagieren und sie weiterdenken. Alte Gewissheiten lösen sich in Nichts auf. Entwickler müssen akzeptieren, dass sich das Endziel ihrer Tätigkeit erst allmählich herauskristallisieren wird, dass aber zugleich durch eine möglichst umsichtige Vorarbeit Voraussetzungen geschaffen werden müssen, auf denen man später aufbauen kann. In den neunziger Jahren des letzten Jahrhunderts kam es in der PC-Entwicklung zu einer ähnlich dynamischen Situation, als ständig neue Produktgenerationen geplant werden mussten, während sich die elektronischen Bauteile und Chipgenerationen noch in der Entwicklung befanden und die Software immer ressourcenhungriger wurde. Wenn Produkte rasch instabil werden, fällt es der Industrie schwer, adäquat zu reagieren.

Deshalb vollzieht sich vor unseren Augen ein Paradigmenwechsel: Sind die traditionellen Entscheidungshierarchien schon zu schwerfällig, so haben sich mittlerweile auch die konventionellen Formen des Projektmanagements weitgehend überlebt – sie tun sich schwer mit der Komplexitätsproblematik, den zunehmenden Projektumfängen und den heutigen Erwartungen an Echtzeit-Entscheidungen, Effizienz und Flexibilität. „Agilität" ist zum allgegenwärtigen Schlagwort geworden: Um Projekte und damit die Time-to-value zu beschleunigen, um Kommunikations- und Entscheidungswege abzukürzen, um jederzeit zwischen unterschiedlichen Arbeits- und Projektdurchführungsmethoden wechseln zu können und effizient voranzukommen, ist eine agile Projektphilosophie mit dezentralen, eigenverantwortlichen Teams, enger Kollaboration in Echtzeit und einem ständigen Ohr am Kunden unabdingbar.

Allerdings fehlen der Wirtschaft noch geeignete Projektmanagement-(PM)-Unterstützungstools, die wirksam dabei helfen, flexibel, handlungs- und wettbewerbsfähig zu bleiben. Agile Projektteams sind schnell und effizient – vorausgesetzt, sie verfügen über adäquate Software, um sich im komplexen Projektgefüge bequem und einfach orientieren, verständigen und miteinander Daten austauschen zu können; bisherige Ansätze haben die in sie gesetzten Erwartungen nur unzureichend erfüllt.

■ 15.3 Bisherige Ansätze

Warum konventionelle Ansätze scheitern

- Konventionelle PM-Tools sind deterministisch angelegt und für agiles Arbeiten ungeeignet.
- Konventionelle PM-Tools gehen von Annahmen aus, die nicht der Realität entsprechen.
- Komplexe, meist schwer erlernbare Tools frustrieren Anwender und werden ungern genutzt.
- Berechnungs- und Simulationsfunktionen sind für Projektteams heute weniger wichtig.
- Anwender suchen vergeblich nach Raum für Flexibilität und Individualität.
- Die jüngere Nutzergeneration empfindet das Nutzererlebnis älterer Tools als Zumutung.
- Excel als Notbehelf kompromittiert die Datenqualität.
- Konventionelle PM-Tools sind funktional unzureichend ausgestattet oder zu schwerfällig.
- Methodenvielfalt und Methodenkombinationen werden nicht unterstützt.

Das konventionelle Projektmanagement lag bislang oft in der Hand von PM-Offices oder Stabsstellen, die von Zeit zu Zeit die Vorgabeplanungen ausgaben. Die einzelnen Mitarbeiter arbeiteten dann ihre Aufgaben ab; die Fortschritte wurden in regelmäßigen zeitlichen Zyklen kontrolliert. Diesem Arbeitsprinzip liegen mehrere Fiktionen zugrunde:

1. Das Wasserfallprinzip: die Annahme einer seriellen, effizienten Produktentwicklungsstruktur von der Anforderung und Spezifikation über das Grob- und das Feinkonzept bis zum Prototyp und zur Version 1, 2 usw. In der heutigen Realität werden Produkte jedoch wesentlich schneller und in einer agilen Umgebung entwickelt, wobei oft zu Beginn noch nicht in allen Details geklärt ist, was der Kunde letztlich braucht.

2. Die einheitliche Projektkonsole: In der klassischen Projektplanung stellt das Projektbüro die Planung auf; die einzelnen Aufgaben werden „an einer physischen oder virtuellen Pinnwand befestigt". Diese Vorgehensweise ignoriert eine Vielzahl von Beteiligten, die einen kollaborativen Beitrag leisten und eigentlich zu berücksichtigen wären; sie sorgt nicht für die notwendige Rückkopplung zur Prozesskontrolle und trägt den unterschiedlichen Informationsanforderungen der Beitragenden nicht Rechnung.
3. Die einheitliche Legislatur: Die stillschweigende Annahme, dass alle Prozesse innerhalb einer Organisation und einer Legislatur ablaufen, ist heute trügerisch. In der Automobilindustrie etwa erfolgen nur etwa 25–30 Prozent der Wertschöpfung durch die OEMs, für den Rest ist die Zulieferindustrie zuständig, die sich über mehrere Ebenen oder „Tiers" erstreckt (Multitier-Lieferketten). Jede Entscheidung des OEM hat Konsequenzen für mehrere Ebenen von Zulieferern.

15.3.1 Die Mathematik soll es richten

Die unterstützende Software wurde in der Vergangenheit meist von der Controlling-Seite her konzipiert und war administrativer Natur. Die Funktionalität fokussierte sich auf Berechnungen, Aggregationen und die grafische Darstellung der Ergebnisse. Bei Änderungen wurde der Prozess einfach wiederholt. Diese ersten großen PM-Tools dienten vorwiegend zur Messung der Zielerfüllung in der Rückschau. Sie waren komplex und auf Spezialisten zugeschnitten, die ständig damit arbeiteten, und wurden daher auch nur von diesen geschätzt. Für Zwecke wie Controlling, Ressourcendisposition, Aggregationsaufgaben, Soll-Ist-Vergleiche, d. h. primär rechnerische, Algorithmik-orientierte Aufgaben hatten und haben diese Anwendungen durchaus ihre Existenzberechtigung. Für eine zeitgemäße, prozessgetriebene Projektarbeit, die Wert auf Agilität, Zusammenarbeit, Flexibilität und Effizienz legt, sind sie strukturell ungeeignet, weil sie lediglich vorgegebene Schemata abarbeiten. Da in vielen Unternehmen die Wahl der Projektunterstützungstools jedoch nach wie vor in den Händen der Controlling-Abteilungen liegt und daher aus deren Kostenrechnungsperspektive erfolgt, bleiben wesentliche Gesichtspunkte projekthaften Arbeitens meist unberücksichtigt.

Wer Interesse an der Unterstützung eines orchestrierten Miteinanders in dezentralen, eigenverantwortlichen Teams hat, wird es bei Entscheidungen über Investitionen in Projektunterstützungssoftware schwer haben, wenn das letzte Wort in der Controlling-Abteilung gesprochen wird. Denn Argumente, die auf weichen Faktoren beruhen, lassen sich schwer quantifizieren, und potenzielle Einsparungen sind insofern nicht eindeutig nachweisbar. Auch die Unternehmenskultur muss neuen Ansätzen gegenüber aufgeschlossen sein, wie später noch zu erörtern sein wird.

Eine erste Generation von Lösungen für kollaborative Projektarbeit ersetzte einen Teil der Algorithmen durch Kollaborationsbausteine, z. B. zur Synchronisation von Terminen, und sah ein gewisses Maß an Eigenverantwortung für die Projektbeteiligten vor. Tools dieses Typus zeigten Zielkonflikte auf, die dann von den Projektbeteiligten gemeinsam aufgelöst wurden, wobei das PM-Office die Zusammenarbeit koordinierte. Dieser Ansatz stellte einen Fortschritt im Hinblick auf die Unterstützung kollaborativer Prozesse dar (Hab/Wagner 2017).

Heute geht die Entwicklungsrichtung bei PM-Tools hin zu noch mehr Eigenverantwortung und Agilität. Teams und Sprints, sofern für den Projekttypus sinnvoll, können unterstützt werden. Darin ist auch ein Wandel in der Managementkultur ersichtlich: Man ist eher bereit, rigide Controlling-Gitter und Steuerungsstrukturen aufzubrechen, in der Einsicht, dass sie sonst immer komplexer werden und kaum noch zu beherrschen sind.

Vereinfacht ausgedrückt, besteht die heutige Softwarelandschaft für PM einerseits aus sogenannten Number-Crunchern, also stark Algorithmus-basierten Anwendungen mit wenigen agilen Add-Ons, andererseits aus oft Cloud-gestützten Lösungen mit hoher Flexibilität und Agilität, aber notgedrungen geringer funktionaler Breite, um das Komplexitätsproblem zu vermeiden.

Viele Tools eignen sich ausgezeichnet für spezifische Situationen, manche lassen sich miteinander oder mit Backoffice-ERP- und CRM-Lösungen koppeln. In der Praxis ergibt sich allerdings häufig folgendes Bild: Das eine oder andere PM-Tool wird punktuell und weitgehend isoliert als Silo-Lösung von einigen Teammitgliedern für bestimmte Zwecke eingesetzt und, wo nötig, durch Microsoft Excel ergänzt. Eine flächendeckende PM-Gesamtlösung mit agiler Grundkonzeption fehlt.

15.3.2 Die Excel-Falle

Sei es, dass die vom Unternehmen gewählte PM-Software einen zu hohen Einarbeitungsaufwand mit sich bringt und die Nutzer durch übermäßige Komplexität abschreckt, oder sei es, dass projekthaftes, kollaboratives, agiles Arbeiten vom vorhandenen PM-Tool nicht oder nicht effektiv unterstützt wird – Anwender, die Flexibilität und Individualität wünschen, suchen gewohnheitsmäßig Zuflucht bei Excel.

Damit sollen die Verdienste der bewährten Allzweck-Tabellenkalkulation Excel nicht in Abrede gestellt werden. Excel, fast auf jedem Rechner installiert, ist benutzerfreundlich und flexibel. Fast jeder hat Grundkenntnisse und kann zumindest einfache Aufgaben aus dem Stegreif bewältigen. Aufgrund seiner allgemeinen Verfügbarkeit und hinreichenden Vertrautheit ist Excel ein beliebter „Problemlöser", mit dessen Hilfe man versucht, außerhalb der Controlling-getriebenen Themen zu überleben, weil die üblichen PM-Tools sich nicht durchsetzen konnten.

Für vernetzte Projektarbeit birgt Excel, vor allem wenn es inoffiziell als „Schatten-IT" eingesetzt wird, allerdings erhebliche Gefahren: Gerade weil jeder mit Excel vertraut ist, sind Team-Mitglieder immer versucht, auf eigene Faust zu basteln – in bester Absicht, aber mit potenziell fatalen Folgen. Spontaner und informeller Gebrauch der beliebten App im kollaborativen Kontext führt zur Entstehung einer Excel-Subkultur, in der individuell angelegte Dateien in unterschiedlichsten Versionen kursieren, teilweise redundant, unter Umständen inkompatibel oder widersprüchlich, sodass am Ende niemand weiß, welches der gültige, verbindliche Datenstand ist. Ein solcher Wildwuchs hilft niemandem.

Aber auch dann, wenn Excel ganz offiziell als PM-Tool vereinbart ist, werden oft komplexe Makros eingebettet, deren Funktion nur wenige durchschauen. Geht der „Erfinder" in Rente, ist es aus mit der Transparenz. Nicht selten ergeben sich im Laufe der Zeit durch Zutaten vieler Beteiligter ungeuer komplexe, prekäre „Excel-Monster". Weil die darin enthaltenen Formeln und Makros kaum noch nachvollziehbar sind, bleiben Eingabefehler oft unerkannt und verursachen weitere Fehler; eine Belastbarkeit der Daten ist unter solchen Umständen nicht gegeben.

Ein solcher Dschungel bietet sich geradezu zu Manipulationen an, weil Änderungen kaum nachweisbar sind. Von konsequenter Versionierung, Datenqualität und Revisionssicherheit kann dann keine Rede mehr sein. Excel-Monster sieht man umso häufiger, je höher man in der Unternehmensebene geht und je mehr Marken eines Konzerns man ins Blickfeld nimmt. Weil diese Verfahrensweise eine Einbahnstraße ist, die in die Ausweglosigkeit führt, hat sich das Schlagwort „Excel-Falle" etabliert. Das vielgeliebte Excel ist eine tolle App, aber keinesfalls ein PM-Tool! Seine funktionale Grundausstattung ist für die Anforderungen des Projektmanagements nicht geeignet; seine fortdauernde Beliebtheit unterstreicht jedoch, dass Flexibilität und Individualität zentrale Forderungen an eine zukunftsfähige PM-Software sein müssen.

▪ 15.4 Forderungen an moderne PM-Software

Was Ihr nächstes PM-Tool können muss

- Unterstützung von Kollaboration, Vernetzung, Methodenvielfalt und Flexibilität
- Standardisiertes Datenmodell mit Erweiterungsmöglichkeiten.
- Einheitliche, zentrale Datenbasis (Single-Source-Prinzip); hohe Datenqualität
- Datensicherheit, Revisionssicherheit und Compliance
- Hochwertiges, intuitives Nutzererlebnis mit individueller Wahl der Datendarstellung
- Schlanke Baukasten-Architektur: Einbindung von Funktionalitäten nach Bedarf
- Eigenständige anwenderseitige Erstellung von Modulen („Apps") ohne oder mit geringen Programmierkenntnissen (No-Code, Low-Code)
- Rechte und Rollen; Cloud-Fähigkeit, Mobilität
- Offenheit für externe Entwickler, die Module beitragen können (modifiziertes Open-Source-Prinzip)

PM-Tools sollten überall da glänzen, wo es für den einzelnen Projektbeteiligten und das Team schwierig wird: Sie sollen aufzeigen, informieren, koordinieren, Kollaborations- und Kommunikationsprozesse beschleunigen und die Vielzahl der Informationsstränge strukturieren. Sie müssen Termine und Ressourcen verwalten und das Management von Kosten und Risiken unterstützen. Bei der Bereitstellung von Daten muss das „Single Source of Truth"-Prinzip gewährleistet bleiben.

Konzentrierte sich die erste Generation der PM-Tools noch vorwiegend auf Berechnungs- und Simulationsfunktionen, so gewinnen Kollaborations- und Synchronisationsfunktionen heute zunehmend an Bedeutung. Vielfach wird diese Entwicklung noch unterschätzt; der Glaube an den allmächtigen Algorithmus ist schwer zu überwinden. Aber durch Kollaborations- und Synchronisationsfunktionen, welche die Projektbeteiligten einbinden und bei denen der Algorithmus nur noch unterstützend wirkt, können PM-Tools deutlich wertvoller werden.

Radikal agile Ansätze sehen vor, dass jedem Punkt, der eine Entscheidung braucht, auch die entsprechende direkte Entscheidungsbefugnis erteilt werden soll, besonders wenn im Team nach dem Sprint-Verfahren gearbeitet wird. Dies bedeutet, dass die gesamte Abstimmung und Steuerung teamintern erfolgen kann. Selbstverständlich ist damit kein völliger Verzicht auf „Kontrolle von oben" verbunden, insbesondere wenn mehrere Teams zu koordinieren sind. Aber das Grundkonzept dezentraler Regelkreise, in denen auftauchende Herausforderungen und Probleme sofort im Team bewältigt werden, hat sich in der Praxis bereits bewährt, vor allem in der Softwareentwicklung. Auch im Engineering werden ähnliche Ansätze verfolgt, d. h. man reduziert zentrale Vorgaben zugunsten stärkerer Eigenverantwortung. Bei Soll-Ist-Diskrepanzen kann in einem solchen System sehr schnell korrigierend eingegriffen werden.

Wenn schnell und effizient gearbeitet und ein prozessgetriebenes Projektmanagement realisiert werden soll, muss die unterstützende Software entsprechend konzipiert sein. Primäre Gesichtspunkte sind daher die Förderung von Agilität, Kollaboration und Effizienz: PM-Tools sollen den Mitarbeitern Hilfsmittel und Bausteine an die Hand geben, die sie besser und effizienter machen und sie umfassend vernetzen.

15.4.1 Schlanke Architektur durch „Appifizierung"

Selten gleicht ein Projekt dem anderen. Es gibt große und kleine Projekte, zeitkritische, kostenkritische und inhaltlich kritische Projekte. Der Projekttypus kann sich sogar im Projektverlauf ändern, und das mehrfach, z. B. wenn neue Prioritäten in den Vordergrund treten oder die Beherrschung des Projekts in Gefahr gerät und eine Neufokussierung erfordert.

Hinzu kommen die unterschiedlichen methodischen Ansätze und ihre Darstellungen – klassische Methoden wie Stage-Gate- oder Wasserfall-Modelle, die durchaus noch hier und da sinnvoll sein können, oder agile und kollaborative Arbeitsweisen. Versuche, alle diese Ansätze in einem einzigen Tool vorzuhalten, laufen Gefahr, die Anwender wiederum zu hoher Komplexität auszusetzen.

Den Ausweg bietet ein modulares Softwarekonzept – ein System, das die Möglichkeit zur Selbstorganisation schafft. Als Baukasten aus schlanken Bausteinen oder „Apps", die nach Bedarf selektiv in Anspruch genommen werden können, erlaubt ein solches Konzept den Nutzern, im laufenden Projekt zu entscheiden, welche Bausteine hinzugenommen oder abgelegt werden, statt auf einen neuen Unternehmensstandard warten zu müssen, der unter Umständen Jahre auf sich warten lässt. Der agile Ansatz auf modularer Basis ermöglicht eine flexible Anpassung an die Projekterfordernisse in Echtzeit (Bild 15.1).

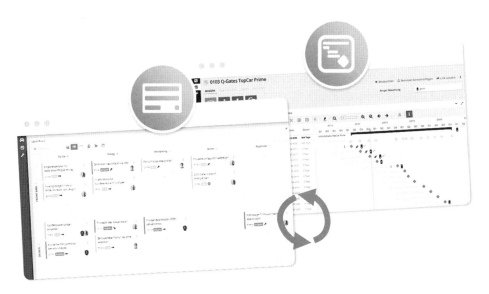

Bild 15.1 Umsetzungsbeispiel cplace: Kombination unterschiedlicher Apps, um schlank und flexibel für jedes Projekt unterschiedliche Erfordernisse in einem System abzudecken

Somit ergibt sich für PM-Software eine „atmende", lernende Architektur als zentrale Forderung.

15.4.2 Das Nutzererlebnis

Komplexe, funktional vielschichtige und schwierig zu bedienende Tools eignen sich nur für geschulte Experten – Profi-Nutzer, die den überwiegenden Teil ihrer Arbeit in dieser Software erledigen und für die sich eine intensive Einarbeitung lohnt. Der agilen, kollaborativen Arbeitsweise in eigenverantwortlichen Projektteams liegt jedoch eine völlig andere Philosophie zugrunde: Hier brauchen die Nutzer Tools, die intuitiv verständlich sind und von jedem im Handumdrehen erlernt werden können. Sie sind Hilfswerkzeuge, die man sporadisch nutzt. Abgesehen vom atmenden Datenmodell und einer hoch flexiblen, modularen Architektur müssen diese Tools über eine selbsterklärende Benutzeroberfläche verfügen. Simplizität des Nutzererlebnisses (User Experience, „UX") ist hier das Maß der Dinge.

Dies gilt umso mehr, als die junge Generation der Anwender mit Smartphones aufgewachsen ist und die Nutzerfreundlichkeit ihrer mobilen Apps auch am Arbeitsplatz erwartet. Diese IT-affine „Generation Y" ist immer weniger bereit, sich mit den Silo-Lösungen und Komplexitäten von Altanwendungen anzufreunden, und sie hegt andere Erwartungen hinsichtlich der Einbeziehung ihrer eigenen Kreativität in die Gestaltung ihrer IT-Umgebung.

Deshalb braucht die PM-Software der nächsten Generation Benutzeroberflächen mit sauber vorkonfigurierten, attraktiven Standardmasken, die sich bei Bedarf bequem modifizieren und rekombinieren lassen. Da die Nutzer eines Teams unterschiedliche Aufgaben haben und jeweils nur bestimmte Projektdaten brauchen, sollte ein PM-Tool Optionen zur Zusammenstellung nutzerspezifischer Dashboards und Ansichten beinhalten. Die unterschiedlichen Elemente hierfür sollten ihrerseits als Module oder „Apps" verfügbar sein, die nur nach Bedarf in die PM-Plattform einbezogen werden (Bild 15.2). Bei identischer, zentral vorgehaltener Datenbasis sind so unterschiedliche visuelle Aufbereitungen je nach Präferenz und Rolle möglich.

Während also z. B. die bei den meisten Nutzern eher unbeliebten Gantt-Diagramme am ehesten noch von der Projektleitung zur Offenlegung von Abhängigkeitsbeziehungen genutzt werden, können exakt die gleichen Daten von den Mitarbeitern in Form von Task-Boards dargestellt werden. Für Zulieferer lassen sich die verfügbaren Daten und ihre Wiedergabe auf die jeweils relevante Aufgabenstellung zuschneiden. Für Projektmanager bieten sich Ampeln und Charts an, die sich gut für Präsentationen in der Führungsetage eignen.

So entsteht in teilweiser Eigenregie ein Projektmanagement-Ökosystem mit anwenderspezifischen „Biotopen", die umfassende Information und Kollaboration aller Teilnehmer sicherstellen und in hohem Maß selbsterklärend sind. Der Fokus der Mitarbeiter liegt auf dem Projekt, nicht der Software – diese befähigt sie aber, besser und effizienter zu arbeiten und sich umfassend zu vernetzen. Agilität, Kollaboration und Effizienz als primäre Kriterien des prozessgetriebenen Projektmanagements stehen im Mittelpunkt.

Ein prägendes Element agilen, projekthaften Arbeitens und folglich auch eine Kernforderung an moderne PM-Tools ist die Möglichkeit der aktiven Mitgestaltung der Arbeitsumgebung durch die Team-Mitglieder selbst. Ein Tool, das diese Forderungen erfüllt, kann mit hoher Akzeptanz rechnen; es wird tatsächlich und gerne genutzt, anstatt durch Umständlichkeit zu frustrieren und schließlich wieder in die Excel-Falle zu führen. Abgesehen davon ist ein Nutzererlebnis, das die Nutzer selbst nach ihren Wünschen und Vorstellungen gestaltet haben, automatisch sympathischer – ein wichtiger psychologischer Aspekt des „human engineering".

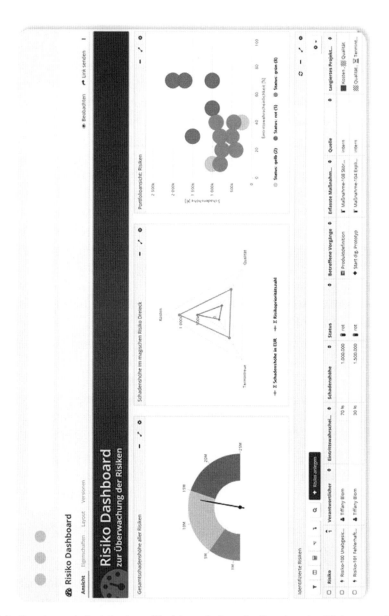

Bild 15.2 Umsetzungsbeispiel cplace: Modularer Aufbau der Benutzeroberflächen, um flexible Lösungen für individuelle Bedarfe und Nutzergruppen zu erstellen

15.4.3 Flexibilität und Sicherheit im Projekt-Ökosystem

Moderne Projektarbeit erstreckt sich häufig auf ein ganzes „Ökosystem" von Nutzern, das neben dem Projektteam des OEM die relevanten Zulieferer – und in einem Multitier-System auch deren Lieferanten und Unterlieferanten – einschließt. Im Interesse der Transparenz und einer nahtlosen Koordination und Kollaboration ist es dann sinnvoll, alle Projektteilnehmer an das verwendete PM-Tool anzudocken. Da jedes Unternehmen seine eigenen Prozesse und Backoffice-Systeme hat, kommen hier auch Kompatibilitäts- und Integrationsthemen ins Spiel, denn jeder Anwender sollte in der Lage sein, seine gewohnte Umgebung weiterzunutzen und trotzdem verlustfrei am Projekt-Ökosystem teilzunehmen. Konventionelle Integrationsaufgaben können sehr rasch zu Megaprojekten anschwellen. Um Kosten und Aufwand zu minimieren, sollte die Architektur des PM-Tools Möglichkeiten zu einer unkomplizierten Vermittlung zwischen Systemen und Datenmodellen anbieten (Schnittstellenfähigkeit).

Bei der Orchestrierung kollaborativer Arbeit ist auch die Zuweisung von Rechten und Rollen eine wichtige Aufgabe. Wie im Fall des Datenmodells und der Methoden kann eine moderne PM-App „schlank" bleiben, indem man nur die benötigten App-Bausteine miteinander kombiniert – Kollaborationsfunktionen, Kommentarblogs, Mechanismen zum Data-Sharing, zum Beobachten von Seiten, zum Einladen von Menschen auf Seiten oder in Arbeitsbereiche und so fort. Nach dem Prinzip der „Appifizierung" lässt sich so je nach den gegebenen Anforderungen und dem Reifegrad der Organisation eine situationsgerechte Gesamtlösung schaffen.

Damit die Verwaltung und Anpassung der Projektsoftware nicht ausufern, muss diese von vornherein so angelegt sein, dass keine Programmierkenntnisse erforderlich sind. Das Modulprinzip sollte eine breite Auswahl an vorgefertigten Bausteinen zur „No-Code-Programmierung" anbieten, die bei Bedarf mit geringem Aufwand durch „Low-Code"-Elemente ergänzt werden können. Erst wenn dieses Repertoire ausgeschöpft ist, kommen die professionellen Programmierer mit neuen „Pro-Code"-Ergänzungen zum Einsatz. Die Software setzt somit der Kreativität keinerlei Grenzen. Noch effektiver wird eine solche Plattform, wenn das Community-Prinzip auch auf die Schaffung neuer Module ausgedehnt wird, sodass Anwender selbst geschaffene Ergänzungs-Apps wiederum der Nutzer-Community zur Verfügung stellen.

Eine weitere wichtige Forderung an ein modernes PM-Tool ist seine maximale Verfügbarkeit. Das Tool muss mobil sein. Über eine browsergestützte Nutzeroberfläche zugänglich, muss es auf dem Smartphone oder Tablet ebenso verfügbar und einfach zu bedienen sein wie auf dem PC oder Laptop. Dies bedeutet natürlich automatisch, dass auch die Daten zentral bzw. in einer Cloud-Umgebung vorgehalten werden.

15.4.4 Datensicherheit, Datenschutz und Revisionssicherheit

Wo immer heute von Cloud-Computing die Rede ist, tritt sofort das Thema Datensicherheit ins Blickfeld. Entwicklungsdaten sind hoch sensibel und müssen durch entsprechende Technologien vor unbefugten Zugriffen und Manipulationen geschützt werden. Hinzu kommt das Thema Datenschutz, das durch die DSGVO neue Brisanz erhalten hat. Eine modulare PM-Plattform muss folglich die Sicherheit proprietärer Informationen und personenbezogener Daten gewährleisten.

Bei Kollaborationslösungen ist Revisionssicherheit in den letzten Jahren zu einem wesentlichen Anliegen geworden. War dies bislang vor allem in der Finanz- und der Pharmabranche von Belang, so werden – nicht zuletzt im Zeichen von Dieselskandal und BAFIN-/SEC-Vorschriften (Compliance) – immer strengere Archivierungs- und Dokumentationspflichten auch für andere Industrien wirksam. Insbesondere von börsennotierten Unternehmen werden die lückenlose Dokumentation und Nachvollziehbarkeit von Kommunikationsabläufen und Informationsflüssen in der Produktentwicklung verlangt.

Dieser ständige Rechtfertigungsdruck zwingt zu hoher Datenqualität, gerade in Bezug auf neue Technologien wie Digitalisierung und Fahrzeugautonomie im Kontext von Verbraucherschutz, Produkthaftung und der Beherrschbarkeit der Technik. Die penible Dokumentation der Entwicklung wird bereits in die „Cost of doing business" einkalkuliert, denn Hersteller, ganz besonders die Autobauer, müssen jederzeit mit Revisionen von Behörden rechnen. Letztlich tangiert die Compliance die Zukunft der Kfz-Konzerne und des Industriestandorts Deutschland.

Um sämtliche Vorgänge in Produktentwicklung und Produktlieferung genau dokumentieren zu können, ist ein alle Beteiligten erfassendes integriertes Informationsmanagement erforderlich. Diese lückenlose Dokumentation und Revisionssicherheit muss eine moderne PM-Plattform gewährleisten, um die geschäftskritischen Compliance-Anforderungen zu erfüllen.

15.4.5 Aktiv kuratierte Datenmodelle

Wo Projektdaten gemeinsam genutzt bzw. ausgetauscht werden sollen, ist ein einheitliches Datenmodell unerlässlich. Ein Unternehmen muss daher bestimmte Datenstrukturen fest vorgeben, damit Daten konsistent, vergleichbar und aggregierbar sind und bruchlos zwischen unterschiedlichen Software-Lösungen hin- und hergereicht werden können. Auch in einer unternehmensübergreifenden Supply-Chain, die ein gemeinsames PM-Tool verwendet, muss Einigkeit bezüglich des Kerndatenmodells bestehen.

Da nicht alle Bereiche eines Unternehmens die gleichen Daten brauchen, empfiehlt sich die Definition standardisierter Teildatenmodelle, die nach Bedarf kombiniert werden können. Da auch auf Projektteam- oder Anwenderebene das Dateninteresse nicht unbedingt einheitlich ist, können zusätzliche Ergänzungen sinnvoll sein, ohne in jedem Fall eine Erweiterung des Standard-Datenmodells zu erfordern – Datenattribute, die ein Beteiligter braucht, sind für andere eventuell nutzloser Ballast.

Daraus folgt, dass die verwendete PM-Software die Möglichkeit bieten sollte, das Datenmodell nach den jeweiligen Bedürfnissen zu erweitern und zu ergänzen, ohne das Grundmodell anzutasten. Was in der Vergangenheit behelfsweise mit Excel geschah, sollte ein modernes PM-Tool innerhalb einer gemeinsamen Arbeitsumgebung anbieten: Die Flexibilität, zur Ergänzung des standardisierten Grundmodells flexible Strukturen anzulegen.

Um Verständigungsschwierigkeiten zu vermeiden, muss ein solches System so angelegt sein, dass zusätzliche Attribute im Datenmodell als solche erkannt und dem Empfänger als Option angeboten werden. Der empfangende Nutzer kann entscheiden, ob das zusätzliche Attribut für ihn von Bedeutung ist, und es entweder akzeptieren oder ablehnen. Im ersten Fall wird die Datenmodellergänzung in seinem Arbeitsbereich zusätzlich angelegt, sodass der Nutzer künftig mit dem erweiterten Modell weiterarbeiten kann. Lehnt er die zusätzlichen Attribute ab, bleibt es für ihn künftig verborgen, aber dennoch für andere Projektteilnehmer auf Wunsch verfügbar.

Das Datenmodell „atmet" also und darf in jedem individuellen Arbeitsbereich etwas anders ausschauen. Das Gesamtsystem wird dadurch nicht komplizierter, weil die Anpassungen nur im jeweiligen Workspace stattfinden.

Natürlich sollten diese Möglichkeiten nicht zu einem Datenmodell-Wildwuchs führen. Auch die agilen Methoden müssen sich hier und da in ein klassisches Prozessgitter einfügen. Das tut ihren grundsätzlichen Vorteilen – kurze Entscheidungswege, schnelles Vorankommen – keinen Abbruch. Im Zweifelsfall können zusätzliche Attribute, die nur im kleinsten Kreis oder individuell benötigt werden und für andere Projektteilnehmer irrelevant sind, in Excel oder im ERP-System verarbeitet werden.

Ein zeitgemäßes PM-Tool sollte also ein lernendes System sein. Wenn sich ein zusätzliches Attribut für das Grunddatenmodell bewährt, kann es jederzeit in das Standardmodell übernommen werden, und zwar – soweit sinnvoll – auch für die gesamte Community, die ihrerseits auch Verbesserungsvorschläge unterbreiten oder Optimierungen vornehmen kann. Eventuell empfiehlt es sich aus Projektleitungssicht, klare Regeln vorzugeben, welche Bestandteile des Datenmodells unverändert bleiben müssen.

Spinnt man diesen Gedanken weiter, so wäre auch ein Fall denkbar, in dem ein Lieferant mehrere OEMs mit völlig unterschiedlichen Datenmodellen beliefert. Hier wäre es dann sinnvoll, einen Branchenstandard für ein Grundmodell zu definieren, der von allen anerkannt wird. Das Augenmerk sollte jedoch stets auf der Vermeidung unnötiger Komplexität liegen.

15.4.6 Eine Frage der Kultur

Ob und bis zu welchem Grad moderne PM-Ansätze in einer Organisation zum Erfolg führen können, hängt vor allem von der Unternehmens- und Führungskultur ab. Projekthaftes Arbeiten liegt nicht jedem Abteilungsleiter oder CEO. Vertrauen in eigenständige Teams aufzubringen erfordert unternehmerischen Mut und Risikobereitschaft. In jedem Fall sollten die „Best Practices" der Branche beherzigt werden, um Fehler zu vermeiden.

Vermeintlich Bewährtes aufzugeben und einen Teil der Kontrolle zu delegieren ist viel verlangt. Dieses „Loslassen" lässt sich nicht erzwingen. Die Führungsebene sollte sich im Vorfeld darüber klar werden, ob sie zu einem tiefgreifenden Wechsel der Arbeitsmethodik bereit und in der Lage ist und ob die Belegschaft die erforderliche mentale Flexibilität aufbringen kann. Etablierte Denk- und Herangehensweisen ändern sich nicht gerne.

Einer Organisation eine moderne, agile PM-Plattform vorzusetzen, wird alleine nicht genügen. Die Investition in ein solches Tool ist keine Garantie für Projekterfolge. PM-Tools sollen Projektteams nur als Hilfsmittel dienen. Die Existenz einer agilen Projekt- und Projektmanagementkultur ist Voraussetzung für ihren erfolgreichen Einsatz.

Auch auf die Aussicht erhöhter Transparenz reagiert nicht jede Führungsetage mit Begeisterung. Eine moderne PM-Plattform kann auch Fehler offenlegen, die für die Betroffenen peinlich sind, und in der Geschäftsbeziehung zwischen OEM und Lieferant kann gerade die Rückverfolgbarkeit aller Vorgänge Mängel aufdecken, die man lieber verborgen gehalten hätte. Hinzu kommen menschliche Charakterzüge wie Macht- und Besitzstandsdenken, die stets bedacht werden sollten. Allerdings ist projekthaftes Arbeiten heute oft die einzige Möglichkeit, im Wettbewerb zu bestehen, und es verlangt nun einmal Konsequenz und damit auch Transparenz.

Bisherige unerfreuliche Erfahrungen mit wenig hilfreicher Projektmanagement-Software haben bei manchen Führungskräften den Eindruck erweckt, dass von den Versprechungen der Softwareanbieter nicht viel zu halten sei. In vielen Fällen haben Enttäuschungen regelrechte Vorurteile gegen PM-Tools hervorgerufen. Das Ergebnis ist dann oft die viel diskutierte „Excel-Falle".

Solchen Einwänden ist entgegenzuhalten, dass die vorliegenden Betrachtungen genau von diesen Enttäuschungen der Vergangenheit ausgehen und den Versuch schildern, die Konzeption von PM-Unterstützungssoftware von Grund auf neu zu denken. Agil, schlank, flexibel, modular, lernfähig und aus der Anwenderperspektive heraus gestaltet, kann eine neue Generation von PM-Tools in einem hochgradig disruptiven wirtschaftlichen Umfeld den Unterschied zwischen Erfolg und Misserfolg eines Unternehmens ausmachen.

15.4.7 Trends und Perspektiven

Zu den Grundgedanken moderner Projektmanagement-Software gehört die Vision von Nutzer-Communities. Die unternehmensübergreifende Verwendung einer Software-Plattform ist für die Industrie gewöhnungsbedürftig und eine gewisse Skepsis gegenüber einer höheren Transparenz ist nicht zu leugnen. Doch auch hier zeichnet sich eine Öffnung ab, denn es besteht aufgrund der disruptiven neuen Technologien durchaus ein gewisser Druck, neue Modelle der Zusammenarbeit auszuprobieren. Der Markt ist reif und es könnte letztlich keine Alternative verbleiben. Die enorme Beschleunigung der Innovationszyklen scheint danach zu verlangen.

Der Community-Gedanke ist vor allem da attraktiv, wo es um grundsätzliche, universelle Mechanismen der Projektarbeit geht. Im Sinne einer „Sharing Economy" können in einem erweiterten Nutzer-Ökosystem von Anwendern erstellte Softwarekomponenten oder Apps bereitgestellt werden, die auch für andere nützlich sind, ohne dabei proprietäre Informationen preiszugeben. Diese können wiederum von anderen Teilnehmern der Community ergänzt oder optimiert werden. Eine Nutzer-Community kann innerhalb eines Unternehmens oder unternehmensübergreifend einen Marktplatz für solche Module bilden.

Im gleichen Sinne kann ein Netzwerk von Lieferanten zusammenarbeiten und bewährte Apps miteinander austauschen oder gemeinsam zweckmäßige Apps entwickeln. Das Produkt der gemeinsamen Entwicklung kann dann dem OEM vorgeschlagen werden. Unter den Beteiligten, die sich auf die App geeinigt haben, entsteht somit eine neue Community. Erste Erfolge in dieser Richtung zeichnen sich bereits ab.

Vertrauen spielt in einem solchen Ökosystem eine wichtige Rolle, und dieses Vertrauen aufzubauen erfordert wiederum Umdenken und eine neue Kultur. Eine Sharing-Community motiviert die Teilnehmer und erschließt viele neue Möglichkeiten – der Austausch von Modellen und Prozesswissen ist für alle Beteiligten ein Gewinn. Viele solcher sich selbst organisierenden Communities werden eines Tages eine „Shared Intelligence Economy" bilden. Die derzeit nachwachsende Anwendergeneration ist das „Sharing" bereits gewohnt und bereit, das gleiche auch auf der professionellen Ebene zu tun.

15.5 Der Einstieg

Jedes Unternehmen, jede Projektlandschaft, jede „corporate culture" ist anders. Dennoch gibt es einige allgemeine Grundfragen, die man sich stellen kann, um die richtigen Anknüpfungspunkte für eine agilere, flexiblere, schlankere Arbeitsweise zu identifizieren. Die Antworten auf diese Fragen schaffen Klarheit bezüglich der tatsächlichen Anforderungen und Wünsche der Betroffenen; sie erleichtern den Einstieg in das Projektmanagement der nächsten Generation und helfen, die bestgeeignete Unterstützungssoftware zu finden:

Erste Schritte für den Einstieg in das Projektmanagement der nächsten Generation

1. **Strategische Richtung festlegen**

   Worauf kommt es mir an?

   Beispiele:
   - Einführung einer hybriden Projektmanagement-Methodik, insbesondere bei der Planung und Fertigung von Hardwarekomponenten mit zunehmendem Softwareanteil
   - Effiziente Kollaboration im Team und über die Unternehmensgrenze hinweg
   - Bessere Dokumentation von Arbeitsprozessen zur Stärkung von Risikomanagement und Compliance

2. **Nutzer-Personae beschreiben**

   Wer sind die Nutzer und welche Tool-Unterstützung brauchen sie?

   Beispiele:
   - Senior Management: Geschäftsgrafiken, Dashboards, Ampeln, Drill-down-Funktionen
   - Projekt-Office: Terminplanung, Kostenmanagement
   - Projektteam: Kollaboration, Kommunikation, Benutzererlebnis
   - Unternehmensexterne: Anbindung an das Unternehmen und nachgeordnete Beteiligte

3. **Schatten-IT identifizieren**

   Wo haben sich Anwender Lösungen in Eigenregie zurechtgezimmert?

   Beispiele:
   - Tabellenkalkulationen werden von mehreren Mitarbeitern ständig gemeinsam genutzt.
   - Geschäftsgrafiken und Berichte für das Management entstehen in komplexen, händischen Prozessen.
   - Daten werden laufend aus „unbequemen" (ERP-)Systemen in schlankere Tools – meist Excel – exportiert oder umgekehrt.

4. **Einstiegsprojekt wählen**

   Wo kann agiles, projekthaftes Arbeiten mit effektiver Tool-Unterstützung rasch viel Wert generieren?

   Beispiele:
   - Bei der Erstellung von Management-Berichten manuelle Prozesse durch Tool-unterstützte ersetzen
   - Unternehmensübergreifende Zusammenarbeit mit strategischen Zulieferern und/oder Kunden
   - Digitale Boards als bequemer, intuitiver Einstieg in agiles Arbeiten

5. **Roadmap entwerfen**

   Wie kann es weitergehen?

   Beispiele:
   - Ausgehend vom Einstiegsprojekt zusätzliche Aufgaben, Anwendungen und Nutzer einbinden
   - Leitprinzip für den agilen Entwicklungsweg: schnelle Generierung von „incremental business value"
   - Mit anderen Firmen in Best-Practice-Communities zusammenarbeiten und Erfahrungen austauschen, denn andere befinden sich auf einem ähnlichen Weg!

15.6 Die wichtigsten Punkte in Kürze

- Im Zeitalter von Globalisierung, Digitalisierung, disruptiven neuen Technologien und zunehmender Komplexität bewährt sich projekthaftes Arbeiten in agilen, dezentralen Teams als zeitgemäßer Ansatz in der Produktentwicklung.
- Bisherige Projektmanagement-Tools werden den Ansprüchen dieses Umfelds und einer an intuitive Benutzeroberflächen gewöhnten jungen Nutzergeneration nicht gerecht. Frustrierte Nutzer geraten immer wieder in die „Excel-Falle".
- Dezentrale, agile, kollaborative Projektteams brauchen unterstützende Software mit schlanker, modularer Architektur, die sich an ihre Denk- und Arbeitsweise anpasst und mit der die Nutzer arbeiten WOLLEN.
- Mit einem innovativen Baukasten-Konzept, das sich nach den No-Code, Low-Code und Pro-Code-Prinzipien beliebig ergänzen lässt und aus Anwendersicht gedacht ist, kann moderne PM-Software zugleich schlank und leistungsfähig sein.
- Die Zukunft gehört der Nutzer-Community. In der „Sharing Economy" wird die Software-entwicklung direkt aus der Anwenderperspektive gesteuert. In unternehmensübergreifender Zusammenarbeit entstehen flexible, gemeinsam optimierte Mehrzweck-Apps.

Literatur

Hab, Gerhard; Wagner, Reinhard: *Projektmanagement in der Automobilindustrie*. 5. Auflage, Springer Gabler Verlag, Wiesbaden 2017

Stang, Daniel B.; Light, Matt: *Magic Quadrant for Project Portfolio Management, Worldwide*. – ID G00334263 – Gartner Inc., 2018.

Wyllie, Diego; Lohmann, Simon: *Marktübersicht – Die besten Projektmanagement-Tools*. In: Computerwoche, 13.11.2017. URL: *https://www.computerwoche.de/a/die-besten-projektmanagement-tools,2364604*. Abgerufen am 12.11.2018

16 Die Herausgeber und Autoren

16.1 Die Herausgeber

Dr. Michael Lang ist als Führungskraft bei einem der größten IT-Dienstleistungsunternehmen Europas tätig. Zudem ist er Lehrbeauftragter für Projekt- und IT-Management sowie Herausgeber von über zehn Fachbüchern. Michael Lang studierte Wirtschaftsinformatik an der Universität Bamberg und promovierte im Bereich IT-Management an der Universität Erlangen-Nürnberg. Vor seiner aktuellen Tätigkeit war er unter anderem als IT-Inhouse-Consultant bei einem internationalen Unternehmen der Automobilindustrie beschäftigt.

Reinhard Wagner unterstützt projektorientierte Unternehmen auf Basis von mehr als drei Jahrzehnten Führungs- und Projekterfahrung bei ihrer Weiterentwicklung. Ehrenamtlich hat er maßgeblich zur Entwicklung des Projektmanagements beigetragen. Er ist Geschäftsführer der Tiba Managementberatung GmbH (E-Mail: reinhard.wagner@tiba.de).

16.2 Die Autoren

Michael Bergau ist Berater für Projektmanagement bei Volkswagen Slovakia in Bratislava, Slowakei. Nach einigen Jahren Tätigkeiten in IT- und Organisationsentwicklungsprojekten beschäftigt er sich seit nunmehr zehn Jahren mit Projektmanagement in der Automobilindustrie. Er verantwortete das Thema Qualifizierung und Beratung in Projektmanagement bei der Audi AG in Ingolstadt und arbeitete am Aufbau eines Project Management Office bei Audi Hungaria in Györ, Ungarn.

Dr. Jens Erasmus hat Wirtschaftsingenieurwesen in Hamburg studiert und über globalisierte Wertschöpfungsketten in der Automobilindustrie promoviert. Als Global Director Project Management and Design to Cost verantwortet er bei WABCO das globale Projektmanagement. Zuvor war er sechs Jahre bei HELLA in mehreren Funktionen im Projekt- und Portfolio-Management tätig. Dr. Erasmus kann auf operative Projektmanagementerfahrung u. a. in den Bereichen IT-Outsourcing, Geschäftsprozess-Management, Commercial Due Diligence sowie einer Vielzahl unternehmensinterner Optimierungsprojekte zurückgreifen. Als Autor mehrerer Fachpublikationen und regelmäßiger Vortragender auf Fachkonferenzen ist er eng mit der Projektmanagement-Community verbunden. Zusätzlich ist er Dozent für den Studiengang „International Project Management" an der FH Dortmund.

Dietmar Gamm ist Geschäftsführer der SolidCreativity GmbH. Er ist Diplom-Ingenieur und M.Sc. (Management) mit internationaler Führungs- und Projekterfahrung. Er hilft Unternehmen bei schwierigen Themen über die Hürden der Lösungs- und Entscheidungsfindung und deren Umsetzung in agilen Projekten (E-Mail: dgamm@solidcreativity.de).

Gabriele Hannibal ist Diplom-Bauingenieurin und Diplom-Kauffrau und hat über 16 Jahre Projekterfahrung in der Energiewirtschaft. Seit 2017 ist sie selbstständig und gibt Schulungen im Qualitäts- und Projektmanagement (E-Mail: hannibal@hannibal-training.de).

Michael Horlebein ist Bereichsleiter bei Veridos, einem Joint Venture zwischen Giesecke+Devrient und der Bundesdruckerei. Er ist zuständig für Projektlösungen rund um sichere Identifikation und Identitäten. Nach dem Studium der Elektrotechnik und Informationstechnik an der Technischen Universität in München war er für Siemens und Nokia Siemens Networks in verschiedenen Leitungspositionen in Projektmanagement sowie Vertrieb im In- und Ausland tätig. Der Autor ist seit mehr als 20 Jahren mit dem Projektgeschäft vertraut.

Andreas Iffländer ist Diplom-Ingenieur für Maschinenbau und Wirtschaftsingenieurwesen und hat an der TU Berlin und der TFH Berlin studiert. Seit 1996 ist er als Projektleiter und Manager für verschiedenste Projekte, Produkte und Themen verantwortlich. Er hat 2009/2010 das Projektmanagement der BSH Hausgeräte GmbH geleitet und mit seinem Team u. a. PMI als Standard implementiert. Seit Ende 2010 ist er in der Bosch-Gruppe in der Programmleitung für ein Digitalisierungs-/PLM-Programm tätig, welches auch Pilot-Projekt für die Implementierung von SAFe und Scrum ist.

Knut Kämpfert verfügt über mehr als zwanzig Jahre Erfahrung im Projekt- und Portfoliomanagement in der Automobilindustrie. Er gründete und baute das Corporate Projekt Management Office der ZF Friedrichshafen AG auf. In dieser Funktion entwickelte und implementierte er Prozesse und Werkzeuge für das Projekt- und Portfoliomanagement und begleitete und unterstützte verschiedenste Projekte im Unternehmen. Er war Mitglied des ISO Technical Committee für die ISO 21504 „Projekt-, Programm- und Portfoliomanagement". Nach mehreren Jahren in der Zentralfunktion war er in China, um für die Business-Unit „Suspension Technology" der ZF Friedrichshafen AG das TechCenter für die Region Asia/Pazifik aufzubauen. Derzeit ist er Global Lead Program Manager bei BCS-Automotive Interface Solutions GmbH.

Michael Kohler ist diplomierter Wirtschaftsingenieur, IPMA-zertifizierter Projektleiter und verfügt über 13 Jahre Erfahrung im Projekt- und Projektportfoliomanagement. Er arbeitet beim internationalen Automobilzulieferer ZF Friedrichshafen AG und ist dort Programmleiter der Digitalisierung des Projektmanagements.

Prof. Dr. Martin Kütz blickt auf über 35 Jahre Erfahrung in IT-Management und IT-Controlling zurück. Nach Mathematik-Studium und Promotion war er 13 Jahre lang im IT-Management verschiedener Unternehmen und dann zwölf Jahre lang im Management- und IT-Consulting tätig. Anschließend lehrte er zehn Jahre lang Wirtschaftsinformatik an der Hochschule Anhalt. Seit Oktober 2018 ist Martin Kütz in Rente, bleibt aber weiterhin beratend und lehrend aktiv. Nebenher engagiert er sich kommunalpolitisch und ehrenamtlich. In der Fachöffentlichkeit ist Martin Kütz durch etliche Veröffentlichungen bekannt, u. a. durch seine Bücher „IT-Controlling für die Praxis", „Kennzahlen in der IT" und „IT Performance Management".

Sigrid Pander studierte BWL an der Universität Augsburg und war anschließend mehrere Jahre in Beratungsprojekten in der Automobilindustrie tätig. In ihrer Funktion als HR-Direktorin verantwortet sie die unternehmensweite Personal- und Organisationsentwicklung der OHB System AG und entwickelt u. a. Ansätze zur Kompetenzerweiterung von Projektmanagern in internationalen Großprojekten der Raumfahrtindustrie. Frau Pander ist PMP-zertifiziert, durchlief die Ausbildung zum PM-Qualifizierungscoach (GPM) und engagiert sich in verschiedenen GPM-Fachgruppen. Als Fachautorin und in Vorträgen vermittelt sie neue Erkenntnisse und fördert den Austausch innerhalb der PM-Community.

Marcus Paulus hat Prozess- und Projektmanagement an der Wirtschaftsuniversität Wien studiert. Er war über zehn Jahre als Senior Consultant in unterschiedlichen Projekten im Bereich Real Estate Management in Zentral- und Osteuropa tätig, hat mehrjährige Erfahrung im Aufbau und in der Leitung von strategischen PMOs in eigentümergeführten Unternehmen und im Public Sector. Er ist zertifizierter PMP, PRINCE2 Practitioner und zSPM nach IPMA, Assessor der Projektmanagement Austria und arbeitet im ISO TC258 an der Entwicklung der ISO-Standards für Projekt-, Programm- und Portfoliomanagement mit (E-Mail: marcus.paulus@drei.at).

Martina Peuser ist Professorin für Allgemeine BWL, insbes. Organisation und Projektmanagement, an der Leibniz-FH in Hannover und Mitglied im Präsidialrat der GPM, Deutsche Gesellschaft für Projektmanagement. Nach einem Studium der Wirtschaftswissenschaften an der Universität Hannover und der Universität Maastricht promovierte sie im Marketingmanagement am Institut für Marketing und Management, Universität Hannover.

Prof. Dr.-Ing. Steffen Rietz, tätig an der Hochschule Offenburg, ist seit ca. 25 Jahren in Projekten tätig – begleitend, leitend und zunehmend als Coach. Erfahrung bringt er aus Projekten zur Technologie- und Produktentwicklung in verschiedenen Branchen und dem internationalen Umfeld ein. Prof. Rietz engagiert sich in der GPM, Deutsche Gesellschaft für Projektmanagement, ist Leiter des Normungsausschusses zum Projektmanagement beim DIN und regelmäßig deutscher Delegierter bei internationalen Normungen der ISO (E-Mail: steffen.rietz@hs-offenburg.de).

Sebastian Scheibner, Dipl. Ing. oec., ist seit über 15 Jahren in einem Industriekonzern tätig. Er hat Erfahrung im Aufbau und der Leitung globaler Project Management Offices sowie als Führungskraft in der Organisationsentwicklung. Daneben ist er als freiberuflicher Trainer und Berater tätig und Gründungsmitglied des „Netzwerk für Agilität und Gruppendynamik" (*www.agil-gruppendynamik.de*).

Dr. Rupert Stuffer hat die Methodik des Kollaborativen Projektmanagements erfunden und als Standard in der Autoindustrie etabliert, u. a. als CEO von Actano. 2014 gründete er das innovative Softwareunternehmen collaboration Factory AG.

Cornelia Zimmer-Reps hat Sozialwissenschaften studiert und ist zertifizierte Projektleiterin nach PMI®, PRINCE2® und Scrum Master. Sie leitete sowohl klassische als auch agile IT-Projekte und hat als Trainerin und Consultant im Projektmanagement gearbeitet. Seit 2016 verstärkt sie das Team des PM-Campus der thyssenkrupp Academy, treibt dort die agile Transformation voran und leitet virtuelle konzernweite PM-Communities.

Index

Symbole

7-S-Modell 80, 84

A

Abgrenzung 244
Ablaufmodell 273
Ablauforganisation 90, 211, 235
Abmahnungen 238
Abschlussphase 226
Ad-hoc-Organisationseinheit 123
Ad-hoc-Projektmanagement 37
Ad-hoc-Vorgehen 38
Agile 33
Agile Skalierungsansätze 185
Agiles Manifest 135
Agiles Projektmanagement 34
Agilisierung 13, 28, 184
Agilität 33, 39, 52, 68
AKKO-Modell 113
Akzeptanz 146
Anderssein 244
Änderungsanfrage 276
Änderungsanträge 135
Änderungsmanagement 91
Anforderungsmanagement 35, 41, 45

Anspruchsgruppen 158
App-Bausteine 301
Appifizierung 297
Arbeitsorganisation in Scrum 42
Arbeitsteilung 4
Artefakte 40
Assessment 256
Aufbauorganisation 89, 235
Aufgaben eines PMO 159
Auftraggeber 135
Ausbildung 151
Automatisierung 18
Automobilindustrie 16
Autopoiesis 240
Awareness Workshop 115

B

Bedrohungen 247
Begriffsstandard 273
Behavioral Change Model 114
Benchmarkdaten 110
Beratungsorganisation 70
Berichtsmanagement 91
Bestätigungsfehler 233
Best-Practice-Methoden 256
Best-Practice-Standard 283
Bottom-up-Ansatz 100

Business Reengineering 214
Business-Unit 146
Business-Unit-Ebene 142

C

Campus 112
Capability 151
Capability Maturity Model Integrated (CMMI) 68
Chancen 247
Change Agents 115
Change-Leader 127
Change Management 103, 112, 126
Change Story 104, 113
Chief Project Officer (CPO) 59
Cloud-Computing 302
Community 106
Community-Gedanke 305
Community-Netzwerke 106
Compliance 302
Confirmation Bias 233
corporate culture 306
Corporate Level 257
CPM 5
Critical Path Method (CPM) 5

D

Daily-Scrum-Meetings 43
Datenmodell 302, 303
Datenqualität 302
Datenschutz 302
Datensicherheit 302
Debatte 247
Definitionsphase 225
Déformation professionnelle 239
Detailplanung 34, 37
Deutsche Gesellschaft für Projektmanagement e.V. (GPM) 6, 66
Digitalisierung 18, 291
DIN 69901 6
DIN 69901-2 218
DIN 69909 6, 62
DIN 69909-1 25
Dominoeffekt 200
Drohstrategien 248
Drohszenarien 248
DSGVO 302

E

Effektivität 209, 270
Effizienz 210, 270
EFQM 85
EFQM-Konzept der European Foundation for Quality Management (EFQM) 80
EFQM-Modell 85
Eigenverantwortung 135
Einführung 51
Einordnung von Prozessen 215
Einstiegsprojekt 307
Enterprise PMO 143
Entscheidung 51
Entscheidungsfindung 51
Entscheidungshierarchie 257
Entscheidungsmanagement 50
Entwicklungskonzepte 263
Entwicklungspotenzial 249
EPMO 143
Erfahrungsaustausch 284
Erfolg 81
Erfolgsfaktor 84
Erfolgsfaktorenmodell 80, 86
Erfolgsmodell 86
Ergebnismenge 195
Erklärungsmodell 233, 236
Eskalation 248
Eskalationsstufe 247
Ethik-Grundlagen 92
Ethik-Kodex 92
Excel-Falle 294
Expertenpool 60

F

Fachkräftemangel 68
Fehler 234, 237
Fehlerkultur 93, 94
Fertigkeit 261
Framework 107
Frontloading 154, 159
Führung 29, 214
Führungsebene 145
Führungsinstrument 58
Führungskraft 241
Führungskräfteentwicklung 235, 250
Führungsprozesse 216

G

Gantt 5
Gantt-Charts 279
Generation Y 23
Geschäftsführung 145, 232, 249
Gesichtsverlust 248
Gewichtung 195
Governance 25
Governance-Framework 140, 150
Governance-Funktion 100
Governance-Struktur 127
GPM 66

H

Haftungsrisiken 136
Handlungsdruck 101
Handlungsfähigkeit 273

I

Implementierung 74
Increments 135
Individual Competence Baseline der GPM/IPMA 259
Industrie 16
Industrie 4.0 18
Informationskennzahlen 192, 197
Initialisierungsphase 224
Innovationsdruck 79
International Project Management Association (IPMA) 6, 66
IPMA 6, 66
IPMA Delta 68, 256
ISO 6
ISO 21500 218, 275
ISO 21505 25
Iterationszyklen 135

K

Kanban 46
Kanban-Board 47
Kanban-Projektmanagement 46
Kapazitätsauslastung 199
Karrierepfad 125, 235
Kenntnis 261
Kennzahl 189, 190
Kennzahlensystem 189, 190, 191, 197, 200
Kernaufgaben 28
Kernkompetenzen 95, 97
Kernprozesse 216
Klimawandel 290
Know-how 151
Know-how-Sicherung 60
Koalitionen 248
Kommunikation 237
Kommunikationsrichtlinien 255
Kompatibilität 269
Kompetenz 117
Kompetenzanforderungen 258
Kompetenzentwicklung 253, 257, 258
Kompetenzfelder 264
Kompetenzmodell 264
Konflikt 94, 244, 246, 249
– bearbeiten 246
– lösen 246
Konfliktkultur 250
Konflikt Linie/Projekt 234
Konfliktsituation 232, 233
Konkurrenz 146
Konsequenzmanagement 264
Kontext 88
Kooperationsform 20
Kooperationspartner 284
Koordination 36
Kultur 238, 244, 304
Kultur der Organisation 228
Kundenforderung 269
Kundenorientierung 124
Kundenzentrierung 135
Künstliche Intelligenz 18

L

Laufbahnmodelle 151
Legislatur 293
Leitlinien 140
LeSS (Large Scale Scrum) 185
Lessons learned 75, 110
Linie 241
Linienorganisation 123, 242
Lösungsstrategien 233

M

Magisches Dreieck 82
Management 122
Management by Projects 9, 60
Management-Expertise 156
Managementprozesse 216
Marktbedingungen 154
mass customization 17
Matrix-Projektorganisation 57
Maturity Level 149
Maturity-Modell 148
Meeting 40
Militärtaktik 5
Mitarbeiterorientierung 94
Mitarbeiterpool 123
Mobilisierung der Mitarbeiter 29
Modellierungsstandard 273
moving targets 193
Multiprojektlandschaft 277
Multiprojektmanagement 17, 25, 61, 62, 123, 167, 169, 179, 182, 183, 220, 273
Multiprojektplanung 59

N

Netzplan 6
Netzplantechnik 279
Netzwerk 21, 105
Nexus 186
Norm 62
Normenlandschaft 273
Normung 271
Nutzer-Communities 305
Nutzererlebnis 298
Nutzer-Personae 306

O

Online-Diskussionen 169
Operations Research 5
OPM 64
Organisation 88, 233
Organisationales Projektmanagement (OPM) 64
Organisationsentwicklung 74
Organisationsgestaltung 211
Organisationsmerkmale 69
Organisationsstruktur 89, 96, 122, 228, 241

P

Paradigmenwechsel 290
Performancesteigerung 101
Personal 94, 97
Personalentwicklung 94, 256, 259
Personalführung 94
Personalmanagement 251, 252, 258
Personalplanung 257
PERT 5
PERT (Program Evaluation and Review Technique) 5
Phaseneinteilung 220
Pilotprojekt 52
Planungsperiode 191
Planungsphase 225
PM Campus 110, 112
PMI 65
PMI-Standard 66
PMO 25, 139, 258
PMO-Aufgaben 161
PMO der ersten Führungsebene 143
PMO der zweiten oder dritten Führungsebene 143
PM-Reifegrad-Assessment 73
PM-Tool 296
Portfolio 171
Portfolioelemente 170
Portfolioentscheider 179
Portfoliomanagement 88, 151, 172, 173
Portfolio Management Software 140
Portfoliomanager 180
Portfolioprozess 176
Positionierung eines PMO 144
Probezeit 238
Product Owner 40, 41
Professionalisierung 100

Programmmanagement 172, 278
Programmmanager 180
Programmstruktur 173
Project Charta 257
Project Level 257
Project Management Campus 110
Project Management Framework 108
Project Management Institute 65
Projekt 1, 170, 213
Projektabschluss 257
Projektarbeit 3, 15, 16, 21
Projektattraktivität 195
Projektauftrag 257, 276
Projektauftraggeber 123
Projektauswahl 50
Projektcontroller 128
Projektcontrolling 128
Projekterfolg 82
Projektfortschritt 128
Projekt Governance Framework 140
Projekt-Handbuch 256
Projektidee 176
Projektkomplexität 260, 261
Projektkonsole 293
Projektkultur 204, 255
Projektleiter 20
Projektleitung 252
Projektmanagement 1, 28, 49, 59, 99, 100, 101, 172, 214, 292
– agil 28
– hybrides 49
Projektmanagement-Karriere 124
Projektmanagement-Karrierepfad 103
Projektmanagementkompetenzen 251

Projektmanagement-Methoden 133
Projektmanagementnormen 267, 270, 275, 278
Projektmanagement-Office (PMO) 25, 139, 141, 181, 258
Projektmanagement-Prozess 102, 217
Projektmanagement-Standard 105, 267, 274, 283
Projektmanagement-Tools 289
Projektmanager 101, 109, 181, 262
Projektmitarbeiter 243
Projekt Office (PO) 144
Projekt-Ökosystem 301
Projektorganisation 123, 141
– temporäre 141
Projektorientiertes Unternehmen 58
Projektorientierung 12, 59, 79, 123, 141, 203
Projektpersonal 252, 256, 258
Projektportfolio 157, 277
Projektportfoliomanagement 25, 174, 182
Projektportfolioprozess 176
Projektrolle 107
Projektstatus 194
Projektsteuerkreis 181, 255
Projektstrategie 254
Projektteam 112
Projektvorhaben 176
Projektziele 170
Prozess 213
Prozessbereiche 215

Index

Prozessbeschreibung 223
Prozessdimension 82
Prozesshaus 216, 219
Prozesskategorien 216
Prozessmanagement 215
Prozessmodell 64, 218, 221
Prozessorientierung 124, 141, 209, 210, 211, 212, 228
Prozesstransparenz 227
Prozessuntergruppen 220
Pull 43
Pull-Prinzip 44
Pulse Survey 128

Q

Qualifizierungsstandard 107
Qualitätsmanagement 61, 90

R

Randprobleme 28
Reengineering 215
Referenzmodell 256
Regelkreis 191
Regelkreise 190
Regelungen 249
Reifegrad 148, 256
Reifegradmodell 273
Rekrutierung 234, 237
Rekrutierungsverfahren 238
Reorganisation 70
Ressourcen 62
Ressourcenabhängigkeit 35
Ressourcenausstattung 112
Ressourceneinsatz 214
Ressourcenkonflikt 234

Ressourcenmanagement 91
Ressourcennutzung 123
Revisionssicherheit 302
Risiko 177
Roadmap 307
Rolle des Managements 122
Rollen 179
Rollenklärung 257
Rollenmodell 273

S

SAFe (Scaled Agile Framework) 185
Sanktionierung 244
Scaling Famework 185
Schatten-IT 306
Schätzung 35
Schmetterlingseffekt 237
Schulungsmaßnahmen 117
Schwarmwissen 169
Scientific Management 5
Score-Wert 177
Scrum 40, 45
– Voraussetzungen 45
Scrum-Board 43, 44
Scrum-Framework 185
Scrum Master 40
Scrum@Scale 185
Selbstorganisation 57, 123
Selbstreflexion 246, 249
Selbststeuerung 52
Siemens 4
Social-Media-Kanäle 106
Software 289, 293
SPMO 143
Sponsor 109
Sponsor Awareness Workshops 116
Sprint 43
Stabstelle 144

Stakeholder 40, 91, 158
Stakeholder-Analyse 74, 127
Stakeholder-Interessen 145
Stakeholder-Kommunikation 127
Stakeholder-Management 127
Standard 268
Standardisierung 271
Start-up 22
Steering-Team 127
Stellenbeschreibung 259
Steuerung 190, 194
Steuerungskennzahlen 192, 197
Steuerungsphase 226
Steuerungsprozess 91
Story Points 42
Strategiegeber 179
Strategisches PMO 143
Subkultur der Strategie 254
Subkultur des Projekts 254
Subkulturen 245
Subportfolios 182
Synergien 170, 270
Systemtheorie 236, 237

T

Task-Boards 299
Team 40
Teamarbeit 45
Teamgeist 135
Team of Teams 186
Teildatenmodelle 303
Termindisziplin 200
Termintreue 196, 200
Timebox 201
Toolstandards 273
Top-Management 121

Total Quality Management (TQM) *80, 85*
TQM *85*
Transformation *22, 28*
Transparenz *62, 135, 304*
Trends *305*

U

Umbruchphase *291*
Umwelt *92, 241*
Ungewissheit *26*
Unternehmen *10*
Unternehmensentwicklung *58*
Unternehmenserfolg *80, 81, 83, 84, 96*
Unternehmensethik *92*
Unternehmensführung *59, 88*
Unternehmenskontext *88*
Unternehmenskultur *60, 93, 94, 97, 245*
Unternehmensstandard *270, 285*
Unternehmensstrategie *87, 88, 96, 126*
Unternehmensstruktur *79*
Unternehmensverantwortung *91, 96*
Unternehmenswert *59*
Unternehmensziele *126*
User Experience *298*
User Stories *41*

V

Veränderungsimpulse *246*
Veränderungsnotwendigkeit *127*

Verbesserungsprozess *135*
Verbindlichkeit *271*
Verhärtung *247*
Vertrauensverlust *248*
Vision *100, 103, 126*
Vorbild *115*
VUCA *251, 263*

W

Wandel *116*
Wasserfallprinzip *292*
Wechselwirkungen *62, 209*
Wertschöpfungsprozesse *216*
WIP-Limit *47*
Wissen *261*

Z

Zertifizierungsanforderung *269*
Zieldefinition *234*
Zielkonflikte *50, 294*
Zielvereinbarung *234*
Zufriedenheit *195*
Zusammenarbeit *62*
Zwiebelmodell *239*